AF642346

Mit der Bahn in die bayerischen Berge

Die schönsten Wanderungen in Oberbayern und im Allgäu

J. BERG

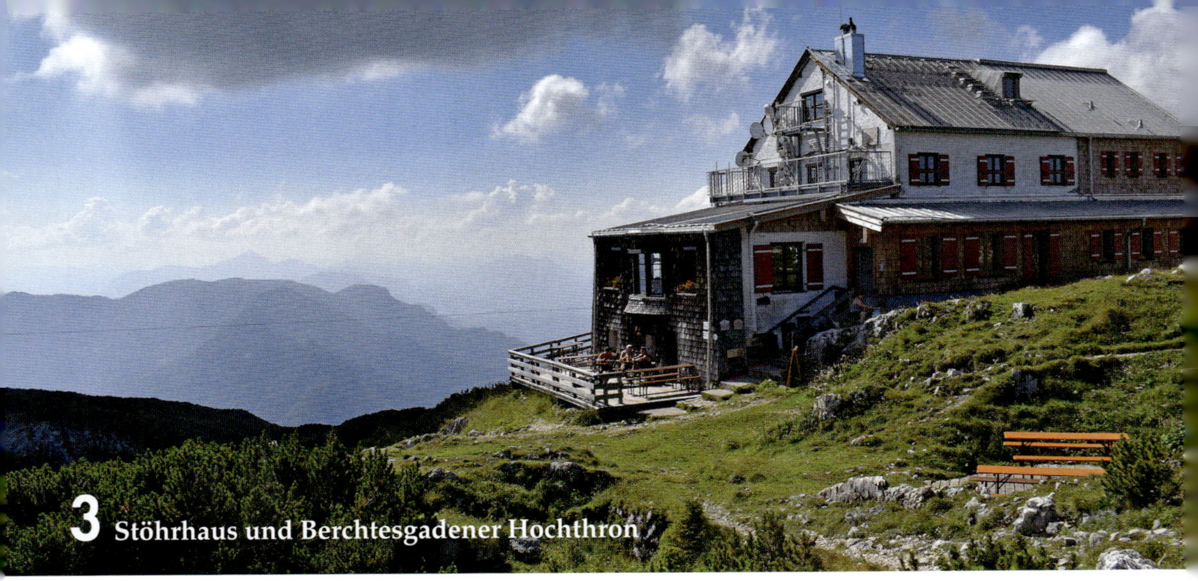

3 Stöhrhaus und Berchtesgadener Hochthron

Inhalt

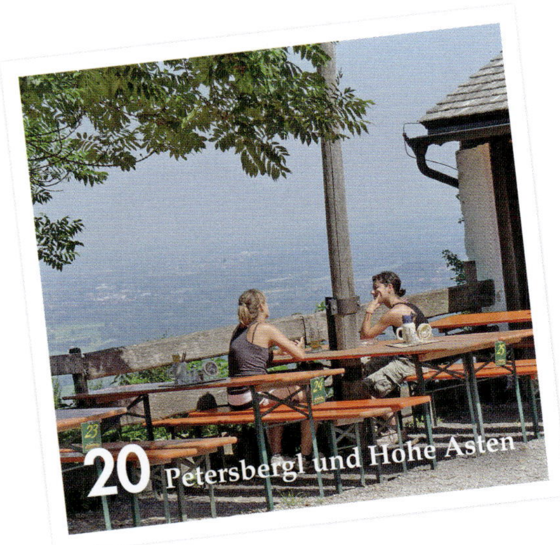
20 Petersbergl und Hohe Asten

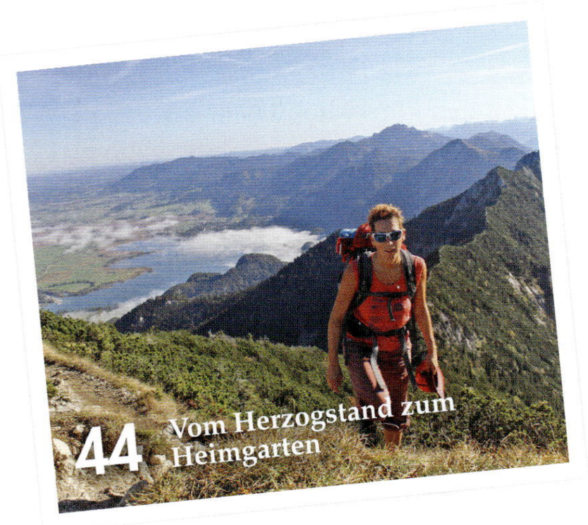

44
Vom Herzogstand zum Heimgarten

Ammergauer Alpen und Werdenfelser Land 138

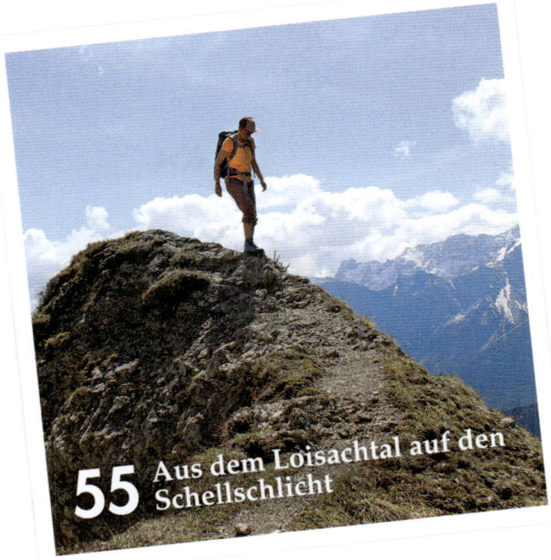

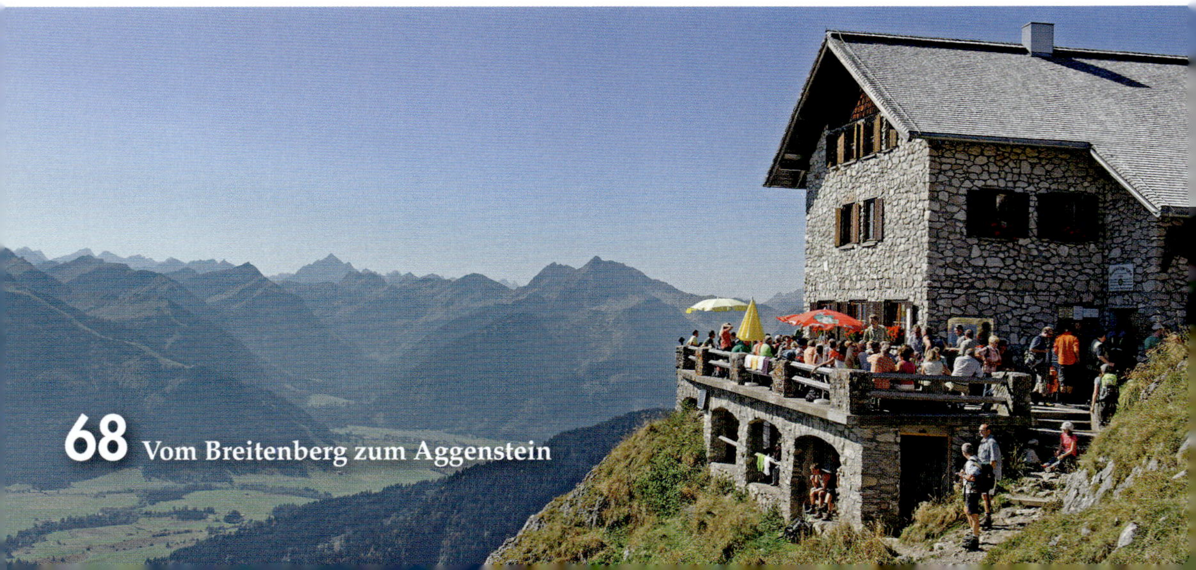

68 Vom Breitenberg zum Aggenstein

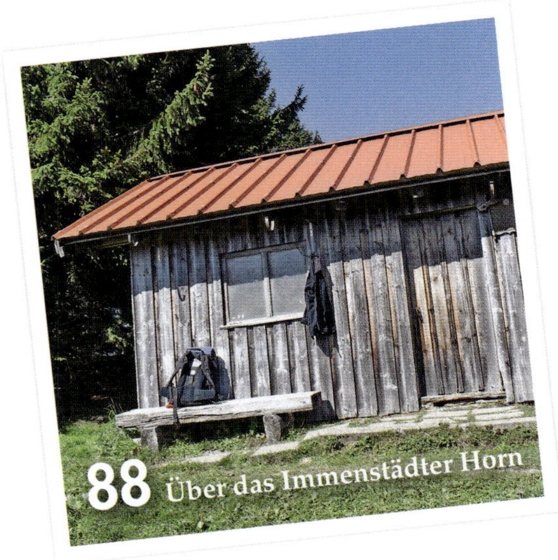
88 Über das Immenstädter Horn

Tourenüberblick

Tour		Hm							
1	Auf Jenner und Schneibstein	600/1675 Hm	5.30 Std.	•				•	•
2	Durch die Wimbachklamm zur Wimbachgrieshütte	700 Hm	5.30 Std.	•	•	•			
3	Stöhrhaus und Berchtesgadener Hochthron	1360/1180 Hm	6.15 Std.	•					
4	Über das Lattengebirge	170/1050 Hm	3.30 Std.	•				•	
5	Auf den Hochstaufen	1300 Hm	7 Std.	•	•				
6	Von Traunstein auf den Hochberg	220 Hm	3 Std.	•	•				
7	Von Siegsdorf nach Maria Eck	220 Hm	3 Std.	•	•	•	•		
8	Runde über die Hörndlwand	935 Hm	5.30 Std.	•					•
9	Schnappenkirche und Staudacher Alm	600 Hm	4.15 Std.	•	•	•			
10	Rundwanderung zur Hefteralm	450 Hm	2.45 Std.	•	•				
11	Durch das Kendlmühlfilz auf den Westerbuchberg	50 Hm	4 Std.	•	•	•	•		
12	Von Bernau auf den Reifenberg	490 Hm	4.30 Std.	•					
13	Von Bernau auf die Seisersalm	200 Hm	2.45 Std.	•	•				
14	Von Bad Endorf nach Prien	250 Hm	3.30 Std.	•	•	•	•		
15	Von Aschau aus auf den Spitzstein	900 Hm	7 Std.	•					
16	Auf die Kampenwand	250 Hm	2.30 Std.	•				•	
17	Geigelstein und Rossalm	1240 Hm	6.30 Std.	•					
18	Auf die Rampoldplatte	930 Hm	5 Std.	•		•			
19	Von Flintsbach zur Wolfsschlucht	250 Hm	3 Std.	•	•	•			•
20	Petersbergl und Hohe Asten	825 Hm	3.30 Std.	•	•	•	•		
21	Von Oberaudorf auf den Brünnstein	1240/900 Hm	5 Std.	•				•	
22	Über den Kreuzweg auf den Nußlberg	400 Hm	3.30 Std.	•		•			•

Tour		Hm	🕓	🍴	☺	🏛	❄	🚡	☀
23 ●	Von Kiefersfelden in die Gießenbachklamm	120 Hm	3.15 Std.	●	●				
24 ●	Auf den Wendelstein	130/1050 Hm	3 Std.	●	●		●	●	
25 ●	Aiplspitz und Jägerkamp	1035/950 Hm	6.15 Std.	●					
26 ●	Brecherspitz	885 Hm	5 Std.	●					●
27 ●	Bodenschneid und Bodenschneidhaus	930/575 Hm	5.30 Std.	●					●
28 ●	Taubenstein und Rotwandhaus	290/1000 Hm	4 Std.	●				●	●
29 ●	Über den Taubenberg	200 Hm	3 Std.	●	●				
30 ●	Neureuth, Gindelalm und Kreuzbergalm	640 Hm	3.15 Std.	●	●				●
31 ●	Vom Tegernsee zum Schliersee	530/500 Hm	3 Std.	●					●
32 ●	Auf den Baumgartenschneid	750 Hm	5 Std.	●					
33 ●	Aueralm und Fockenstein	825 Hm	5 Std.	●	●		●		
34 ●	Risserkogel	1100 Hm	6.30 Std.	●					
35 ●	Auf den Schildenstein	800 Hm	5 Std.	(●)					
36 ●	Roßstein und Tegernseer Hütte	800 Hm	4.30 Std.	●					
37 ●	Auf den Geierstein	815 Hm	4.30 Std.						●
38 ●	Lenggrieser Hütte und Seekarkreuz	920 Hm	5 Std.	●			●		●
39 ●	Am Brauneck	20/860 Hm	3.30 Std.	●	●		●	●	
40 ●	Blomberg und Zwiesel	130/650 Hm	2.30 Std.	●	●		●	●	
41 ●	Benediktenwand	1180 Hm	7 Std.	●					
42 ●	Von der Jachenau aus auf den Rabenkopf	800 Hm	5.30 Std.	●					
43 ●	Jochberg und Jocheralm	750 Hm	4 Std.	●					●
44 ●	Herzogstand und Heimgarten	1000 Hm	6.30 Std.	●				●	

Tour		Hm							
45 •	Von Eschenlohe aus auf die Hohe Kisten	1300 Hm	6.30 Std.						
46 •	Durch das Estergebirge	1200 Hm	8.30 Std.	•					
47 •	Auf die Elmauer Alm	420 Hm	3.15 Std.	•	•	•	•		
48 •	Vom Barmsee zu den Buckelwiesen	150 Hm	4.30 Std.	•	•		•		•
49 •	Über den Schachen	975/1160 Hm	9 Std.	•		•			•
50 •	Wank und Gschwandtnerbauer	170/1210 Hm	4.15 Std.	•				•	
51 •	Eckbauer und Partnachklamm	530/539 Hm	4 Std.	•	•	•	•	•	•
52 •	Reintalangerhütte	670 Hm	9 Std.	•		•			
53 •	Kreuzeck und Höllentalklamm	170/1060 Hm	4 Std.	•				•	
54 •	Kramer	1285 Hm	6.30 Std.	•					
55 •	Aus dem Loisachtal auf den Schellschlicht	1300 Hm	5.30 Std.						
56 •	Auf die Notkarspitze	1050 Hm	5 Std.	•					
57 •	Kofel	520/529 Hm	3.45 Std.	•	•			•	
58 •	Zu den Pürschlinghäusern	1030 Hm	4 Std.	•	•		•	•	
59 •	Auf das Ettaler Manndl	50/800 Hm	5.30 Std.	•	•			•	
60 •	Über das Hörnle nach Bad Kohlgrub	650 Hm	4 Std.	•	•			•	
61 •	Tegelberghaus und Branderschrofen	170/1050 Hm	3.45 Std.	•				•	
62 •	Auf den Säuling	1230 Hm	7 Std.	•					
63 •	Von Füssen zum Schloss Hohenschwangau	300 Hm	3 Std.	•	•	•			•
64 •	Alatsee und Zirmgrat	650 Hm	6 Std.	•		•			•
65 •	Badeseen bei Seeg	170 Hm	3.30 Std.	•	•	•	•		•
66 •	Eisenberg und Hohen-Freyberg	320 Hm	3.15 Std.	•	•	•	•		
67 •	Von Pfronten zur Burg Falkenstein	430 Hm	2.30 Std.	•	•	•			

Tour			Hm							
68	•	Vom Breitenberg zum Aggenstein	490/1140 Hm	5 Std.	•				•	
69	•	Der Wasserfallweg über Nesselwang	270 Hm	2.15 Std.		•	•			
70	•	Alpspitz und Edelsberg	300/910 Hm	3.15 Std.	•	•	•		•	
71	•	Um den Grüntensee	20 Hm	3.45 Std.	•	•		•		•
72	•	Hirschbachtobel, Spieser und Kleiner Hirschberg	950 Hm	4.45 Std.	•					
73	•	Die Zipfelsbachfälle bei Hinterstein	670 Hm	3.15 Std.	•	•	•			
74	•	Von der Nebelhornbahn zum Großen Daumen	450 Hm	4.15 Std.	•				•	
75	•	Zu den Gaisalpseen	180/1080 Hm	5 Std.	•				•	
76	•	Auf den Schnippenkopf	1100 Hm	7 Std.	•					
77	•	Durch den Faltenbachtobel	0/450 Hm	1.30 Std.	•	•			•	
78	•	Von Oberstdorf nach Gerstruben	350 Hm	4 Std.	•	•	•	•		•
79	•	Durch die Breitachklamm	200 Hm	2.30 Std.	•	•	•	•		
80	•	Rund um den Freibergsee	250 Hm	2.45 Std.	•	•	•	•		•
81	•	Heilbronner Höhenweg	1850/1859 Hm	10.30 Std.	•					
82	•	Über den Fellhornrücken	100/1250 Hm	4 Std.	•				•	•
83	•	Auf den Grünten	900 Hm	7.15 Std.	•		•			
84	•	Durch die Starzlachklamm	300 Hm	2.45 Std.	•	•	•	•		
85	•	Zum Hinanger Wasserfall	250 Hm	2.30 Std.	•	•	•	•		
86	•	Weiherkopf und Rangiswanger Horn	250/560 Hm	2.15 Std.	•	•			•	
87	•	Vom Riedbergpass auf den Besler	330/960 Hm	4.15 Std.	•		•			
88	•	Über das Immenstädter Horn	900 Hm	4.30 Std.	•					
89	•	Rund um den Alpsee	150 Hm	4 Std.	•	•	•	•		•
90	•	Gipfelrunde am Hochgrat	150/1010 Hm	4.15 Std.	•				•	

Mit der Bahn in die Berge

Morgens im Zug Zeitung lesen und auf der Rückfahrt ein Nickerchen machen … Die meisten Autofahrer wissen gar nicht, was ihnen in ihrem Auto so alles entgehen kann. Spätestens aber, wenn die Ausflügler am Autobahnende im Stau stehen und der DB-Zug an ihnen vorbeirast, überlegt auch ein Autofreund, ob die Bahn vielleicht doch die bessere Alternative wäre.

Bahnkenner wissen: Züge haben in Sachen Anreisekomfort und Zuverlässigkeit die Nase vorn. Und was eine unkonventionelle Tourenplanung angeht, schlagen Bahnhöfe Wanderparkplätze um Längen. Während Autofahrer nach Erreichen des Tourenzieles auf dem zumeist gleichen Weg zum Parkplatz zurückwandern müssen, ermöglicht die Anreise mit Bahn und Bus ein großes Spektrum an spannenden Gebietsdurchquerungen mit unterschiedlichem Ausgangs- und Endpunkt. Etliche der hier vorgestellten 90 Touren beginnen und enden daher an unterschiedlichen Bahnhöfen oder Bushaltestellen.

Attraktive Preise, hohe Qualität und zuverlässige Leistung tragen dazu bei, dass die Eisenbahn dauerhaft mit dem Individualverkehr konkurrieren kann und somit einen wichtigen Beitrag zum Klimaschutz leistet.

Rechte Seite: Wichtig ist, seine eigenen Fähigkeiten und Fitness richtig einschätzen zu können, dann steht einem gelungenen Ausflug nichts im Wege.

Deutsche Bahn am Alpsee

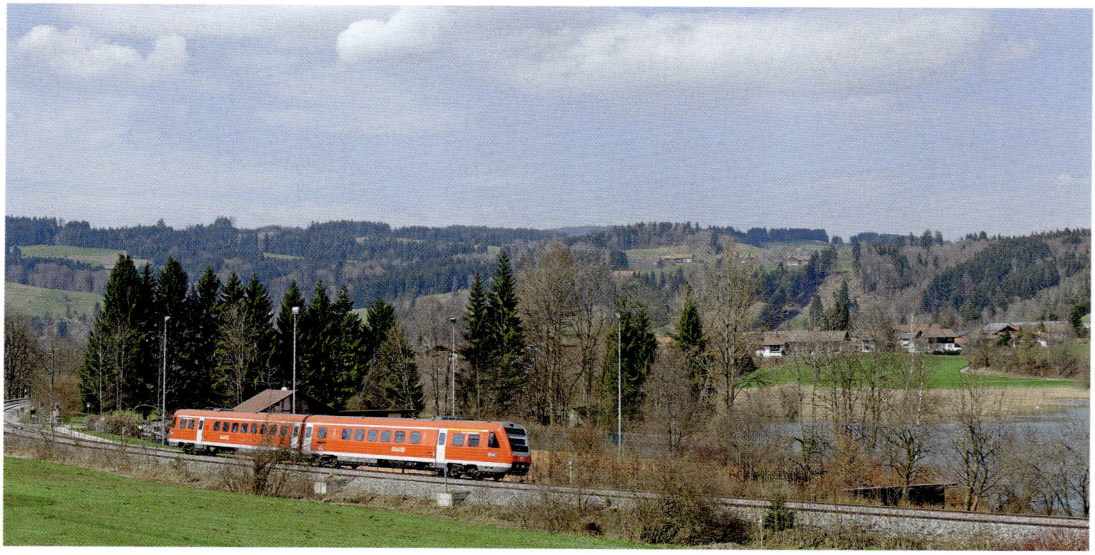

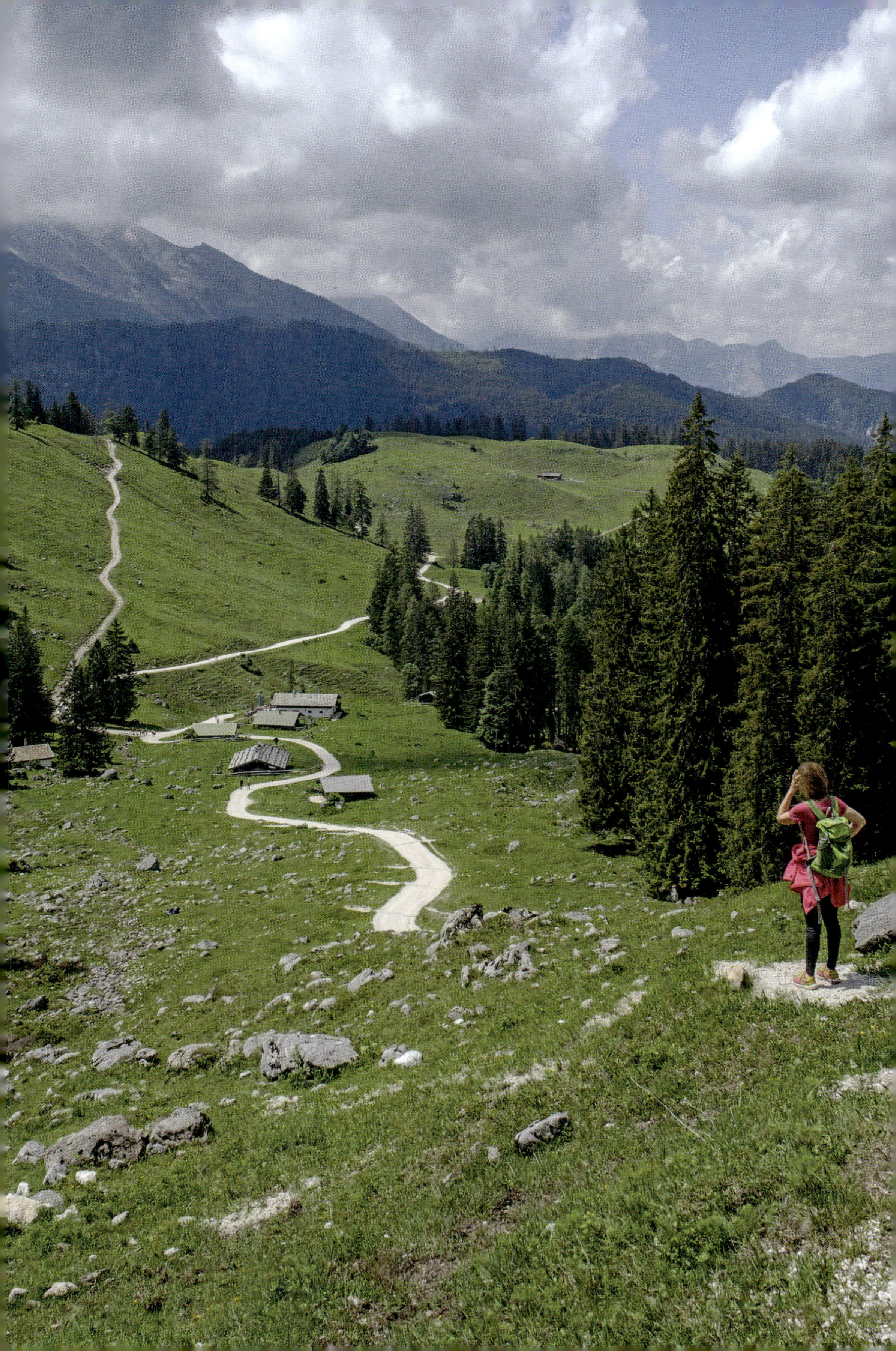

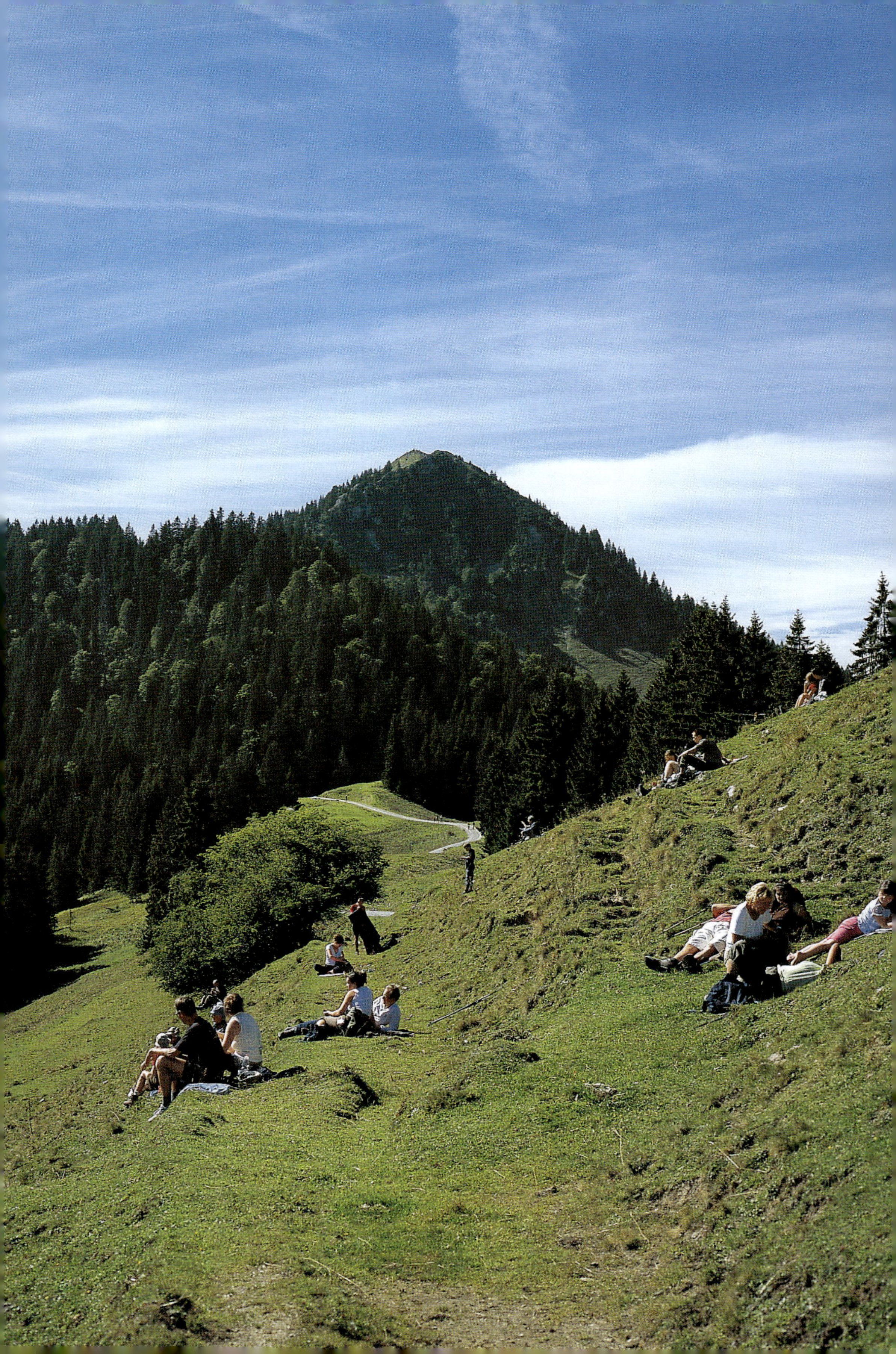

Beste Verbindungen

Die Wanderungen in diesem Buch sind so ausgewählt, dass man für die Anfahrt und die Rückreise jeweils gute Zug- und Busverbindungen hat. Die Touren beginnen und enden entweder direkt an einem Bahnhof oder sind von dort aus mit Anschlussbussen problemlos zu erreichen. Bei den Informationen zu den einzelnen Touren werden exakte Angaben zur Anreise gegeben, inklusive Umsteigebahnhöfe sowie gegebenenfalls alternative Anfahrtsmöglichkeiten. Genaue Abfahrtszeiten werden nicht genannt, da detaillierte Fahrpläne den Rahmen dieses Buches sprengen würden.

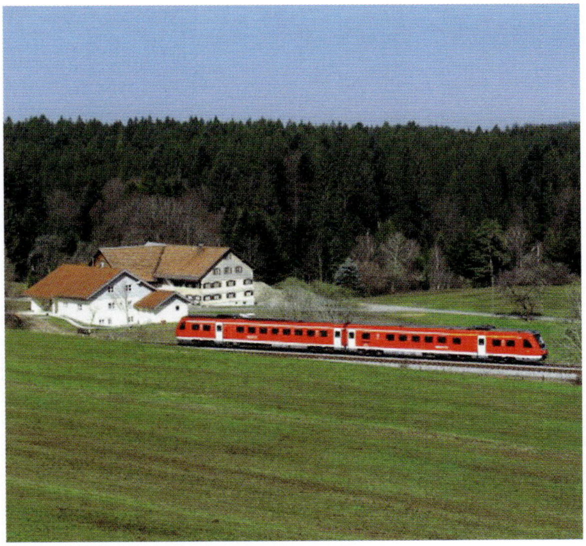

Man genießt herrliche Landschaften auf dem Weg zur Wanderung.

Linke Seite: Der Fockenstein ist nur einen Steinwurf weit von der Aueralm entfernt.

Für die Suche nach den besten Verbindungen, die auch aktuelle Fahrplanänderungen berücksichtigt, bietet das Internet die ideale Informationsplattform. Unter bahn.de gibt man am besten schon einige Tage vor der Tour den gewünschten Abfahrts- und Zielort ein, wobei auch die jeweiligen Bushaltestellen berücksichtigt sind. So erhält man die angenehmste und schnellste Verbindung, die eine problemlose An- und Rückreise ermöglicht. Die Internetrecherche hat zudem den Vorteil, dass man über aktuelle Bauarbeiten und entsprechenden Schienenersatzverkehr informiert wird.

Unter rvo-bus.de beziehungsweise rva-bus.de kann man zusätzlich die Fahrpläne der jeweiligen Buslinien als PDF-Datei herunterladen.

Allgemeine Wandertipps

Zum Gelingen eines Wanderausflugs tragen eine gute Vorbereitung und die entsprechende Ausrüstung einen wesentlichen Teil bei. Hier einige Hinweise, Adressen und Empfehlungen.

Anforderungen Die Anstiegswege zu den in diesem Band vorgestellten Tourenzielen führen in der Regel über gut instand gehaltene Wege und Steige; sie sind meist ausgeschildert bzw. markiert.

Die meisten der hier vorgestellten Wanderungen sind für den Normalbergwanderer und -bergsteiger gedacht. Einige der Routen – insbesondere die als »Schwer« eingestuften Touren – erfor-

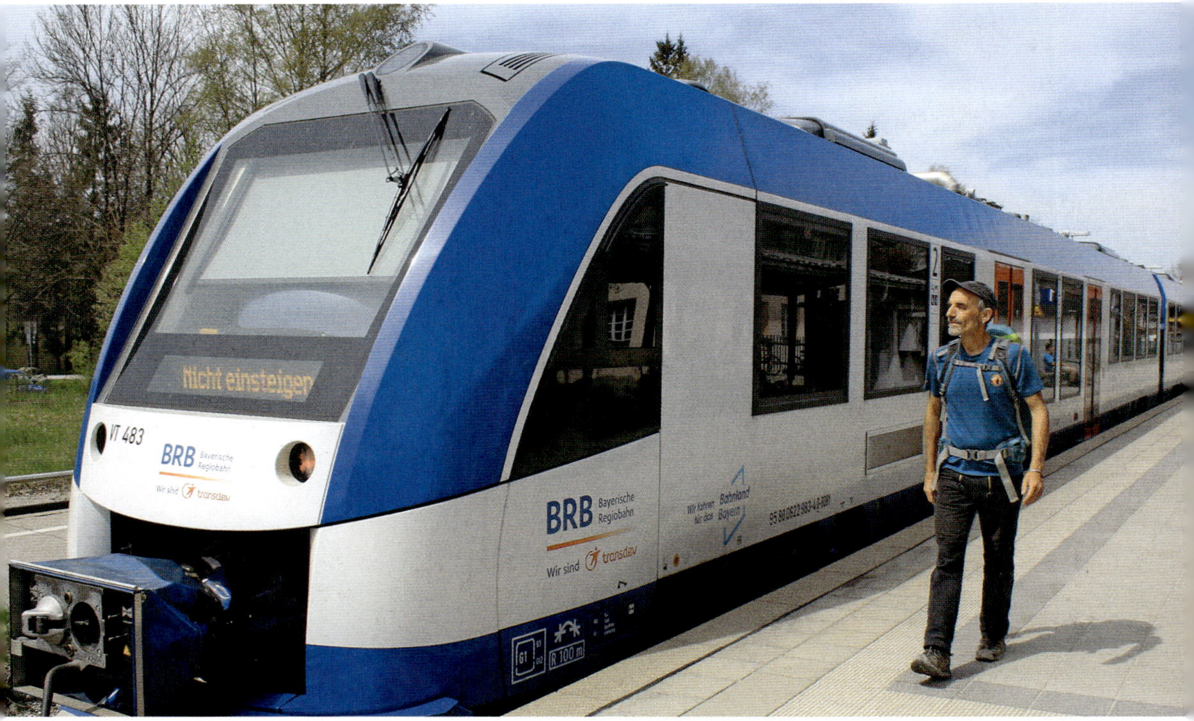

Unterwegs mit der Bayerischen Regiobahn

dern jedoch Trittsicherheit und Schwindelfreiheit, bei einigen ist auch Bergerfahrung erforderlich.

Ausrüstung Dazu gehören feste Schuhe mit Profilgummisohle, die vor allem dem Knöchel einen guten Halt geben müssen (sogenannte Trekkingschuhe), sowie ein Rucksack mit Kleidung zum Wechseln, Regenschutz und Proviant (Trinkflasche), falls die angesteuerte Hütte oder Alm gerade Ruhetag hat oder aus einem triftigen Grund geschlossen sein sollte. Nur bei einigen wenigen der hier vorgeschlagenen Routen gibt es keine Einkehrmöglichkeit. Ein Erste-Hilfe-Set sowie eine Trillerpfeife für die Signalgebung, falls man einmal in Bergnot kommen sollte, gehören ebenfalls in jeden Rucksack.

Gehzeiten und Höhenmeter Die angegebenen Gehzeiten verstehen sich ohne Rastpausen, sind aber großzügig bemessen. In der Regel werden in einer Stunde bei durchschnittlichem Gehtempo 400 Höhenmeter (Hm) im Anstieg bewältigt, im Abstieg 600 bis 800 Höhenmeter. In der Ebene legt der durchschnittliche Wanderer etwa vier Kilometer pro Stunde zurück.

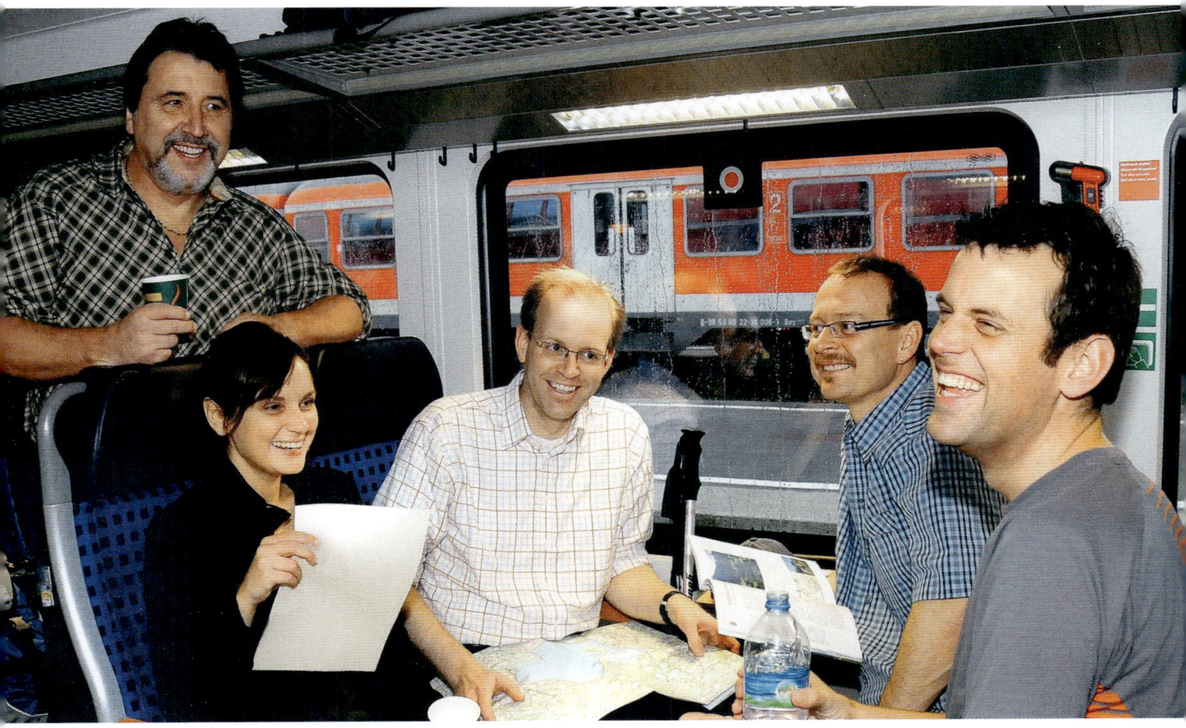

Tourenvorbereitung in der Bahn

Tourenplanung und Wetter Erkundigen Sie sich vor der Tour nach der Wetterlage (Nachrichten, Internet, Anruf beim Fremdenverkehrsamt vor Ort), besonders, wenn mit Kaltwettereinbrüchen zu rechnen ist. Sommerlicher Neuschnee lässt die Temperaturen rasch sinken und evtl. aufsteigender Nebel schafft auch schnell Orientierungsprobleme, selbst in den Vorbergen. Besonders in den Übergangszeiten ist es ratsam, die Hütte oder Alm zu kontaktieren oder im Internet zu prüfen, ob das angesteuerte Einkehrziel geöffnet hat.

Nun aber los … und viel Vergnügen auf stressfreien, entspannenden und umweltschonenden Touren mit der Bahn in den bayerischen Bergen!

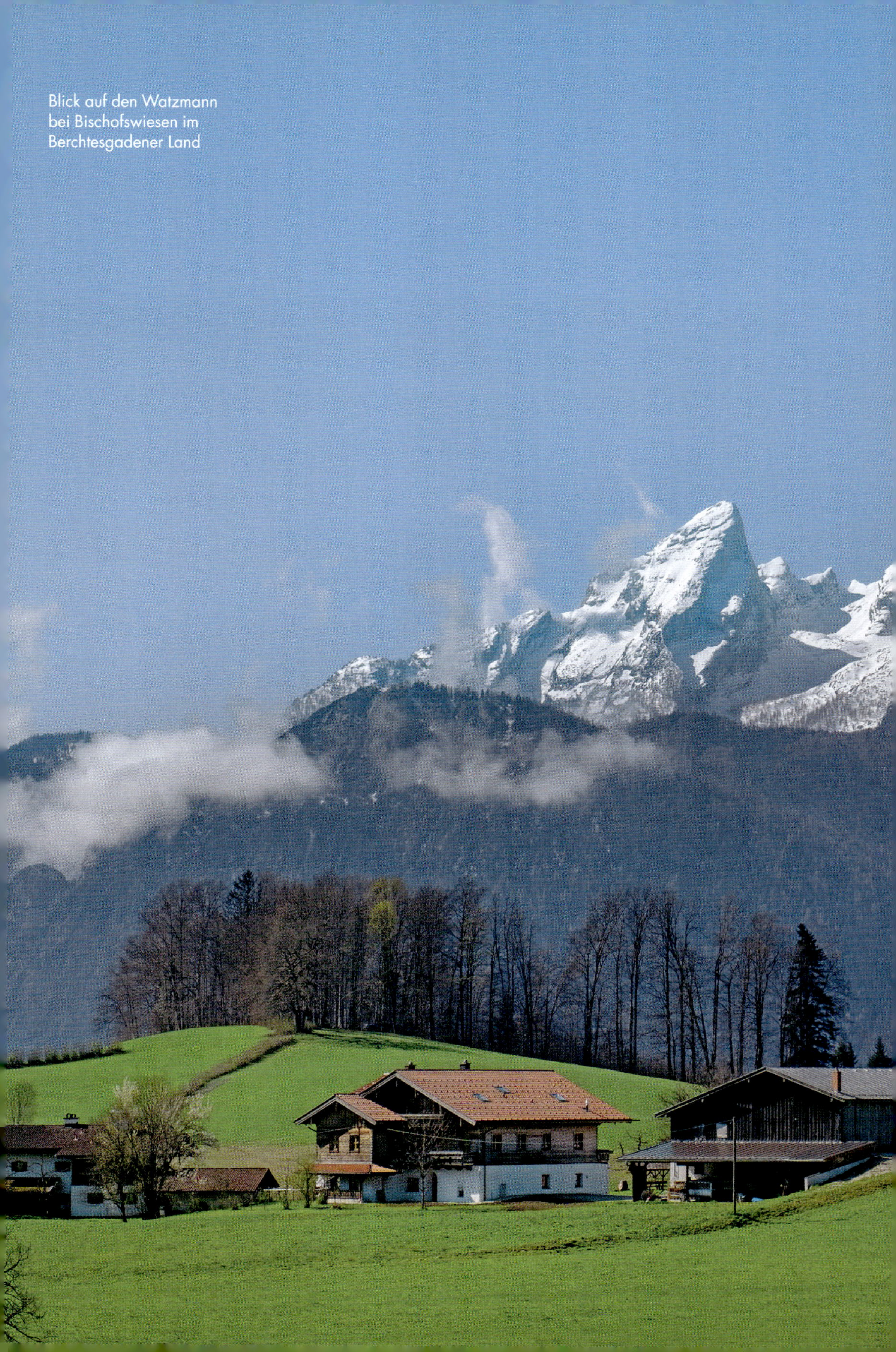

Blick auf den Watzmann
bei Bischofswiesen im
Berchtesgadener Land

Chiemgauer und Berchtesgadener Alpen

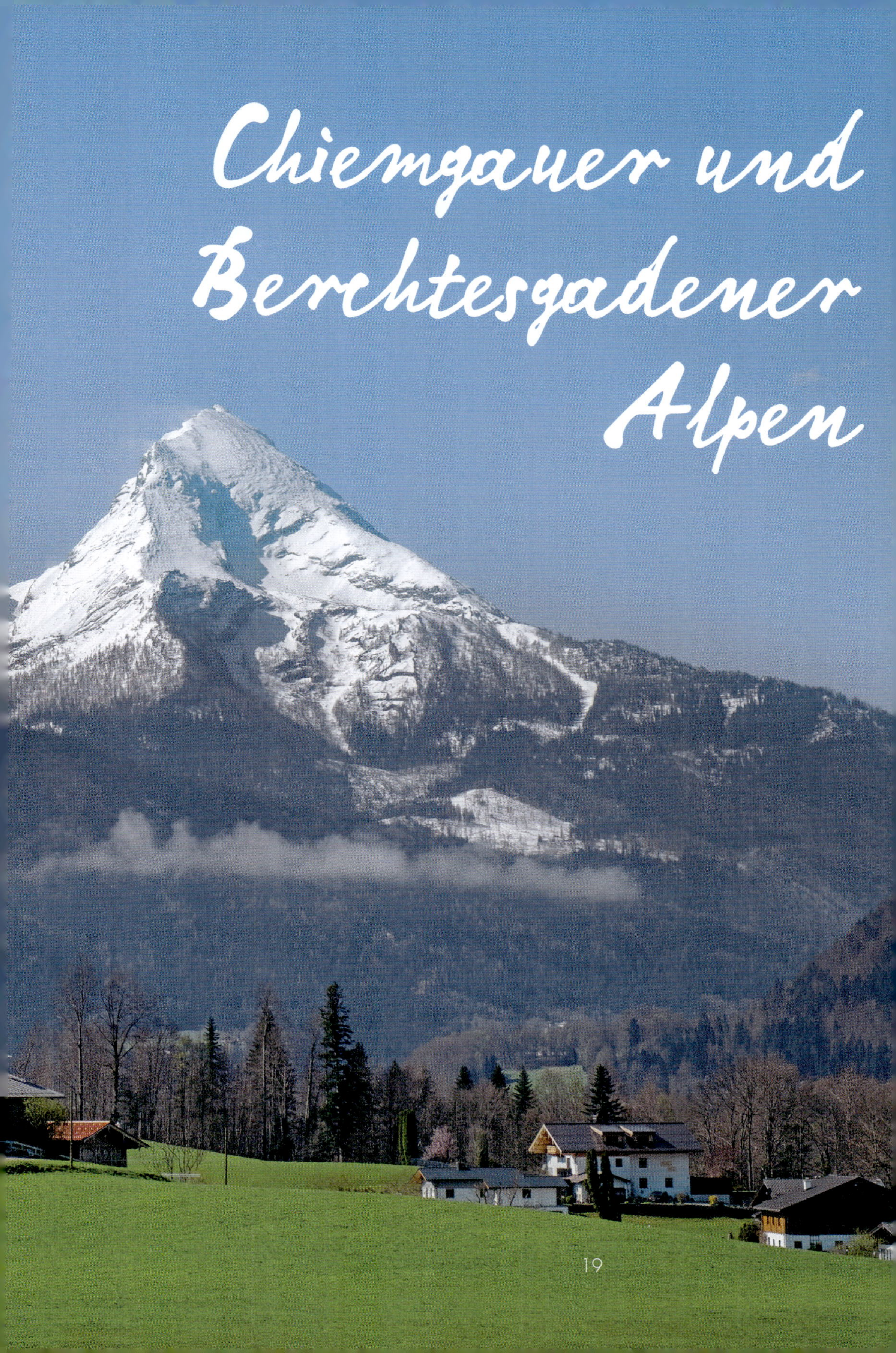

1 Auf Jenner und Schneibstein

Zwei Panoramaberge über dem Königssee

Mittel | 600/1675 Hm | 5.30 Std.

Tourencharakter
Leichte Wanderwege, Bergsteige und Wirtschaftswege

Ausgangspunkt
Talstation der Jennerbahn

Endpunkt
Bushaltestelle Königssee, am Großen Parkplatz

Anfahrt
Mit der Bahn nach Berchtesgaden. Oberbayernbus nach Königssee, fährt vom Bahnhofsvorplatz ab

Rückfahrt
Vom Haltepunkt Kessel mit Schiff zurück zum Nordufer

Einkehr
Carl-von-Stahl-Haus (AV-Haus; Übernachtung), Schneibsteinhaus (TVN, Übernachtung), Jennerhaus, Königsbachalm

Karte
TK 1:50000 Berchtesgadener Alpen (LDBV)

Information
berchtesgadener-land.com

Der Kegel des Jenner hoch über dem Königssee ist Panoramakanzel und Wanderdrehkreuz in einem. Watzmann, Königssee und das glitzernde Firnfeld der Übergossenen Alm bannen unseren Blick. Zum leichtesten Zweitausender der Berchtesgadener Alpen ist es von dort fast nur ein Katzensprung.

Auf den Jenner Von der Jenner-Bergstation (1802 m) wandern wir rechts haltend auf einem breiten Wanderweg zuerst hinauf zur Aussichtsplattform. Von dort sind es nur noch wenige Minuten auf dem Bergwanderweg bis zum höchsten Punkt mit dem Gipfelkreuz.

Zum Schneibstein Von der Bergstation der Jennerbahn folgen wir links haltend den Wegweisern zum Carl-von-Stahl-Haus und zum Torrener Joch. Zunächst geht es hinab in den Sattel zwischen Jenner und Hohem Brett, dann folgen wir dem markier-

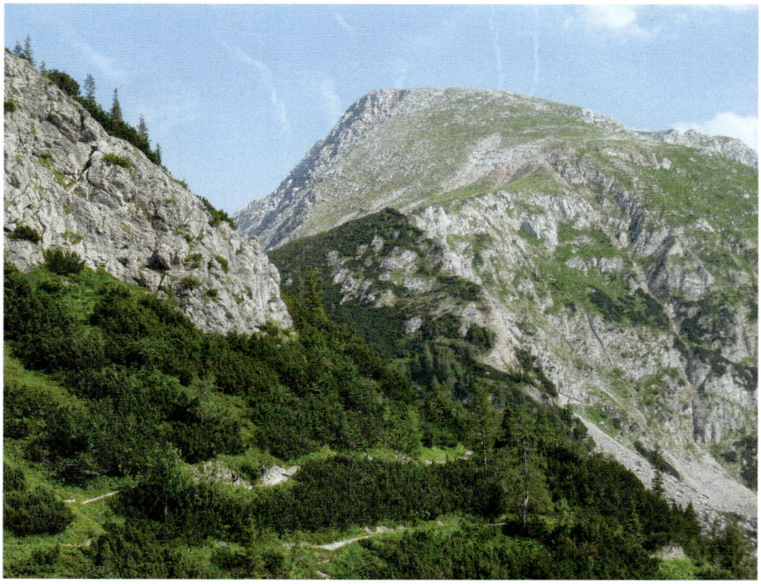

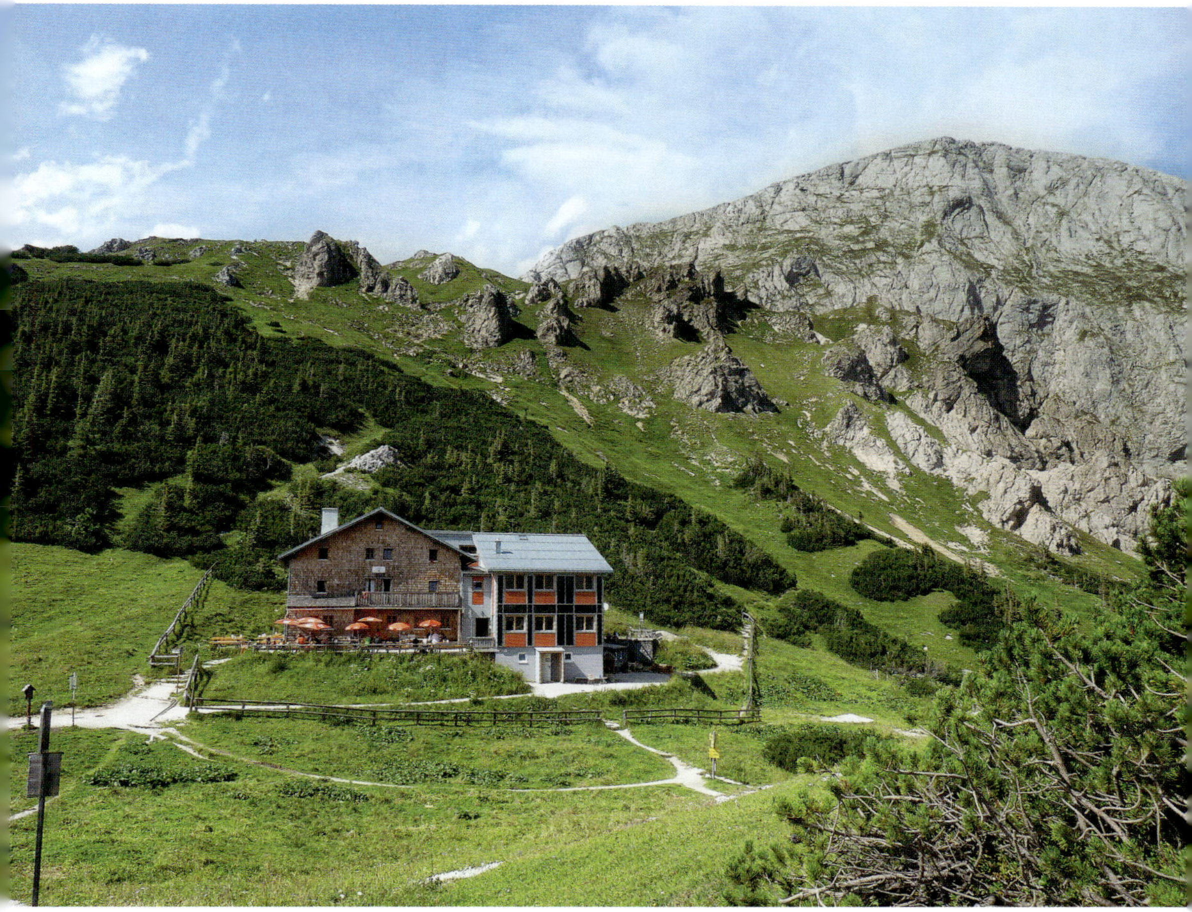

ten Höhenweg überwiegend durch Latschen zum Torrener Joch (1731 m), wo sich das Carl-von-Stahl-Haus befindet. Vom Alpenvereinshaus führt ein bezeichneter Steig (Mark.-Nr. 416) zuerst in südöstlicher Richtung an den Bergfuß, dann an einem Felsköpferl vorbei durch Latschen zum oberen Rand der Teufelsgemäuer (Trittsicherheit erforderlich), dann weiter über die freien Berghänge, bis die Route links über den sanften Nordwestgrat (eine schrofige Rampe) zum Gipfel leitet.

Das vor einigen Jahren erweiterte Carl-von-Stahl-Haus auf dem Torrener Joch. Es liegt auf der Grenze zwischen Bayern und Salzburger Land.

Linke Seite: Der Schneibstein vom Anstiegsweg zum Alpenvereinshaus; er gilt als der leichteste Zweitausender der Berchtesgadener Alpen.

Abstieg über die Königsbachalm zum »Kessel« Von der Bergstation weist rechts haltend ein markierter, serpentinenreicher Wanderweg steil hinab zum Wirtschaftsweg, der aus dem Tal bis hinauf zum Schneibsteinhaus führt. Dort, wo wir auf das steile Sträßchen treffen, halten wir uns rechts und wandern hinab bis zur Wegverzweigung oberhalb der Königsbachalm (hier können

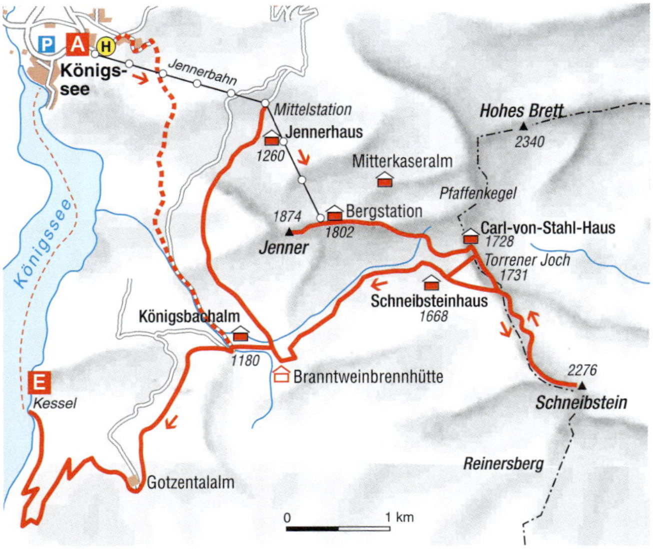

wir rechts zur Mittelstation zurückkehren; Mark.-Nr. 497). Mit einem kleinen Abstecher (ausgeschildert) können wir von hier der Branntweinbrennhütte einen Besuch abstatten. Hier wird im Turnus mit anderen Brennhütten in den Berchtesgadener Alpen der berühmte Gebirgsenzian (ein klarer Schnaps) gebrannt. Wir wandern dann weiter zur Königsbachalm (hier geht es rechts über den Hochbahnweg hinab nach Königssee). Etwas oberhalb der engen Kehre folgen wir links dem breiten Wanderweg (Mark.-Nr. 493), zunächst durch Weidehänge, dann durch Wald hinüber zur unbewirtschafteten Gotzentalalm. Nach dem Überschreiten des Bachgrabens zweigt rechts der breite ehemalige Reitweg (Mark.-Nr. 494) in Richtung Kessel ab. In weiten Serpentinen leitet uns der Weg durch Wald hinab zum Ufer des Königssees, wo wir dann ein Boot zurück zum Nordufer des Königssees besteigen können.

Zwischenstation auf der Königsbachalm, bevor es hinunter zum Königssee geht

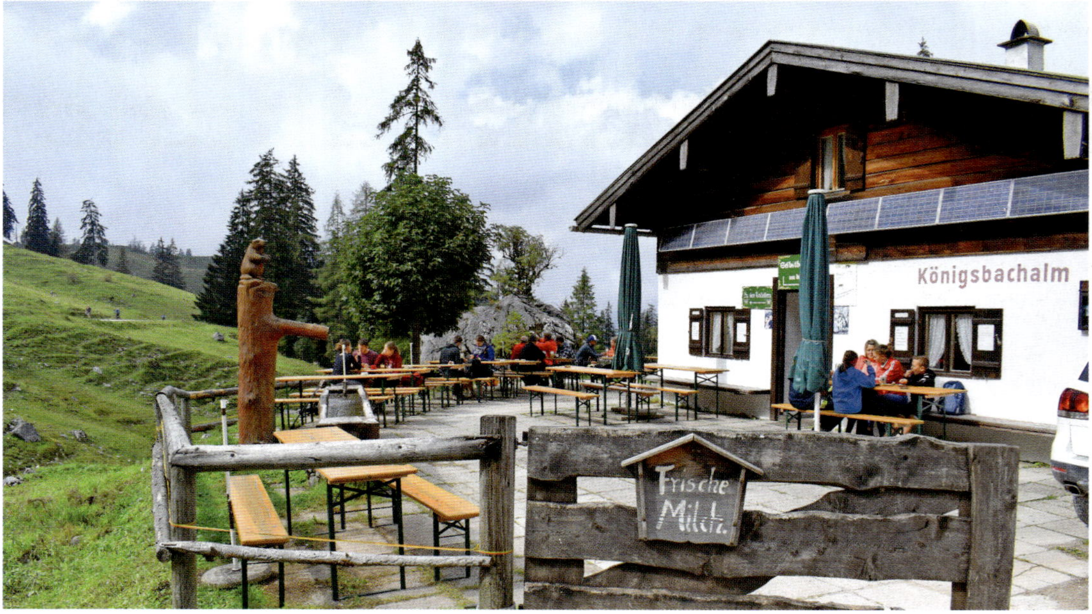

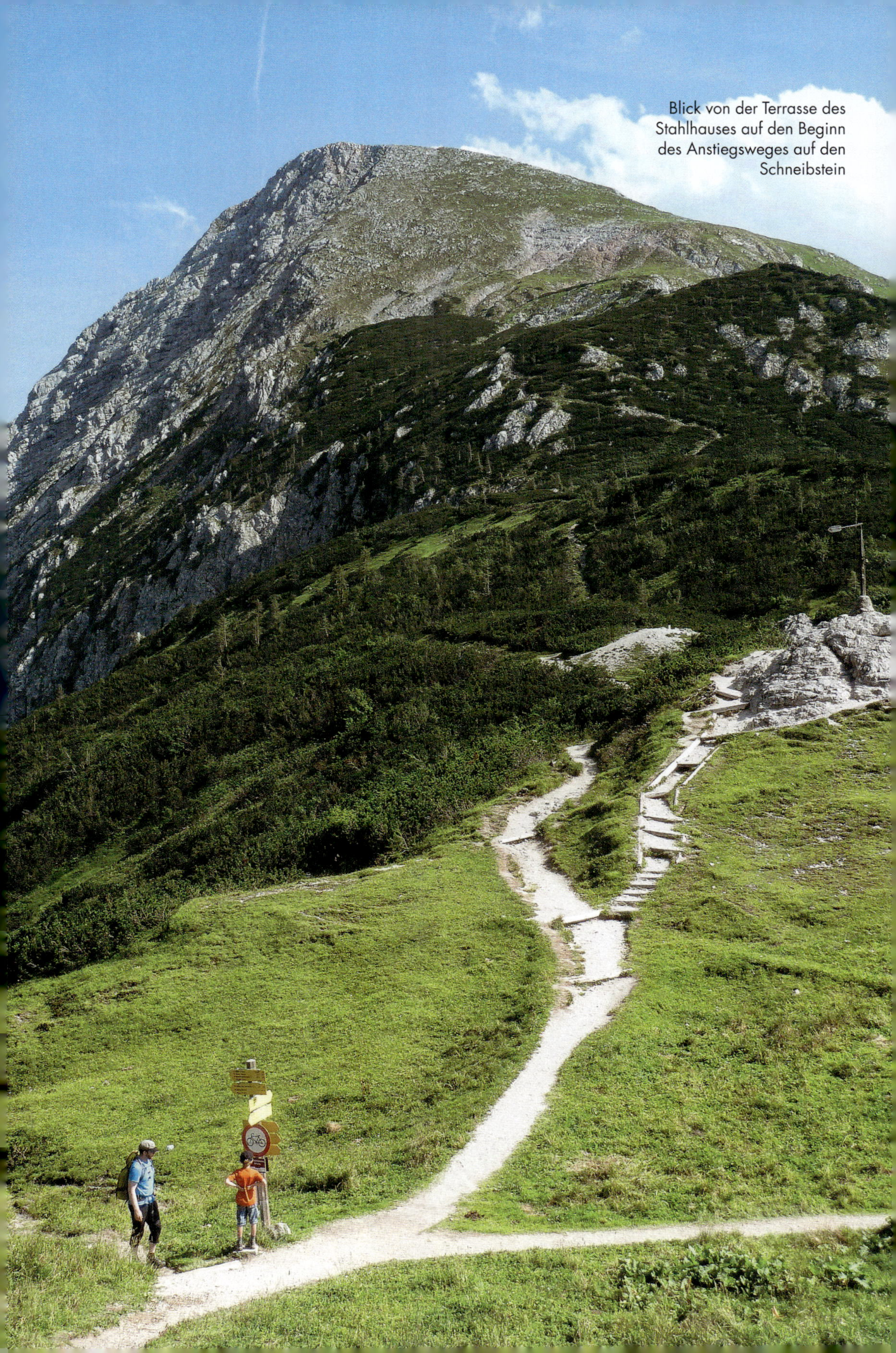

Blick von der Terrasse des Stahlhauses auf den Beginn des Anstiegsweges auf den Schneibstein

2 Durch die Wimbachklamm zur Wimbachgrieshütte

In das wildeste Bachtal des Nationalparks

Leicht	700 Hm	5.30 Std.

Tourencharakter
Leichte Tour auf breitem Wanderweg. Die Durchquerung der Wimbachklamm erfolgt auf gut gesichertem Steig.

Ausgangs-/Endpunkt
Bushaltestelle Wimbachbrücke

Anfahrt
Mit der Bahn über Rosenheim und Freilassing (umsteigen) nach Berchtesgaden. Der RVO-Bus nach Ramsau fährt am Bahnhofsplatz ab; aussteigen an der Haltestelle Wimbachbrücke.

Einkehr
Wimbachschloss (Tagesbetrieb), Wimbachgrieshütte (TVN-Hütte, Übernachtung)

Karte
TK 1:50 000 Berchtesgadener Alpen (LDBV)

Information
ramsau.de

Das Wimbachtal, das die beiden hochalpinen Felsriesen Watzmann und Hochkalter trennt, gehört zu den ursprünglichsten Tälern des deutschen Alpenraums. Ziel unserer Wanderung ist die Wimbachgrieshütte, wo wir einkehren und die hochalpine Szenerie auf uns wirken lassen können.

Wir beginnen unsere Wanderung am Parkplatz Wimbachbrücke und gehen zunächst auf dem zu Beginn asphaltierten Fahrweg steil hinauf zum Eingang der Wimbachklamm (den Chip für den Eintritt müssen wir jedoch vorher besorgen; siehe dazu die Hinweistafeln). Dann lassen wir die rauschende, gurgelnde Felsenge auf uns wirken, die während der Schneeschmelze und nach starken Regenfällen beeindruckend ist. Auf Holzstegen entlang und über Brücken hinweg genießen wir das Schauspiel der Wassermassen. Im Jahr 1843 wurde durch die Klamm zum letzten Mal

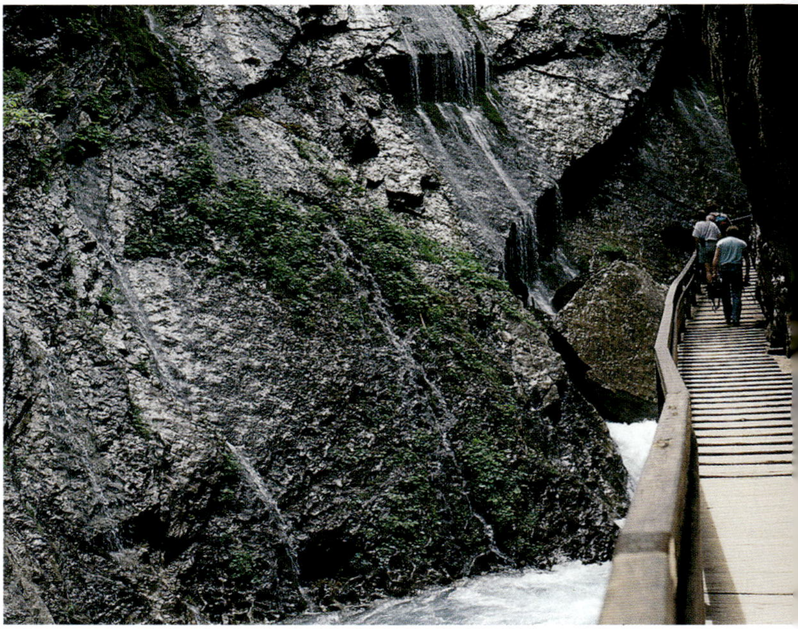

Die Wimbachklamm liegt am Auftakt unserer Wanderung.

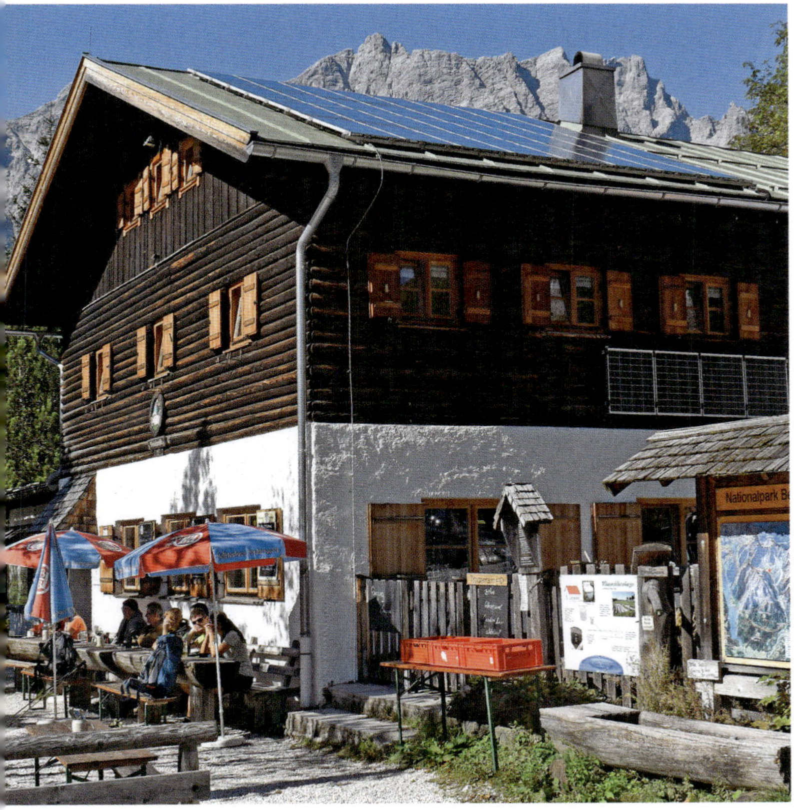

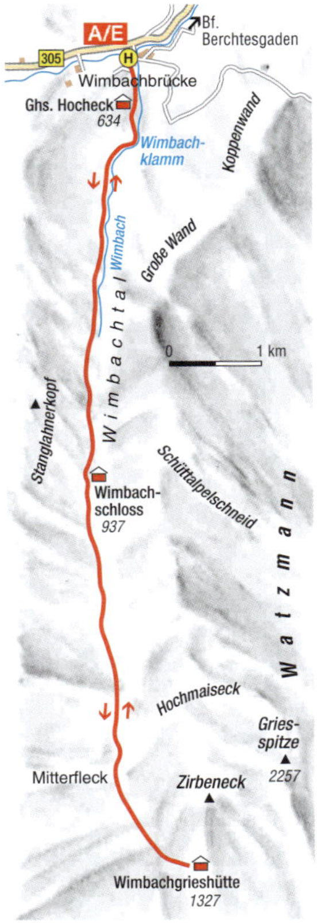

Die Wimbachgrieshütte erreichen wir am hinteren Ende des langen Wimbachtals.

Holz für den Salinenbetrieb getriftet, und schon wenige Jahre später, 1847, wurde sie für den Ausflugsverkehr geöffnet.

Anschließend betreten wir das weite, wilde Wimbachtal. Auf nur langsam ansteigendem und breitem Wanderweg/Wirtschaftsweg (Mark.-Nr. 421) erreichen wir das Wimbachschloss (937 m). Es wurde 1784 vom letzten Propst als Jagdschloss erbaut und dient heute als reizvolle Einkehr am Weg.

Die alpine Kulisse entlang des Weiterwegs wird immer dramatischer. Im Jahr 1959 gab es hier einen gewaltigen Bergsturz, bei dem einige Hunderttausend Kubikmeter Felstrümmer zu Tal stürzten. Unser Ziel, die Wimbachgrieshütte (der Begriff »Gries« bezeichnet einen breiten Strom von Steinschutt), wurde 1924 als Stützpunkt eröffnet.

Der Rückweg erfolgt auf dem Anstiegsweg. Die gebührenpflichtige Klamm lässt sich auf dem steilen Zufahrtsweg umgehen.

3 Stöhrhaus und Berchtesgadener Hochthron

Über den sagenumwobenen Untersberg

Mittel | 1360/1180 Hm | 6.15 Std.

Tourencharakter
Der Anstieg über den Reisenkaser ist steil und anstrengend, der weitere Weg jedoch leicht, ebenso der Abstieg über das Leiterl. Trittsicherheit und Kondition sind jedoch erforderlich.

Ausgangspunkt
Bahnhof Bischofswiesen

Endpunkt
Bushaltestelle Hintergern

Anfahrt
Mit der Bahn über Freilassing (umsteigen) nach Bischofswiesen (nur Haltepunkt für Regionalzüge)

Rückfahrt
Von Hintergern mit dem Bus zum Bahnhof von Berchtesgaden; von dort zurück in Richtung München

Einkehr
Stöhrhaus (AV-Haus, Übernachtung), Berggasthof Dürrlehen und Gasthaus Bachgütl

Karte
TK 1:50 000 Berchtesgadener Alpen (LDBV)

Information
berchtesgadener-land.com

Ziel ist das Stöhrhaus auf dem Untersberg, eine von zwei reizvollen Alpenvereinshütten auf diesem sagenumwobenen, plateauartigen Gebirgsstock. Wir statten dem Berchtesgadener Hochthron einen Besuch ab, der uns mit einem grandiosen Panoramablick belohnt, und steigen dann nach Hintergern ab.

Am Bahnhof in Bischofswiesen queren wir die B 20 und gehen auf dem Fußweg zur Pfarrkirche, dort halten wir uns links, passieren das Rathaus, und am Ende des Platzes beginnt unser eigentlicher Wanderweg (Wegweiser »Maximilians-Reitweg«). Wir schlendern durch Wiesen auf den Bergfuß zu, treffen dort auf den Reitweg, halten uns auf diesem links und wandern am Bergfuß entlang nach Winkl. Am nordöstlichen Ortsrand zweigt rechts eine Forststraße ab (Mark.-Nr. 464), der wir nun bergwärts folgen.

Wir verlassen sie nach etwa 20 Minuten bei einer scharfen Rechtskehre und steigen durch Wald hinauf in den Sattel zwischen Nierntalkopf und Scheibelkopf. Dort treffen wir auf den von Hallthurm heraufführenden Steig, dem wir nun rechts haltend folgen. In steilen Serpentinen geht es hinauf zum Reisenkaser. Im weiteren Verlauf dann im leichten Auf und Ab weiter zum Lisabethenkaser. Ein weiteres

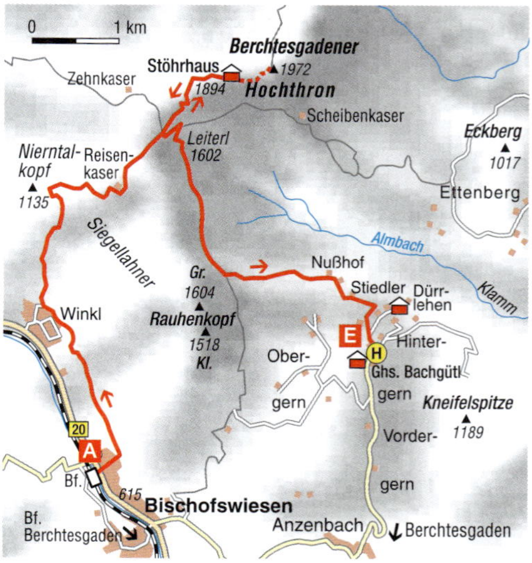

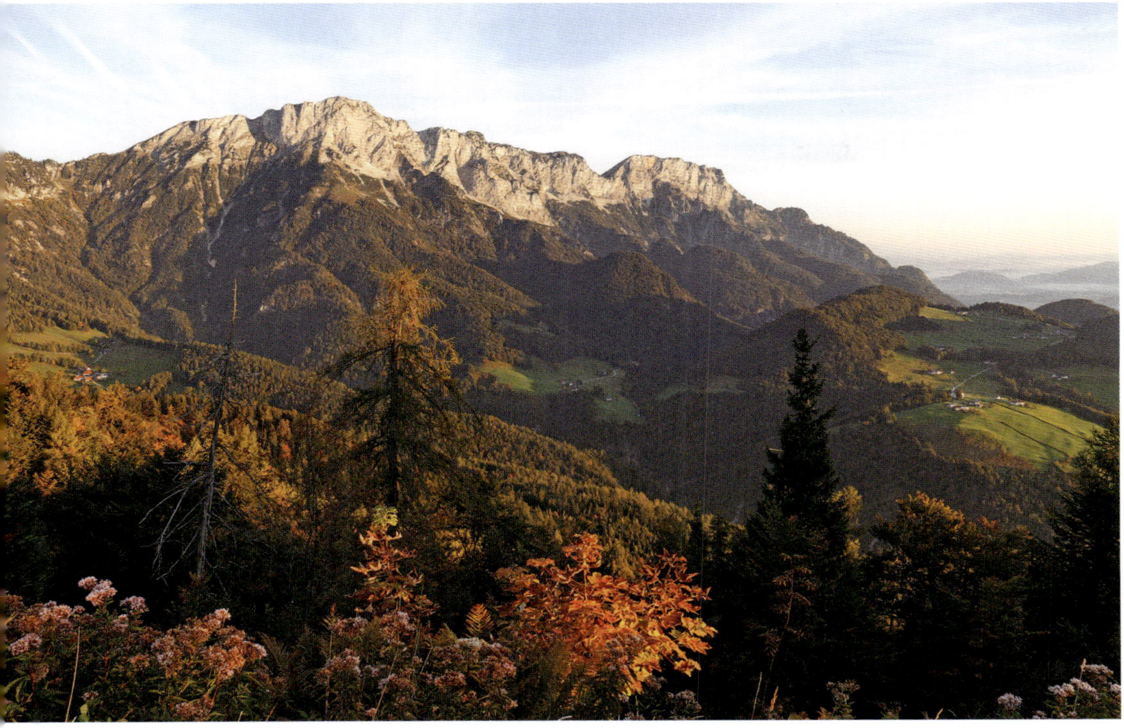

Blick auf den Untersberg mit Berchtesgadener und Salzburger Hochthron

steileres Stück bringt uns zum sogenannten Leiterl. Dort links weiter über zwei weitere Geländestufen durch Latschen hinauf zum Stöhrhaus.

Von dort ist es nur mehr ein kleiner Abstecher zum höchsten Gipfel des Untersbergmassivs, dem Berchtesgadener Hochthron (40 Min. Auf- und Abstieg).

Vom Stöhrhaus zurück zum Leiterl. Diesmal passieren wir jedoch das Gatterl und steigen über Serpentinen auf der Gerner Seite ab. Nach einer Viertelstunde ist der anspruchsvollere Teil geschafft, und wir wandern nun bequem auf dem Stöhrweg entlang. Dann wendet sich der Weg nach links und führt uns in Serpentinen durch schönen Wald hinab zum Nußhof. Schließlich dort rechts auf Teersträßchen hinab nach Hintergern bis zur Bushaltestelle.

Berchtesgaden und Salzbergwerk

Da wir bei diesem Bergausflug wegen der Länge der Tour sicherlich auf der Hütte übernachten werden, haben wir am nächsten Tag Zeit für einen Bummel durch den historischen Ortskern von Berchtesgaden oder für einen Besuch des Salzbergwerks.

4 Über das Lattengebirge

Vom Predigtstuhl zur sagenumwobenen Steinernen Agnes

Mittel | 170/1050 Hm | 3.30 Std.

Tourencharakter
Der Abstiegsweg von der Bergstation nach Hallthurm erfolgt auf gutem Bergsteig. Bei Nässe jedoch Vorsicht, Rutschgefahr an ein paar Stellen

Ausgangspunkt
Bergstation der Predigtstuhlbahn

Endpunkt
Bushaltestelle Hallthurm

Anfahrt
Mit der Bahn über Freilassing (umsteigen) nach Bad Reichenhall bis Hp. Kirchberg. Von dort zu Fuß über die Stadtbrücke zur Talstation der Predigtstuhlbahn

Rückfahrt
Von Hallthurm mit RVO-Bus nach Bad Reichenhall-Hauptbahnhof; von dort mit der Bahn zurück

Einkehr
Restaurant bei der Bergstation der Predigtstuhlbahn mit schöner Terrasse, Rasthaus Schlegelmulde (Tagesbetrieb)

Karte
TK 1:50 000 Berchtesgadener Alpen (LDBV)

Information
bad-reichenhall.de

Wir schweben mit der Seilbahn direkt über die Kurstadt hinauf zur Bergstation und genießen von dort den prächtigen Blick auf die Chiemgauer und Berchtesgadener Alpen. Beim Abstieg nach Hallthurm passieren wir das Felsgebilde der Steinernen Agnes. Zurück geht es dann mit dem Bahnbus.

Nach der Auffahrt zur Bergstation mit der weltweit ältesten noch in Betrieb befindlichen Großkabinenbahn erwartet uns ein leichter Höhenweg, der uns in einer knappen Viertelstunde zum Rasthaus Schlegelmulde leitet. Dort stärken wir uns mit einer Brotzeit, denn an unserem Abstieg nach Hallthurm liegt keine Einkehrmöglichkeit mehr.

Anschließend geht es auf Wanderweg (Nr. 404 A) in steilen Serpentinen hinauf zum Hochschlegel (1688 m), den ein Gipfelkreuz schmückt, dann leicht abwärts bis zur Wegverzweigung Karkopf/Törlkopf. Und natürlich statten wir der höchsten Erhebung des stark bewaldeten Lattengebirges, dem 1735 Meter

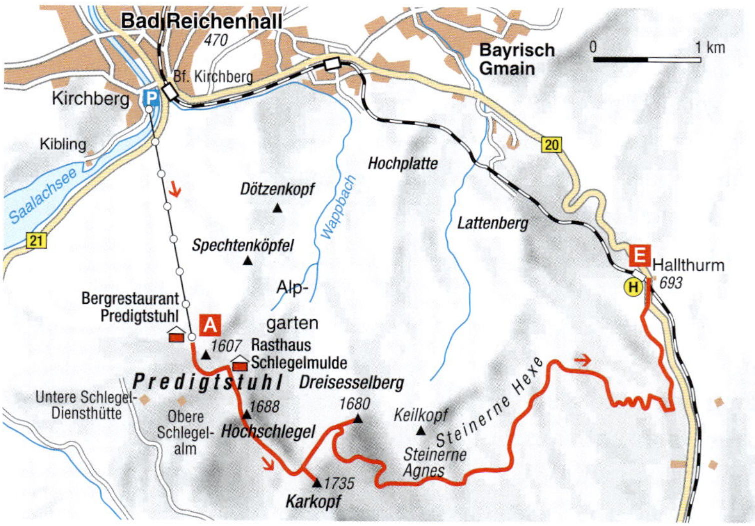

hohen Karkopf, einen Besuch ab. Danach zurück zur Wegverzweigung und rechts weiter zum Aussichtspunkt Dreisesselberg (1680 m), wo wir einen schönen Blick hinab ins Alpgartental haben. Kurz zurück zur Wegverzweigung und nun links hinunter

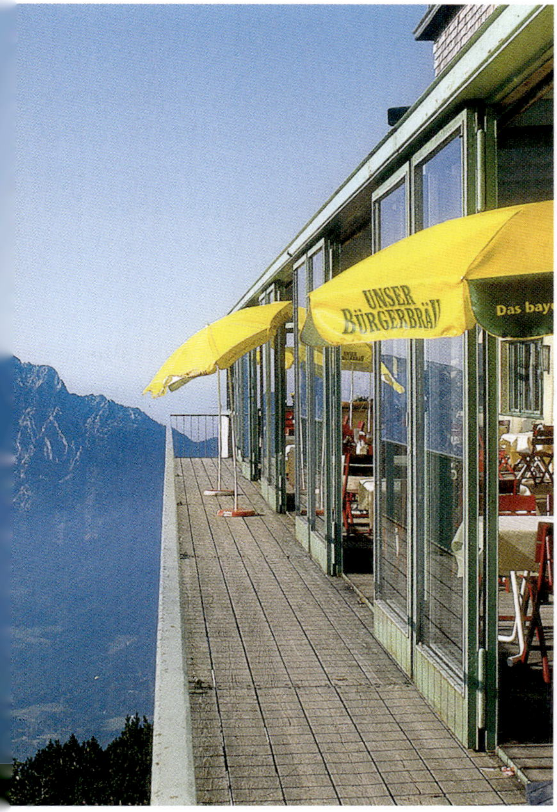

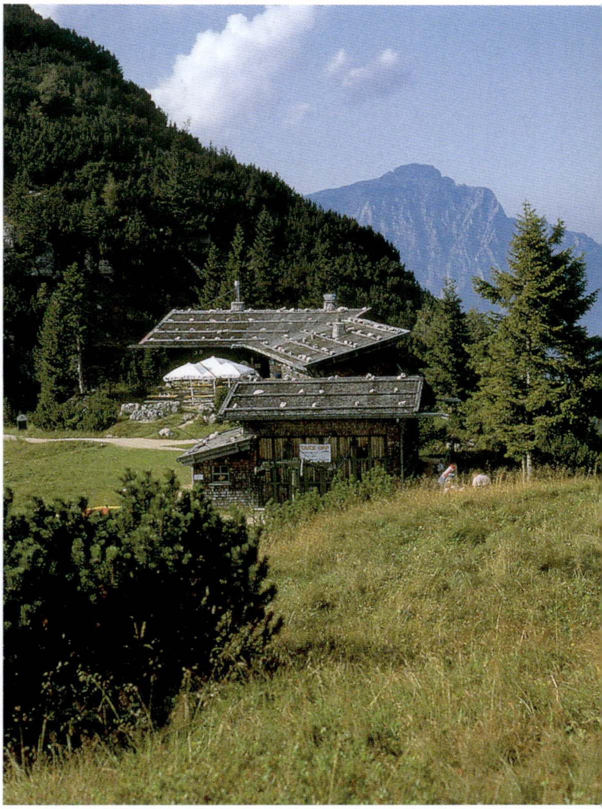

Das Rasthaus Schlegelmulde am Predigtstuhl

Links: Vom Restaurant auf dem Predigtstuhl haben wir einen herrlichen Ausblick auf die Staufengruppe.

(bei Nässe Rutschgefahr!) in eine große Mulde und weiter zur aufgelassenen Steinbergalm mit schönem Rastplatz. Von dort wandern wir links weiter, bis wir nach 20 Minuten erstmals die Felsgestalt der Steinernen Agnes erblicken. Über uns thront die Schlafende Hexe. Wir wandern an ihr vorbei und treffen nach wenigen Minuten auf eine Wegverzweigung. Hier folgen wir dem linken Abzweiger (der rechts abgehende Steig führt steil hinab nach Winkl) und gehen eben hinüber zu den Rotofentürmen, die einen Teil der Schlafenden Hexe bilden, wobei wir der Wegmarkierung mit der Nummer 469 folgen. Über den Rotofensattel und zahlreiche Serpentinen geht es durch Wald hinab nach Hallthurm (das letzte Stück entlang der Straße) und zum Bahnhof, wo sich der Bushalt befindet.

5 Auf den Hochstaufen

Paradetour auf den Hausberg der Reichenhaller

Schwer | 1300 Hm | 7 Std.

Tourencharakter
Trittsicherheit und Schwindelfreiheit sind unbedingt erforderlich. Am Steinernen Jäger keine Sicherungsmittel. Ansonsten erfordert die Runde eine gehörige Portion Kondition. Am besten mit Übernachtung

Ausgangs-/Endpunkt
Hbf. Bad Reichenhall

Anfahrt
Mit IC oder Regionalzügen über Rosenheim und Freilassing nach Bad Reichenhall-Hauptbahnhof. Vom Hbf. weiter zu Fuß nach Nonn (bis hierher evtl. mit Bus) und hinauf zur Padinger Alm

Rückfahrt
Von Nonn mit dem Bus nach Bad Reichenhall-Hauptbahnhof

Einkehr
Reichenhaller Haus (AV-Haus, Übernachtung)

Karte
TK 1:50 000 Berchtesgadener Alpen (LDBV)

Information
bad-reichenhall.de

Die Hochstaufengruppe bildet den östlichen Abschluss der Chiemgauer Alpen. Der höchste Berg der Gruppe, der Hochstaufen, lässt sich mit ein bisschen Anlauf auch mit öffentlichen Verkehrsmitteln erreichen. Kurz unterhalb des Gipfels erwartet uns eine Alpenvereinshütte mit einem Ausblick der Extraklasse.

Vom Hauptbahnhof in Bad Reichenhall folgen wir zunächst der Bahnhof-, dann der Wittelsbacherstraße stadteinwärts, bis rechts die Kurfürstenstraße abzweigt. Auf dieser bis zur Umgehungsstraße, die wir unterqueren, dann durch die Saalachauen zur Saalach. Der Nonner Steg führt uns hinüber auf die andere Seite. Wir treffen auf eine Fahrstraße, halten uns links und wandern durch die Nonner Au weiter. Dann folgen wir der Nonner Oberlandstraße, bis rechts am Bergfuß der steile Fahrweg zur Padinger Alm abzweigt. Bald biegen wir jedoch links auf den ausgeschilderten Wanderweg ab, der sich in einigen Schleifen durch den Wald zieht.

Beim ehemaligen Wanderparkplatz der Padinger Alm (der seit einiger Zeit nicht mehr angefahren werden darf; auch die Padinger Alm ist mittlerweile nicht mehr bewirtschaftet) folgen wir einer Forststraße zu einer Wegverzweigung. Dort rechts weiter. Der anfangs breite Weg verengt sich bald und führt uns durch dichten Wald hinauf zur freien Buchmahd

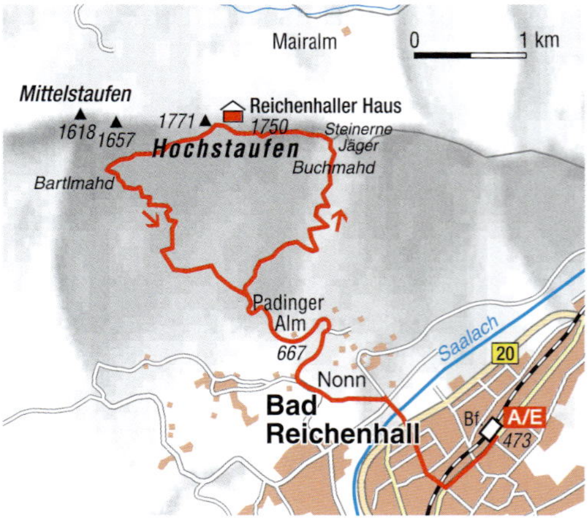

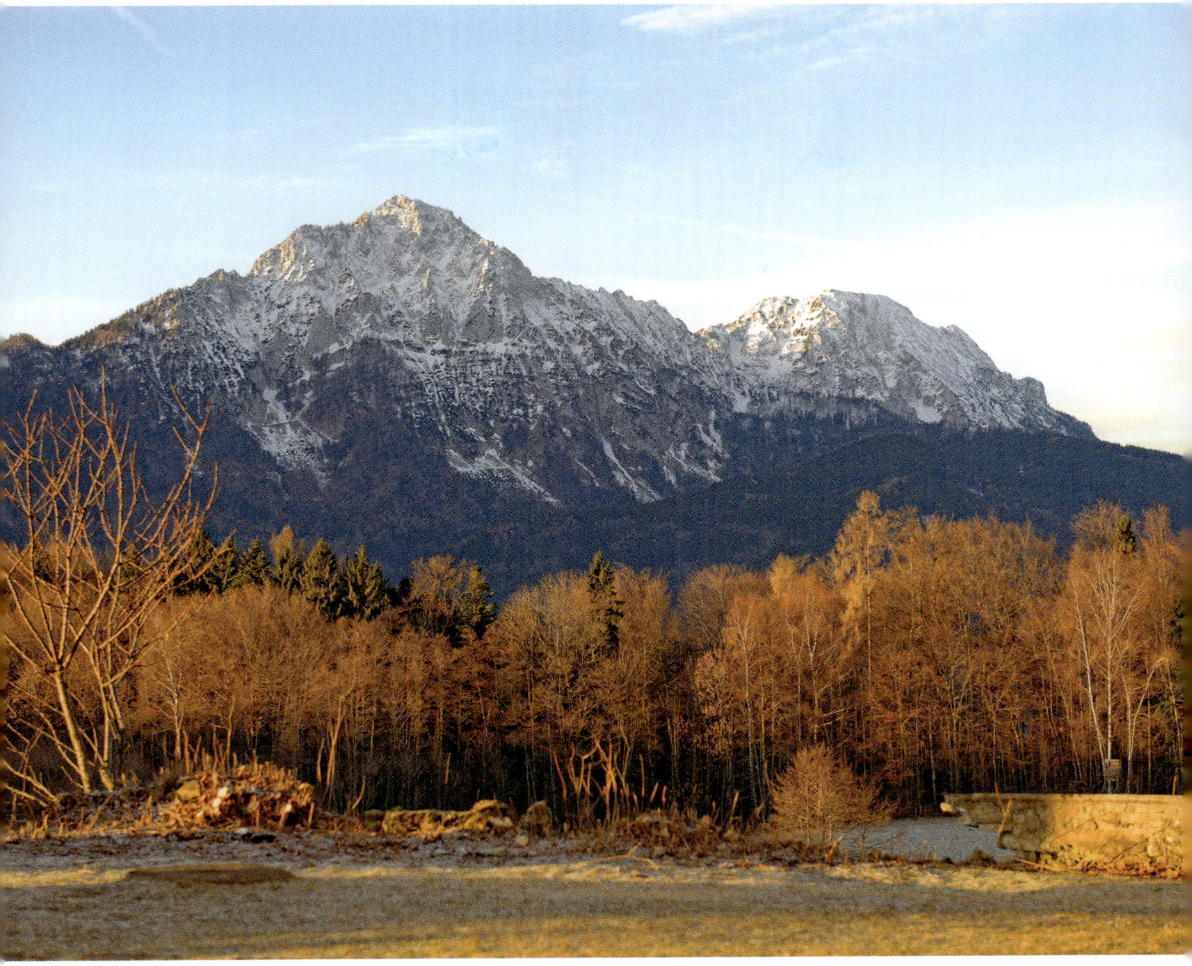

Blick auf den Hochstaufen

und weiter zum Ostgrat. Zuerst steigen wir auf dem luftigen Grat an, dann verläuft unser Weg über gestuftes Gelände und leitet uns hinauf zum Reichenhaller Haus, das knapp unterhalb des Hochstaufengipfels liegt.

Vom Reichenhaller Haus wandern wir anschließend auf dem in Richtung Westen verlaufenden Steig leicht fallend abwärts und folgen diesem bis zur Scharte, die den Hochstaufen vom Mittelstaufen trennt. Dann steigen wir über steile Serpentinen durch schrofiges, mit Latschen durchsetztes Gelände ab zur überwachsenen Bartlmahd, halten uns dort links und wandern durch Wald hinab bis zu der Forststraße, die wir zu Beginn des Anstiegs benützt haben. Auf dieser dann hinab zur Padinger Alm und auf dem bereits bekannten Weg zurück zum Ausgangspunkt.

6 Von Traunstein auf den Hochberg

Biergarten mit Watzmannblick

Leicht | 220 Hm | 3 Std.

Tourencharakter
Gemütlicher Spaziergang mit einigen Höhenmetern

Ausgangs-/Endpunkt
Bahnhof Traunstein

Anfahrt
Mit der Bahn nach Traunstein

Einkehr
Mehrere Gasthöfe in Traunstein; Alpengasthof Hochberg, Tel. 0861/4202, alpengasthof-hochberg.de

Karte
Landesamt für Vermessung und Geoinformation Bayern 1:50000, UK 50–44 Altötting–Burghausen–Rupertiwinkel–Traunstein

Information
Tourist-Info Traunstein, Tel. 0861/65500, traunstein.de

Der Hochberg ist quasi der Hausberg der Traunsteiner. Ein schöner Weg führt von Traunstein entlang der Traun und weiter auf einem Waldweg hinauf zum Hochberg. Im gleichnamigen Gasthof sitzt man mit Watzmannblick unter den Kastanien.

Einen schöneren Kontrast zwischen der Traunsteiner Altstadt, durch die man nach der Tour noch bummeln sollte, und der Aussicht auf dem Hochberg kann es wohl nicht geben. Zunächst geht es entlang der Traun und dann auf einem Waldweg an den Hängen unterhalb des Hochberges hinauf zum gleichnamigen Gasthof. Wenn man hier oben bei bester bayerischer Küche unter den Kastanien sitzt, hat man einen herrlichen Ausblick auf den Watzmann, den Hochkalter und in vorderster Front den Hochstaufen sowie den Zwiesel. Da schmeckt es natürlich besonders gut. Wer nach dem Gaumenschmaus noch ein Stück nach Süden Richtung Hölln, Hinterwelln zum Aussichtspunkt geht, dem eröffnet sich die gesamte Bergwelt der Chiemgauer Alpen. Der Blick schweift über den Rauschberg weiter nach Westen mit allen namhaften Gipfeln wie Hochfelln, Hochgern, Geigelstein und Kampenwand, von links nach rechts gesehen. Rechts neben dem Rauschberg bauen sich im Hintergrund zudem noch die Loferer Steinberge auf. Was für ein Ausblick! Da lohnt es sich, auf der Bank dieses Panorama länger zu genießen. Danach geht es dann wieder auf dem Anstiegsweg zurück nach Traunstein. Chiemseeausblicke kann man im Wegstück vor der Straße, kurz vor dem Alpengasthof Hochberg erhaschen. Besonders schön sind die Sonnenuntergänge im Hochsommer am Chiemsee. Nach der Tour lohnt dann noch ein Abstecher in die Traunsteiner Altstadt in den Bereich um den Stadtplatz. Hier sollte man den Brunnenhof, die Salinenkapelle und die Lourdeskapelle sowie die Stadtpfarrkirche St. Oswald besichtigen. Zudem warten das Druckerei-, das Heimatmuseum und die Kunstgalerie auf Ihren Besuch. Die Öffnungszeiten sollten Sie in der Tourist-Info erfragen.

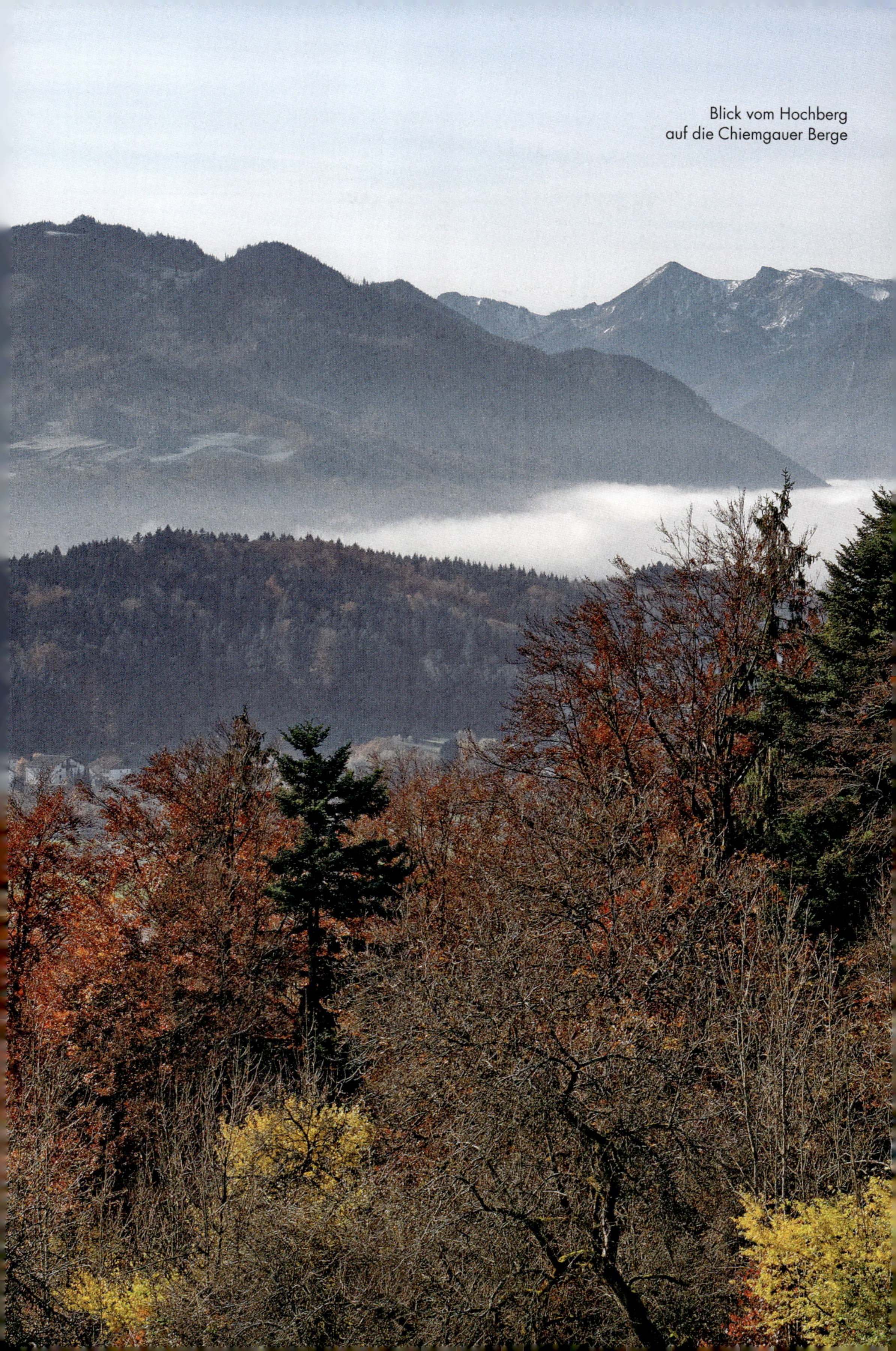

Blick vom Hochberg
auf die Chiemgauer Berge

Rechte Seite: Auf dem Traunsteiner Stadtplatz

Vom Bahnhofsgebäude in Traunstein gehen wir über den Bahnsteig für die Züge nach Ruhpolding am Gleis 1A. An der Bahnschranke überqueren wir die Rosenheimer Straße und gehen entlang der Bahngleise in den Holzhammerweg, das ist ein Rad- und Fußweg. Wir überqueren an der nächsten Bahnschranke die Haslacherstraße und gehen weiter an den Bahngleisen entlang, nun auf einem schmalen Fußweg. Dann geht es durch die Parkanlagen weiter in der Nähe der Bahngleise. Wir gehen am Fußgängerschild die Treppenstufen bergab. Am Bahnübergang folgen wir dem Schild Richtung Haslacher Brücke nach links. Nach den Stufen wenden wir uns an den Ufern der Traun nach rechts und folgen dem Wegweiser »Waldweg Hochberg«, der uns auch im weiteren Wegverlauf die Richtung weist.

Wir wandern ein Stück entlang der Traun auf dem Rad- und Fußweg, daneben führt auch ein schmaler Pfad direkt an der Traun entlang. Später überqueren wir den Fluss über die Fußgängerbrücke nach links, gehen durch die Fußgängerunterführung und anschließend gleich nach rechts. Ein kurzes Stück geht es nun neben der Straße, dann zweigt der Weg bergauf in den Wald ab. Nun gehen wir an den Waldhängen entlang, kurze Wegstücke führen dabei auch wieder bergab. Lediglich eine Weggabelung ist nicht mit dem uns bekannten Wegweiser ausgewiesen. Dort geht es links weiter mit dem Schild Nummer 10. Grundsätzlich kann man sich immer an dem besser geschotterten Weg orientieren. Am Ende des Waldes geht es noch ein kurzes Stück über Wiesen und Felder. Dann sind wir an der Straße angelangt, der wir noch ein kurzes Stück rechts mit dem Wegweiser »Hölln, Hinterwelln« bis zum Alpengasthof Hochberg folgen. Wer zum Aussichtspunkt möchte, folgt diesem Wegweiser auf der Straße noch wenige Meter weiter in südlicher Richtung.

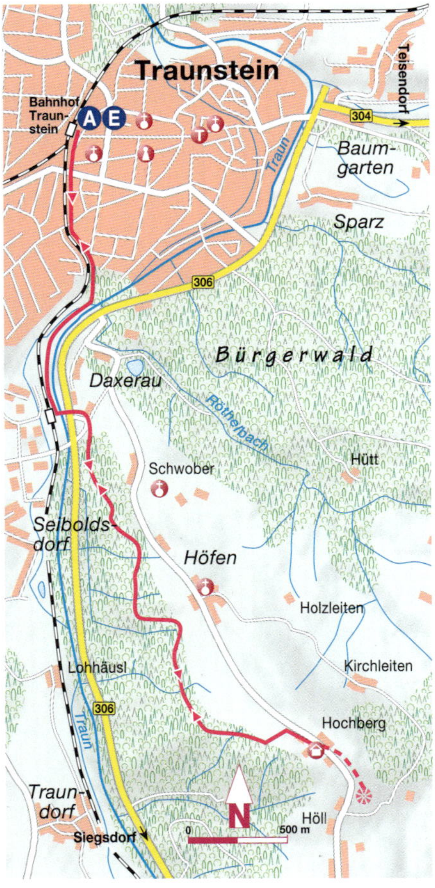

Für den Rückweg wählen wir die gleiche Route.

Abkürzung über Seiboldsdorf Wenn Sie mit der Deutschen Bahn in Traunstein eine Station Richtung Ruhpolding nach Seiboldsdorf weiterfahren,

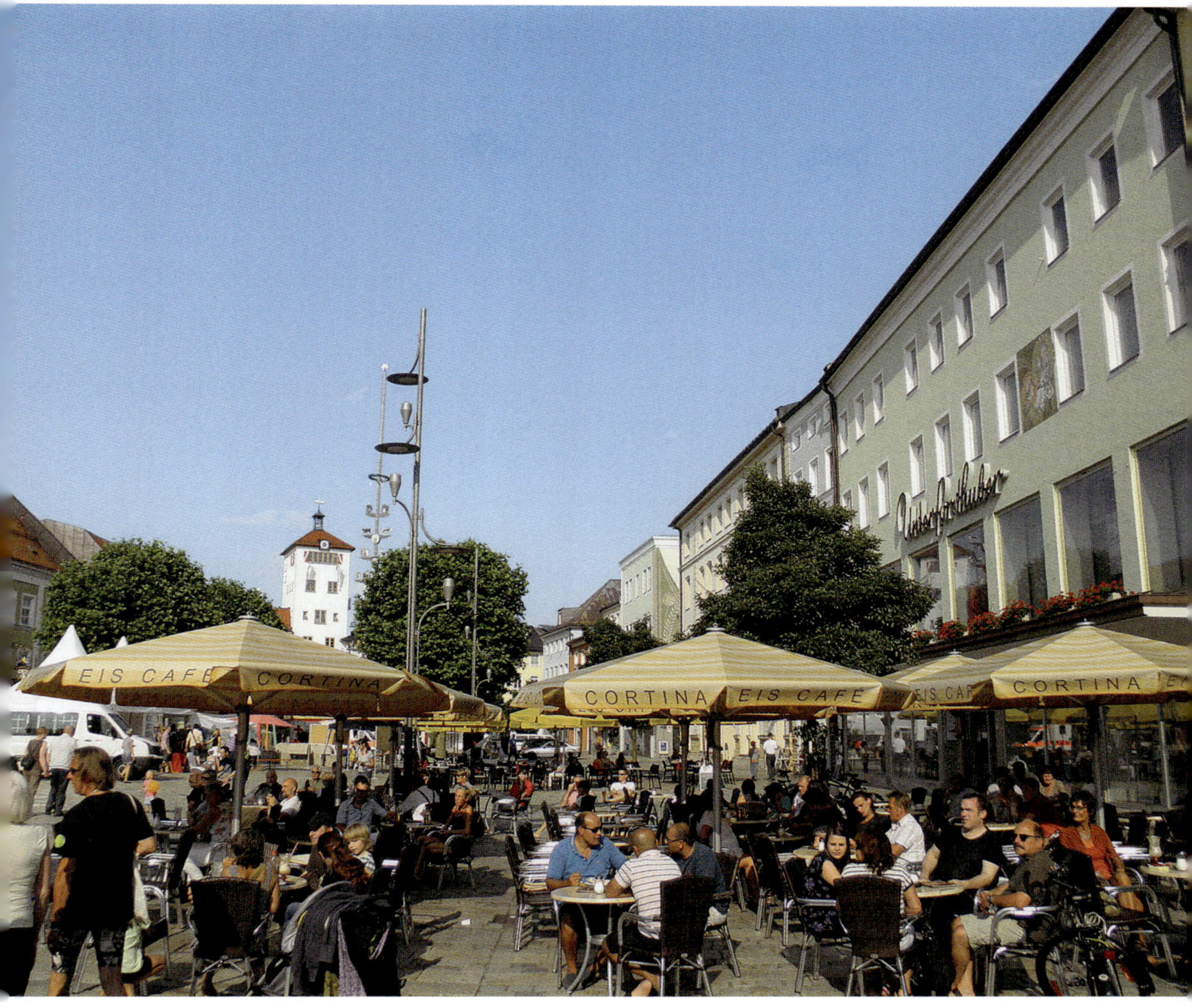

verkürzen Sie die Tour um eine Viertelstunde einfach, also eine halbe Stunde gesamt. Vom Bahnsteig in Seiboldsdorf gehen wir in Fahrtrichtung zur Unterführung, die mit zahlreichen kunstvollen Graffitis geschmückt ist. Nachdem wir die Gleise unterquert haben, gehen wir geradewegs über die Brücke und sind ab hier auf unserer Route Richtung Hochberg angelangt, an der Sie sich weiter orientieren können.

Tipp

Ihren Stadtrundgang in der Traunsteiner Altstadt können Sie auch vertiefen. Gehen Sie vom Bahnhofsgebäude über die Bahnhofstraße und den Maxplatz zum Stadtplatz. In der Tourist-Info, Stadtplatz 39, erhalten Sie ausführliche Informationen zu einem Kulturspaziergang. Informationen: Tel. 0861/655 00, traunstein.de.

7 Von Siegsdorf nach Maria Eck

Zwischen Naturkunde- und Mammut-Museum und romantischer Wallfahrtskirche

Mittel | 220 Hm | 3 Std.

Tourencharakter
Einfache Wanderung mit kurzem, aber etwas steilem Anstieg und viel Schatten auf den Wanderwegen; ein kurzes Stück neben einer Autostraße

Ausgangs-/Endpunkt
Bahnhof Siegsdorf

Anfahrt
Mit der Bahn über Traunstein nach Siegsdorf

Einkehr
Klostergasthof Maria Eck; mehrere Gaststätten in Siegsdorf

Karte
Kompass 1:50 000, Nr. 14 Berchtesgadener Land/Chiemgauer Alpen

Information
Tourist-Info Siegsdorf, Rathausplatz 2, 83313 Siegsdorf, Tel. 08662/49 87 45, siegsdorf.de

Kein Wunder, dass Maria Eck als Chiemgauer Wallfahrtsziel unglaublich beliebt ist – schließlich ist das Kirchlein oben am Berg vom gesamten östlichen Chiemgau aus gut zu sehen. Dazu kommt Siegsdorf mit seinem spannenden Mammut-Museum und vieles mehr.

Wir beginnen unsere Wanderung am Bahnhof von Siegsdorf und laufen über den lang gestreckten Parkplatz nach Süden in Richtung Ausfahrt zur Fahrstraße. Das ist die Bahnhofstraße, der wir in gleicher Richtung ein kurzes Stück bis zum Bahnübergang folgen. Vor ihm zweigt rechts ein Wanderweg ab, der zwischen Bahn und Weißer Traun entlangführt. Wir passieren ein Stauwehr; am anderen Ufer hat man eine Fischtreppe gebaut, und wenn man Glück hat, lassen sich hier Fische beobachten, die sich mit großen Sprüngen von Stufe zu Stufe über die Wasserkaskaden aufwärts kämpfen.

Schließlich erreichen wir bei einer Brücke eine Straße über die Traun. Von hier starten wir einen kleinen Abstecher zum Gerhartsreiter Graben, sodass wir erst etwas später an dieser Stelle den Fluss überqueren. Zunächst wenden wir uns also nach links, überqueren die Straße und gehen auf der Anliegerstraße gegenüber durch die Wohnsiedlung. Am Ende der Siedlung finden wir eine Unterführung, die unter der viel befahrenen Staatsstraße nach Ruhpolding hindurch führt.

Nach dem Tunnel nehmen wir den Weg in die Waldschlucht, in den Gerhartsreiter Graben (nicht die Gerhartsreiter Straße!). Nach etwa 500 Metern kommen wir an die Stelle, an der 1985 das Mammut gefunden wurde, das wir heute im Naturkunde- und Mammut-Museum in Siegsdorf bewundern können. Schautafeln erklären uns die Ausgrabungsstätte. Unmittelbar dahinter liegen zwei große Steinblöcke, und hier finden wir die berühmten Maria Ecker Pfennige als kleine unscheinbare Kalkplättchen.

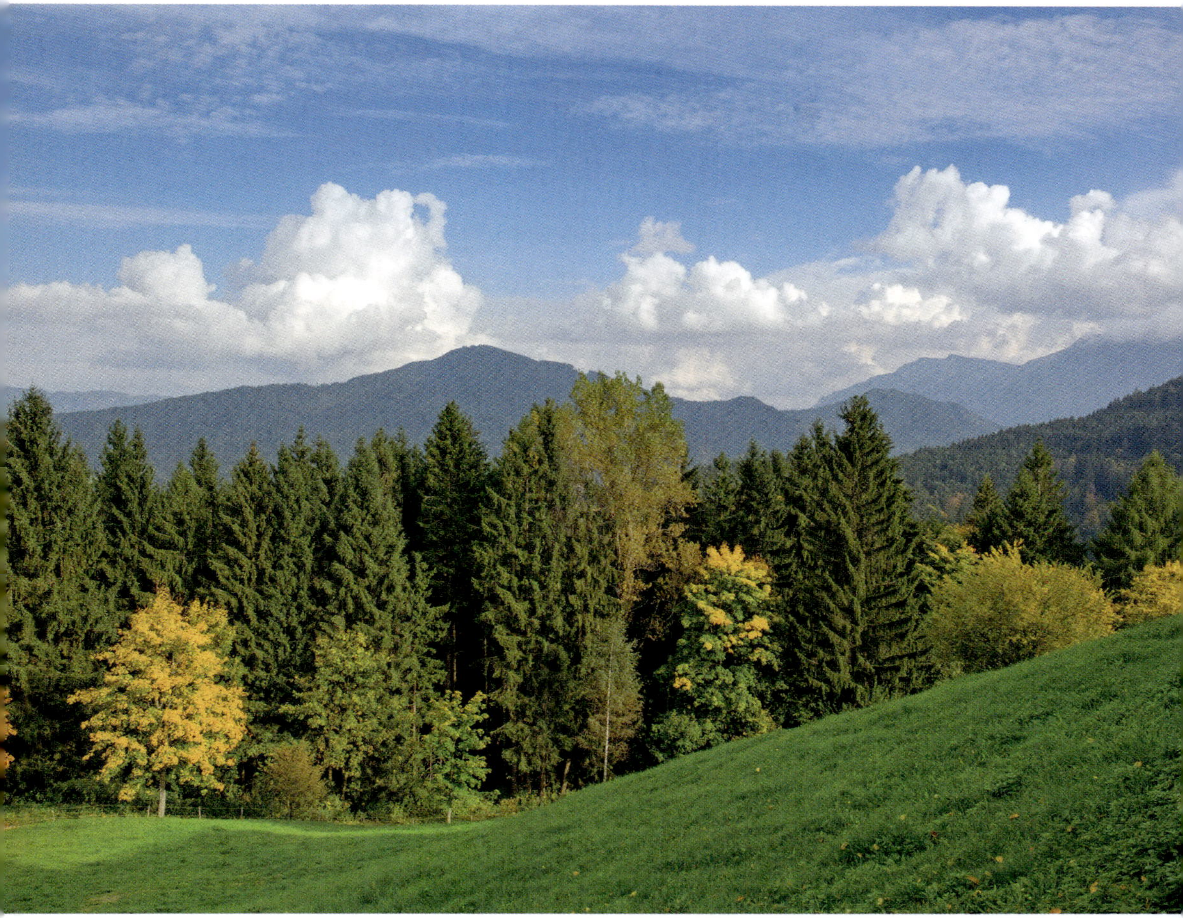

Von Maria Eck blickt man auf den Zinnkopf.

Wir wandern auf dem gleichen Weg zur Brücke zurück, überqueren nun die Traun und gehen nach links, weiter flussaufwärts. Nach einem Quellschutzgebiet überqueren wir einen Werkskanal, der das Siegsdorfer Elektrizitätswerk versorgt, passieren eine Kneippanlage und kommen schließlich nach der Bahnbrücke wieder an eine Straße. Wir folgen ihr nach rechts etwa 100 Meter aufwärts und biegen kurz nach dem Schild »Privatstraße« links in den Wiesenweg ein. Ein paar Treppen bringen uns auf die Höhe der ehemaligen Soleleitung. Nahezu eben führt jetzt unser Weg am Hang entlang. Unter uns liegen zahlreiche Fischweiher, die vom Hangwasser, das hier überall aus dem Berg fließt, gespeist werden.

Wir queren eine weitere Teerstraße, dann führt der immer noch ebene Weg an einer Felswand entlang. Links unter uns liegt Eisenärzt, in dem lange das hier gefundene Roteisenerz verhüttet wurde. Vor einem Erholungsheim treffen wir auf einen Weg, der sich von Eisenärzt heraufzieht. Auf ihm geht es nun rechts, leider etwas anstrengend, dafür aber schattig, im Wald steil aufwärts.

Nach dem Ende des Grundstücks des Heims kommen wir zu einer Weggabelung, wo wir den rechten Weg nehmen. An einer Kapelle mit einer Kopie des Gnadenbilds von Maria Eck vorbei erreichen wir den Waldrand. Hier gabelt sich der Weg wieder; jetzt nehmen wir den linken Weg, wandern nochmals durch einen Wald und erreichen schließlich die Straße nach Maria Eck. Am besten gehen wir auf dem breiten Wallfahrerweg rechts der Straße die letzten 500 Meter aufwärts. Nach wenigen Minuten haben wir so bequem unser Ziel, die einsam gelegene Wallfahrtskirche Maria Eck, erreicht.

Am Hochaltar der Kirche hängt das Gnadenbild Maria Schnee – es ist die Kopie einer Ikone aus der römischen Kirche Maria Maggiore. Die zahlreichen Votivbilder in der Kirche und der große Platz gegenüber der Kirche, auf dem an Wallfahrtstagen Gottesdienste unter freiem Himmel abgehalten werden, zeugen davon, wie beliebt dieser Wallfahrtsort im Chiemgau ist. Wir gehen außen um die Kirche herum und stehen auf einer Terrasse, die einen weiten Blick über den gesamten Chiemgau erlaubt: Links blitzt der Chiemsee zu uns herauf, und das kleine Kirchlein von Ising ist gut zu erkennen; fast unter uns liegt das alte Kurhaus von Bad Adelholzen, und links davon sehen wir die modernen Abfüllanlagen für das Adelholzener Mineralwasser, das es inzwischen in Bayern zum Marktführer gebracht hat. Über Siegsdorf finden wir den Hochberg, und im Hintergrund liegt die Kreisstadt Traunstein, die sich weit ins Alpenvorland hinein ausgebreitet hat.

Das Naturkunde- und Mammut-Museum Siegsdorf

Die Gegend um Siegsdorf herum gehört zu den geologisch interessantesten Landschaften Europas. Das Naturkunde- und Mammut-Museum Siegsdorf zeigt die Entstehung der Alpen, die Entwicklung des Lebens auf der Erde und nicht zuletzt – im Obergeschoss – ein originalgetreues Modell des riesigen Siegsdorfer Mammuts. Selbstverständlich sind auch Originalfundstücke ausgestellt und der ebenfalls im Gerhartsreiter Graben gefundene Höhlenlöwe darf natürlich auch nicht fehlen. Naturkunde- und Mammut-Museum Siegsdorf, Auenstr. 2, 83313 Siegsdorf, Tel. 08662/133 16, museum-siegsdorf.de

Jetzt heißt es Abschied nehmen von der schönen Aussicht und zurück wandern wir zunächst auf dem Wallfahrerweg, auf dem wir gekommen sind, den Berg hinab. Wir gehen an der Stelle vorbei, an der wir auf die Straße gestoßen sind, und passieren das Gestüt Brucktaler Hof. Dann wendet sich der Weg links von der Straße ab. Wir wandern an ein paar Häusern vorbei und schauen nochmals zurück auf den Chiemsee unter der Ratzinger Höhe,

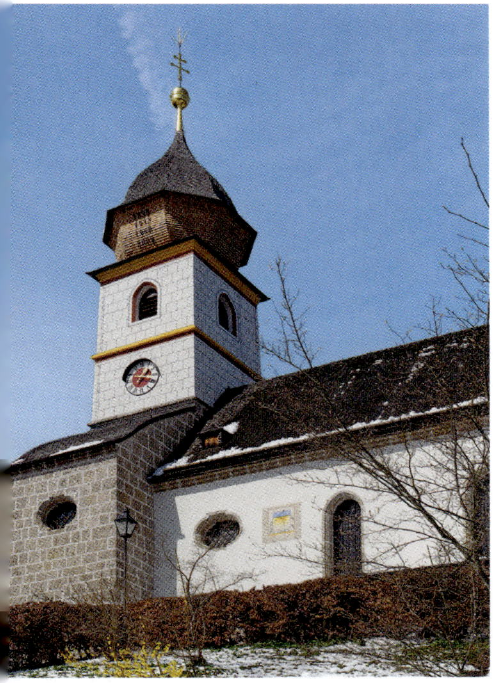

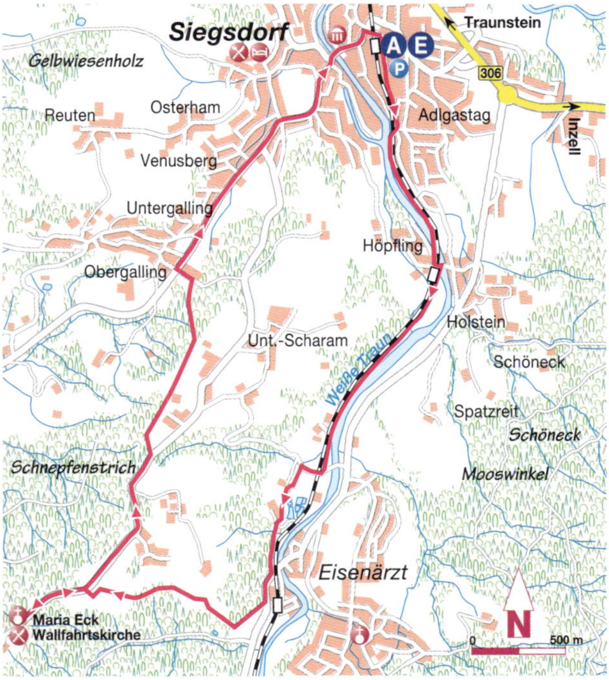

Die Wallfahrtskirche Maria Eck ist das Ziel unserer heutigen Wanderung.

die wie ein großer Wall die Sicht am Horizont begrenzt. Dann führt der Weg steil abwärts zu einem schmalen Teersträßlein, das uns nach links zur größeren Verbindungsstraße von Siegsdorf nach Bergen bringt.

Jetzt ist der Weg zurück nicht mehr zu verfehlen: Links neben der Fahrstraße laufen wir direkt nach Siegsdorf zurück. Im Ort überqueren wir am Kreisverkehr die Traun und finden direkt nach der Brücke links das besonders interessante Naturkunde- und Mammut-Museum, das auf jeden Fall eine Besichtigung wert ist. Von den auf den Boden gemalten Mammut-Fußspuren werden wir vom Museum direkt zurück zum Bahnhof, dem Ausgangspunkt unserer Wanderung, geleitet.

8 Runde über die Hörndlwand

Eine urige Alm und ein aussichtsreicher Gipfel

Mittel | 935 Hm | 5.30 Std.

Tourencharakter
Forstwege und teilweise steile Bergsteige. Beim Abstieg zur Röthelmoosalm Trittsicherheit und etwas Orientierungssinn erforderlich

Ausgangs-/Endpunkt
Bushaltestelle Seehaus

Anfahrt
Mit der Bahn nach Traunstein; dort umsteigen in den Nahverkehrszug nach Ruhpolding. Von Ruhpolding mit dem Bus weiter in Richtung Reit im Winkl, aussteigen an der Haltestelle Seehaus

Einkehr
Branderalm, während der Weidesaison bewirtschaftet

Karte
TK 1:50 000 Chiemsee/Chiemgauer Alpen (LDBV)

Information
ruhpolding.de

Die Hörndlwand – korrekterweise Seehauser Kienberg genannt – gehört zu den formschönen und mittlerweile auch zu den gut besuchten Bergen der Chiemgauer Alpen. Kein Gipfelhaus schmückt ihr Haupt, und lediglich eine bewirtschaftete Alm auf ihrer Ostseite – die Branderalm – lädt zur Einkehr.

Von der Bushaltestelle in Seehaus folgen wir der Forststraße ins Rammelbachtal, wobei wir uns an der Mark.-Nr. 46 (grün) orientieren, die rechts haltend auf den Unternberg zuhält. Nach wenigen Minuten zweigen wir links ab und steigen auf einem guten Bergweg durch Wald hinauf zur Branderalm (1120 m), die auf einer großen Almwiese steht.

Wir gehen ein Stück auf dem Anstiegsweg zurück und nehmen bald den rechts abzweigenden Weg, der am Rand der Bergwiese entlang wieder in den Wald hineinführt. Bei der Abzweigung nach etwa 20 Minuten halten wir uns links. Der Steig verläuft zunächst durch Wald bis zum Kar des Ostertals, dann steigen wir über steile Serpentinen hinauf auf das weite, grasbewachsene

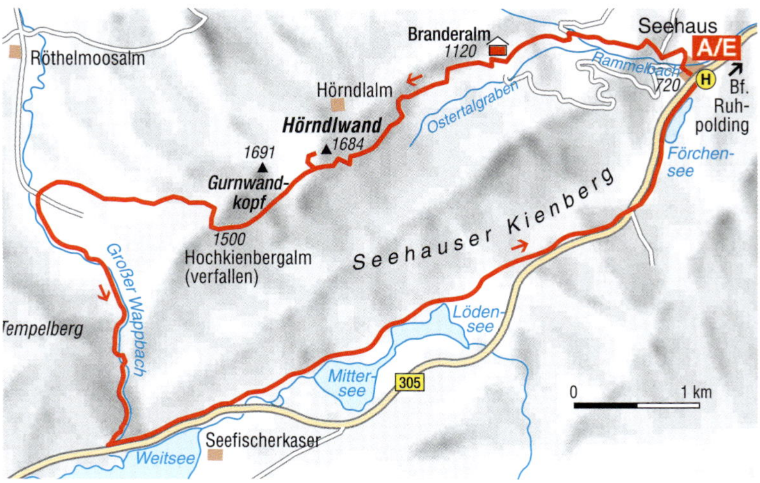

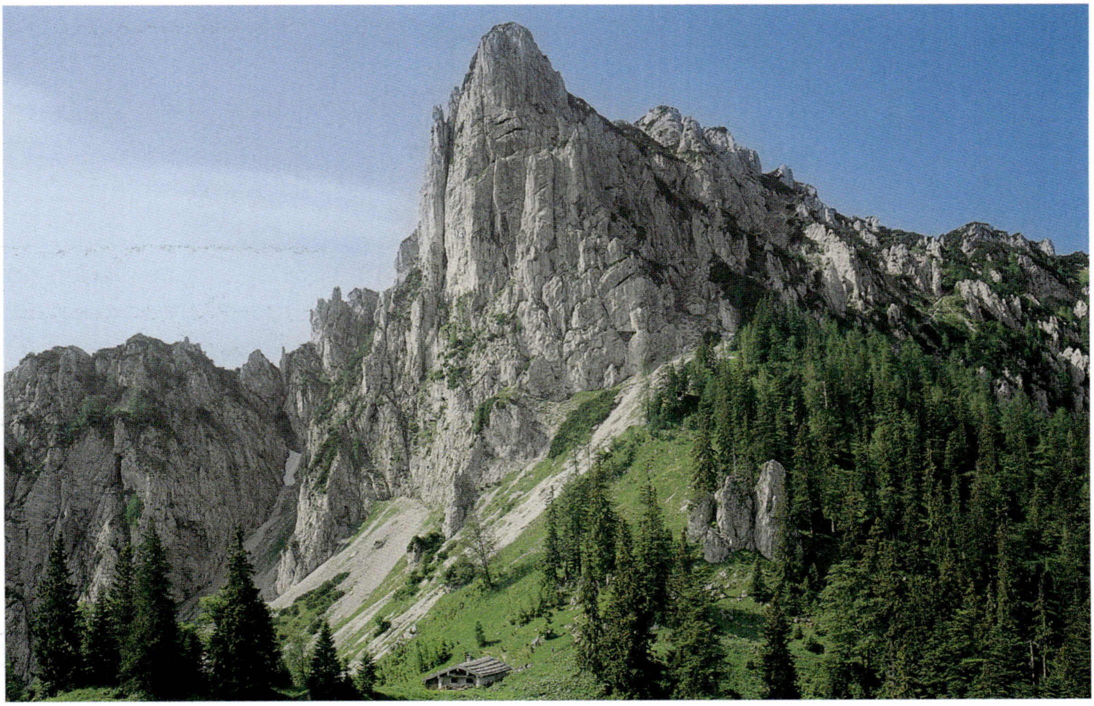

Eindrucksvoll: der Felsgipfel der Hörndlwand

Gipfelplateau. Dort halten wir rechts auf den Gipfelaufbau der Hörndlwand zu und steigen die letzte Viertelstunde über leichte Schrofen hinauf zum Gipfelkreuz.

Um die Runde abzuschließen, gehen wir zum Gipfelplateau zurück und halten uns dann rechts. Leicht abfallend und mit herrlicher Aussicht wandern wir in südwestlicher Richtung, bis wir auf Wegtafeln treffen. Wir halten uns immer rechts und folgen nun der Mark.-Nr. 47 hinab Richtung Röthelmoos. Über die Bergwiesen der verfallenen Hochkienbergalm (1500 m) und am Gurnwandkopf vorbei geht es steil auf einem Bergsteig hinunter durch zunächst felsiges Gelände, dann durch Wald, bis wir die Forststraße am Südende des Röthelmooses erreichen. Hier links und auf schmalem Fahrweg hinunter zum Weitsee. Dort führt links der Straße ein Weg am Bergfuß entlang – vorbei an Mittersee und Lödensee – zum Ausgangspunkt in Seehaus.

Naturseen und Naturgeschichte

Ein Bad im Weitsee, im Mittersee oder im Lödensee rundet die anstrengende Tour ab. Wer sich mehr für die Naturgeschichte interessiert, für den ist der Besuch des Mammut-Museums in Siegsdorf (Bahnstation) sicherlich ein Gewinn.

9 Schnappenkirche und Staudacher Alm

Ziele hoch über dem Alpenvorland

Leicht | 600 Hm | 4.15 Std.

Tourencharakter
Leichte und gut begehbare Bergwanderwege

Ausgangs-/Endpunkt
Bushaltestelle in Marquartstein

Anfahrt
Mit Regionalzügen über Rosenheim nach Übersee. In Übersee umsteigen in den Bus in Richtung Reit im Winkl, aussteigen an der Haltestelle Marquartstein-Rathaus. Oder mit dem DAV-Bergsteigerbus von München

Einkehr
Staudacher Alm, während der Weidesaison von Mitte Mai bis Mitte Oktober bewirtschaftet

Karte
TK 1:50000 Chiemsee/ Chiemgauer Alpen (LDBV)

Information
marquartstein.de

Hoch über Marquartstein blitzt bei schönem Wetter ein kleiner weißer Fleck aus dem dichten Wald heraus: die Schnappenkirche. Dieses Wallfahrtskirchlein stammt aus dem 17. Jahrhundert und wurde nach der überstandenen Pest errichtet. Von dort oben hat man einen herrlichen Blick auf den Chiemsee.

Von der Ortsmitte Marquartstein zunächst hinauf zum großen Wanderparkplatz. Dort folgen wir für einige Minuten einem Ziehweg. Bei der Wegverzweigung halten wir uns links an die Ausschilderung »Schnappenberg«. Bald treffen wir

Baden nach der Tour

In Unterwössen befindet sich der idyllische kleine Unterwössener See mit Badeanstalt und Gasthaus. Bademöglichkeiten bestehen auch in Staudach und Marquartstein.

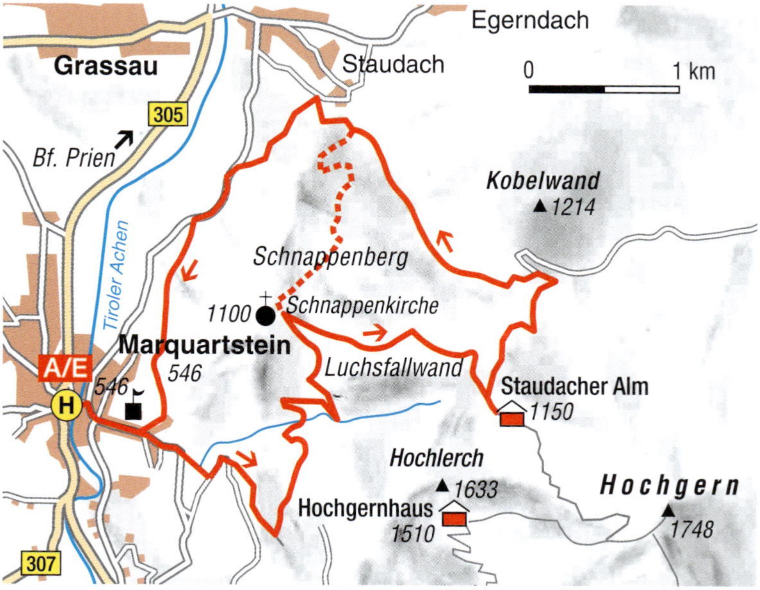

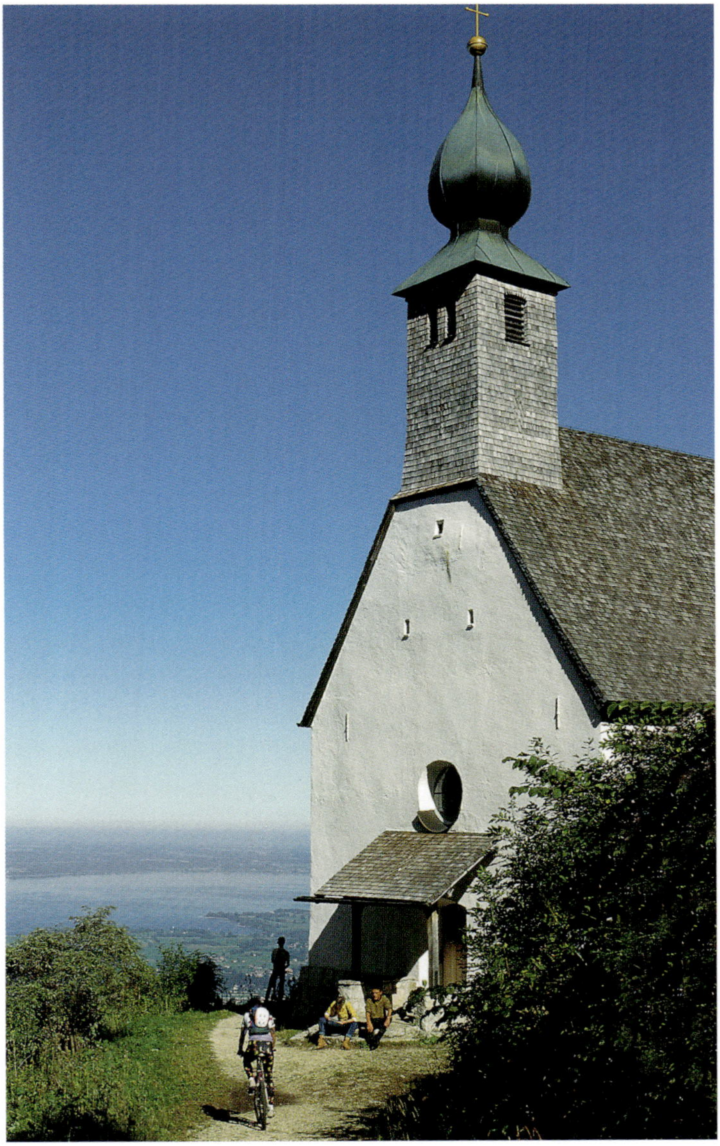

Von der Schnappenkirche hat man einen schönen Blick über den Chiemsee hinweg auf das Alpenvorland.

auf eine Forststraße, der wir folgen; dann geht es links ab, bis wir auf eine weitere Wegverzweigung stoßen. Dort rechts und nun in weitem Bogen durch Wald auf breitem Weg hinauf zur Schnappenkirche. Der Sage nach hat der Burgherr Marquart II. hier sein Ende gefunden, worauf ihm seine Gemahlin eine Kapelle erbauen ließ. Anschließend gehen wir wenige Meter zurück und folgen rechts dem Wanderweg, der zunächst leicht ansteigend, dann überwiegend eben durch Wald hinüber zur urgemütlichen Staudacher Alm führt.

Dort folgen wir dem nordwärts führenden Sträßchen (Mark.-Nr. 5), bis wir auf eine größere Forststraße treffen. Kurz auf dieser weiter talwärts, bis links ein Ziehweg abzweigt, der uns durch Wald entlang dem Alplbach hinunter nach Staudach-Egerndach (Holzlagerplatz) bringt. Von dort führt ein Wanderweg immer am Fuß des Bergs entlang zurück nach Marquartstein, wobei wir uns an den Ausschilderungen »Achentalweg« und »Hochgern« orientieren.

Abstiegsvariante Ein steiler, aber gut begehbarer Steig führt von der Schnappenkirche über viele Stufen durch Wald direkt hinab nach Staudach-Egerndach. Ein Teil dieses Wegs ist als Naturlehrpfad (Thema Laub- und Nadelhölzer sowie die seltene Eibe) angelegt.

10 Rundwanderung zur Hefteralm

Leichte Almtour oberhalb von Grassau

Leicht | 450 Hm | 2.45 Std.

Tourencharakter
Rundwanderung mit mäßig steilem Anstieg

Ausgangs-/Endpunkt
Bushaltestelle am Ortsanfang von Grassau

Anfahrt
Mit der Bahn nach Prien und weiter mit RVO-Bus 9505 in Richtung Grassau und gleich beim Ortsbeginn an der Bushaltestelle »Kucheln« aussteigen. Eine weitere Verbindung besteht von Übersee aus mit RVO-Bus 9586. Dieser Bus fährt nur im Sommer, aktuellen Fahrplan beachten!

Einkehr
Hefteralm, geöffnet von Mitte Mai bis Anfang Oktober, kein Ruhetag, hefteralm.de

Karte
UK L 7 »Chiemsee/ Chiemgauer Alpen«, 1:50 000, Bayerisches Landesvermessungsamt

Information
Tourist-Info Grassau, Kirchplatz 3, 83224 Grassau, Tel. 08641/697 96-0, grassau.de

Diese Wanderung bietet sich auch für Langschläfer an. Selbst wenn man erst am Nachmittag in Grassau ankommt, kann man die relativ kurze Rundtour unternehmen und hat noch genug Zeit, in der sehr empfehlenswerten Hefteralm einzukehren.

Man folgt von der Bushaltestelle am westlichen Ortseingang von Grassau aus der Hauptstraße in Richtung Ortszentrum und biegt am Rand einer Wiese nach rechts ab (Wegweiser »Piesenhausen«). Schön geht es am Ortsrand entlang nach Süden. Nun folgt man dem geteerten Weg bis zu einer Kreuzung. Hier gehen wir wieder rechts und somit auf einem breiten Erdweg auf den Wald zu (Wegweiser »Grassauer Almen, Nr. 47«). Am Waldrand gehen wir den Wegweisern folgend nach links. Der Weg steigt leicht bergan. Bei der nächsten Weggabelung halten wir uns weiter halb links in Richtung »Grassauer Almen« und gehen über eine Brücke. Direkt dahinter gehen wir rechts und folgen einem steileren Fußweg weiter bergan. Wir stoßen bald auf einen breiteren Weg und folgen diesem nun wieder flacher nach rechts. Bei der nächsten Abzweigung verlassen wir den breiten Weg nach links (verblasster Wegweiser »Grassauer Almen« bzw. »Berggasthof Staffner Alm«). Der Weg wird flacher und stößt auf eine breite Almstraße, der man nach rechts folgt.

Der bisherige Anstieg durch schattigen Bergwald wird nun nach einer guten Stunde mit einem aussichtsreichen Mittelteil belohnt. Nach einem Gatter gehen wir weiter geradeaus in Richtung »Hufnagel Alm,

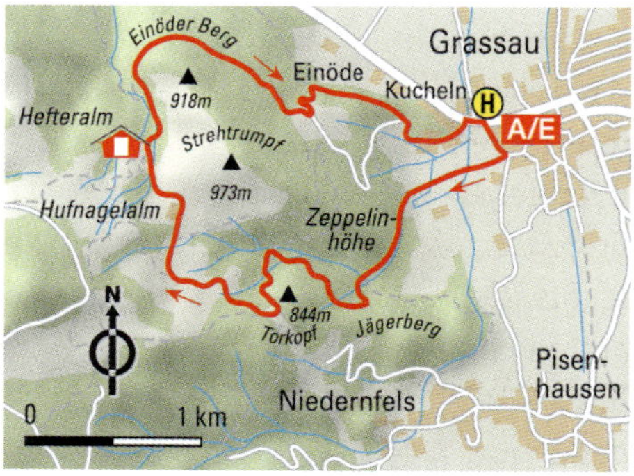

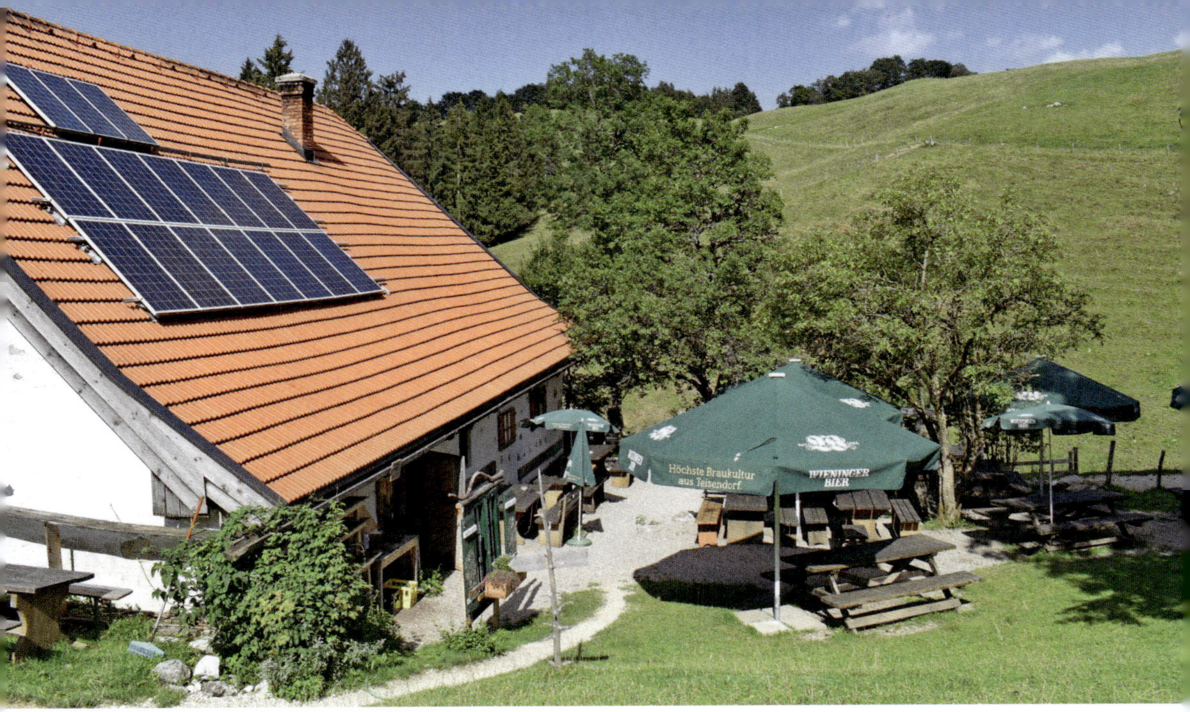

An der Hefteralm werden nur selbstgemachte Speisen angeboten.

Hefter Alm«. Schön flach geht es weiter zur Hufnagelalm und an dieser rechts vorbei. Hinter der Alm folgen wir geradeaus der Beschilderung »Hefter Alm, Rottau, Grassau«. Wir wandern links an der ersten Alm vorbei. Der Weg wird kurz zu einem Wiesenpfad, bevor er uns wieder in den Wald hineinführt. Im Frühsommer und im Herbst, wenn das Gras kurz ist, bietet sich der oberhalb befindliche Wiesenrücken als schöner Rastplatz an. Wir stoßen kurz darauf auf einen Fahrweg und folgen diesem nach links zur Hefteralm.

Nach der Einkehr wandert man rechts am Brotbackofen vorbei, geht durch ein Gatter und wieder in den Wald. Wir stoßen auf einen Querweg, hier geht man nach rechts Richtung »Grassau«. In immer demselben angenehmen Gefälle geht es nun ein langes Stück im Wald bergab. Schließlich wird ein frei gelegener Bauernhof erreicht. An dessen Parkplatz gehen wir gleich nach links (Wegweiser »Panoramaweg«), steigen über einen Weidezaun und folgen dem Wiesenpfad bis zu einem weiteren Wegweiser. Hier gehen wir nach links und in den Wald hinein. Über einige Stufen erreichen wir eine Weggabelung und gehen hier nach rechts Richtung Grassau. Der schöne Waldweg endet schließlich am ehemaligen Bergbad von Grassau, das heute ein Biotop ist. Von hier aus geht es schließlich auf geteertem Weg zum Ausgangspunkt zurück.

11 Durch das Kendlmühlfilz auf den Westerbuchberg

Traumhafte Moorwanderung zu einem netten Aussichtshügel

Leicht | 50 Hm | 4 Std.

Tourencharakter
Wanderung auf Moorwegen. Abstieg auf den Westerbuchberg. Wählt man die Rundtour über das Torfmuseum (Variante 1) oder Weiterweg nach Übersee (Variante 2), ist am Schluss ein Stück auf einer Teerstraße zurückzulegen.

Ausgangspunkt
Bushaltestelle Rottau

Endpunkt
Bushaltestelle Rottau bzw. Bahnhof Übersee

Anfahrt
Mit der Bahn nach Prien und weiter mit RVO-Bus 9505 nach Rottau

Rückfahrt
Zurück wie Hinweg oder ohne Umsteigen vom Bahnhof Übersee (siehe Variante 2)

Einkehr
Hotel-Restaurant Alpenhof am Westerbuchberg. Gasthof Messerschmied in Rottau

Karte
UK L 7 »Chiemsee/Chiemgauer Alpen«, 1:50 000, Bayerisches Landesvermessungsamt

Information
Tourist-Info Bernau, Tel. 08051/98 68-0, bernau-am-chiemsee.de

Der auffallende Einschnitt im Verlauf der Bergsilhouette zwischen Hochplatte und Hochgern markiert das Tal der Tiroler Ache. Ihr Mündungsdelta liegt im großen Moorgebiet zwischen Bernau, Grassau und Bergen, das durch früheren Torfabbau und landwirtschaftliche Kultivierung trockengelegt wurde. Dennoch haben sich natürliche Moorflächen erhalten. Der schönste Moor- und Naturlehrpfad führt von Rottau durch das Kendlmühlfilz, welches eines der größten Hochmoore in Bayern ist.

Man beginnt an der Kirche von Rottau, wo bereits ein Schild auf den Moorlehrpfad aufmerksam macht. Wir folgen der geteerten »Kreuzstraße« bis zu einem Wegweiser mit der Aufschrift »Moorlehrpfad«, der sich bei den letzten Häusern befindet. Hier biegen wir links ab und können sogleich überblicken, dass heute keine größeren Anstiege zu bewältigen sind. Vor uns breiten sich flache Wiesen aus, die früher, bevor sie durch Abzugsgräben trockengelegt wurden, ebenfalls zum Kendlmühlfilz gehört haben. Heute werden sie für die Grünlandwirtschaft genutzt. Wir wandern in Richtung Osten auf das Moor zu. An dessen westlichem Rand gehen wir über eine Brücke und wenden uns nach rechts. Unter Bäumen geht es ein kurzes Stück nach Süden weiter, bis uns ein Schild »Naturlehrpfad« nach links in einen kleineren Weg weist. Auf dem nun folgenden Wegabschnitt wird das Biotop »Moor« auf Informationstafeln erklärt. Bei einer Rechtskurve des Weges sollte man unbedingt einen

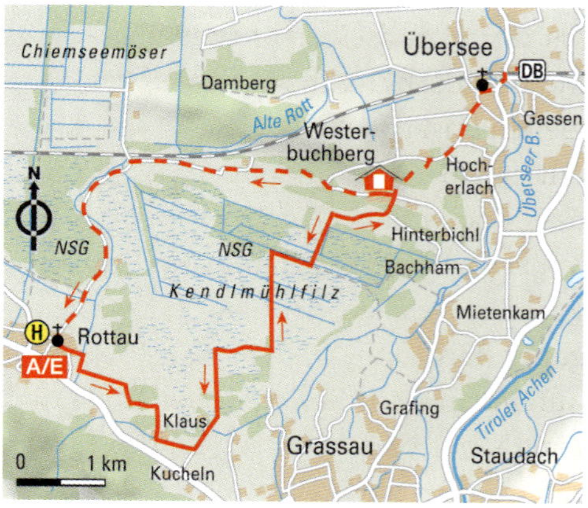

kurzen Abstecher entlang eines Holzsteges machen, der ein wenig tiefer in das eigentliche Feuchtgebiet hineinführt. Schon hier bietet es sich an, eine kleine Pause einzulegen und die wunderschöne Stimmung im Moor auf sich wirken zu lassen. Nachdem man wieder auf den Hauptweg zurückgelangt ist, geht es weiter in Richtung Süden. Man kommt an ein paar Häusern vorbei und wendet sich an der folgenden Wegkreuzung nach links. Entlang eines schnurgeraden Kanals geht es nun in Richtung Grassau weiter. Wir wandern zuerst unter Bäumen, dann über eine Wiese und folgen bei der nächsten Kreuzung dem Wegweiser nach links.

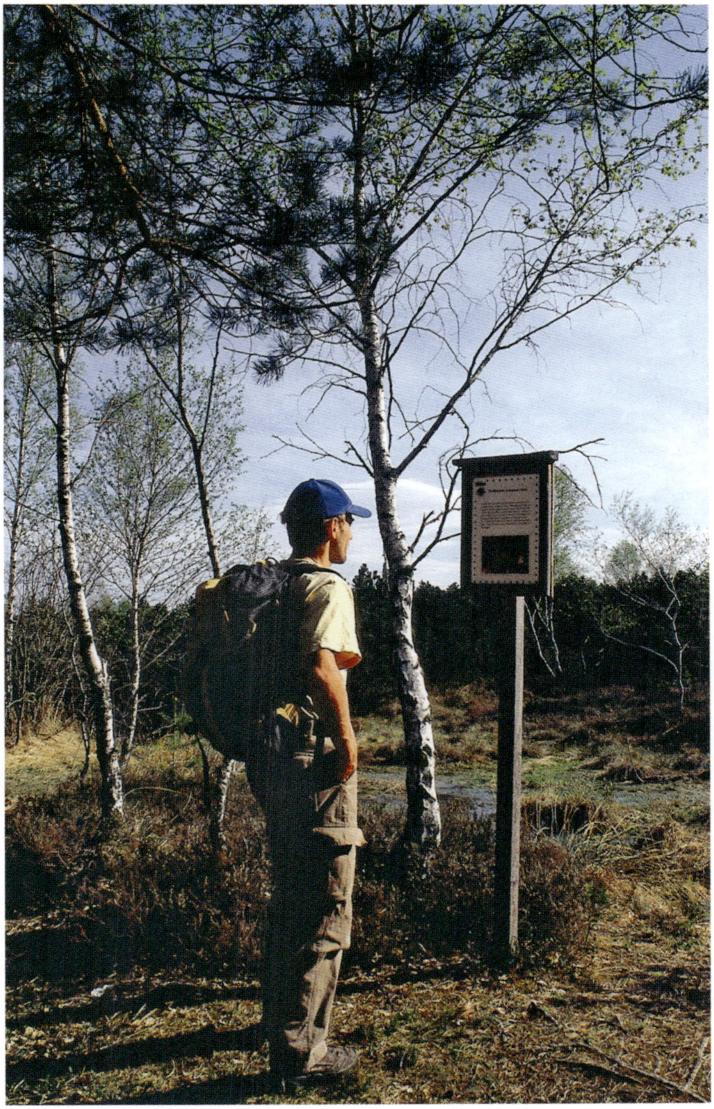

Im Kendlmühlfilz befindet sich ein informativer Moorlehrpfad.

Zuerst auf einem Teer-, dann auf einem Schotterweg geht es nun geradewegs in das Kendlmühlfilz hinein. Wir wandern immer geradeaus, bis der Weg in der offenen Moorlandschaft scharf nach rechts abbiegt. Hübsche Birken begleiten unseren ebenen, breiten Wanderweg, der bis hierher auch mit dem Kinderwagen gut befahrbar ist. Besonders reizvoll ist das Moor im Herbst, wenn das gelbe Birkenlaub mit der violetten Erikaheide eine schöne Farbkomposition ergibt, die sich von den vielleicht schon weiß überzuckerten Gipfeln der Chiemgauer Berge abhebt. In wieder östlicher Richtung wandert man nun in ein schönes Birkenwäldchen, wo man auf eine Wegkreuzung stößt. Hier wendet man sich nach links. Der Weg wird zu einem schönen Pfad und folgt den alten Gleisen, über die früher

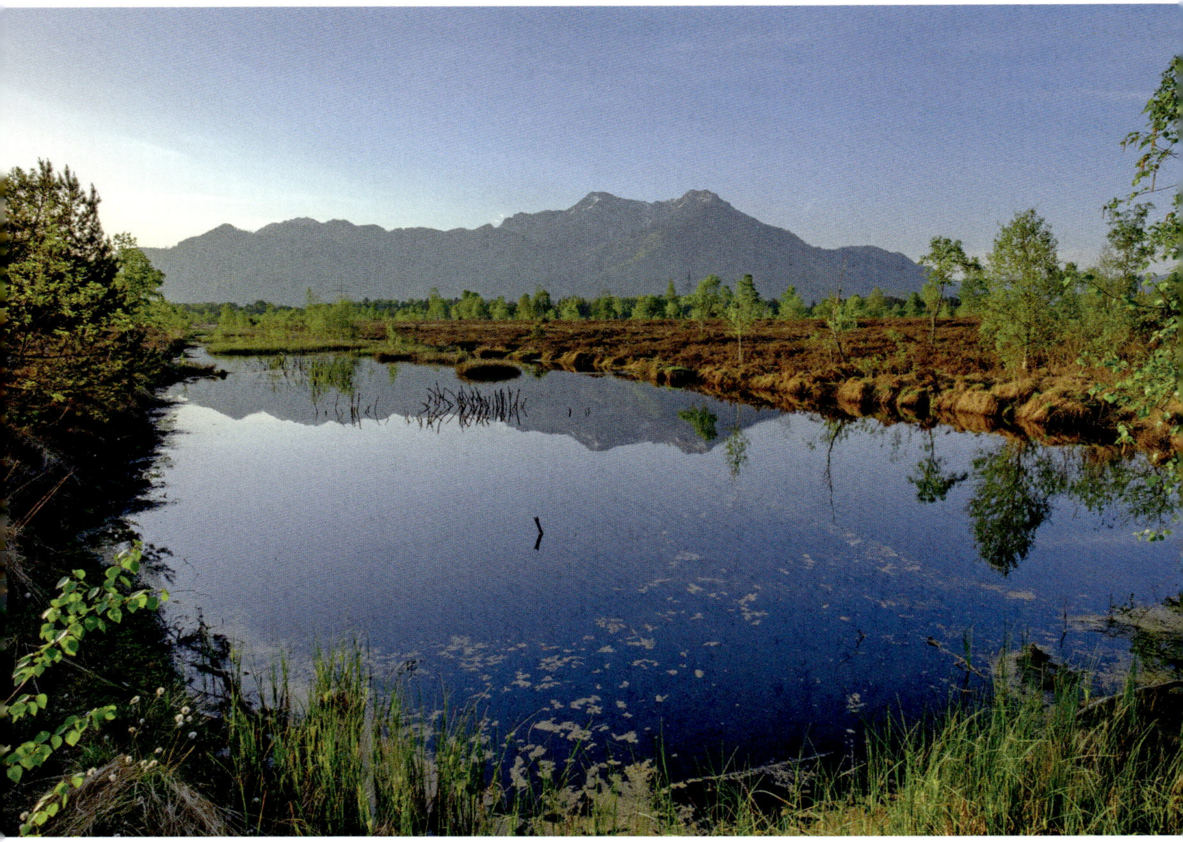

Offene Wasserstellen zeigen die Wunden im ehemaligen Moorabbaugebiet des Kendlmühlfilzes.

der Abtransport des gestochenen Torfes erfolgte. Denn früher bauten hier Strafgefangene Torf ab und es wurden lange Schienenwege dafür im Moor verlegt. Heute überwachsen die alten Stahlstränge oder dienen streckenweise als Wege.

Bei einem nicht zu übersehenden Aussichtsturm wird die Geschichte dieser Anlage anschaulich erklärt. Es geht in einen Wald hinein, wo man an einer Rechtskurve dem Schild »Westerbuchberg« folgt. Wenig später ist etwas Aufmerksamkeit gefordert, da wir von dem breiteren Weg nach links abbiegen. Bei einer Gabelung halten wir uns halb rechts und folgen dem über zwei Brücken führenden Weg. Bald stoßen wir auf einen breiten Weg und folgen diesem nach rechts. Es geht schließlich aus dem Wald heraus und wir gehen auf einem Landwirtschaftsweg geradeaus über eine Wiese. Bei einem am Waldrand stehenden Haus gehen wir nach links (nicht beschildert) und gleich dahinter wieder halb rechts mit der Beschilderung »Westerbuchberg«.

Nun beginnt der einzige Anstieg der Wanderung, der über einige Holzstufen auf den Westerbuchberg hinaufführt. Dort befindet sich die Kapelle St. Peter und Paul, die eine der ältesten Kirchen des Chiemgaus ist und schöne Fresken aus dem 14. und 15. Jahrhundert besitzt.

Zurück nach Rottau geht es auf dem gleichen Weg.

Variante 1 Wer eine Rundtour zurück nach Rottau unternehmen möchte, kann weiter nach Westen gehen. Man folgt hinter der Kirche zunächst weiter der Teerstraße, die man bei einer Kurve links verlässt. Ohne Orientierungsschwierigkeiten wandert man nun auf breiten Wegen und über den alten Moorbahnhof, wo man samstags das Bayerische Torf- und Moor-Museum besichtigen kann, nach Rottau zurück. Ein großer Teil der Strecke verläuft hierbei allerdings über Teerstraßen.

Variante 2 Ebenfalls zumeist auf Teerstraßen kann man zum Bahnhof Übersee weiterwandern, was den großen Vorteil mit sich bringt, dass man von dort direkt Richtung München fahren kann. Hierzu folgt man vom Alpenhof der Teerstraße auf dem Westerbuchberg nach Osten bis zum nächsten Hof. Hier wendet man sich nach links, geht über eine Freifläche und folgt dann nach rechts einem Wirtschaftsweg, der über eine freie Wiese bergab führt. Der Weg führt weiter durch einen Wald und trifft auf die Wessener Straße (hier rechts), die in die Hocherlacher Straße übergeht. Indem man zunächst dieser, dann der Ringstraße nach links und der Dorfstraße nach rechts folgt, erreicht man das Ortszentrum von Übersee. Hier folgt man der Grassauer Straße nach links, überquert den Überseer Bach und wendet sich kurz danach nach rechts in die Bahnhofstraße.

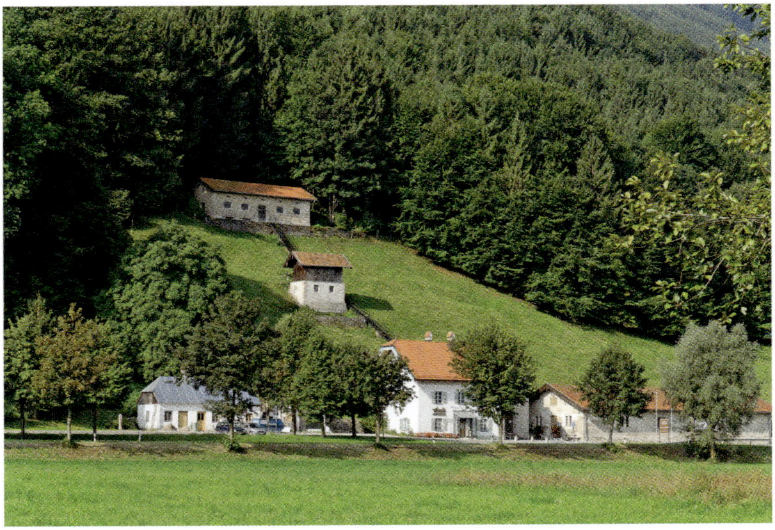

Das Museum Klaushäusl, die ehemalige Pumpstation der Soleleitung bei Rottau, liegt nur durch eine Straße getrennt an unserer Strecke.

12 Von Bernau auf den Reifenberg

Zum Berggasthof Adersberg mit Chiemseeblick

Mittel | 490 Hm | 4.30 Std.

Tourencharakter
Aussichtsreiche Tour auf Wanderwegen, Spazierwegen und Nebenstraßen

Ausgangs-/Endpunkt
Bahnhof Bernau

Anfahrt
Mit der Bahn nach Bernau

Einkehr
Berggasthof Adersberg, hotel-am-chiemsee.de

Karte
Landesamt für Vermessung und Geoinformation Bayern 1:50000, UK 50–54 Chiemsee–Chiemgauer Alpen; in der AV-Karte BY-17 ist der Ausschnitt unvollständig enthalten

Information
Tourist-Info Bernau, Tel. 08051/9868-0, bernau-am-chiemsee.de

Der Reifenberg ist einer der Vorberge der Kampenwand. Großartige Ausblicke genießt man von hier oben auf den gesamten Chiemsee. Der Berggasthof Adersberg liegt im Anstieg und bietet beste Küche, natürlich auch mit Chiemseeblick.

Schon zu Beginn der Wanderung haben wir den Reifenberg im Visier. Entlang der Bernauer Ache sehen wir dann die gesamte Gipfelparade der Chiemgauer Berge vom Hochfelln über den Hochgern und die Kampenwand bis hinüber zu den Bergen über dem Priental. In Rottau angelangt, steht die Gedererwand imposant am Ende des Rottauer Tales. Dann führt ein schöner Waldweg in angenehmer Steigung hinauf zum Berggasthof Adersberg. Aus den Gasträumen können wir schon den Blick auf den Chiemsee genießen. Dann geht es weiter über die Bergwiesen und am Waldrand entlang hinauf zum Reifenberg. Jetzt haben wir die Kampenwand zusammen mit der Gedererwand ganz nah vor uns. Im Osten grüßt noch einmal der Hochgern. Weiter im Westen sehen wir über dem Priental nun den Brandelberg und den Spitzstein. Ein wirklich sehr stimmungsvoller Ausblick nach Süden, bevor wir unseren Blick nach Norden hin wenden. Hier liegt uns der Chiemsee auf seiner ganzen Länge zu Füßen. Neben den bekannten Chiemseeinseln sehen wir auch die größeren Orte an seinen Ufern wie Prien, Seebruck und Bernau. Schön kann man von hier oben auch die Schafwaschener Bucht erkennen. Dann geht es über eine kleine Runde am Reifenberg wieder zurück zum Berggasthof Adersberg. Vielleicht möchte der eine oder andere Wanderer hier oben noch einen Kaffee trinken, bevor es dann auf dem schon bekannten Anstiegsweg zurück zum Bahnhof nach Bernau geht.

Am Bahnhof in Bernau gehen wir vom Bahnsteig Richtung Salzburg links in östlicher Richtung neben den Bahngleisen. Wir überqueren die Bernauer Ache und folgen ihr rechts entlang des Baches. Dabei ignorieren wir den Abzweig zum Farbinger Hof rechts und gehen weiter entlang der Bernauer Ache. Einen weiteren Wegabzweig rechts ignorieren wir wieder. So gelangen wir am Waldrand entlang nach Rottau und hier in die Bachstraße. Den Abzweig zur Saliterstraße rechts ignorieren wir und gehen weiter geradeaus auf der Bachstraße. Nach Überqueren des Saliterbaches geht es jetzt rechts in die Straße Am Bach. Dann nehmen wir rechts ein kurzes Stück die Hauptstraße. Wir folgen nun dem Wegweiser Richtung Berggasthof Adersberg auf einer Fahrstraße nach links. Jetzt zweigt rechts mit dem Wegweiser Richtung Adersberg ein Wanderweg ab. An der nächsten Weggabelung, an einem Kruzifix, gehen wir links über die Bergwiesen in den Wald und folgen dem Wanderweg bergauf. An einer weiteren Weggabelung, hier steht der Wegweiser Richtung Rottau in der Gegenrichtung, gehen wir ein kurzes Stück nach links. Dann zweigt rechts ein Weg ab mit dem Wegweiser »Adersberg-Wanderweg«. Am Berggasthof Adersberg folgen wir dann dem Schild Richtung Lindlalm weiter bergauf über Bergwiesen und am Waldrand entlang, bis wir zum Aussichtspunkt an der Lindlalm gelangen.

An der Lindlalm nehmen wir den Betonplattenweg in südlicher Richtung steil bergab. An der nächsten Weggabelung weist uns das Schild Richtung Adersberg links bergab durch den Bergwald. An einem breiten Schotterweg angelangt, folgen wir wieder links dem Wegweiser Richtung Adersberg. Von dort geht es auf bekanntem Weg zurück nach Bernau.

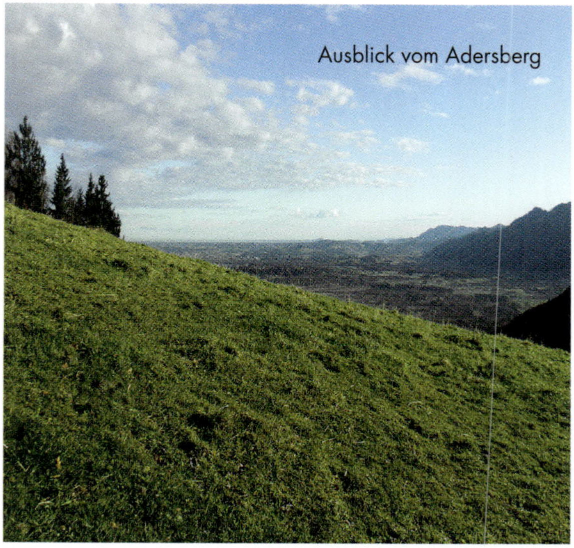
Ausblick vom Adersberg

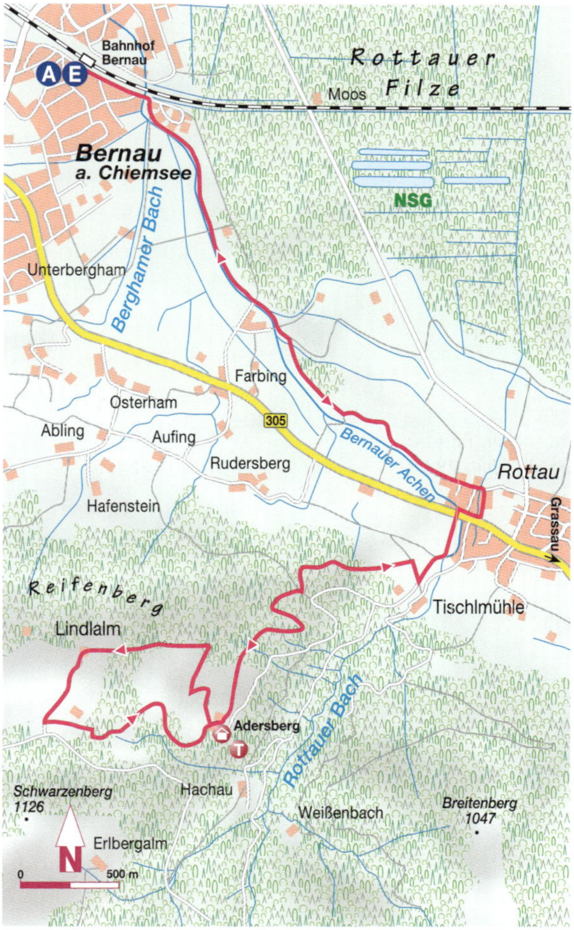

13 Von Bernau auf die Seiseralm

Chiemseeblick vom Feinsten

Leicht | 200 Hm | 2.45 Std.

Tourencharakter
Einfache Wanderung auf Spazierwegen und Nebenstraßen, für Kinderwagen nicht geeignet

Ausgangs-/Endpunkt
Bahnhof Bernau

Anfahrt
Mit der Bahn nach Bernau

Einkehr
Seiserhof, seiserhof.de

Karte
Landesamt für Vermessung und Geoinformation Bayern 1:50000, UK 50–54 Chiemsee–Chiemgauer Alpen; in der AV-Karte BY-17 ist der Ausschnitt unvollständig enthalten

Information
Tourist-Info Bernau, Tel. 08051/9868-0, bernau-am-chiemsee.de

Nicht nur in Südtirol gibt es eine Seiseralm: Die bayerische Seiseralm liegt mit dem Seiserhof hoch über dem Chiemsee mit seinen drei Inseln.

Traumhafte Chiemseeblicke locken uns auf die Seiseralm bei Bernau. Schon zu Beginn der Tour haben wir immer wieder die Kampenwand im Visier. Daneben die weiteren bekannten Chiemgauer Hausberge wie Hochplatte, Hochgern und Hochfelln. Die Tour beginnt in Bernau und führt durch den Kurpark hinüber zur St. Laurentiuskirche und weiter vorbei am Bonnschlössl, das heute als Hotel geführt wird. Der ansprechende Blickfang im Bernauer Ortsbild ergibt ein schönes Fotomotiv. Nun geht es noch ein Stück durch den Ort, bevor man über weite Wiesen läuft. Dabei rückt die Kampenwand immer näher. Am Waldrand lohnt noch eine Besichtigung der Mariengrotte, dann geht es über die vielen Stufen die Salintreppe hinauf. Die Soleleitung ging auf einer Länge von 108 Kilometern von Bad Reichenhall nach Rosenheim. An der Salintreppe bei Bernau sehen wir noch die alten eisernen Gussrohre, in denen die Sole damals floss. In der Bernauer Wolfsschlucht befand sich die Entnahmestelle des Wassers, das für den Antrieb der Solepumpanlage benötigt wurde. So gesehen bewegen wir uns auf dieser Tour auf historischen Spuren. Im Anschluss an die Salintreppe geht es immer weiter bergauf, bevor uns dann ein schöner Spazierweg bis zur Seiseralm den versprochenen Chiemseeblick bietet.

Am Bahnhof in Bernau gehen wir vom Bahnsteig Richtung Salzburg rechts am Bahnhofsgebäude vorbei und biegen dann links in die Schwärzstraße ein, wo uns ein Wegweiser Richtung Ortsmitte leitet. Den Abzweig durch die Kastanienallee rechts ignorieren wir in der Folge. An der nächsten Straßengabelung gehen wir nach rechts und folgen dem Wegweiser Richtung Kurgarten. Dann biegen wir links auf den Fußweg ein und gehen über den

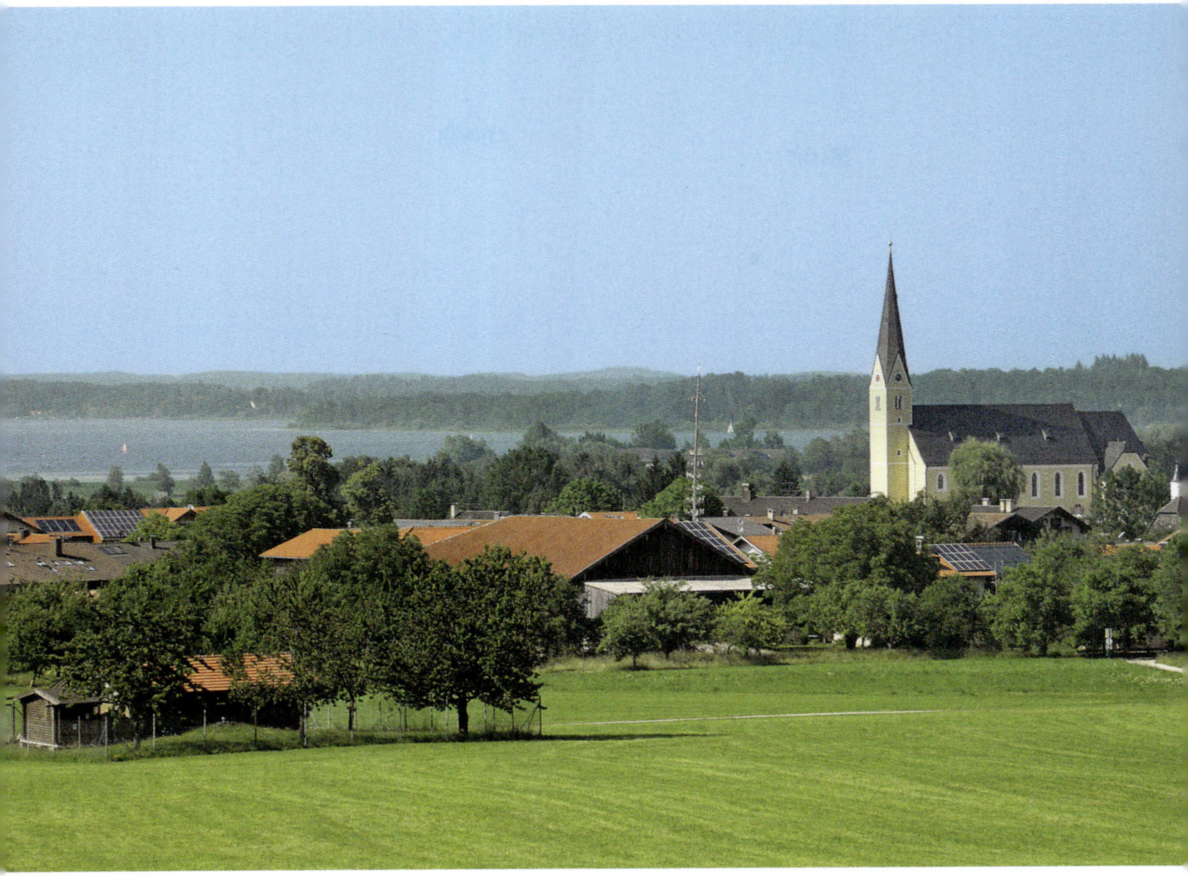

Bernau mit dem Chiemsee

Kurgartenhügel. Nun geht es rechts zwischen dem Bonnschlössl und der Kirche zu einer Ampel an der Straßenkreuzung. Hier folgen wir links ein kurzes Stück der Rottauer Straße, dann geht es rechts mit dem Schild »Bachweg, Westerham« in einen kleinen Fußweg. Am Haus Mitterweg 3 gehen wir links in den Mitterweg und wandern dann an der Kreuzung an der Mairhausenstraße nach rechts bis zu deren Ende. Ein Fußweg führt uns hier jetzt links weiter. An der Einmündung auf eine Teerstraße geht es mit dem Wegweiser Richtung Mariengrotte nach rechts. Die Grotte lädt zu einer Besichtigung ein, dann geht es wieder zum Wanderparkplatz zurück. Hier folgen wir dem Schild »Salinenweg Bernau-Rottau« auf der Teerstraße nach

Tipp

Im Bernauer Kurpark können Sie noch ein wenig verweilen. Hier gibt es einen Minigolfplatz mit Turnierbahnen und Pit-Pat. Letzteres ist eine Tisch-Billardanlage mit 18 Bahnen. Ein kleiner Kiosk sorgt für Ihr leibliches Wohl. Informationen: chiemsee-kaufmann.de

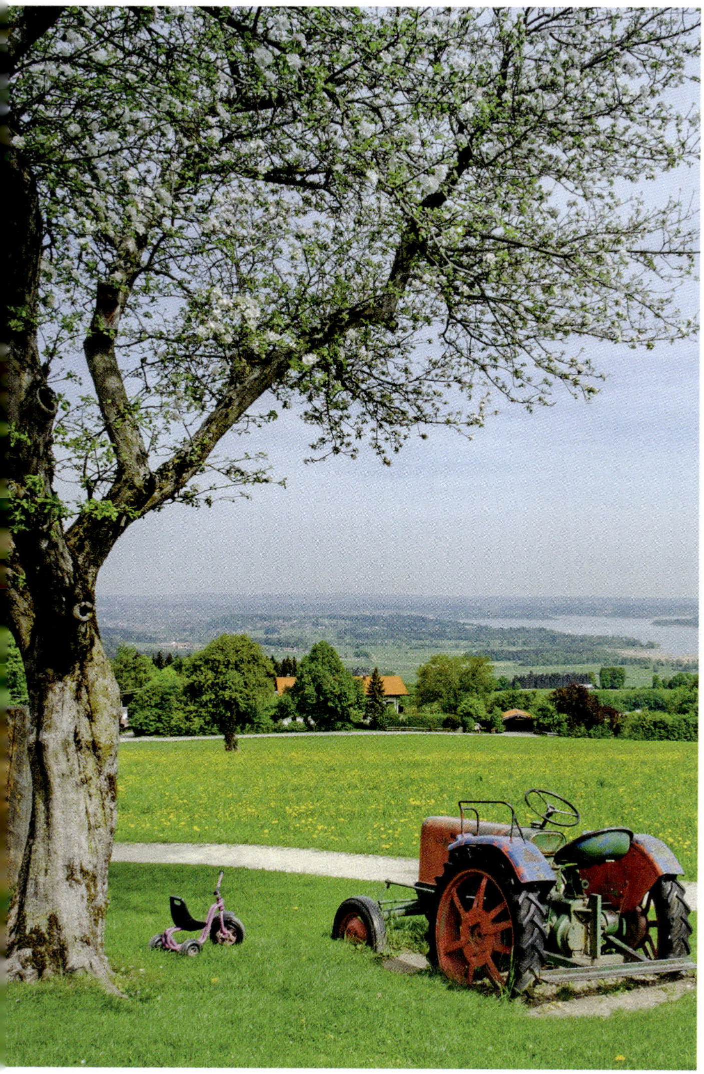

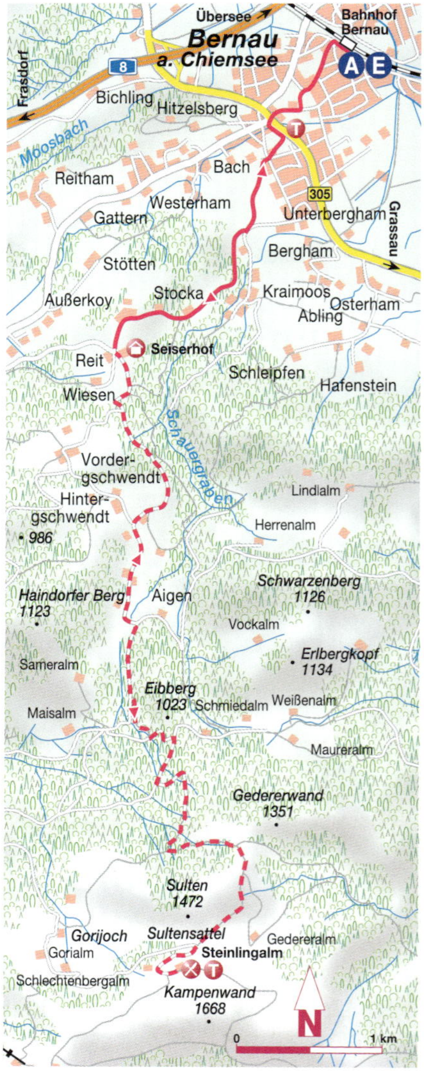

Von der Seiser Alm blickt man auf den Chiemsee.

Kraimoos. Dann geht es rechts über die Salintreppe mit dem Wegweiser »Salintreppe, Stocka« über viele Stufen bergauf. Oben angelangt folgen wir nun links dem Schild Richtung Seiserhof. Mit dem gleichen Wegweiser gehen wir eine Teerstraße bergauf, später geht es links auf einem Spazierweg über die Bergwiesen hinauf. So gelangen wir zum Hotel und Berggasthof Seiserhof.

Ambitionierte Wanderer können auch weiter zur Steinlingalm unter der Kampenwand gehen. Hierzu folgen wir dem geteerten Fahrweg nach Hintergschwendt. Von dort aus geht es weiter über die Fahrstraße in südlicher Richtung zum Wanderparkplatz

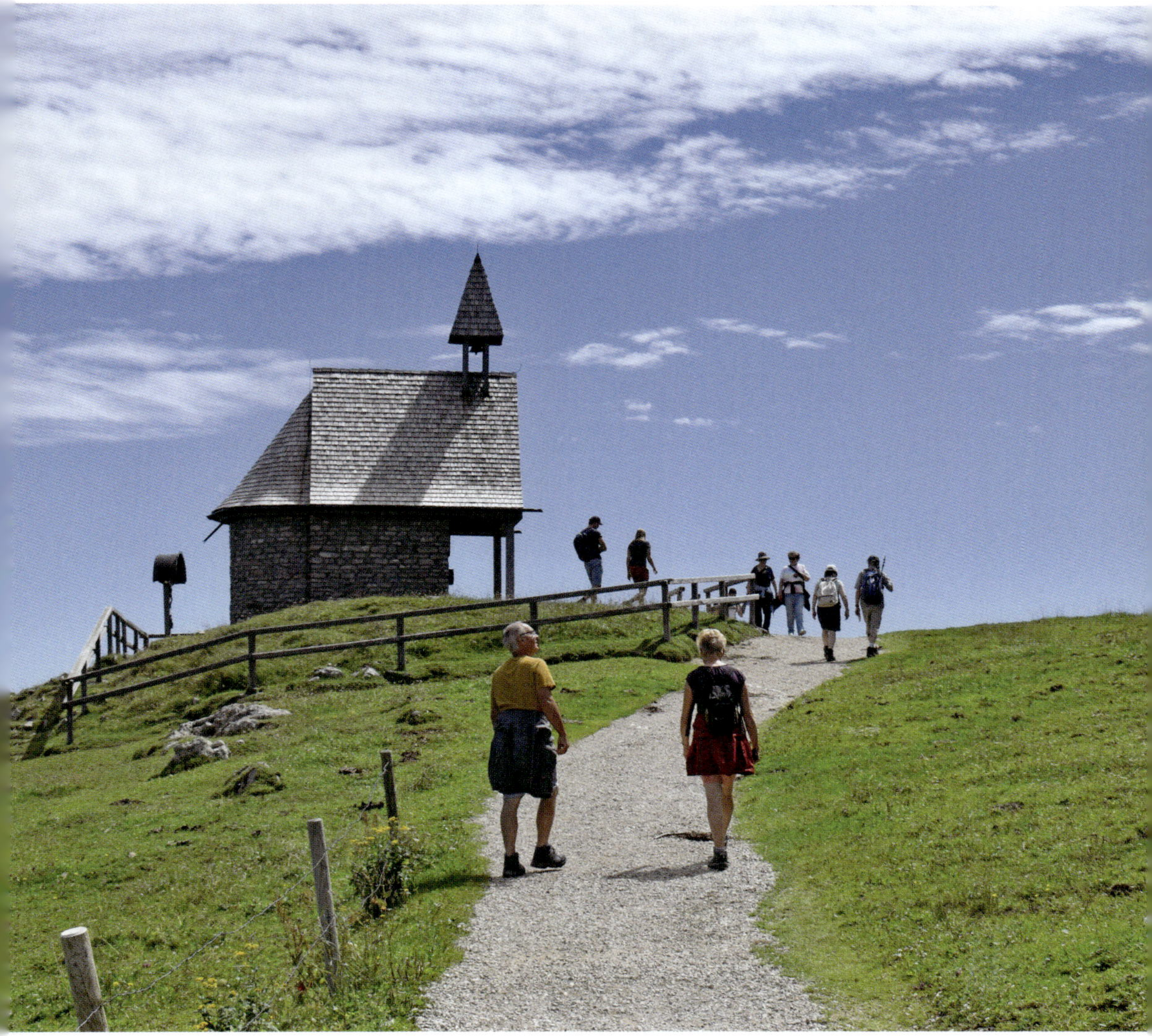

Kapelle bei der Steinlingalm - am Fuß der Kampenwand

Aigen. Dann geht es mit den Wegweisern zur Steinlingalm über Wander- und Forstwege bergauf. Dadurch verlängert sich die Gehzeit um zweieinhalb Stunden bergauf, zurück bis zur Seiseralm um viereinhalb Stunden, die weiteren Höhenmeter belaufen sich dabei auf 750.

Für den Rückweg wählen wir wieder dieselbe Route wie für den Hinweg. Der Zug verkehrt zurück mindestens stündlich Richtung München. In Bernau können Sie noch beim Alten Wirt oder in der Eisdiele einkehren sowie im Kurpark eine Runde Minigolf spielen.

14 Von Bad Endorf nach Prien

Über die Ratzinger Höhe

Leicht | 250 Hm | 3.30 Std.

Tourencharakter
Sehr sonnige Wanderung, überwiegend auf Wanderwegen oder kleinen Nebenstraßen. Ein kurzer, aber steiler Anstieg muss geschafft werden. Der Abstieg verläuft dafür knieschonend deutlich flacher.

Ausgangspunkt
Bahnhof Bad Endorf

Endpunkt
Bahnhof Prien

Anfahrt
Mit der Bahn nach Bad Endorf

Rückfahrt
Von Prien aus mit der Bahn

Einkehr
Café-Restaurant Weingarten; Gasthof Werndl in Greimharting

Karte
Kompass 1:30000, Nr. 792 Chiemsee

Information
Tourist-Info Bad Endorf, Bahnhofsplatz 2, 83093 Bad Endorf, Tel. 08053/300850, bad-endorf.de

Wenn der Simssee und der Chiemsee ein Meer wären und die Ratzinger Höhe ein echter Berg, dann müsste die heutige Tour »Tra Mare e Monte«, also »Zwischen Meer und Berg« heißen – von beidem ist genug vorhanden. Rundumblicke mit Bergpanorama und Seeblick gibt es zahlreiche auf dieser bezaubernden Wanderung im Herzen des Chiemgaus.

Wir erreichen Bad Endorf von München kommend gleich auf der für den Start zu unserer Wanderung richtigen Seite des Bahnhofs. Vom Bahnsteig weg gehen wir direkt Richtung Süden über den großen P&R-Platz und biegen dann rechts in die Geigelsteinstraße ein. Durch die nächste Straße, die Hochriesstraße, laufen wir nach links durch das Kurviertel und erreichen so die Chiemgauer Thermen. Wir umrunden das Thermalbad links und folgen der Beschilderung »Panoramarundweg« zwischen der Polizeischule und dem Thermalbad hindurch in die Kurparkanlagen Bad Endorfs.

Mit bester Aussicht nach Süden über den Simssee und zu den Bergen wenden wir uns auf der Südseite des Bads nach links und folgen dann dem querenden Feldweg nach rechts. So kommen wir geradeaus auf dem Feldweg nach Kurf, wo uns die Beschilderung »E3/Thalkirchen« nach links den Weg weist.

Der Wanderweg führt im Zickzack durchs herrliche Thalkirchner Moor. Hier kann es im Sommer sehr heiß werden. Der nächste Weiler ist Thalkirchen, wo wir uns am großen Walnussbaum geradeaus zwischen den Häusern hindurch halten, um die große Autostraße zu erreichen. Diese queren wir etwas nach rechts versetzt in die kleine und steil ansteigende, aber geteerte Straße.

Nun müssen wir es langsam angehen lassen, denn sonst geht uns gleich die Puste aus: Die Straße führt nicht nur steil nach

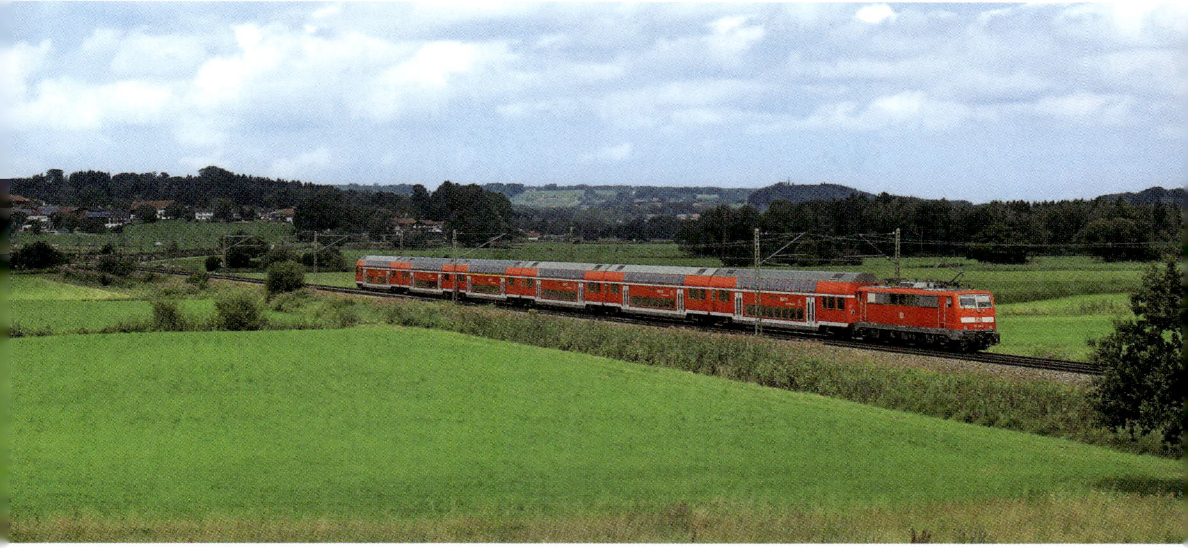

Mit der Bahn an den Chiemsee

oben, sondern wählt förmlich die Direttissima den Berg hinauf. Aber die schöne Aussicht von der Ratzinger Höhe will nun mal erkämpft werden – lassen wir uns also einfach für die nächsten 1,5 Kilometer etwas Zeit. Zum Glück gibt es einen informativen Obstbaum-Lehrpfad, sodass wir uns von einer fast schon vergessenen Apfelsorte zur nächsten bewegen und viel über seltene Zwetschgen- und Birnensorten lernen. Ab und an hilft dann auch ein Umdrehen, denn mit jedem Höhenmeter öffnet sich der Blick weiter, zunächst über die Kirche Hirnsberg auf den Simssee und dann bis hinüber nach Westen.

In Gattern haben wir es dann geschafft! An der Weggabelung biegen wir links ab und folgen der Beschilderung Richtung Berg auf dem »Ratzinger-Höhe-Rundweg«. Nun haben wir die Ratzinger Höhe erreicht, die sich als langer Höhenrücken zwischen Prien und Rohrdorf hinzieht. Schon jetzt können wir den einen oder anderen Blick genießen, diesmal nach Osten Richtung Chiemsee.

In Dirnsberg biegen wir rechts Richtung Weingarten ab. Unser Weg senkt sich etwas, und die Aussicht erreicht ihren Höhepunkt kurz vor dem Gasthaus Weingarten. Links öffnet sich die Sicht über den Chiemsee mit seinen Inseln, und der Blick schweift bis hinüber zu den Berchtesgadener Bergen. Im gesamten Chiemgau gibt es kaum eine andere Stelle, die einen so weiten Blick ins Land erlaubt! Bei klarem Wetter sieht man sogar die Berge des

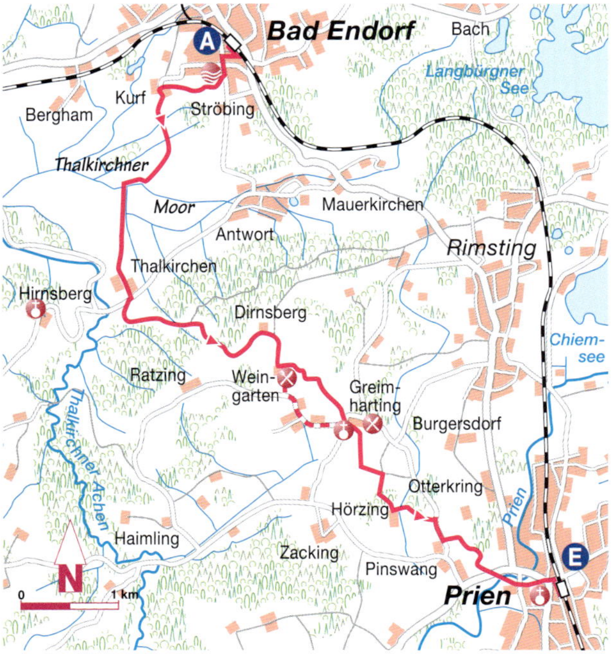

Salzkammerguts. Den Traunstein, der südlich von Gmunden den Traunsee bewacht, finden wir als weißen Kalkklotz etwas links neben der Fraueninsel. Direkt über der Herreninsel steht der Untersberg, der teilweise vom Hochstaufen verdeckt wird. Dann folgen – um nur die prominentesten Gipfel zu nennen – Hochfelln und Hochgern, die Kampenwand, die Hochries mit ihrem breiten Buckel und schließlich im Westen der Heuberg.

Das Café-Restaurant Weingarten lockt zur Einkehr, und man kann nur hoffen, einen Platz auf der meist gut gefüllten Sonnenterrasse zu bekommen.

Wer lieber gleich weiterwandern möchte, biegt vor dem Gasthaus links Richtung Osterhofen ab und folgt dann rechts, zunächst durch ein Waldstück und dann über Wiesen, der Beschilderung Richtung Greimharting auf einem ruhigen Wanderweg, der nun stetig bergab führt.

Wer in Weingarten noch einkehrt, geht nach der verdienten Pause die wenigen Meter hinunter bis zur größeren Straße und folgt dieser links für einen knappen Kilometer ebenfalls Richtung Greimharting, dessen Kirchturm unser nächstes Ziel ist.

Gegenüber der Kirche St. Peter und St. Leonhard verläuft unser Wanderweg am Friedhof entlang weiter abwärts. Nun sind wir auf dem »Obst- und Kulturweg« unterwegs, einem aufwendig und unterhaltsam gestalteten Themenweg. Die Häuser von Krinning sind unser nächstes Ziel. Auf der kleinen Anbindungsstraße geht es nach links zu einem einsamen Baum an einer Wegekreuzung und dort nach rechts, der Beschilderung »Hörzing« folgend, dann bald links in ein Waldstück hinein.

Wir erreichen Hörzing am großen Bauernhof Langhof, laufen nun für wenige Meter auf der Straße nach links und biegen dann

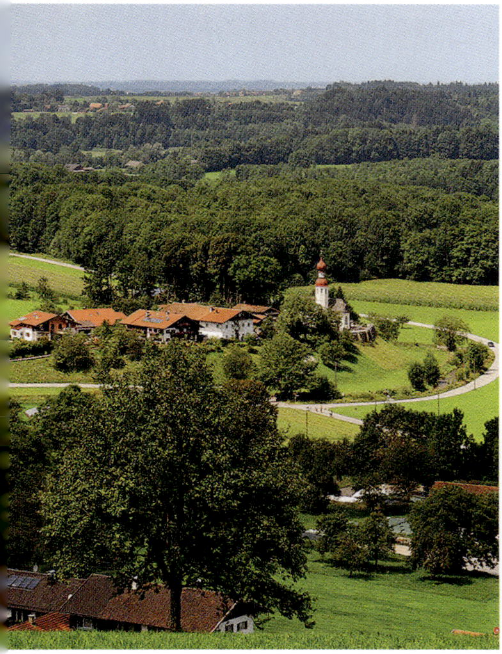

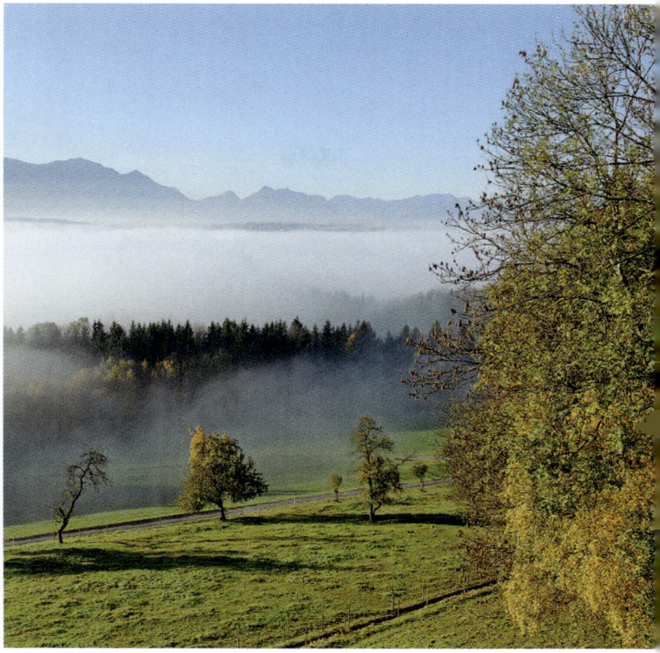

Herbstlicher Morgennebel wabert noch im Tal, während wir schon in der Sonne gehen.

Links: Auf der Westseite der Ratzinger Höhe liegt der kleine Weiler Thalkirchen.

gleich rechts in den Wald ein. Die Abzweigung nach Rimsting lassen wir unberücksichtigt. Wir folgen geradeaus dem Weg und gehen dann rasch über eine Wiese bis zu einer nun deutlich größeren Autostraße. Diese queren wir und wandern auf dem parallel dazu verlaufenden Fuß-und Radweg nach rechts nach Pinswang.

Nun ist Prien nicht mehr weit. Wir folgen der Beschilderung dorthin links auf dem Wanderweg, passieren die Kriegergedächtniskapelle und das Wasserreservoir am Fuß des Weinbergs und sind dann an der großen Autostraße bereits am Ortsrand von Prien angekommen.

Nun folgen wir einfach dem Fußweg neben der Straße nach links und halten uns am Kreisverkehr rechts. So gehen wir auf der Alten Rathausstraße vorbei an der Pfarrkirche Mariä Himmelfahrt mit ihrem berühmten Deckengemälde von der Lepantoschlacht und sind nun direkt im Zentrum von Prien.

Etwas Zeit für eine Besichtigung sollten wir uns noch gönnen, bevor wir über die Bahnhofstraße den Priener Bahnhof erreichen, wo wir entspannt und ohne Verkehrschaos unsere Heimreise antreten.

15 Von Aschau aus auf den Spitzstein

Herrliche Bergtour entlang der deutsch-österreichischen Grenze

Schwer | 900 Hm | 7 Std.

Tourencharakter
Höhen- und Kammwanderung mit nur einem steileren Anstieg. Trittsicherheit und gute Kondition sind erforderlich.

Ausgangspunkt
Bahnhof Aschau

Endpunkt
Bushaltestelle Sachrang

Anfahrt
Mit der Bahn bis Prien. Hier Umsteigen nach Aschau

Rückfahrt
An allen Wochentagen außer Sonntag mit RVO-Bus 9502 bis Aschau und von hier mit der Bahn

Einkehr
Spitzsteinhaus, Tel. +43 5373/83 30, ganzjährig bewirtschaftet, spitzsteinhaus.de

Karte
UK L 7 »Chiemsee/ Chiemgauer Alpen«, 1:50 000, Bayerisches Landesvermessungsamt

Information
Tourist-Info Aschau, Kampenwandstraße 38, 83229 Aschau, Tel. 08052/90 49-0, aschau.de

Diese kleine Gebirgsüberschreitung ist in der beschriebenen Form nur werktags möglich, da der Bus an Wochenenden am späten Nachmittag nicht mehr verkehrt. Doch diese Wanderung hoch über dem Priental ist so schön, dass wir sie unbedingt in dieses Buch aufnehmen möchten.

Vom Bahnhof geht man nach Westen über die Prien bis zur Straße Richtung Ortsteil Hammerbach. Man folgt der Zellerhornstraße nun ein gutes Stück, bis rechts an der Heuraffelstraße der beschilderte Wanderweg in Richtung »Hochries« und »Hof Alm« abzweigt. Der Teerweg führt uns an den Fuß des Bergwaldes heran. Auf zunächst breitem Weg wandern wir durch schönen Bergmischwald steiler bergan. Bei den Weggabelungen halten wir uns jeweils links. Der Weg wird etwas schmaler und steiler. Über einige Serpentinen erreichen wir schließlich eine Geländekante, treten aus dem Wald heraus und sehen auch schon die Häuser der Hofalm vor uns. Eine große Wiesenfläche breitet sich nun vor uns aus. Man wandert an der Hofalm vorbei und folgt einem Fahrweg nach Süden. Nun muss man ein bisschen aufpassen, denn in der nächsten Rechtskurve geht es unbeschildert von

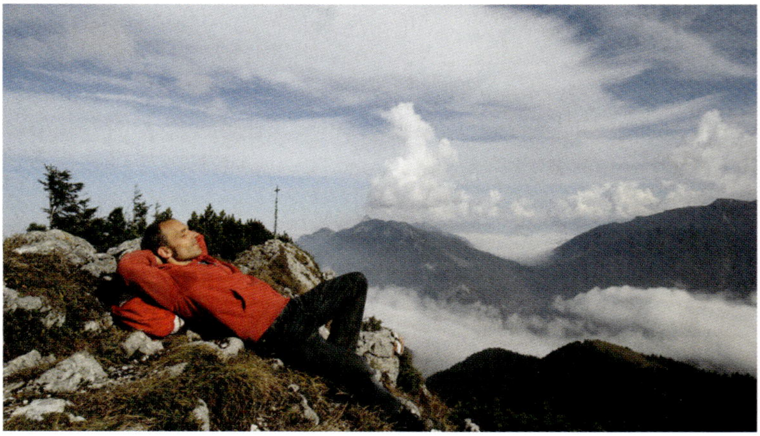

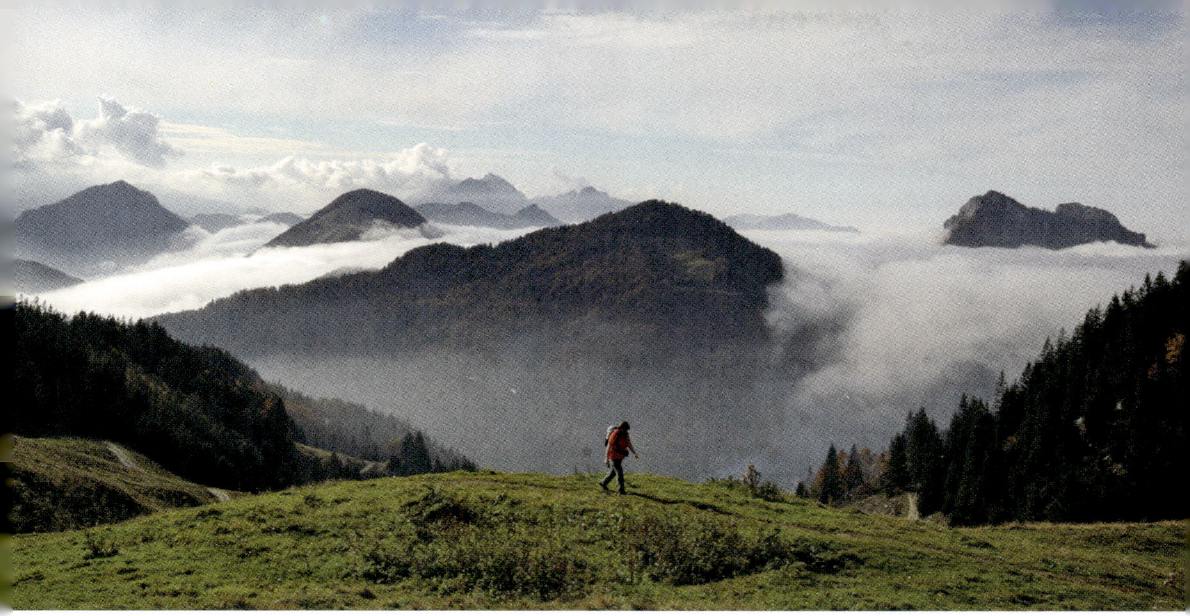

Wolkenstimmung oberhalb des Spitzsteinhauses
Linke Seite: Am Spitzstein angekommen, hat man sich eine ausgiebige Siesta wirklich verdient.

der Fahrstraße weg, indem man geradeaus einem Wiesenpfad folgt. Dieser führt uns an einem uralten Kalkbrennofen vorbei, der etwas versteckt unter einer großen Fichte liegt, und dann über einen wenig ausgeprägten. Sattel Rote Markierungen an Holzpfählen leiten in einen wieder deutlichen Fußweg.

Kurz danach treffen wir wieder auf eine Fahrstraße, der wir nach links folgen (Beschilderung »Riesenhütte bzw. Hochries«). Weite Serpentinen der Forststraße können wir abkürzen, indem wir etwa 500 Meter später an einer Kurve geradeaus dem zunächst steinigen Fußweg folgen. Durch den Wald geht es weiter angenehm flach bergan, man überquert geradeaus eine Fahrstraße und kommt zu einer Wegkreuzung. Hier folgt man links der Beschilderung in Richtung Laubenstein und Arbereck. Unterhalb dieser beiden Gipfel führt der Weg im Tal, erst kurz ansteigend, dann wieder flach, zu einer Bergwachthütte.

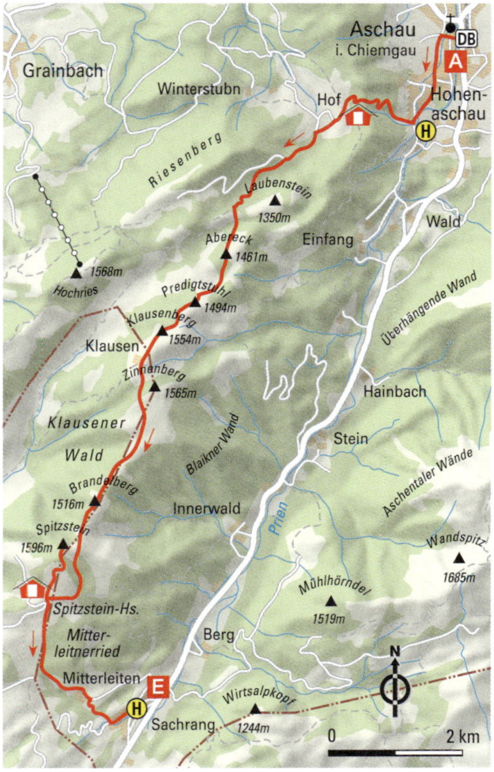

Hinter dieser biegen wir vom Fahrweg nach rechts ab (verblasstes Schild an einem Holzpfahl) und steigen nun steiler auf einem schmalen Pfad über Wiesenhänge bergan. Oben angekommen stößt man auf einen Querweg und geht hier nach rechts. Der Weg quert nun unterhalb des Predigtstuhls nach Süden und erreicht schließlich den bewaldeten Bergrücken, auf dem es nun eben weitergeht. Hier teilt sich der Weg immer wieder auf und wird teilweise etwas schlechter. Zuletzt ist der Weg im Latschen- und Erlengebüsch etwas zugewachsen und es geht an der einen oder anderen Stelle etwas eng zu, bevor man das kleine, 1554 Meter hohe Gipfelkreuz des Klausenberges erreicht. Nach der Pause folgt man dem nun freien und breiteren Bergkamm nach Süden zur Klausenhütte. Hinter der Hütte geht es zunächst über flache Wiesenflächen weiter nach Süden. Man kommt an einem Wegweiser »Spitzstein über Brandelberg« vorbei und umgeht in einer flachen Querung den links gelegenen Zinnenberg. Dieser ist übrigens nicht etwa eine an eine Burg erinnernde Felsbastion, wie der Name vermuten lässt, sondern vielmehr eine flache, runde, mit Latschen bewachsene Bergkuppe. Hinter dem Zinnenberg geht es leicht absteigend über weite Wiesenflächen auf den Kamm des Brandelberges zu. Kurz bevor man in den Wald eintritt, zeigt ein schöner, alter Grenzstein, dass wir uns nun genau auf der Grenze zwischen Deutschland und Österreich befinden.

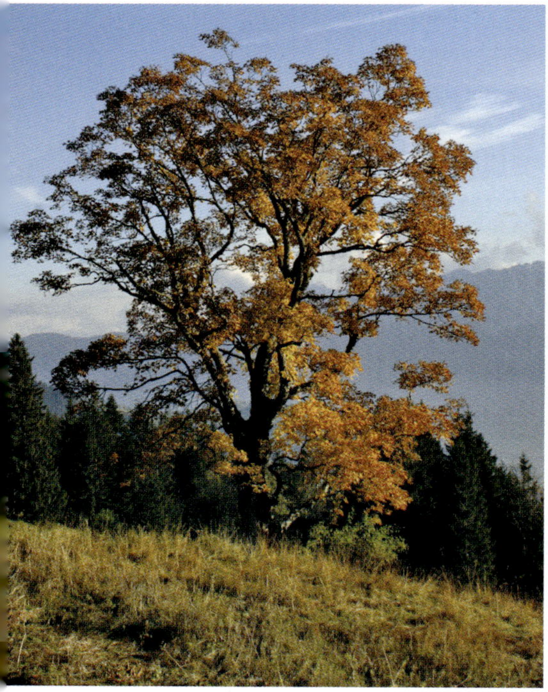

Die Herbstfärbung macht den Bergwald besonders reizvoll.

Sehr abwechslungsreich geht es nun entlang des Brandelberges weiter nach Süden. An einigen leicht ausgesetzten Stellen ist etwas Trittsicherheit gefragt. Man steigt ein wenig bergauf und bergab und später zwischen Felstürmen hindurch. Kurz danach kommt man an die Stelle, an der früher der direkte Nordanstieg zum Spitzstein abzweigte. Ein Schild macht jedoch darauf aufmerksam, dass dieser Weg wegen Steinschlaggefahr nicht mehr betreut wird. Wir gehen also geradeaus, leicht bergab und auf ein Waldstück zu. In diesem wandern wir an einer Gabelung rechts in Richtung »Spitzsteinhaus« und bald direkt an einer beeindruckenden senkrechten Felswand vorbei. Dieser Wegabschnitt mit seinen groben Steinblöcken hat beinahe alpines Flair. Hinter einem Waldstück führt der Weg durch eine ehemalige Windwurffläche zu einer Almhütte. Hier folgt man nach rechts der breiten Almstraße hinunter zur direkt oberhalb des Spitzsteinhauses gelegenen Altkaser Alm.

Wenn man noch einigermaßen fit ist, sollte man von hier aus natürlich den Spitzstein besteigen. Der gut markierte, deutliche Anstieg führt zunächst über freie Wiesen, dann durch ein Waldstück ohne Orientierungsschwierigkeiten auf den 1596 Meter hohen Berg hinauf, auf dem eine kleine Gipfelkapelle steht.

Voller Stolz kann man vom Spitzstein aus auf den gesamten zurückgelegten Routenverlauf über Klausenberg, Zinnenberg und Brandelberg hinüberblicken. Nach der Gipfelrast geht es zunächst auf dem gleichen Weg hinunter zur Altkaser Alm und dem nur einen Katzensprung entfernten Spitzsteinhaus.

Vom Spitzsteinhaus aus folgt man kurz in südlicher Richtung dem Fahrweg, den man aber gleich nach einer Kehre nach links in Richtung Sachrang verlässt. Es geht angenehm nach Süden über freies Almgelände bergab. Man stößt auf eine Almstraße, geht hier ganz kurz nach links und folgt sogleich nach rechts wieder dem Wiesenpfad bergab. Wunderschön geht es an schönen Almhütten vorbei und dann immer am Waldrand entlang bergab. Schließlich führt der Weg nach links in den Wald hinein. Der Weg wird etwas breiter, man tritt aus dem Wald heraus und sieht die Häuser von Mitterleiten vor sich liegen. Zu diesem sehr idyllisch gelegenen Weiler geht es entlang schöner Holzzäune bergab und dann auf einem Fahrweg zum ersten Hof hinauf. Am Schild »Durchgang verboten« wenden wir uns nach links und folgen einem Zaundurchgang. Dann stößt man auf eine Straße und geht auf dieser ein Stück nach rechts aus dem Ort hinaus. Wenig später kann man die Straße nach rechts verlassen, indem man dem Schild »Sachrang« folgt. Zuletzt führt der Weg in zwei Kehren über eine Wiese hinab und ein letztes Mal durch ein Waldstück, bevor man die Straße erreicht, der man nach links zu den Häusern von Sachrang folgt. Im Ortszentrum befinden sich an der Dorfstraße zwei Bushaltestellen: Eine direkt gegenüber der Tourist-Information und eine neben der Pizzeria »Posthotel Sachrang«.

Vom Spitzstein aus kann man fast den ganzen Tourenverlauf einsehen.

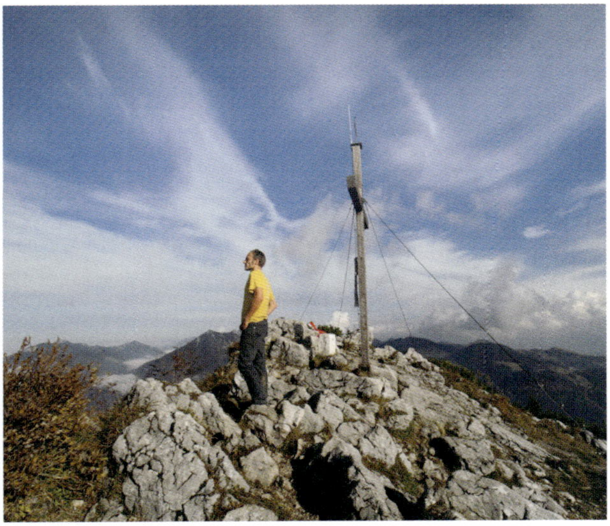

16 Auf die Kampenwand

Mit Seilbahnhilfe zu beeindruckenden Kalktürmen

Mittel | 250 m | 2.30 Std.

Tourencharakter
Auf breitem Weg, über steilere, teilweise erodierte Serpentinen. Für den kurzzeitig ausgesetzten Gipfelanstieg (Drahtseile vorhanden) Trittsicherheit und Schwindelfreiheit gefragt

Ausgangs-/Endpunkt
Bergstation der Kampenwand-Seilbahn

Anfahrt
Mit der Bahn über Rosenheim und mit dem RVO-Bus 9496 zur Bushaltestelle in Hohenaschau »Schloßeinkehr Kampenwand«. Oder mit Umsteigen in Prien nach Aschau. Mit dem RVO-Bus 9502 zur »Schloßeinkehr Kampenwand«. Infos zur Seilbahn unter unter kampenwand.de

Rückfahrt
Mit Umsteigen über Rosenheim oder mit zweimal Umsteigen über Aschau und Prien

Einkehr
Steinlingalm, Montag Ruhetag, steinlingalm.de

Karte
UK L 7 »Chiemsee/Chiemgauer Alpen« 1:50 000, Bayerisches Landesvermessungsamt

Information
Tourist-Info Tel. 08052/90 49-0, aschau.de

»Wann i mit meiner Wampen kannt, dann gangat i auf d'Kampenwand!«, besagt ein urbayerischer Spruch. Etwas sportlich und trittsicher sollte man in der Tat schon sein, auch wenn der hier beschriebene Anstieg durch die Seilbahnbenutzung erheblich verkürzt wird. Aber auf dem letzten Stück des Anstieges findet durchaus Felskontakt statt! Belohnt wird der konditionell wenig anstrengende Anstieg mit einer großartigen Aussicht auf den Chiemsee und auf die Chiemgauer Alpen.

Zunächst geht es ohne Schweißverlust mit den nostalgischen Kabinen der Kampenwandbahn zur Seilbahnbergstation hinauf. Von dort aus geht man in Richtung eines Berggasthofes und links an diesem vorbei. Kurz wird es etwas steiler, bis man einen flachen Rücken erreicht. Von dem dort aufragenden Kreuz hat man die erste großartige Aussicht. Der breite Weg führt uns an einem Felsturm vorbei und leicht absteigend hinunter zur Steinlingalm. Man hat weiterhin einen sehr schönen Ausblick auf das Alpenvorland mit dem Chiemsee – kein Wunder, dass dieser flache

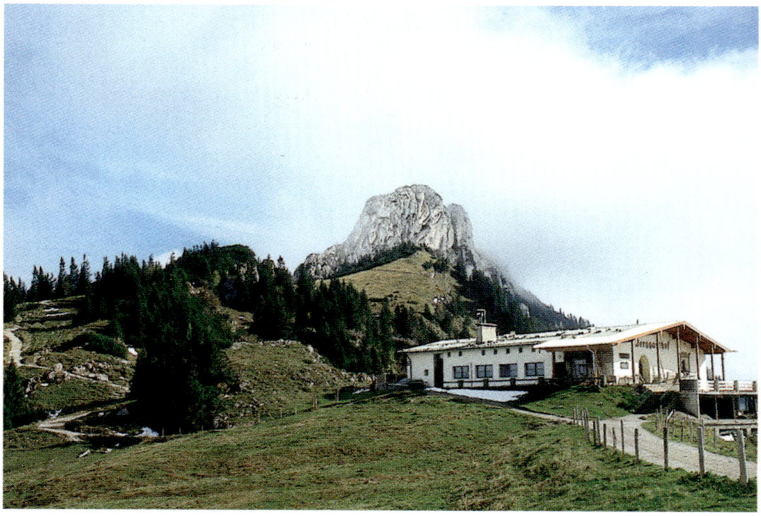

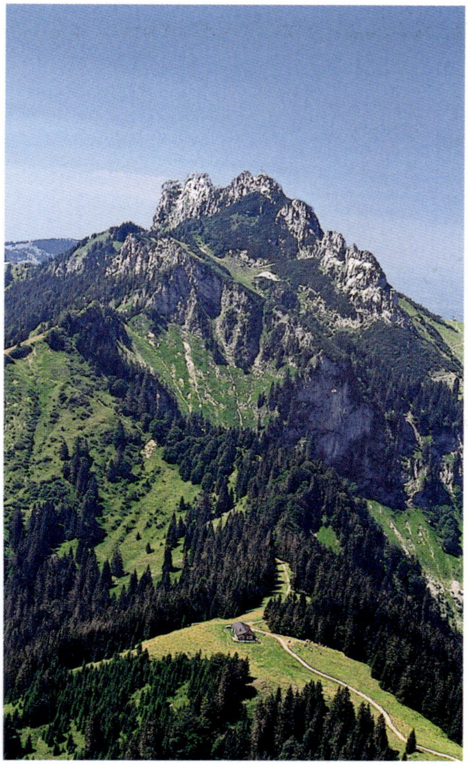

Der markante Kampenwandrücken von der benachbarten Hochplatte aus gesehen.

Wanderweg auch bei »Turnschuhbergsteigern« sehr beliebt ist. Direkt bei der Steinlingalm wenden wir uns nach rechts und folgen dem erodierten Fußweg bergauf.

Der Weg ist auf dem nun folgenden Abschnitt in recht viele Teilwege aufgegliedert. Wir folgen am besten dem mit roten Punkten markierten Hauptweg, um Kniegelenke und auch die Natur zu schonen. Der Weg wird bald steiniger und wir erreichen die ersten Felswände. Hier wenden wir uns nach links. Es geht nun weiter durch die beeindruckenden Felsschluchten der sogenannten »Kaisersäle«, wo uns im weglosen Gelände weiterhin rote Markierungen den Weg weisen. Senkrechte Felswände, die aus steil gestellten Schichten des besonders harten Wettersteinkalkes bestehen, begleiten nun unseren Anstieg. Teilweise muss man schon hier die Hände zu Hilfe nehmen. Die Markierungen führen uns nach rechts noch einmal durch eine enge Felsschlucht. Das Gelände öffnet sich und wir sehen plötzlich das Gipfelkreuz vor uns. Um dieses zu erreichen, müssen wir mithilfe einer Eisenkette die felsige, steile Nordseite des Gipfelblockes umgehen. Auf diesem kurzen, ausgesetzten Abschnitt ist Trittsicherheit angesagt. Dahinter wird der Weg wieder einfacher. Er wendet sich, sobald er den Ostkamm der Kampenwand erreicht hat, nach rechts und folgt dem Bergrücken ohne weitere Schwierigkeiten zum bis zu zwölf Meter hohen Gipfelkreuz der Kampenwand. Zurück zum Ausgangspunkt geht es auf demselben Weg.

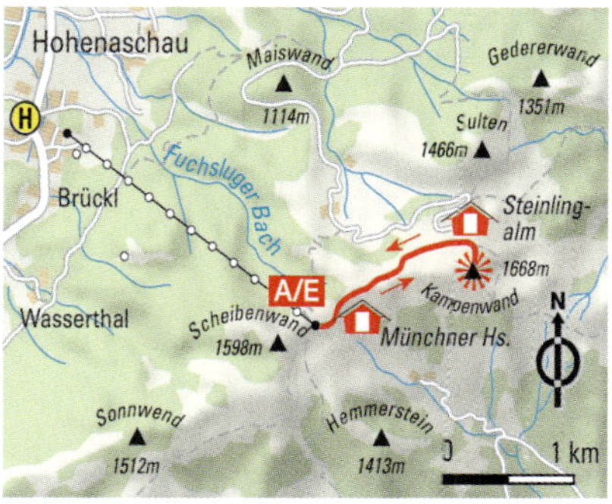

Linke Seite: Kurz nach der Bergstation kommt man an der Sonnenalm vorbei.

17 Geigelstein und Rossalm

Ein Blumenberg und eine rustikale Alm

Mittel | 1240 Hm | 6.30 Std.

Tourencharakter
Am Geigelstein ist Trittsicherheit erforderlich; ansonsten leicht, gute Bergwanderwege; Kondition erforderlich, da recht lange Tour

Ausgangs-/Endpunkt
Bushaltestelle in Ettenhausen

Anfahrt
Mit der Bahn nach Prien; von dort mit dem Bus nach Marquartstein, dort umsteigen in den Bus (dieser kommt vom Bahnhof Übersee) nach Schleching bzw. Ettenhausen. Oder mit dem DAV-Bergsteigerbus von München

Einkehr
Wuhrsteinalm, Wirtsalm, Roßalm, Haidenholzalm; jeweils zur Weidesaison bewirtschaftet

Karte
TK 1:50000 Chiemsee/Chiemgauer Alpen (LDBV)

Information
aschau.de

Der Geigelstein ist einer der höchsten und attraktivsten Berge am Alpenrand, mit herrlicher Aussicht und einer überwältigenden Flora: Er gilt auch als der Blumenberg der Chiemgauer Alpen. Die 1200 Meter Höhendifferenz müssen allerdings erwandert werden, nachdem die Geigelsteinbahn eingestellt wurde.

Von der Ortsmitte von Ettenhausen folgen wir zunächst der Straße zur Talstation der eingestellten Geigelsteinbahn. Von dort windet sich ein Wirtschaftsweg durch Wald hinauf zum Berggasthof Wuhrsteinalm (die Bergstation werden wir dabei nicht direkt berühren). In diesem Berggasthaus kann man tagsüber als Wanderer einkehren, eine Übernachtung ist jedoch nicht möglich (lediglich für Gruppen, die das Haus komplett buchen).

Ein ausgeschilderter Wanderweg führt uns dann weiter durch Bergwiesen hinauf zur Wirtsalm. Dort halten wir uns rechts und steigen nun über die steiler werdende Südostflanke des Geigelsteins bergan zum Geigelsteinsattel. Rechts geht es durch ein steiles Latschendickicht, dann über eine schotterige Bergflanke (Trittsicherheit erforderlich) hinauf zum höchsten Punkt des Geigelsteins mit Kreuz und kleiner Kapelle.

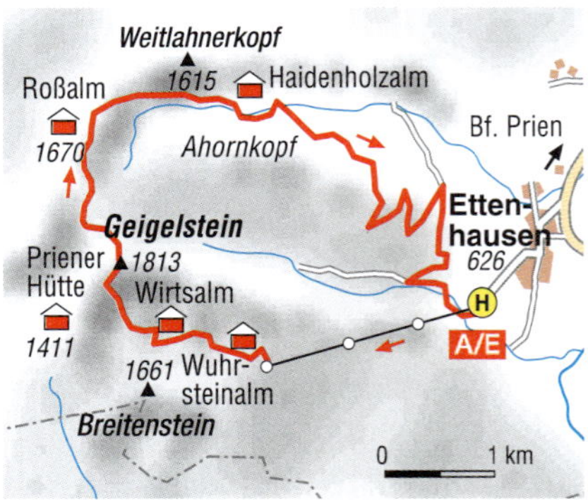

Unterwegs macht der zweithöchste Gipfel der Chiemgauer Alpen seinem Namen als Blumenberg vor allem im Frühjahr große Ehre: Wir entdecken Enziane, Trollblumen, Geflecktes Knabenkraut und Vogelnestwurz, um nur einige zu nennen. Dann geht es gerade-

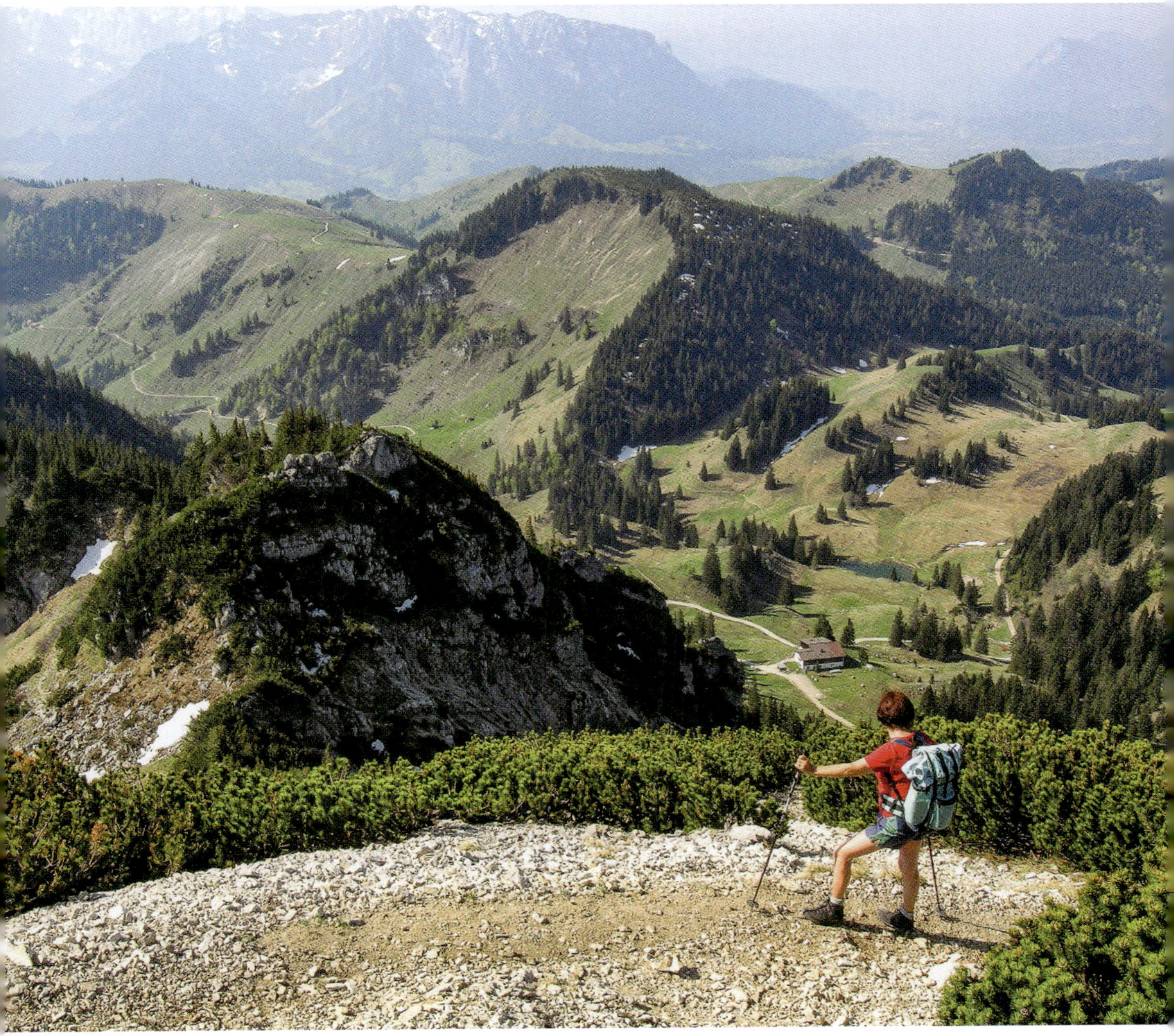

Tiefblick vom Anstieg auf den Geigelstein auf die Priener Hütte

aus weiter durch eine Latschengasse hinab zu einem wenig ausgeprägten Sattel.

Hier folgen wir nun dem Höhenweg (Mark.-Nr. 207) hinüber zu Deutschlands höchstgelegener Alm, der Rossalm. Achtung: Dieser Wegabschnitt darf zwischen dem 1. November und dem 1. Mai aus Naturschutzgründen nicht begangen werden. Von dort leitet uns dann ein schmaler Almfahrweg hinab zur Haidenholzalm. Auf einem breiten Forstweg wandern wir anschließend in Kehren hinab zur Talstation der Geigelsteinbahn und zurück in die Ortsmitte von Ettenhausen.

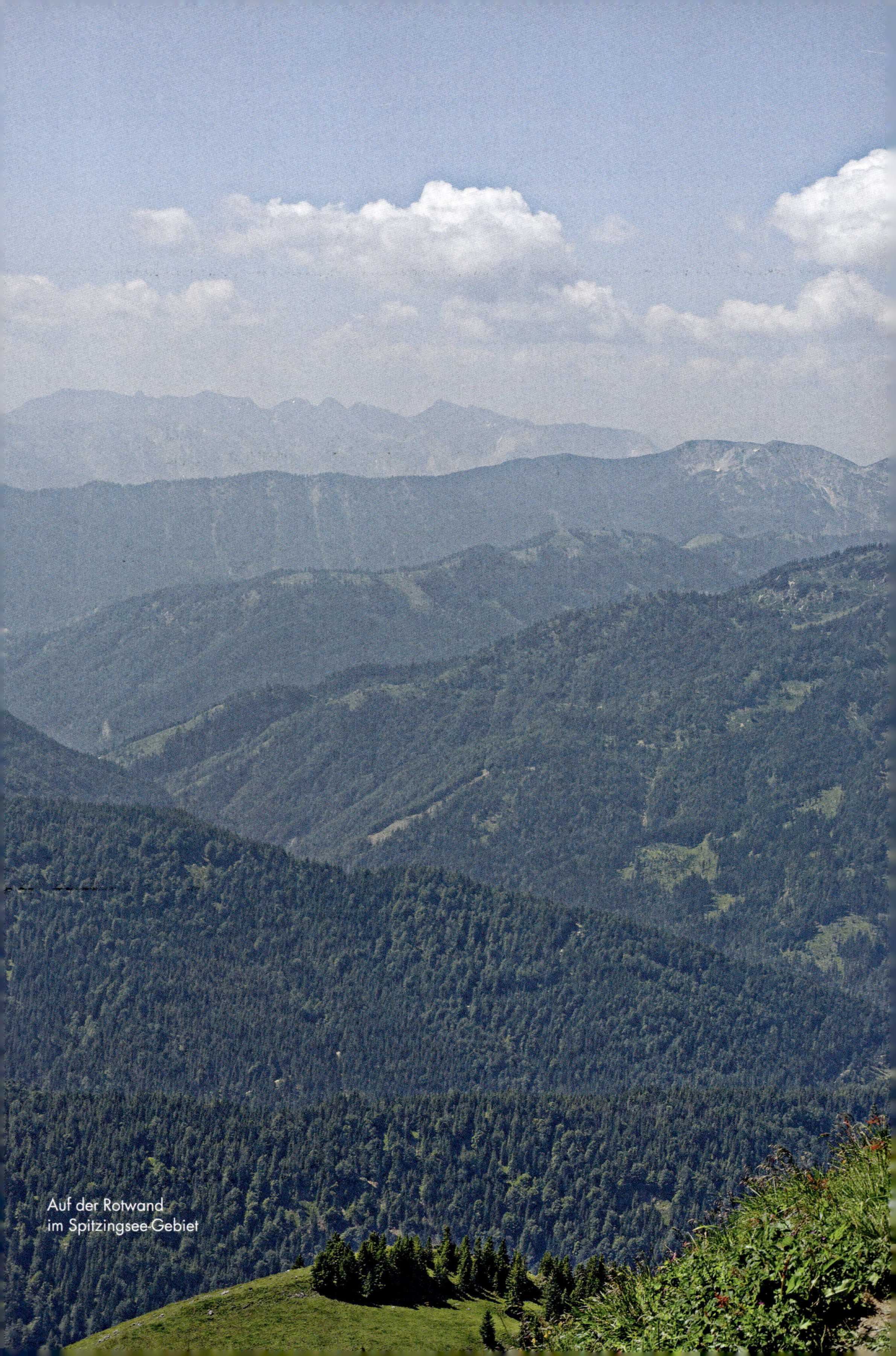

Auf der Rotwand
im Spitzingsee-Gebiet

Bayerische Voralpen

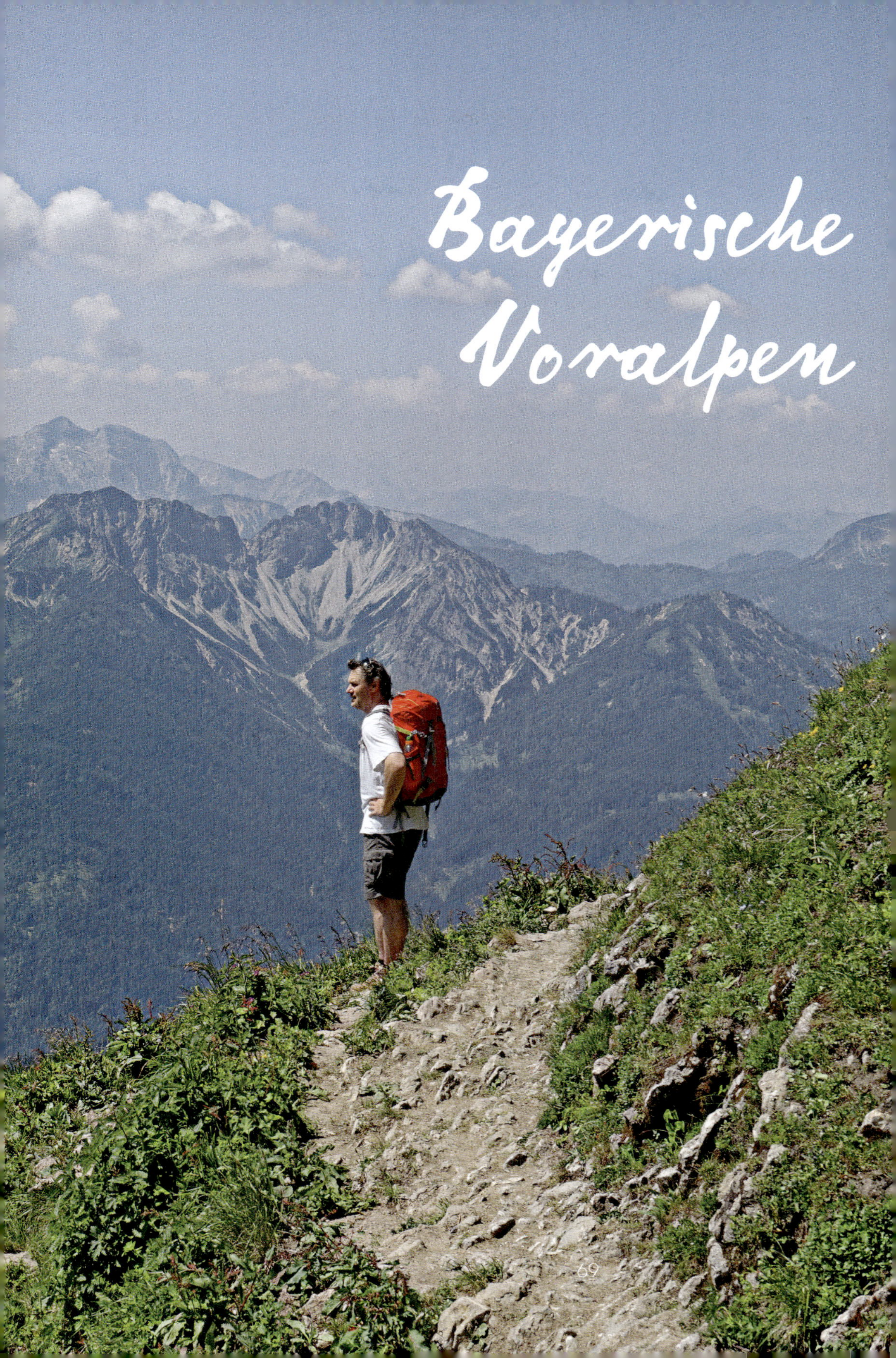

18 Auf die Rampoldplatte

Weitblicke über der Schuhbräualm

Mittel | 930 m | 5 Std.

Tourencharakter
Aussichtsreiche Wanderrunde auf Forstwegen, Nebenstraßen und Wanderwegen

Ausgangs-/Endpunkt
Bahnhof Brannenburg

Anfahrt
Mit der Bahn nach Brannenburg

Einkehr
Schuhbräualm, schuhbräu-alm.de; Schlipfgrubalm, Tel. 08034/2983

Karte
AV-Karte 1:25000, BY-16 Mangfallgebirge Ost

Information
Tourist-Info Gemeinde Brannenburg, Tel. 08034/4515, brannenburg.de

Die Rampoldplatte liegt über dem Inntal mit schönen Ausblicken zum Zahmen Kaiser und zu den Chiemgauer Alpen bis zu den Leoganger Steinbergen. Unter dem Gipfel wartet die gemütliche Schuhbräualm auf eine zünftige Einkehr – Chiemseeblick inklusive.

Auf dieser Wanderung führt uns ein Kreuzweg hinauf zur Wallfahrtskirche Schwarzlack. Dazu gehen wir vom Bahnhof in Brannenburg aus nach rechts. Am Abzweig zum Kerschelweg folgen wir links der Bahnhofstraße. Wir überqueren die Ampelkreuzung geradeaus und folgen weiter der Bahnhofstraße. An einer Rechtskurve der Hauptstraße, hier zweigt die Holzhauserstraße rechts ab, folgen wir der Bahnhofstraße weiter geradeaus, mit dem Wegweiser Richtung Wendelsteinhalle bis zur Kirche. Dort gehen wir rechts mit dem Schild »Schwarzlack«, das uns auch im weiteren Verlauf den Weg weist, zum Kirchplatz vorbei am Schlosswirt. Hier geht es wieder nach rechts. Am Angerweg folgen wir dann einem breiten Schotterweg. An einer Weggabelung gehen wir geradeaus und gelangen so auf den Kreuzweg, der uns zur Gaststätte Schwarzlack führt. Hier können wir die

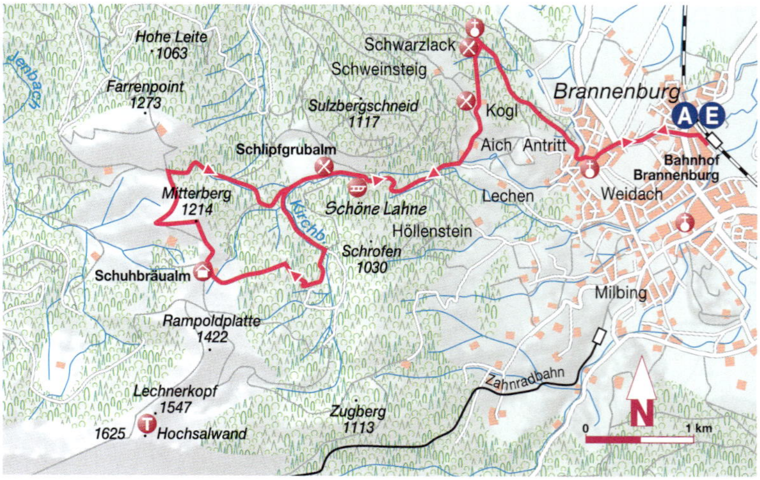

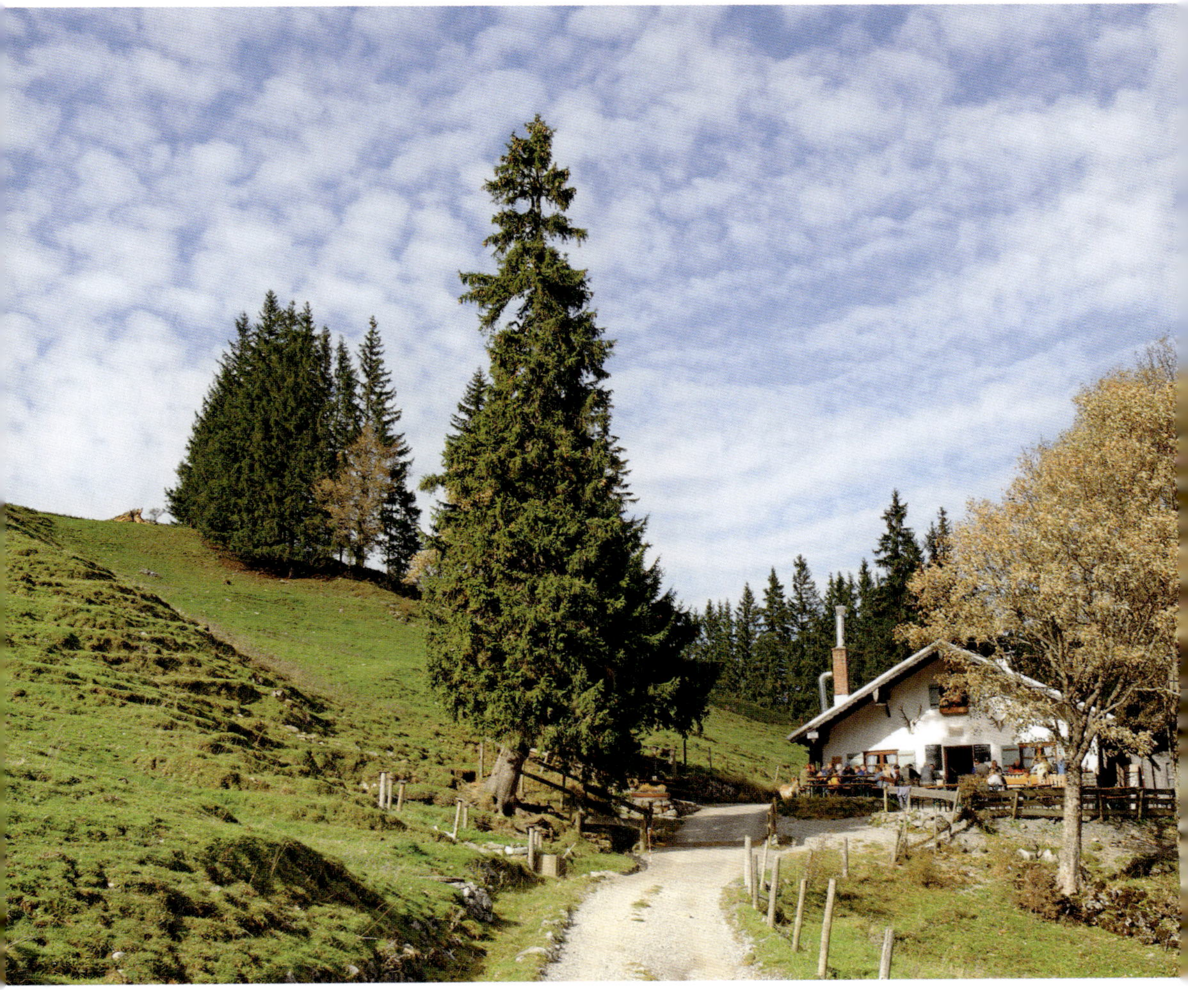

Gemütlich ist es an der Schuhbräualm.

gleichnamige Wallfahrtskirche besichtigen. Dann geht es weiter zum Berggasthof Kogl und seinem Wildgehege. Hier haben wir schon die ersten schönen Ausblicke über das Inntal hinüber zum Kranzhorn und zum Heuberg.

Von dort folgen wir der geteerten Fahrstraße nach Süden bis zu deren Ende an einer Weggabelung in Nähe des Wanderparkplatzes. Hier gehen wir auf der geteerten Fahrstraße rechts bergauf mit dem Wegweiser Richtung Schuhbräualm, Rampoldplatte. Nach dem Parkplatz und einer Bachbrücke leitet uns dieser Wegweiser neuerlich nach rechts, nun auf einem Wanderweg, bergauf durch den Wald. Am Forstweg wieder angelangt, gehen wir wieder rechts, vorbei an der Schlipfgrubalm, an der ebenso eine

Einkehr möglich ist. Die Wegweiser »Schuhbräualm« führen uns weiter bergauf auf dem Forstweg bis dorthin. Eine wirklich gemütliche Alm, auf der wir uns eine zünftige Brotzeit schmecken lassen können. Da gäbe es eine leckere Käseplatte, aber auch die Schweinswürstl mit Sauerkraut sind ein Gedicht. Zum Kaffee stehen leckere Kuchen auf der Karte. Vom Gastgarten schweift der Blick über das Inntal hinüber bis zum Chiemsee.

Hier geht es mit den Wegweisern Richtung Rampoldplatte auf einem Steiglein, vorbei an der Rampoldalm, hinauf zum Gipfel. Das Inntal liegt tief unter uns. Die Felsenburg des Zahmen Kaisers ragt im Süden auf. Auf der linken Seite des Inntals sieht man die ganze Gipfelparade der Chiemgauer Alpen: Hochries, Kranzhorn und Spitzstein sind die bekanntesten Aussichtsberge, die man von hier oben sieht. Ganz im Osten grüßen an klaren Tagen noch die Leoganger Steinberge. Nach Westen sind uns der Breitenstein und der Schweinsberg ganz nah. Im Norden, quasi unter uns, sehen wir die Graspyramide des Mitterberges und dahinter den Farrenpoint mit der Huberalm. Am Inn erkennen wir die

Blick zum Kaisergebirge in Nähe des Berggasthofes Kogl

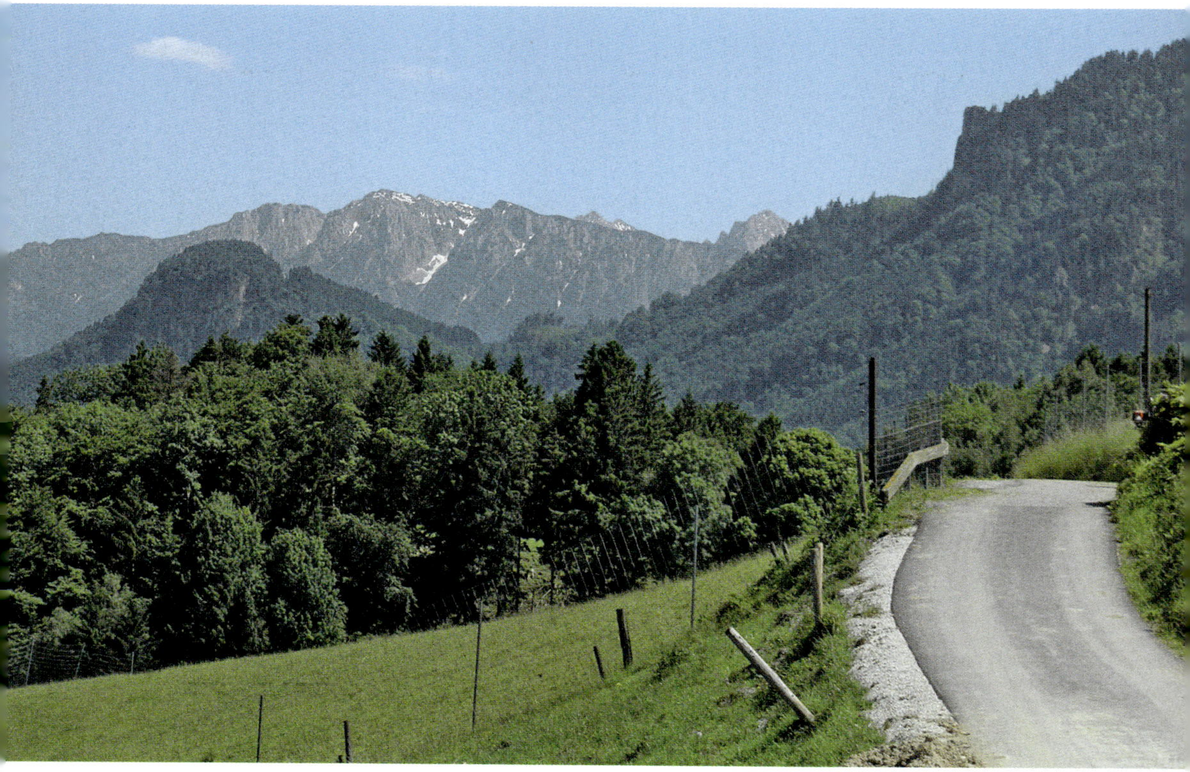

Ortschaften Raubling und Rosenheim. Und manchmal kann man sogar ganz im Norden die südlichen Stadtteile von München erspähen. Für den Rückweg folgen wir zunächst der Route des Hinwegs bis zur Schuhbräualm. Dort nehmen wir dann den Anstiegsweg wieder zurück zum Ausgangspunkt nach Brannenburg. Eine wirklich aussichtsreiche Wanderrunde.

Dann gehen wir mit den Wegweisern Richtung Bad Feilnbach, Farrenpoint um den Mitterberg herum. Den Abzweig links nach Bad Feilnbach über den Nigglsteig ignorieren wir und gehen weiter geradeaus zum Farrenpoint. Am Fuß des Berges gehen wir aber nicht zum Gipfel, sondern nehmen rechts den Wanderweg durch den Wald bergab mit dem Schild Richtung Brannenburg. Später gabelt sich im Wald der Weg. Hier nehmen wir die rechte Weggabelung mit dem Wegweiser Richtung Brannenburg, Schlipfgrubalm. So geht es weiter durch den Wald bergab. An dem Forstweg zur Schuhbräualm angelangt, gehen wir jetzt links ohne Beschilderung auf dem bereits bekannten Anstiegsweg zurück zu unserem Ausgangspunkt.

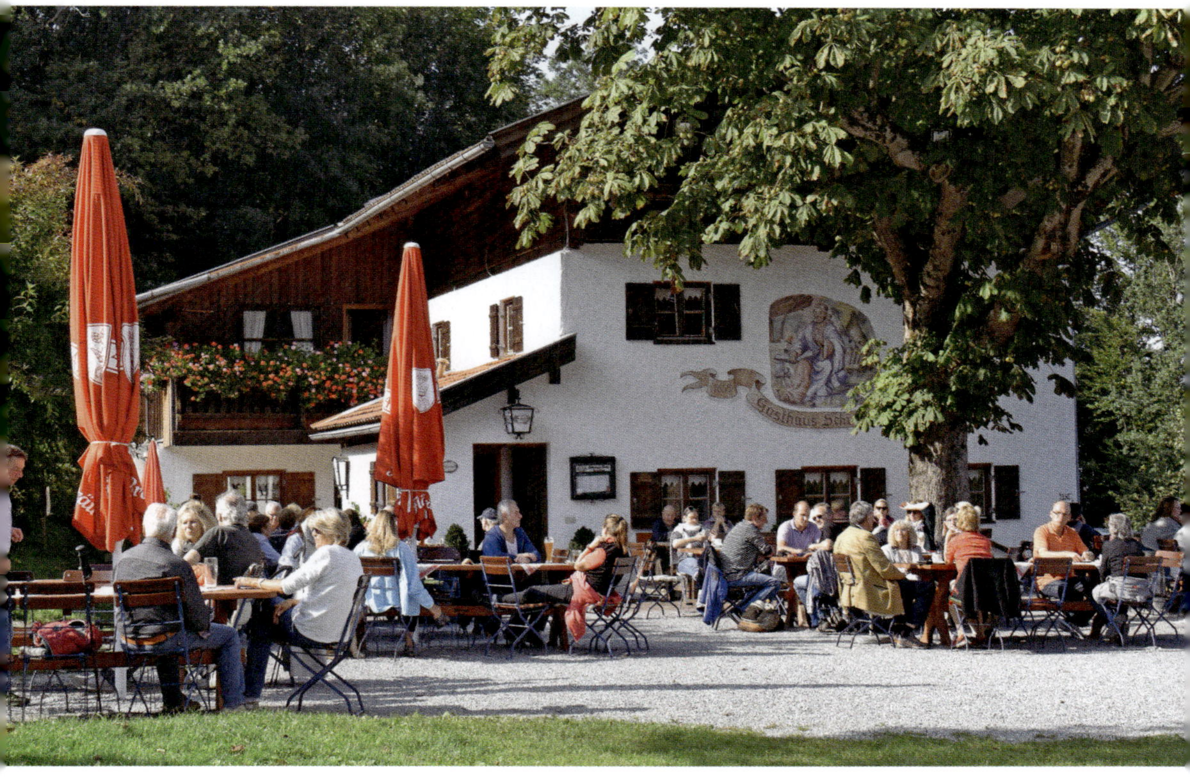

Das Gasthaus Schwarzlack oberhalb von Brannenburg

19 Von Flintsbach zur Wolfsschlucht

Schöne Wasserfälle und ein alter Burgturm

Leicht | 250 Hm | 3 Std.

Tourencharakter
Abwechslungsreiche Tour auf breiten Schotterwegen, in der Schlucht typische, mit Stufen und Geländern gut angelegte Wanderwege

Ausgangs-/Endpunkt
Bahnhof Flintsbach

Anfahrt
Mit der Bahn nach Flintsbach

Einkehr
Mehrere Gasthöfe in Flintsbach

Karte
AV-Karte 1:25000, BY-16 Mangfallgebirge Ost

Information
Tourist-Info Gemeinde Flintsbach, Tel. 08034/30660, flintsbach.de

Ein eher unbekannter Weg führt zu den romantischen Wasserfällen der Wolfsschlucht bei Flintsbach-Fischbach. Weiter geht es zur Burg Falkenstein am Eingang des Inntales, mit schönen Ausblicken hinüber auf den Heuberg und das Kranzhorn.

Wer von Flintsbach aus wandert, hat zumeist die Hohe Asten oder das Petersbergl im Visier (siehe Tour 20). Diese Tour führt vom gleichen Ausgangspunkt zu den eher unbekannten Wasserfällen bei Fischbach, einem Ortsteil von Flintsbach. Romantisch brechen sie in mehreren Kaskaden ab und gerade

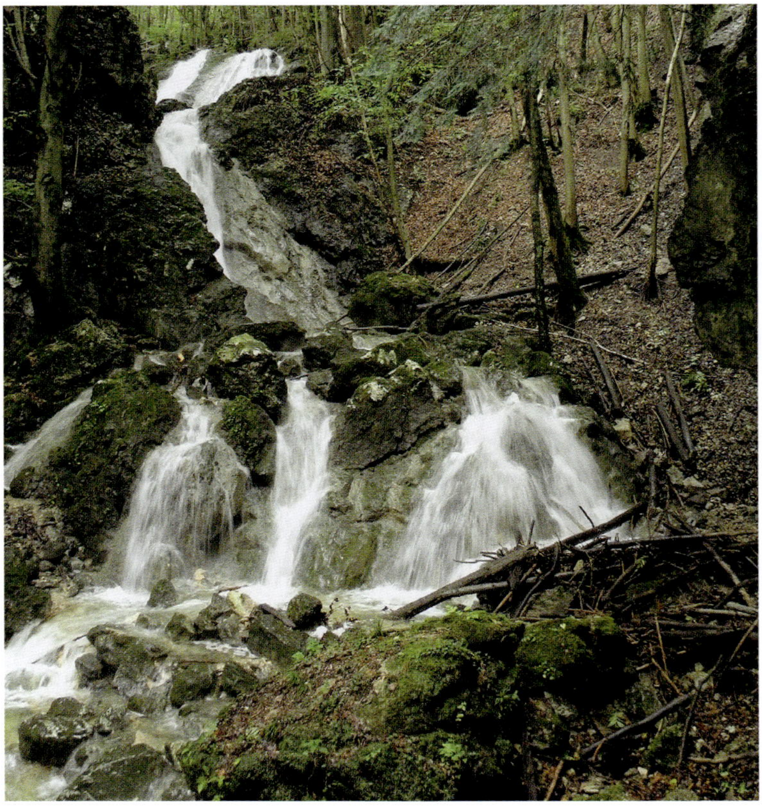

In mehreren Kaskaden brechen die Wasserfälle der Wolfsschlucht ab.

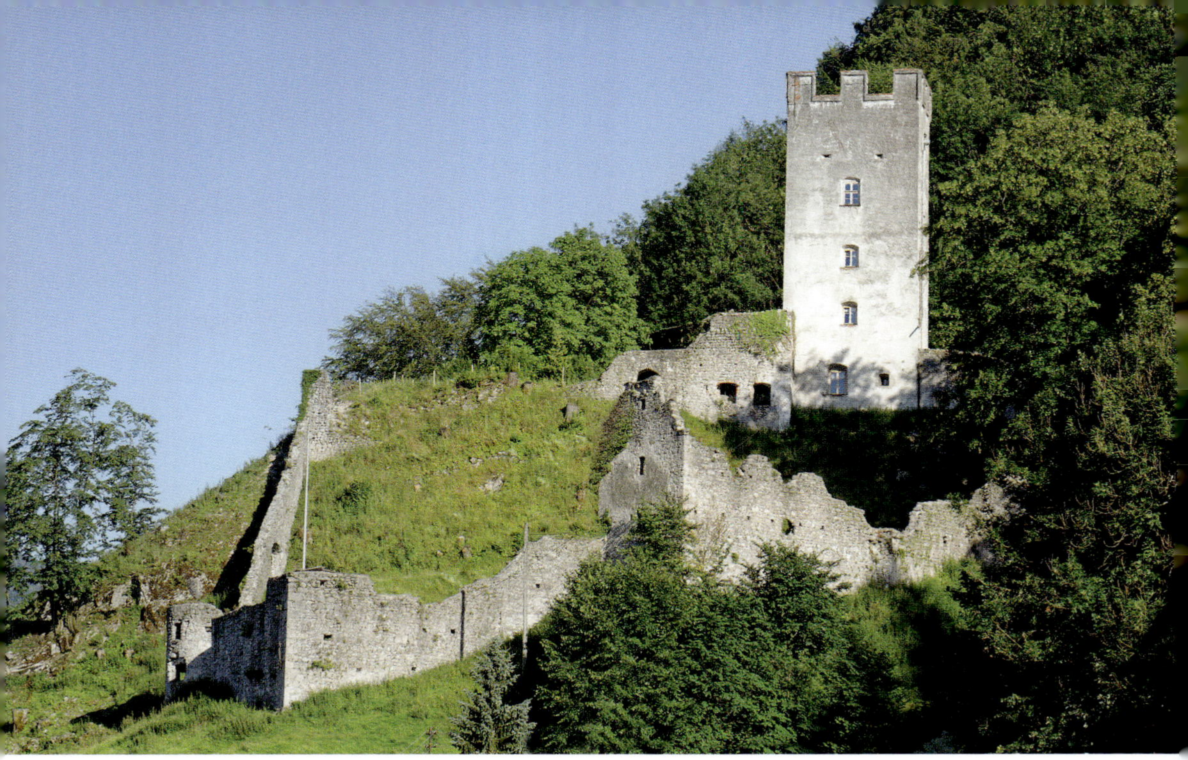

Die Ruine Falkenstein bei Flintsbach

nach Regenfällen rauschen hier beachtliche Wassermengen zu Tal. Sonst sind die Wasserfälle ruhiger, laufen in kleinen Adern über die Felsbänder und liefern Fotomotive, die an ein Kunstobjekt erinnern. Wir wandern dorthin von Flintsbach über weite Wiesen nach Süden und haben dabei schon den Zahmen Kaiser im Visier. Links grüßen Heuberg und Kranzhorn, zwei markante Berge der Chiemgauer Alpen. Nachdem wir alle Kaskaden der Wasserfälle passiert haben, geht es hinüber zum alten Turm der Burg Falkenstein. Der Weg führt direkt durch den alten Torbogen und liefert, zusammen mit spannenden Ausblicken in das Inntal, weitere schöne Fotomotive, bevor es wieder zurück nach Flintsbach geht.

Tipp

An warmen Tagen empfehle ich einen Abstecher in das Freibad von Flintsbach. Der Badesee mit 10 000 Quadratmetern Wasserfläche verfügt über beste Wasserqualität aufgrund des durchlaufenden frischen Bergwassers. Neben einem Spielplatz gibt es auch einen Imbiss, einen Kiosk sowie einen Minigolfplatz. Neu ist der Beach-Volleyball-Platz. Das Schwimmbad erreichen Sie über die Kufsteiner Straße und die Kirchstraße in nördlicher Richtung, bevor Sie in den Auweg rechts abbiegen. Hierzu benötigen Sie, von der Wanderroute in der Kufsteiner Straße abzweigend, etwa eine Viertelstunde. Informationen: Freibad Flintsbach am Inn, Auweg 10, Tel. 08034/90 85 74 oder 08034/30 66-0.

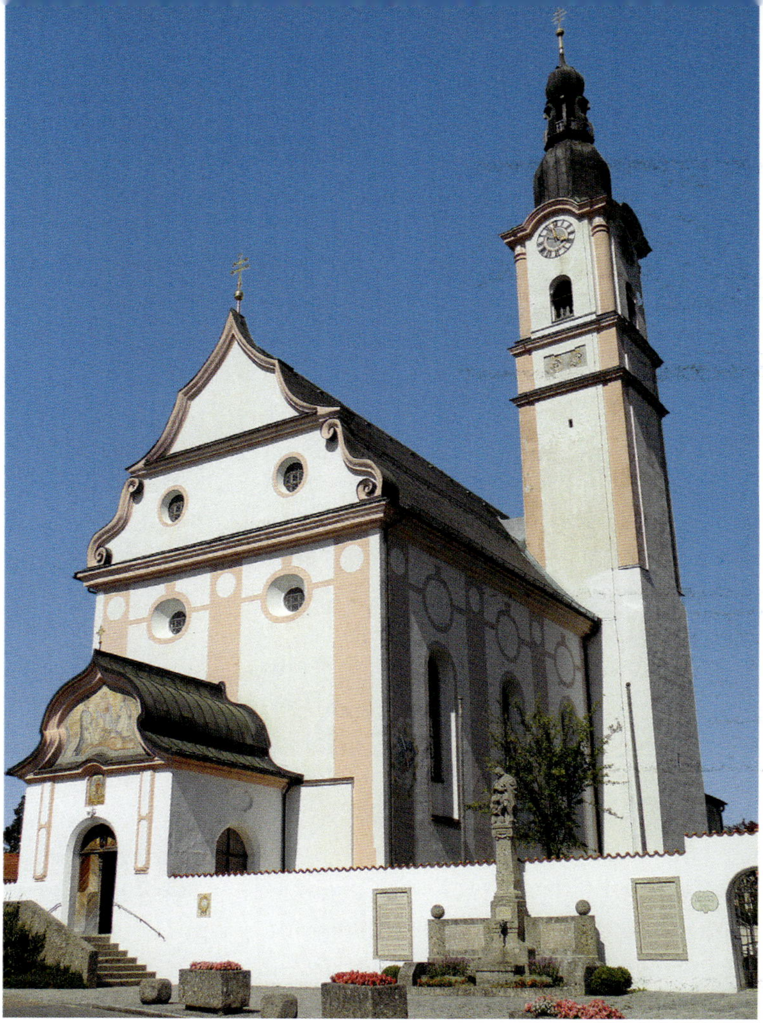

Die Pfarrkirche St. Martin zu Flintsbach

Am Bahnsteig zu den Zügen nach Kufstein gehen wir ein Stück in Fahrtrichtung und dann rechts in einen Fußweg. An dessen Ende am Ahornweg gehen wir nach links. An der nächsten Wegkreuzung folgen wir links dem Wegweiser »Café-Arena« in die Innstraße durch die Bahnunterführung. Danach biegen wir an der nächsten Weggabelung rechts mit dem Wegweiser »Rundweg Inndamm« auf einen breiten Schotterweg ein. An der nächsten Weggabelung ignorieren wir die Bahnunterführung rechts und gehen mit dem zuletzt genannten Wegweiser nach links. Später folgen wir der Rechtskurve des Weges zum Bahndamm und gehen durch die Bahnunterführung über den Gletschergartenweg bis zur Hauptstraße. Diese überqueren wir und folgen nun der Markbachstraße entlang des Baches. Am Ende der Bebauung führt die Straße in den Wald. Dort gehen wir links über die Brücke und folgen der Beschilderung »Wolfsschlucht, Wasserfälle« entlang des Baches. Wir überqueren einen kleinen Steg, kommen an einem Fischweiher vorbei und nehmen den Wanderpfad in die Schlucht. Nachdem wir einen weiteren Steg überquert haben, kommen wir an den Wasserfällen im unteren Teil vorbei. An der nächsten Weggabelung geht es dann rechts bergauf zu den Wasserfällen im mittleren Teil, hier ohne Beschilderung. Nun geht es weiter bergauf über einige Stufen zu den Wasserfällen im oberen Teil, die wir am besten vom nächsten Steg aus sehen können.

Für den Rückweg folgen wir zunächst dem Hinweg bergab über die Wasserfälle der mittleren Kaskade. Danach gehen wir an einer Weggabelung geradeaus. Der Weg führt uns an den Waldrand zu einer weiteren Weggabelung. Hier gehen wir links ohne Beschilderung am Waldrand zurück zum Beginn des Schluchtweges. Zur Orientierung: Hier steht in der Gegenrichtung der Wegweiser »Rundweg, Hafnach, Kirnstein, Wasserfälle, Wolfsschlucht«. Nach Überquerung der Bachbrücke gehen wir links ohne Beschilderung und durchqueren einen Steinbruch. Es geht weiter geradeaus und wir folgen der geteerten Straße Am Steinbruch. In der nächsten Rechtskurve gehen wir geradeaus mit dem Wegweiser »Petersberg, Hohe Asten, Falkenstein« ein kurzes Stück am Waldrand, bis wenig später links ein Weg abzweigt mit dem Schild »Riesenkopf, Bichlersee, Petersberg, Hohe Asten«.

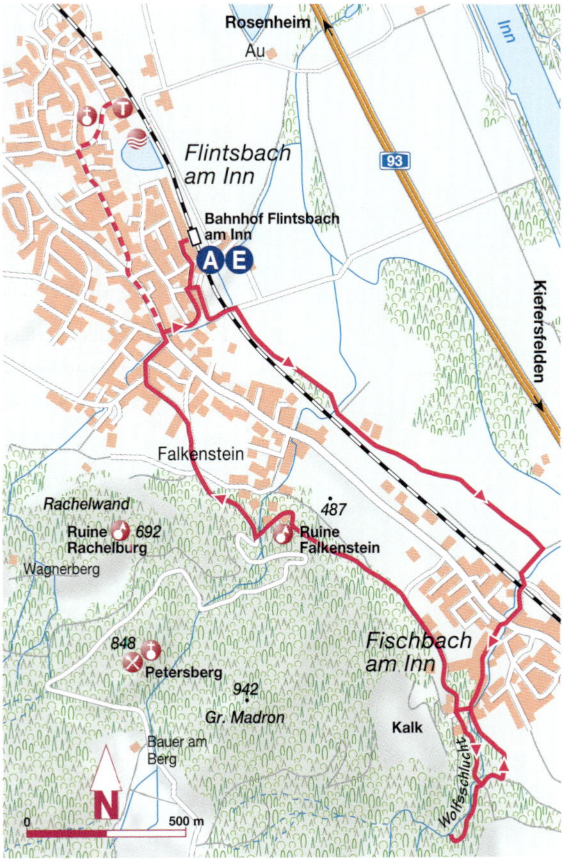

Wir wandern auf dem Bergpfad nun bergauf durch den Torbogen der Burg Falkenstein und gelangen so auf den Forstweg zur Hohen Asten, dem wir nun rechts bergab ohne Beschilderung talwärts folgen. Im Tal angelangt, gehen wir an der Wegkreuzung auf dem Astenweg geradeaus, vorbei an einer kleinen Kapelle zur Hauptstraße in Flintsbach, der Kufsteiner Straße. Dieser folgen wir ein kurzes Stück nach links, dann wandern wir rechts in die Innstraße, die uns zurück zu unserem Ausgangspunkt, den Bahnhof in Flintsbach, bringt.

20 Petersbergl und Hohe Asten

Aussichtsreiche Berggasthöfe über dem Inntal

Leicht | 825 Hm | 3.30 Std.

Tourencharakter
Breite, aber z. T. steile Wirtschaftswege, am Petersbergl zusätzlich breiter und steiler Bergwanderweg

Ausgangs-/Endpunkt
Bahnhof Flintsbach

Anfahrt
Mit EC oder Regionalzügen nach Rosenheim; dort umsteigen in die Regionalbahn in Richtung Kufstein. Tipp: Das Bayern-Ticket gilt bis Kufstein.

Einkehr
Berggasthaus Petersberg (Mi Ruhetag) und Berggasthaus Hohe Asten (Fr Ruhetag), beide sind ganzjährig bewirtschaftet. Am Beginn des Anstiegsweges gibt es Tafeln mit den Öffnungszeiten.

Karte
TK 1:50 000 Mangfallgebirge (LDBV)

Information
flintsbach.de

Das alte Propsteihaus aus dem 17. Jahrhundert auf dem Petersbergl – in dem heute ein Berggasthaus untergebracht ist – ist unser erstes Ziel. Anschließend wandern wir hinauf zu den höchstgelegenen Bauernhöfen Deutschlands auf der Hohen Asten, wo wir ebenfalls einkehren können.

Vom Bahnhof in Flintsbach gehen wir zunächst zur Ortsmitte und folgen dann links der Hauptstraße, bis rechts der Astenweg abzweigt. Auf diesem Fahrweg gelangen wir zum Bergfuß, wo sich auch der Wanderparkplatz befindet. Hier beginnt der Anstiegsweg. Zunächst auf breitem, jedoch bald ziemlich steilem Weg – vorbei an der seit einigen Jahren freigelegten Ruine Falkenstein – durch Wald in Kehren bergan. Wir gehen rechts um das Petersbergl herum, bis links der steile Zustiegsweg zu diesem abzweigt.

Über einige Serpentinen erreichen wir in einer knappen Viertelstunde den höchsten Punkt mit Berggasthaus (das ehemalige Propsteihaus mit gemütlichen Innenräumen und sogar einem Kachelofen, falls es draußen schon etwas kühler ist) und Kirche. Von dort oben genießen wir einen freien Blick ins Inntal – und bei schönem Wetter können wir auch draußen auf den Bänken sitzen.

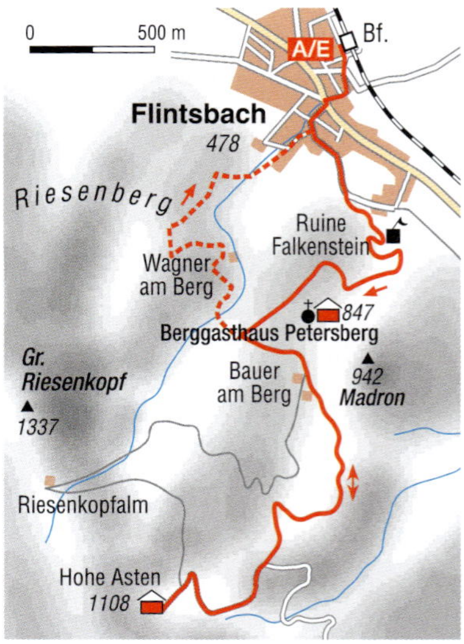

Anschließend wandern wir (Abkürzer auf Steig!) hinab zur Wegverzweigung. Dort folgen wir uns links hal-

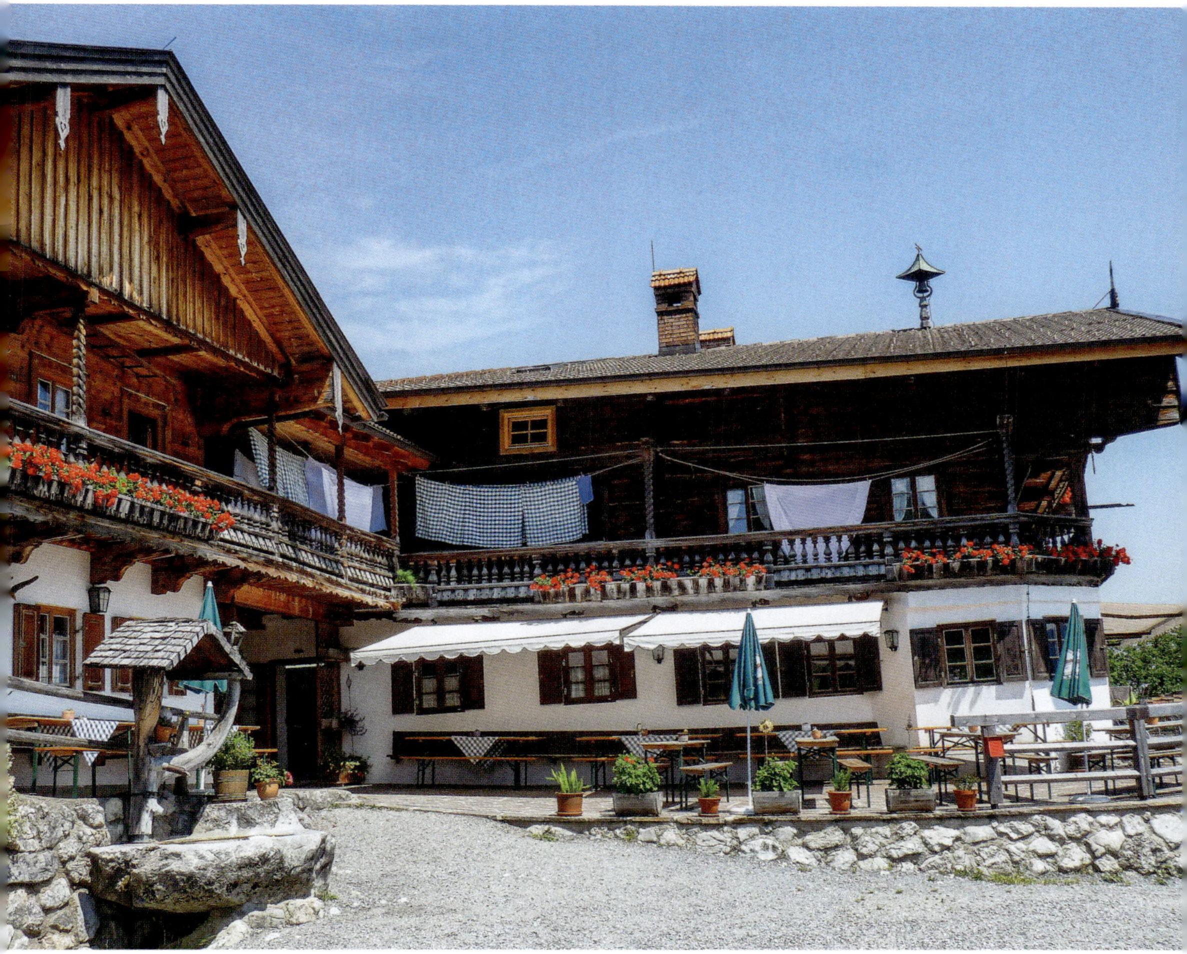

Auf dem Astenhof kann man gut einkehren und den freien Blick ins Tal genießen.

tend – nun nicht mehr so steil – dem gesperrten Fahrweg weiter bergan, der uns durch Wald und über freie Bergwiesen unfehlbar hinauf zu den schön gelegenen Astenhöfen führt. Aber die Astenhöfe – die urkundlich bereits im 16. Jahrhundert erwähnt wurden – sind nicht nur schön gelegen, die Aussicht ist ebenfalls großartig und reicht von den Chiemgauer Alpen bis hinüber zum Kaisergebirge. Auf der Terrasse können wir dort gemütlich sitzen und die bayerischen Schmankerl genießen.

Der Abstieg erfolgt wieder auf dem Anstiegsweg. Wir können jedoch bei der Abzweigung zum Petersbergl eine Wegvariante einschlagen, die uns über den alten Bauernhof Wagner am Berg auf einem ausgeschilderten Weg zurück zum Ausgangspunkt in Flintsbach bringt.

21 Von Oberaudorf auf den Brünnstein

Gipfel mit berühmtem Kaiserblick

Mittel | 1240/900 Hm | 5 Std.

Tourencharakter
Wirtschaftswege und Bergwanderwege. Der Abstecher zum Brünnsteingipfel erfordert Trittsicherheit und Schwindelfreiheit (leichter Klettersteig).

Ausgangspunkt
Bahnhof Oberaudorf

Endpunkt
Bushaltestelle Tatzelwurm. Von dort zurück nach Oberaudorf oder Brannenburg. Achtung: Der Bus verkehrt nur in der Wandersaison.

Anfahrt
Mit EC oder Regionalzügen zuerst nach Rosenheim, dann umsteigen in die Regionalbahn in Richtung Kufstein. Tipp: Das Bayern-Ticket gilt bis Kufstein.

Einkehr
Brünnsteinhaus (AV-Haus, Übernachtung); Berggasthaus Hocheck und Hotel/Berggasthaus Zum Feurigen Tatzelwurm – beide sind ganzjährig bewirtschaftet.

Karte
TK 1:50000 Mangfallgebirge (LDBV)

Information
oberaudorf.de

Mit seinen 1619 Metern Höhe ist der Brünnstein kein besonders hoher Berg, seine exponierte Lage am Rande des Inntals macht ihn jedoch zu einem beliebten Aussichtsberg. Und er verfügt über einen leichten Klettersteig. Wer also ein bisschen Luft unter den Sohlen verspüren möchte, ist hier richtig.

Vom Bahnhof in Oberaudorf gehen wir zunächst hinüber zur Talstation der Hocheckbahn. Falls die Bahn in Betrieb ist, nehmen wir die Aufstiegshilfe dankbar an, ansonsten wandern wir auf dem gesperrten Fahrweg über einige Kehren hinauf zum Berggasthof Hocheck.

Dort folgen wir dem ausgeschilderten Fahrweg über ein Wiesenplateau zu einer Wegverzweigung. Ein markierter Wanderweg bringt uns rechts haltend durch Wald zu einer Forststraße, der wir dann kurz nach links folgen, bis rechts ein Pfad abzweigt und uns zu dem von Buchau heraufführenden Weg leitet. Nun geht es links mit der Markierung 652 durchs bewaldete Brünntal hinauf. Über einige steile Serpentinen erreichen wir die ebene Geländestufe, an deren rechtem Rand sich etwas versteckt im Wald das Brünnsteinhaus befindet.

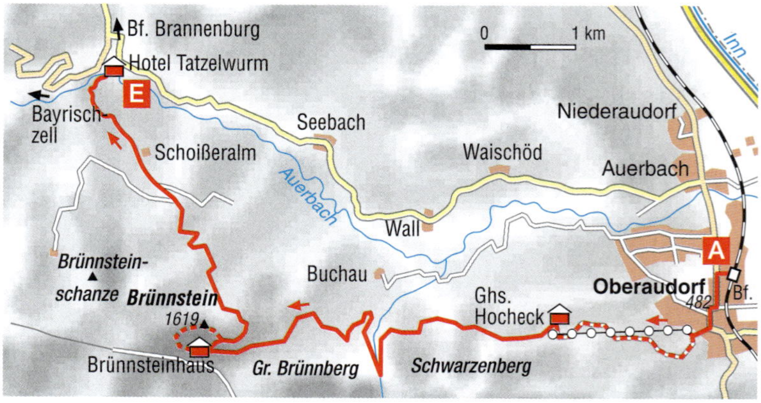

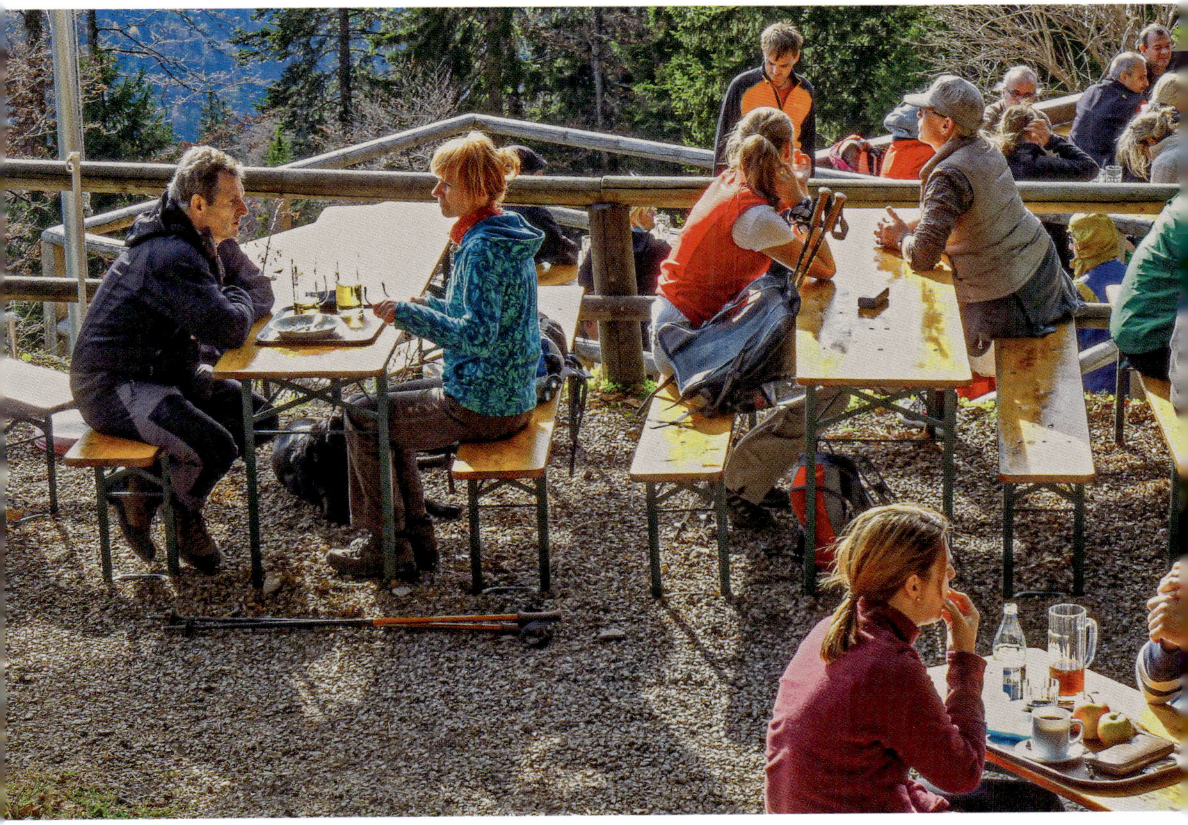

Auf der Terrasse des Brünnsteinhauses

Falls wir den Gipfel besteigen wollen, folgen wir kurz vor dem Haus dem Schild zum Dr.-Julius-Mayr-Weg. Dieses leitet uns zum Gipfelfuß. Nun folgen wir dem Klettersteig, der uns durch einen Felsspalt, über eine Stiege und ein seilgesichertes Band zum Gipfel führt. Über die leichtere Westflanke (Seilsicherungen) steigen wir dann hinab zur Himmelmoosalm und kehren links haltend zum Brünnsteinhaus zurück.

Für den weiteren Abstieg nehmen wir auf der Ostseite den markierten Weg Nr. 657, wandern durch Wald im Linksbogen um den Brünnstein herum und steigen hinab zur Großalm, queren den Almfahrweg zu dieser und gehen in gleicher Richtung weiter bergab. Unser Weg trifft dann bei einer Kehre wieder auf den Almfahrweg; diesem folgen wir talwärts – vorbei an der Schoißeralm – bis kurz vor den großen Wanderparkplatz. Wir halten uns jetzt rechts und nehmen den Weg vorbei an den Tatzelwurm-Wasserfällen zum Hotel und Berggasthaus Zum Feurigen Tatzelwurm.

22 Über den Kreuzweg auf den Nußlberg

Eine alte Klause hoch über dem Inntal

Mittel | 400 Hm | 3.30 Std.

Tourencharakter
Ruhige Wanderung auf Forstwegen, Wanderwegen und Nebenstraßen

Ausgangs-/Endpunkt
Bahnhof Kiefersfelden

Anfahrt
Mit der Bahn nach Kiefersfelden

Einkehr
Gasthof Hotel Post Kiefersfelden, hotel-kiefersfelden.de

Karte
Landesamt für Vermessung und Geoinformation Bayern 1:50000, UK 50–53 Mangfallgebirge; in der AV-Karte ist das Gebiet unvollständig enthalten

Information
Tourist-Info Kiefersfelden, Tel. 08033/976527, kiefersfelden.de

Die alte Einsiedlerklause ist das Ziel auf dem Nußlberg, der uns schöne Ausblicke über das Inntal hinüber in das Kaisergebirge bietet. Stille Kreuzwege durch den Wald führen auf diesen Berg, den wir von Süden her besteigen.

Kiefersfelden, ein bekannter Ort an der Grenze zu Österreich, nur wenige Kilometer von Kufstein entfernt, ist der Ausgangspunkt unserer Wanderung. Beschaulich geht es zunächst am Uferweg des Kieferbaches entlang, der bei Kiefersfelden in den Inn mündet. Türkis schimmert das klare Bergwasser. Ein wirklich schöner Weg, der an den Ufern dieses Flusses entlang führt. An heißen Tagen findet sich hier sicher der ein oder andere schöne Badeplatz auf einer Kiesbank.

An der zweiten Brücke, die den Kieferbach überquert, geht es hinüber zum Kurzenwirt. Da lohnt zuvor noch ein Abstecher zu

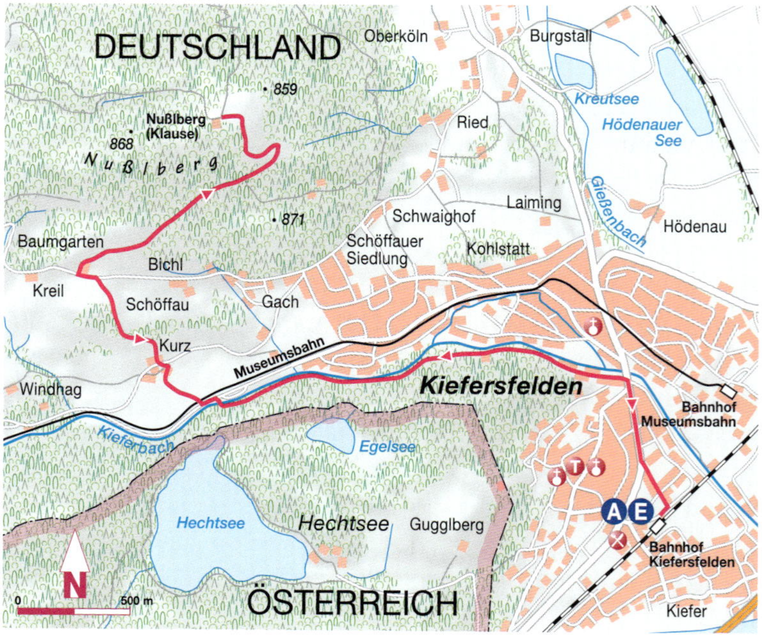

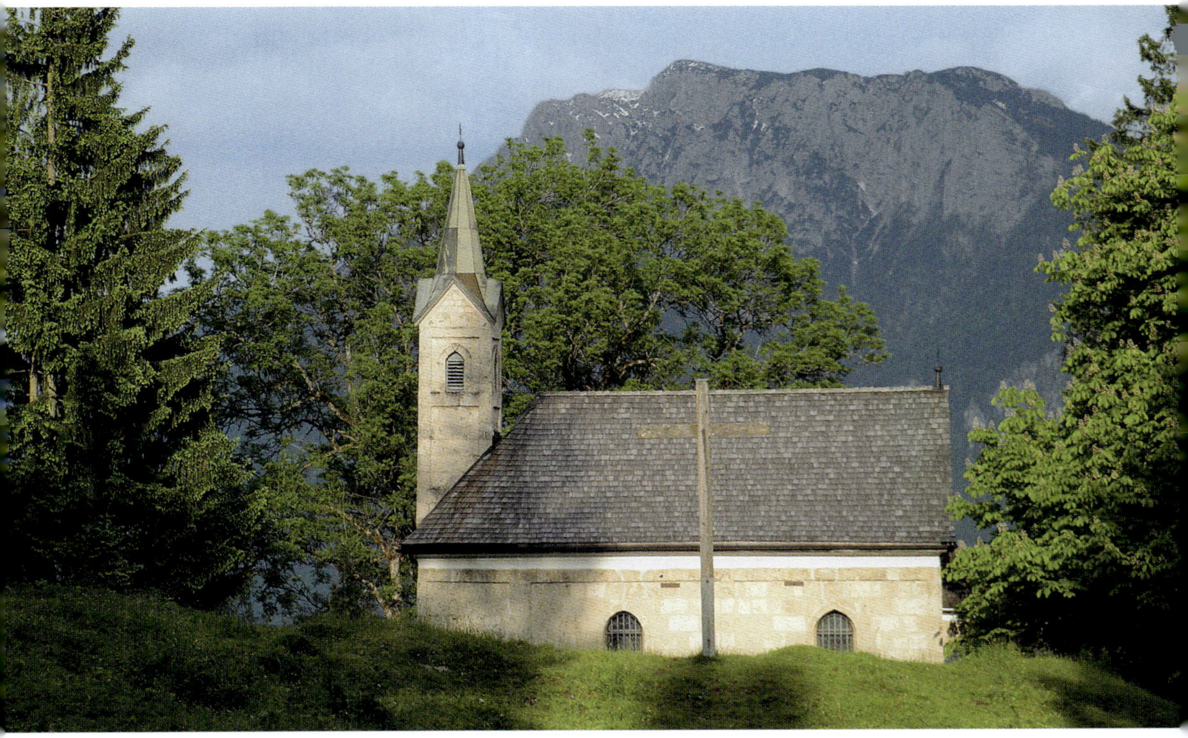

Die Nußlbergkapelle auf dem gleichnamigen Berg mit Blick zum Zahmen Kaiser

den romantischen Wasserfällen, die vom Hechtsee abbrechen. Über den Kurzenwirt geht es hinauf über ein Steiglein, vorbei an der Bleierkapelle, zum Baumgartenhof. Hier gibt es besonders schöne Ausblicke hinüber zum Hausberg der Kufsteiner, dem Pendling. Steil ragt sein bewaldeter Felsenkamm empor und bestimmt das Landschaftsbild. Steil führt später auch der Kreuzweg hinauf auf den Nußlberg. Dabei gibt es mit zunehmender Höhe immer schönere Ausblicke über das Inntal hinüber zum Kaisergebirge. Deutlich ist der Felsenkamm des Zahmen Kaisers zu sehen, darunter thronen die Vorderkaiserfeldenhütte und die Ritzaualm. Oben am Nußlberg angelangt,

Tipp

Nach der Tour können Sie noch einen Kirchenrundgang durch Kiefersfelden machen. Zunächst können Sie die Sebastiani-Kapelle direkt an der Hauptstraße bewundern. Sie wurde 1916 erbaut und liegt direkt auf dem Rückweg. Danach geht es zur Pfarrkirche Heilig Kreuz, deren hoher Kirchturm schon aus der Ferne zu erkennen ist. Anschließend gehen Sie bergauf in westlicher Richtung über den Friedhof zur Alten Pfarrkirche von Kiefersfelden. Hier haben Sie auch schöne Ausblicke über den Ort hinüber zum Zahmen Kaiser.

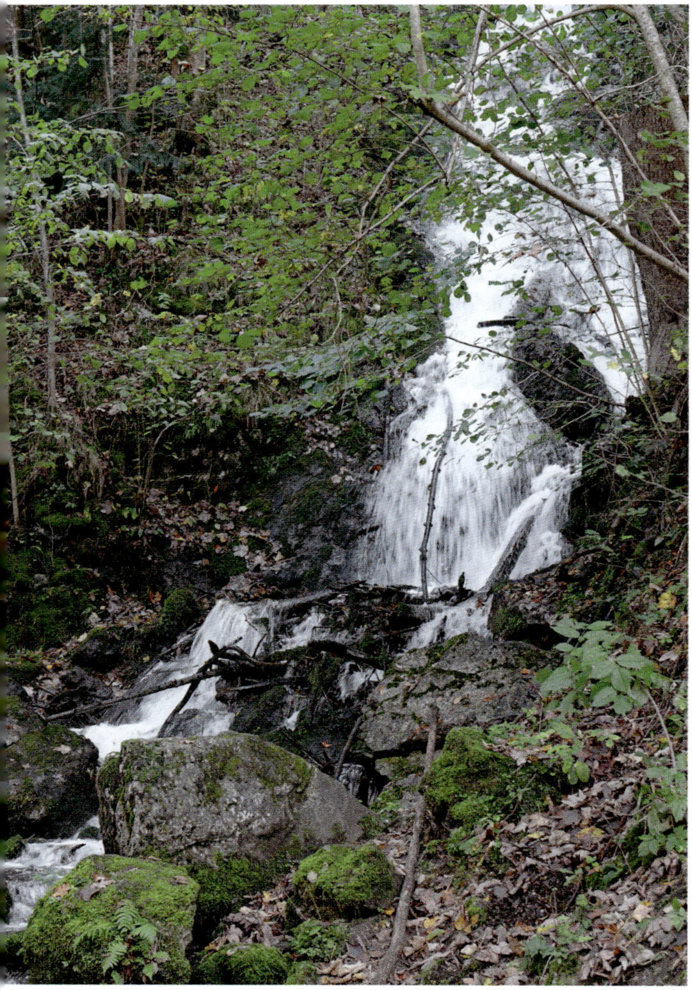

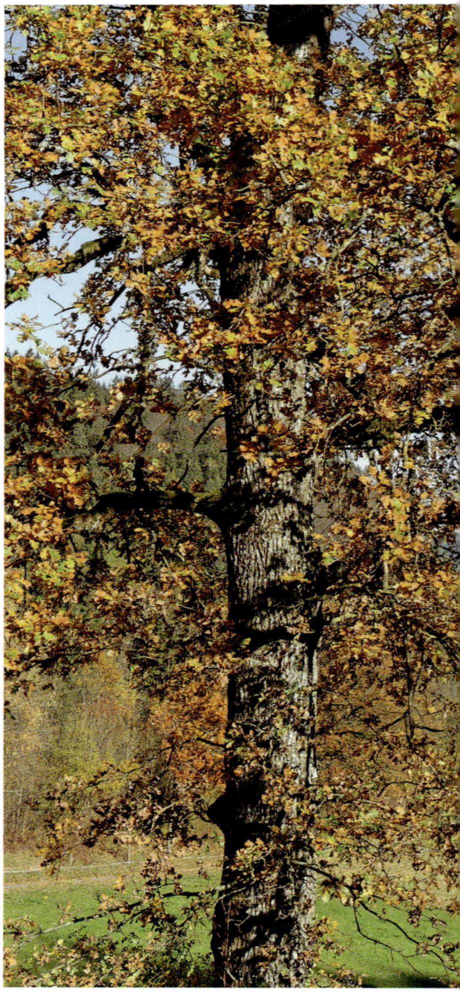

Der Ablauf aus dem Hechtsee befindet sich unweit unseres Weges.

bezaubert das Ambiente des Berges mit einer alten Einsiedlerklause, einer Kapelle und einer Almhütte. Eine Bank unter einer alten Kastanie lädt zum Picknick ein, bevor es dann auf demselben Weg wieder zurück nach Kiefersfelden geht.

Vor dem Bahnhof in Kiefersfelden stehend, gehen wir nach rechts und folgen der Wilhelm-Theodor-Körner-Straße bis zur Hauptstraße. Auf dieser gehen wir rechts bis zur Brücke des Kieferbaches. Alternativ können wir rechts entlang der Bahngleise bis zum Kieferbach gehen und diesem nach links bis zur Hauptstraße folgen. In beiden Fällen folgen wir dann dem Egelseeweg und dem Uferweg am Kieferbach bis zur zweiten Brücke, die über den Kieferbach führt, und überqueren diesen. Ebenso über-

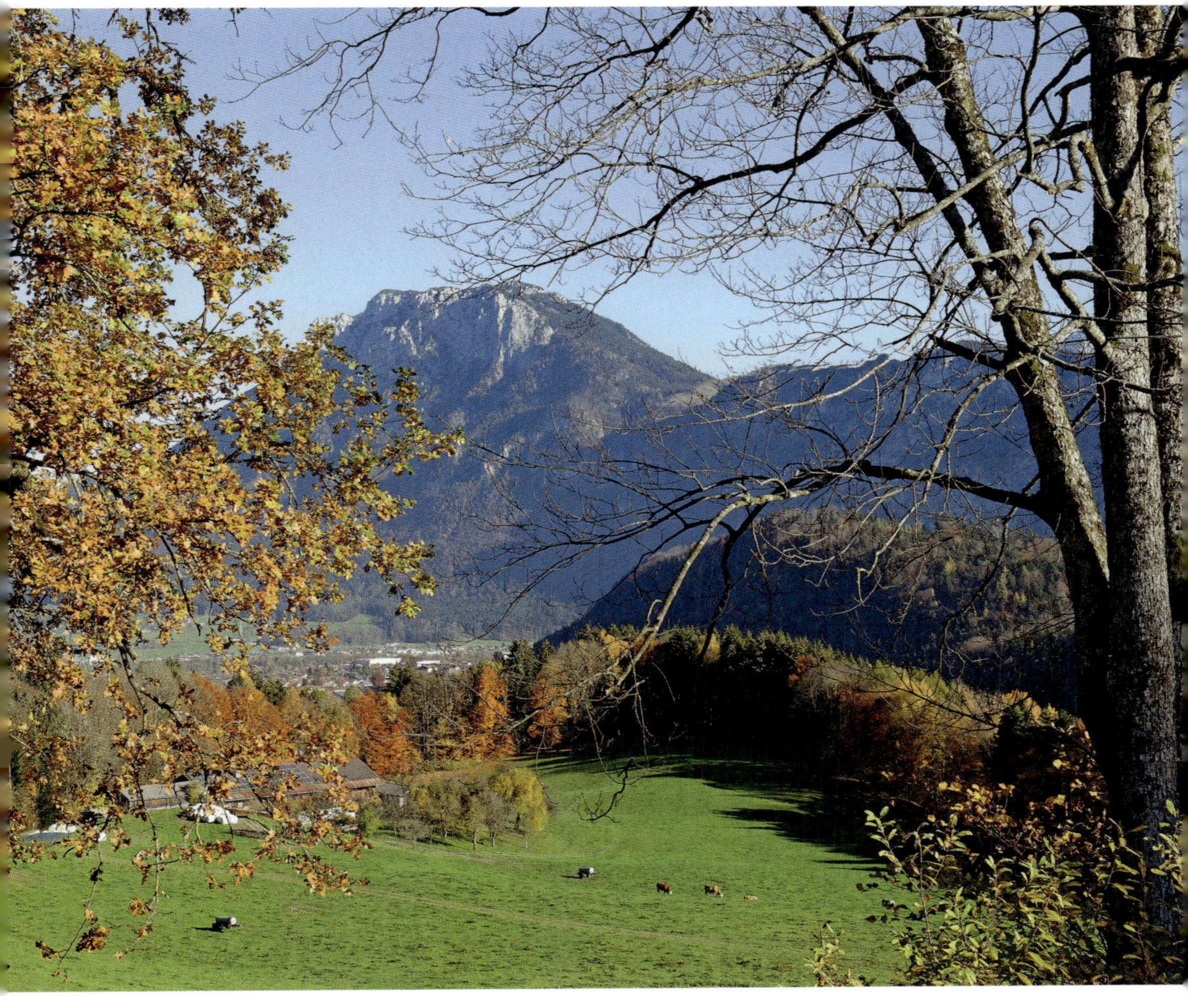

Von Schöffau hat man einen schönen Blick auf den Zahmen Kaiser.

queren wir die Fahrstraße und folgen dann links, neben dem Bahnsteig Hechtsee-Schöffau der Wachtlbahn, dem Wegweiser »Kurzenwirt, Nußlberg«. Am Kurzenwirt angelangt, führt uns der schlecht sichtbare Holzwegweiser »Baumgarten« zwischen den Bauernhöfen in nördlicher Richtung, vorbei am Fußgängerschild, bergauf in den Wald und wir passieren über ein Steiglein die Bleierkapelle. Wir gelangen später an eine geteerte Fahrstraße, auf der wir zum Gasthof Baumgarten nach links gehen. Hier geht es rechts mit dem Wegweiser Richtung Nußlberg auf einem breiten Schotterweg bergauf. Im weiteren Verlauf schließt sich der Kreuzweg an, der in Kehren bergauf bis zum Nußlberg und seiner Kapelle, unserem Ziel führt. Zurück zu unserem Ausgangspunkt wandern wir auf der bereits bekannten Route.

23 Von Kiefersfelden in die Gießenbachklamm

Kühle Wasser an der Schopperalm

Leicht | 120 Hm | 3.15 Std.

Tourencharakter
Wanderung entlang des Wasserlaufs auf Spazierwegen, Wanderwegen und Nebenstraßen. Im Winter ist die Begehung nicht möglich, dann ist die Gießenbachklamm geschlossen. Die Tour ist nur bei absoluter Schnee- und Eisfreiheit zwischen Mai und November möglich.

Ausgangs-/Endpunkt
Bahnhof Kiefersfelden

Anfahrt
Mit der Bahn nach Kiefersfelden

Einkehr
Schopperalm, schopperalm-inntal.de

Karte
Landesamt für Vermessung und Geoinformation Bayern 1:50000, UK 50–53 Mangfallgebirge

Information
Tourist-Info Kiefersfelden, Tel. 08033/976527, kiefersfelden.de

Besonders an heißen Tagen ist die Schopperalm ein lohnendes Ziel. Ein beschaulicher Uferweg führt am Kieferbach entlang, bevor wir über die kühle Gießenbachklamm aufsteigen. Oben spendet der Gießenbach an seinen Kiesbänken erfrischende Abkühlung.

Entlang des Kieferbaches bei Kiefersfelden führt ein beschaulicher Uferweg. An der Kieferbachbrücke vor dem Haltepunkt Schöffau lohnt ein Abstecher zu den Wasserfällen, die hier vom 35 Meter höher gelegenen Hechtsee hinunter in den Kieferbach stürzen. Nicht wundern, wenn es hier etwas riecht. Denn das sauerstoffarme Tiefenwasser des Hechtsees erzeugt einen schwefelhaltigen Geruch. Dann geht es hinüber zur Bleiersag, dem größten Wasserrad in Oberbayern. Von hier aus führt der Weg zunächst am beschaulich ruhigen Gießenbach entlang. Anschließend geht es steil hinauf in die gleichnamige Klamm. Abenteuerliche Tiefblicke über die Felswände hinunter zu den gurgelnden Wassern gibt es hier zu bestaunen, und schon sind wir an der Schopperalm angelangt. Die urige Alm wartet mit deftigen Brotzeiten sowie hausgemachten Kuchen auf. Der Speck aus eigener Herstellung hier oben ist ein Gedicht. Wer danach ein Mittagsschläfchen braucht, kann sich in der Luxusliege am Wasser neben der Alm ausruhen. Lohnenswert ist auch ein Abstecher zu den Kiesbänken am Gießenbach. An heißen Tagen kann man sich hier vor dem Abstieg noch ausgiebig erfrischen. Für Kinder ist das ein wahrer Naturspielplatz. Auf dem Anstiegsweg geht es schließlich wieder zurück zum Bahnhof nach Kiefersfelden. Der Ort ist der südlichste Punkt im Bayerischen Inntal. Ihm schließt sich die Grenze hinüber in das österreichische Kufstein an. Das Wahrzeichen von Kiefersfelden ist die Neue Pfarrkirche Heilig Kreuz mit dem Zahmen Kaiser im Hintergrund. Bekannt wurde der Ort auch durch die Ritterschauspiele, die 1618 das erste Mal aufgeführt wurden und das älteste Volkstheater in Deutschland mit Drehwänden sind.

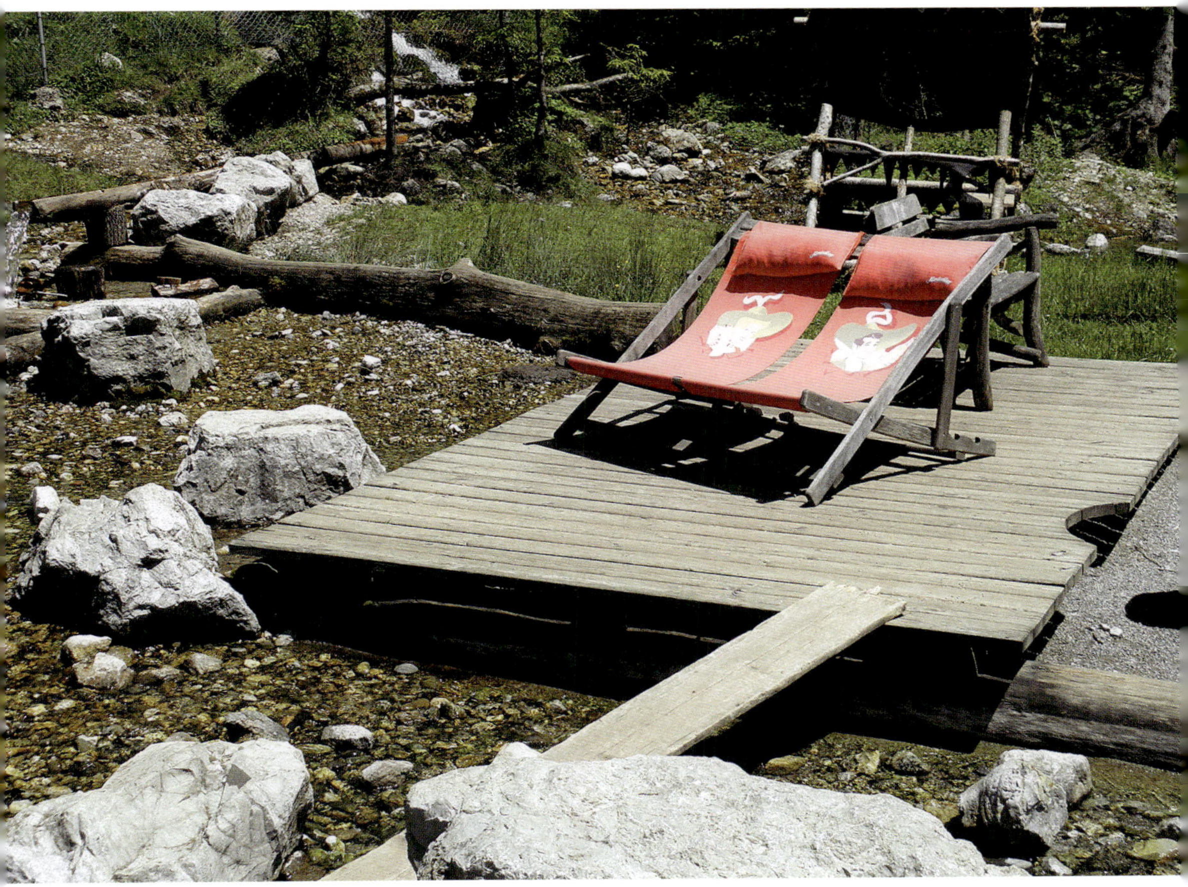

Sonnenliegen an der Schopperalm

Vom Bahnhof aus gehen wir rechts und gleich wieder links in die Wilhelm-Kröner-Straße. An deren Ende folgen wir der Kufsteinerstraße rechts durch den Ort. Alternativ können wir rechts entlang der Bahngleise bis zum Kieferbach gehen und diesem nach links bis zur Hauptstraße folgen. In beiden Fällen geht es dann in den Egelseeweg, mit dem Wegweiser zum Hechtsee, der uns auch in der Folge die Richtung weist, vorbei an einem Wasserkraftwerk. Über eine Siedlung gelangen wir in den Wald. Wir folgen immer dem Uferweg entlang des Kieferbaches. Dabei ignorieren wir die Brücke rechts sowie mehrere Abzweige links. An den Wasserfällen lohnt noch ein Abstecher, dann folgen wir dem Wegweiser »Wasserrad Gießenbachklamm« über die Kieferbachbrücke. Nun geht es auf einer Nebenstraße links bis zur Bleiersag mit ihrem Wasserrad. Dort folgen wir rechts dem Wegweiser »Rundwanderweg Gießenbachklamm« auf einem breiten Schotterweg. Wir überqueren an einer Weggabelung die Gießenbachbrücke ohne Beschilderung und gehen bis zum Kraftwerk. Hier führt uns der Wegweiser Richtung Gießenbachklamm an den oberen Rand der Schlucht, die wir nun durchqueren. Am Ende der Schlucht gehen wir über die Brücke an der Staumauer. Weitere Wegweiser Richtung Schopperalm führen uns bis zur Einkehr, unserem Ziel. Die Kiesbänke der Gießenbachklamm befinden sich kurz vor der Schopperalm.

Rechte Seite: Die Schopperalm

Kiefersfelden im bayerischen Inntal

Zurück zu unserem Ausgangspunkt geht es auf der uns bekannten Route des Hinwegs.

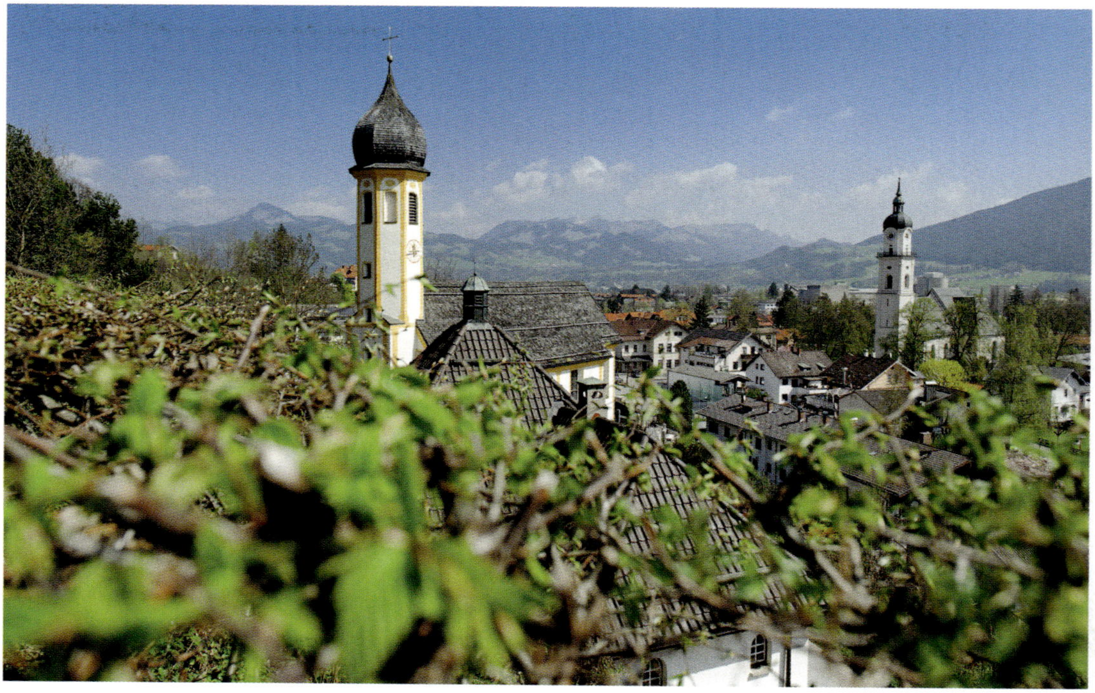

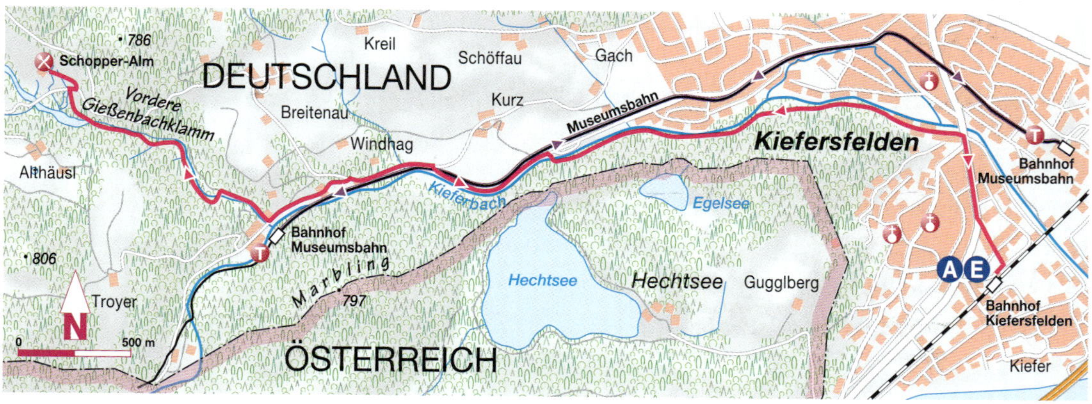

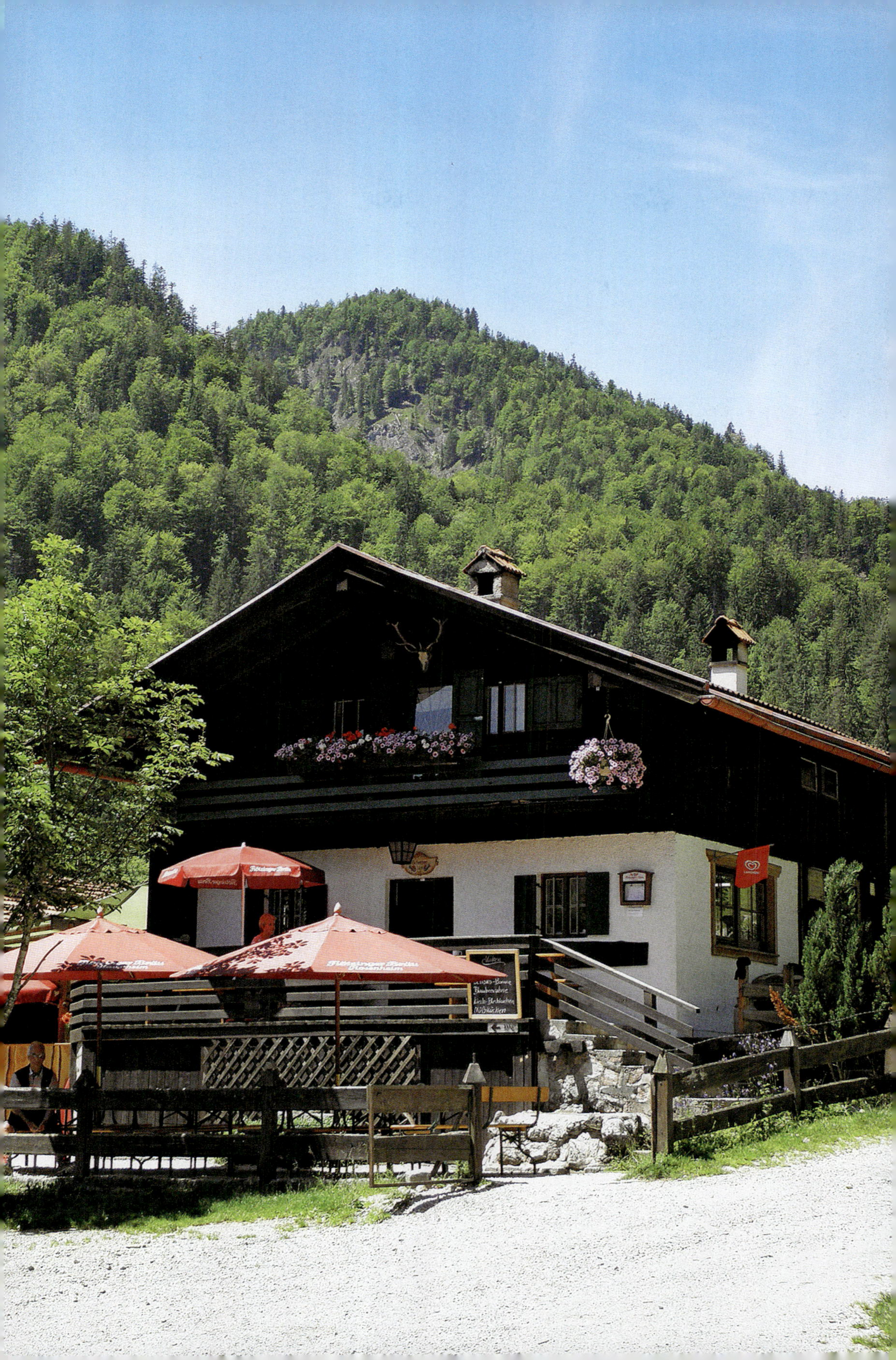

24 Auf den Wendelstein

Gipfelrunde und bergab

Mittel | 130/1050 Hm | 3 Std.

Tourencharakter
Der Gipfelrundweg ist gut angelegt und mit Geländer gesichert, der Aufstieg von der Bergstation erfolgt dabei auf zahlreichen, in den Fels geschlagenen Treppen. Trittsicherheit erforderlich. Der Abstieg nach Osterhofen erfolgt zuerst auf Bergsteig, dann auf Fahrstraße, gut ausgeschildert.

Ausgangs-/Endpunkt
Bahnhof Osterhofen

Anfahrt
Mit der Bahn über Holzkirchen und Schliersee bis zum Haltepunkt Osterhofen. Oder mit dem DAV-Bergsteigerbus von München

Einkehr
Wendelsteinhaus (ganzjährig bewirtschaftet) und Wendelsteinalm (während der Weidesaison Brotzeit und Getränke)

Karte
TK 1:50000 Mangfallgebirge (LDBV)

Information
brannenburg.de

Der Wendelstein ist ein markanter Gipfel, von Weitem sichtbar und denkbar gut erschlossen. Aber selbst wenn wir nur eine schnelle Auffahrt planen, bleibt auf dem Gipfel noch genügend zu tun: Es gilt, den über zwei Kilometer langen Gipfelrundweg samt Alpenlehrpfad zu erkunden. Also, packen wir es an!

Von der Bergstation wandern wir in 20 Minuten auf dem gesicherten Steig die 100 Höhenmeter hinauf zum Gipfelplateau. Der Gipfelrundweg beginnt jedoch schon etwas unterhalb und setzt Trittsicherheit voraus. Über einen schönen Aussichtsplatz geht es dann wieder zurück zur Bergstation.

Nachdem wir all diese Eindrücke und dazu vor allem die hervorragende Aussicht, die der exponiert stehende Wendelstein bietet, genossen haben, nehmen wir von der Höhe Abschied. Wir gondeln nun hinunter oder, falls wir gleich auch noch die Wanderschuhe testen wollen, wandern auf gutem und gut markiertem Wanderweg talwärts. Mit »B1« und roten Farbflecken versehen führt der Weg, der Bestandteil eines geologischen Lehrpfades ist, in etwa zweistündiger Gehzeit über die bewirtschaftete Wendelsteinalm (hier lohnt es sich, noch einmal genüsslich Rast abzuhalten) hinab nach Osterhofen, wo der voralpine Ausflug seinen Anfang nahm. Hand aufs Herz: Es könnte nichts Besseres geben als so eine Wanderung, um den Tag zu beschließen.

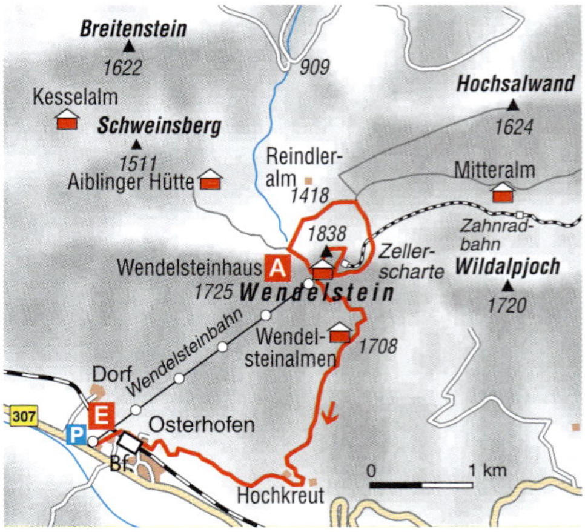

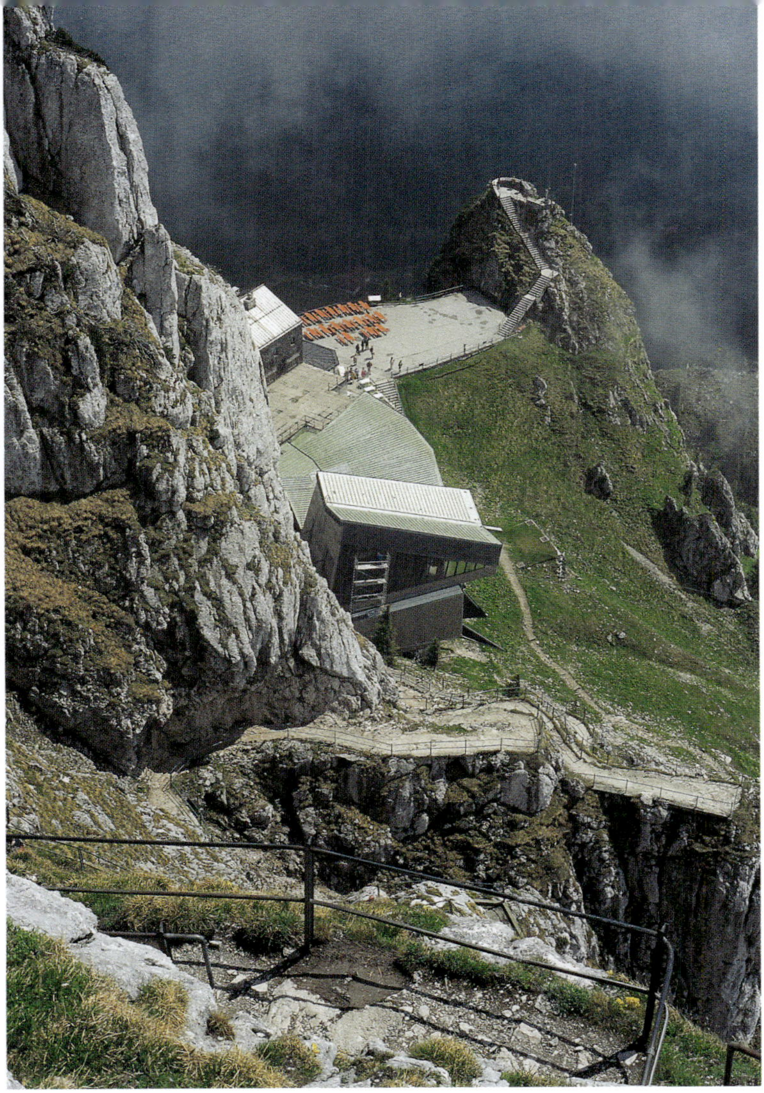

Links: Rückblick vom Gipfelweg am Wendelstein auf die Bergstationen der beiden Bergbahnen. Im Hintergrund die fantastische Aussichtswarte

Die Umsetzstation des Bayerischen Fernsehens und die Wetterstation auf dem Gipfel des Wendelsteins

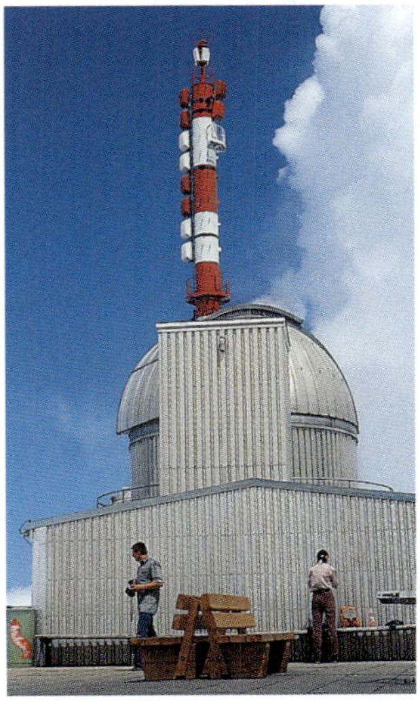

Variante Wer Lust auf eine aufregende und aussichtsreiche Rundtour hat, kann beide Bahnen benützen und mit dem Verbindungsbus die jeweils gegenüberliegende Talstation schließlich wieder bequem erreichen (wendelsteinbahn.de).

Nach der Tour

Bereits auf der Tour haben wir die Möglichkeit, die geologisch interessante Wendelsteinhöhle zu besuchen (Eingang etwas unterhalb der Bergstation auf der Ostseite). In Bayrischzell und in Fischbachau finden sich Freibäder. Südlich von Fischbachau liegt zudem der reizvolle Wolfsee mit Bademöglichkeit.

25 Aiplspitz und Jägerkamp

Doppelgipfel über dem Leitzachtal

Schwer | 1035/950 Hm | 6.15 Std.

Tourencharakter
Bis Geitauer Alm Wirtschaftsweg, dann Bergwanderweg bzw. Bergsteig. Im Gipfelbereich der Aiplspitz anspruchsvoll, Trittsicherheit und Schwindelfreiheit erforderlich. Auch der Übergang zum Tanzboden ist nicht ohne (gesicherte Passage), daher keinesfalls bei Nässe begehen.

Ausgangspunkt
Bahnhof Geitau

Endpunkt
Bahnhof Fischhausen-Neuhaus

Anfahrt
Mit der Bahn über Holzkirchen und Schliersee bis zum Haltepunkt Geitau. Oder mit dem DAV-Bergsteigerbus von München (mit kurzem Anmarschweg von Osterhofen)

Rückfahrt
Mit der Bahn vom Bahnhof Fischhausen-Neuhaus oder mit dem DAV-Bergsteigerbus zurück nach München

Einkehr
Jägerbauernalm (im Sommer einfach bewirtschaftet), Gasthaus Rote Wand in Geitau

Karte
TK 1:50000 Mangfallgebirge (LDBV)

Information
fischhausen-neuhaus.de

Dieser zwischen dem Leitzachtal und dem Spitzingsee gelegene Doppelgipfel wird in der Regel entweder auf einer Rundtour vom Spitzingsattel oder von der Bergstation der Taubensteinbahn aus erstiegen. Der Vorteil der hier vorgestellten Wanderung liegt darin, dass wir von Bahnhof zu Bahnhof wandern.

Vom Haltepunkt Geitau gehen wir zunächst vor zur Bundesstraße, dann über diese hinweg in den Ort Geitau. Am Gasthaus Rote Wand vorbei durch den Ort. Wir halten nun auf den Geitauer Berg zu (nicht links zum Segelflugplatz abbiegen) und queren dabei eine Brücke.

Am Bergfuß folgen wir links dem Almfahrweg durch Wald und Bergwiesen hinauf bis zu dessen Ende bei der Geitauer Alm. Dort beginnt ein rot markierter Steig, der uns über Geröll und durch einen Latschenhang auf den Nordgrat führt. Hier links weiter und über Schrofengelände hinauf zum Gipfel der Aiplspitz, wobei wir im letzten Teil schon mal Hand an den Fels legen müssen. Wir folgen dann dem felsigen Südwestgrat weiter, umgehen einen Felsvorsprung, wobei wir eine heikle Stelle (Seil-

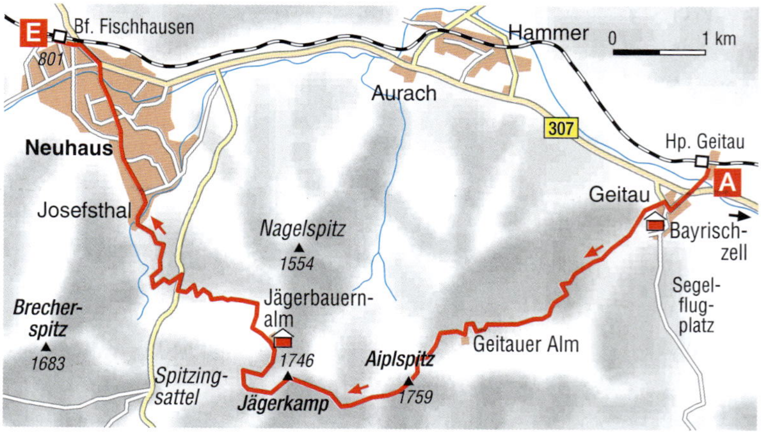

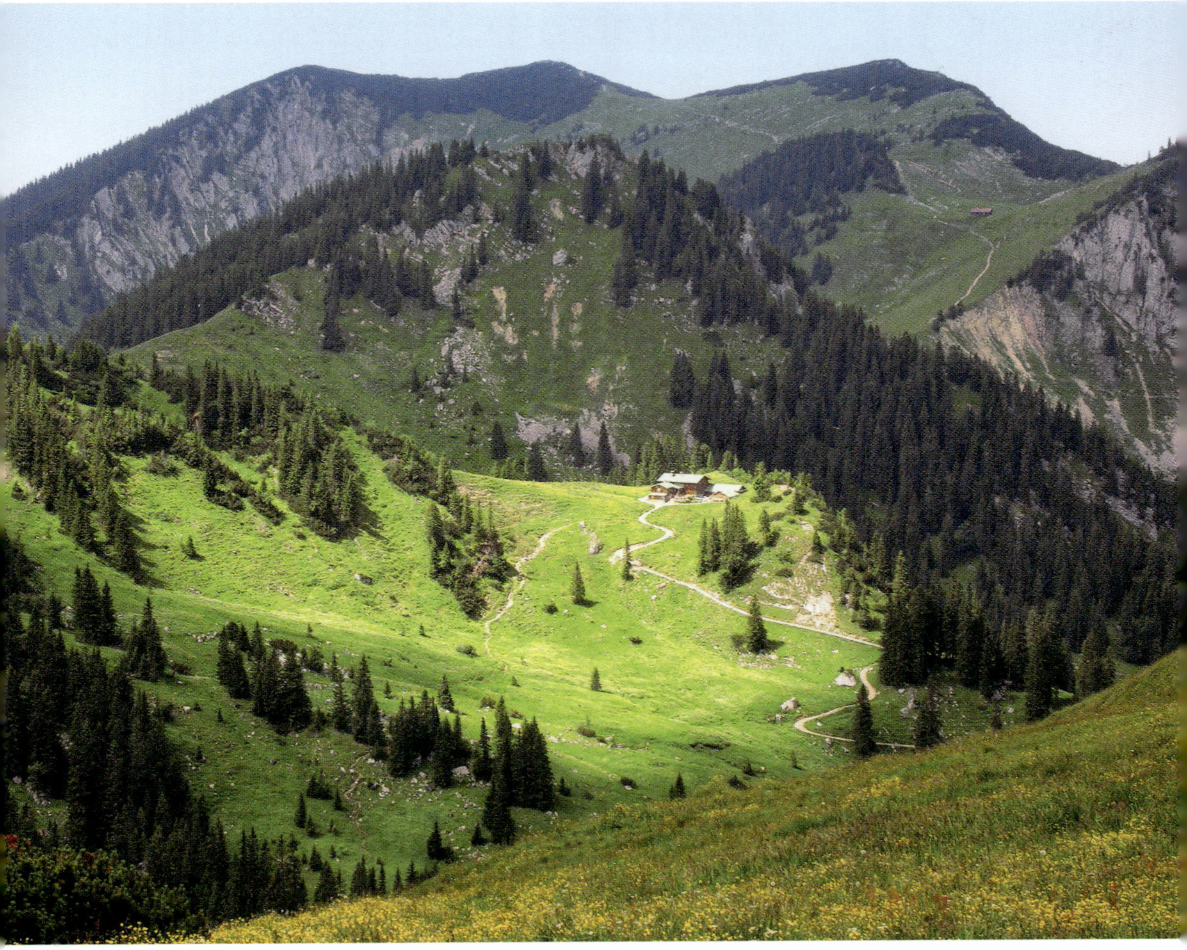

Blick über das Taubensteinhaus des Deutschen Alpenvereins hinweg auf Aiplspitz (rechts) und Jägerkamp (links)

sicherung) passieren müssen, und gelangen so zum sogenannten Tanzeck. Wir wandern in westlicher Richtung weiter zu einer Wegverzweigung auf der Schnittlauchmoosalm. Dort halten wir uns rechts, gehen seitlich an der Benzingspitze vorbei und wandern durch einen Latschenhang hinauf zum Gipfelkreuz des Jägerkamp.

Wir halten uns auf dem Gratrücken links und steigen in einem Rechtsbogen in den Kessel unterhalb an, in dem sich die Jägerbauernalm befindet. Dort leitet uns dann ebenfalls links haltend ein markierter Steig (Mark.-Nr. 642) hinab zur Spitzingstraße. Wir folgen dieser kurz talwärts, bis links die Alte Spitzingstraße abzweigt. Diese führt uns über Josefsthal hinab nach Neuhaus und zur Bahnstation, wo wir die Rückfahrt antreten können.

26 Brecherspitz

Das »Matterhorn« der Voralpen

Mittel | 885 Hm | 5 Std.

Tourencharakter
Zur Ankelalm Almwege, dann Bergsteig. Trittsicherheit und Schwindelfreiheit erforderlich, es ist jedoch keine wirklich schwierige Tour. Die Rückkehr von der Freudenreichalm erfolgt wieder auf Wirtschaftsweg.

Ausgangs-/Endpunkt
Bahnhof Fischhausen-Neuhaus

Anfahrt
Mit der Bahn über Holzkirchen und Schliersee bis zum Bahnhof Fischhausen-Neuhaus. Oder mit dem DAV-Bergsteigerbus von München

Einkehr
Ankelalm, Freudenreichalm (jeweils im Sommer einfach bewirtschaftet)

Karte
TK 1:50 000 Mangfallgebirge (LDBV)

Information
fischhausen-neuhaus.de

Die Brecherspitz ist ein prächtiger Gipfel, vom Tegernsee aus gesehen. Aber auch vom Spitzingsee aus macht sie eine gute Figur. Dank ihrer Randlage garantiert sie einen freien Rundblick. Aber sie ist kein ganz einfacher Berg, Trittsicherheit und Schwindelfreiheit müssen schon mitgebracht werden.

Am Bahnhof Fischhausen-Neuhaus gehen wir kurz nach links und folgen dann rechts der Waldschmidtstraße. Wir queren eine Kreuzung und wandern durch Wohngebiet weiter. Bei der folgenden Kreuzung halten wir uns rechts und erreichen so den Waldrand. Nun folgen wir immer dem bergwärts führenden Wirtschaftssträßchen durch Wald hinauf zur Ankelalm, die am Rande eines weiten Kessels liegt.

Hier können wir erst einmal verschnaufen, denn der weitere Anstieg wird etwas alpiner. Kurz hinter der Alm bringt uns ein Steig linker Hand über einen freien Berghang hinauf zum Nordgrat der Brecherspitze. Hier halten wir uns rechts und steigen über Weidegelände, zuletzt durch einen Latschenhang, hinauf zum Gipfel der Brecherspitz, der mit einem schönen Gipfelkreuz geschmückt ist. Tief unter uns liegt der Spitzingsee, in Richtung Norden schauen wir über den Schliersee hinweg hinaus ins Alpenvorland.

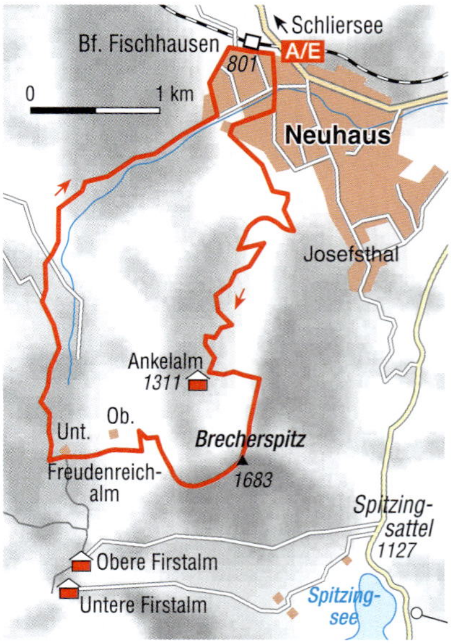

Unser weiterer Weg führt uns nun über den Gipfel-

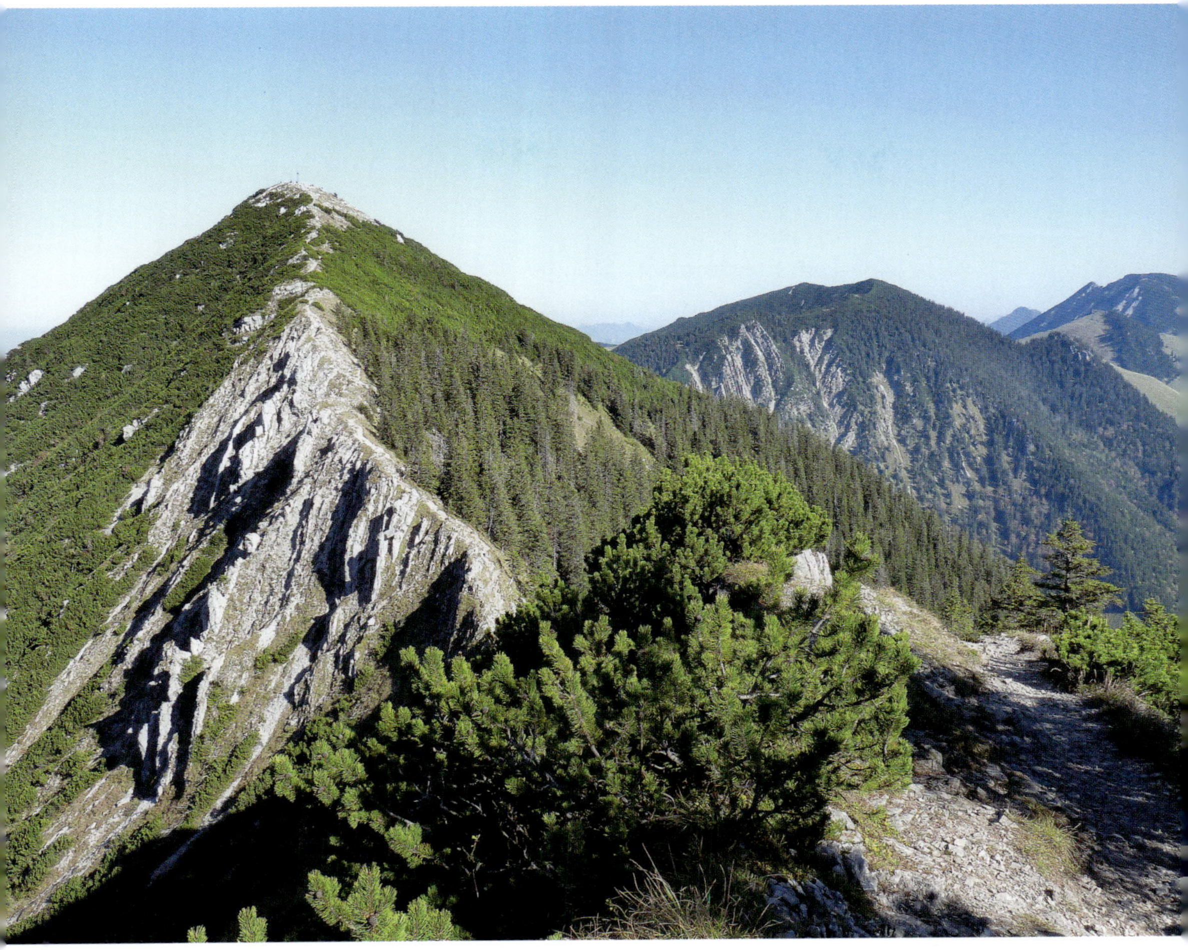

Die Brecherspitz mit der Anstiegsroute von Westen

grat zum sogenannten Westgipfel. Dann folgen wir weiterhin dem Grat – mit ein paar heiklen Stellen – bis zu einem kleinen Kapellchen. Dort verlassen wir den Grat nach links und steigen zunächst steil in ein paar Kehren hinab zur Freudenreichalm.

Dort folgen wir dem rechts talwärts führenden Wirtschaftsweg. Bei einer Kreuzung halten wir uns rechts und wandern weiter geradeaus auf dem Hauptweg talwärts. Dieser verläuft überwiegend durch Wald und trifft dann weiter unten auf den Dürnbach. An diesem entlang, bis bei den ersten Häusern von Neuhaus ein Weg nach links abzweigt.

Am Ortsrand entlang erreichen wir so schließlich wieder den Bahnhof von Fischhausen-Neuhaus.

27 Bodenschneid und Bodenschneidhaus

Ins ehemalige Reich eines Wildschützen

Leicht | 930/575 Hm | 5–6 Std.

Tourencharakter
Von Fischhausen zum Bodenschneidhaus Wirtschaftswege, ansonsten gute Bergwanderwege und Pfade

Ausgangspunkt
Bahnhof Fischhausen-Neuhaus

Endpunkt
Bushaltestelle Spitzingsattel

Anfahrt
Mit der Bahn über Holzkirchen nach Fischhausen-Neuhaus (in den Wagen mit dem Zielort einsteigen, der Zug wird in Holzkirchen getrennt)

Rückfahrt
Vom Spitzingsattel mit Bus hinab zum Bahnhof Fischhausen-Neuhaus. Oder mit dem DAV-Bergsteigerbus von München

Einkehr
Bodenschneidhaus (AV-Haus, Übernachtung), Obere Firstalm (privat, Übernachtung), Untere Firstalm (Fr Ruhetag), Spitzingstüberl am Spitzingsattel

Karte
TK 1:50 000 Mangfallgebirge (LDBV)

Information
fischhausen-neuhaus.de

Etwas oberhalb des Bodenschneidhauses ereignete sich einst jener Jagdunfall, der dazu beitrug, das Volkslied vom Wilderer Jennerwein in die Welt zu setzen. Der Vorteil dieser Tour besteht darin, dass wir direkt vom Bahnhof aufbrechen können. Wer mag, besucht noch den Gipfel der Bodenschneid.

Am Bahnhof Fischhausen-Neuhaus gehen wir zunächst rechts in die parallel zu den Gleisen verlaufende Wendelsteinstraße, dann links in die Bodenschneidstraße, die wir wiederum nach rechts verlassen und so auf einem Abkürzer die Dürnbachstraße erreichen. Wir gehen nun durch Wald immer rechts des Dürnbachgrabens mit leichter Steigung bergan. Unfehlbar wandern wir dann auf dem gut ausgeschilderten Wirtschaftsweg – wobei jedoch einige vom Tegernsee heraufführende Forststraßen gequert werden und ein Schlenker abgekürzt wird – hinauf zu den Almwiesen der Raineralm. Zuletzt geht es über freies Gelände zum Bodenschneidhaus.

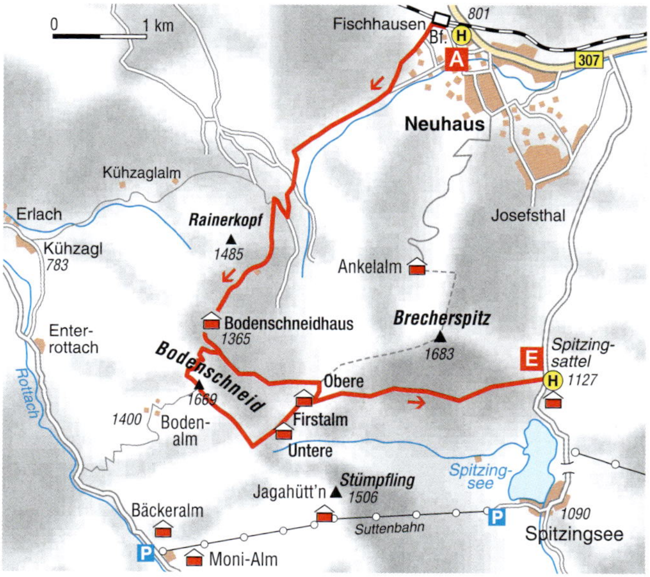

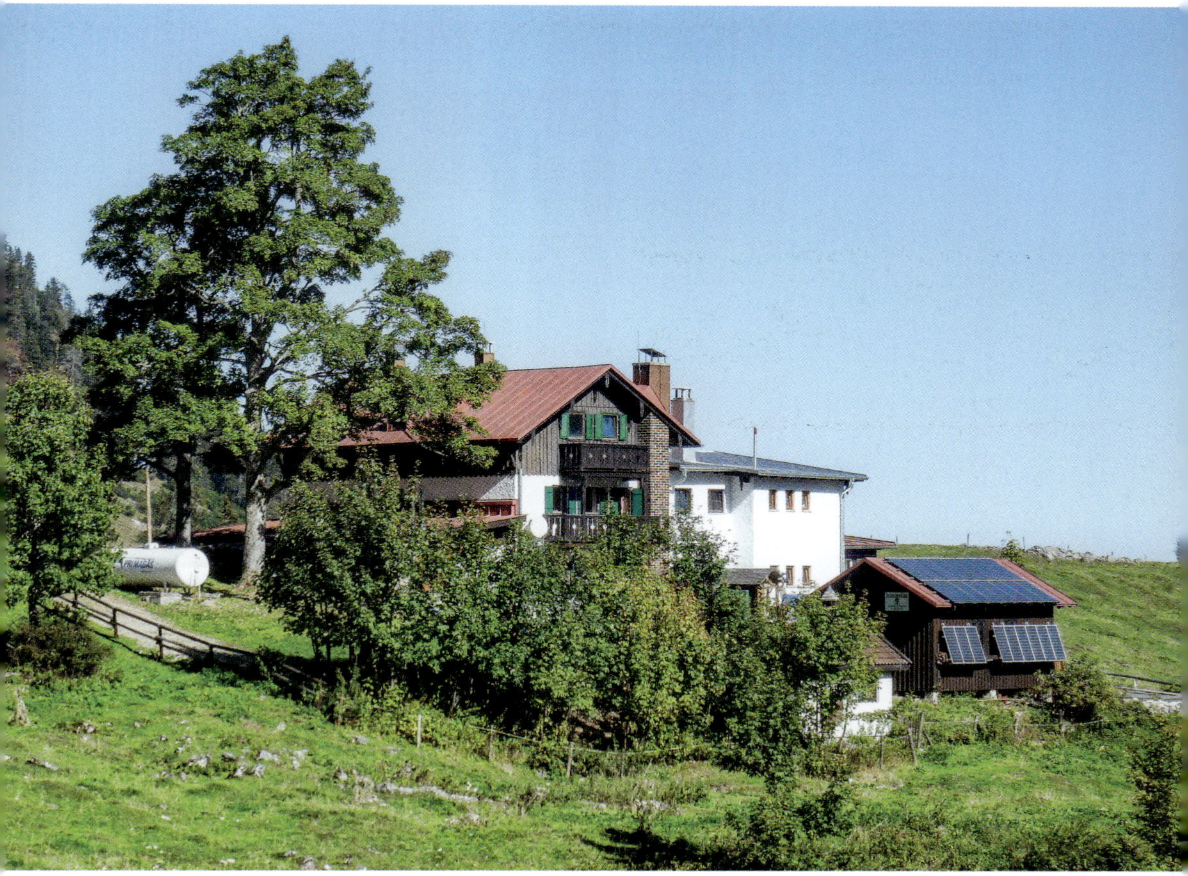

Das ganzjährig bewirtschaftete Bodenschneidhaus des Deutschen Alpenvereins

Vom Bodenschneidhaus wandern wir auf dem Wirtschaftsweg in Richtung Süden, bis dieser endet. Dann folgen wir dem markierten Steig durch die Nordostflanke der Bodenschneid zum Freudenreichsattel. Von dort sind es nur wenige Meter hinab zur Oberen Firstalm. Von dieser führt ein gesperrter Wirtschaftsweg (der »Trautmannweg«) leicht fallend hinab zum Spitzingsattel, dem Endpunkt unserer Tour.

Gipfelabstecher zur Bodenschneid Vom Bodenschneidhaus auf einem Wirtschaftsweg in südlicher Richtung eben zum Bergfuß, dann rechts dem steilen, serpentinenreichen Bergwanderweg über freies Gelände hinauf zum Gipfelkreuz folgen. Jenseits unterhalb der Kammschneide auf schmalem Pfad wieder hinab und auf den Suttenstein zu. Bei einem Waldstück zweigt dann links der Weg zur Unteren Firstalm ab. Von dort führt ein Treppenweg hinauf zur Oberen Firstalm.

28 Taubenstein und Rotwandhaus

Vom Spitzingsee mit der Taubensteinbahn

Leicht | 290/1000 Hm | 4 Std.

Tourencharakter
Der Übergang zum Rotwandhaus und der Gipfelabstecher erfolgen auf Bergwanderwegen und Bergsteigen, der Abstieg auf einem Wirtschaftsweg.

Ausgangspunkt
Talstation Taubensteinbahn

Endpunkt
Spitzingsee

Anfahrt
Mit der Bahn über Holzkirchen und Schliersee bis zum Bahnhof Fischhausen-Neuhaus; dort umsteigen in den Bus zum Spitzingsee bis zur Taubensteinbahn

Einkehr
Bergstation der Taubensteinbahn, Rotwandhaus (AV-Haus, Übernachtung), Gasthäuser am Spitzingsee

Karte
TK 1:50000 Mangfallgebirge (LDBV)

Information
schliersee.de

Wir haben bereits eine große Runde aus dem Leitzachtal über diesen Gipfel vorgestellt. An Beliebtheit unübertroffen ist jedoch der aussichtsreiche Übergang von der Bergstation der Taubensteinbahn über den Lämpersberg zum Rotwandhaus und damit auch zum Rotwandgipfel, den wir mit einem Schlenker mitnehmen.

Von der Bergstation der Taubensteinbahn, die bereits auf einer Höhe von 1611 Metern liegt, folgen wir rechts haltend dem schmalen Steig hinauf zu einem Sattel links des Taubensteins. Den mit einem kleinen Kreuz geschmückten, felsigen Gipfel können wir mit einem Schlenker gleich mitnehmen.

Dann folgen wir dem aussichtsreichen Höhenweg in leichtem Auf und Ab durch die südwestlichen Hänge des Lämpersbergs – die überwiegend mit Latschen bedeckt sind –, biegen dann links um den westlichen Gratausläufer der Rotwand herum und sehen auch schon das Rotwandhaus vor uns liegen. Nun entweder auf breitem Wanderweg hinab zu diesem oder links haltend auf direktem, schmalem Weg durch die freien Südhänge der Rotwand, wo wir auf den Anstiegsweg vom Rotwandhaus stoßen. Dort links haltend in Serpentinen hinauf zum aussichtsreichen Gipfel der Rotwand, den ein großes Gipfelkreuz schmückt.

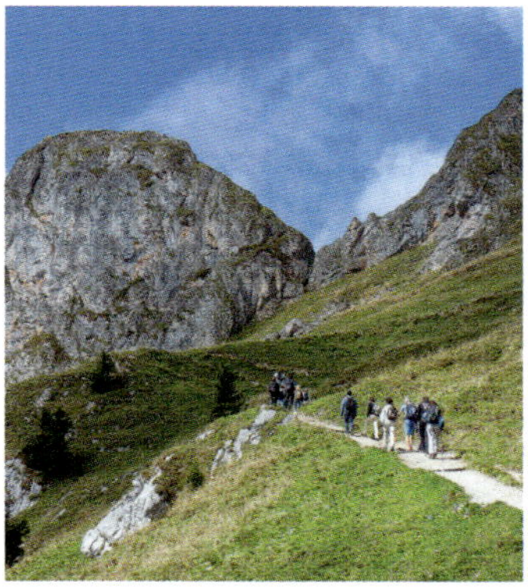

Auf dem serpentinenreichen Anstiegsweg zur Rotwand

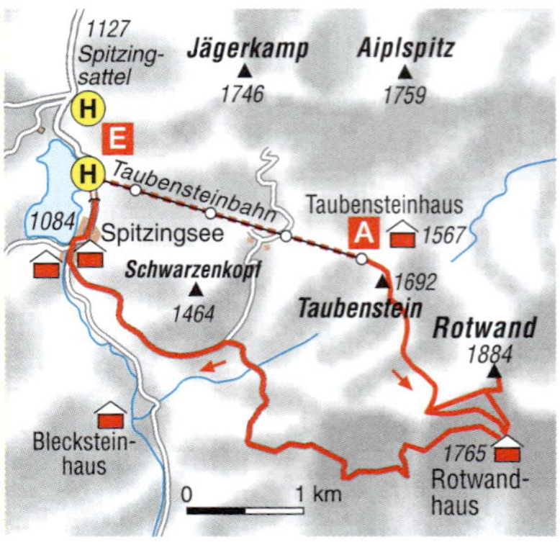

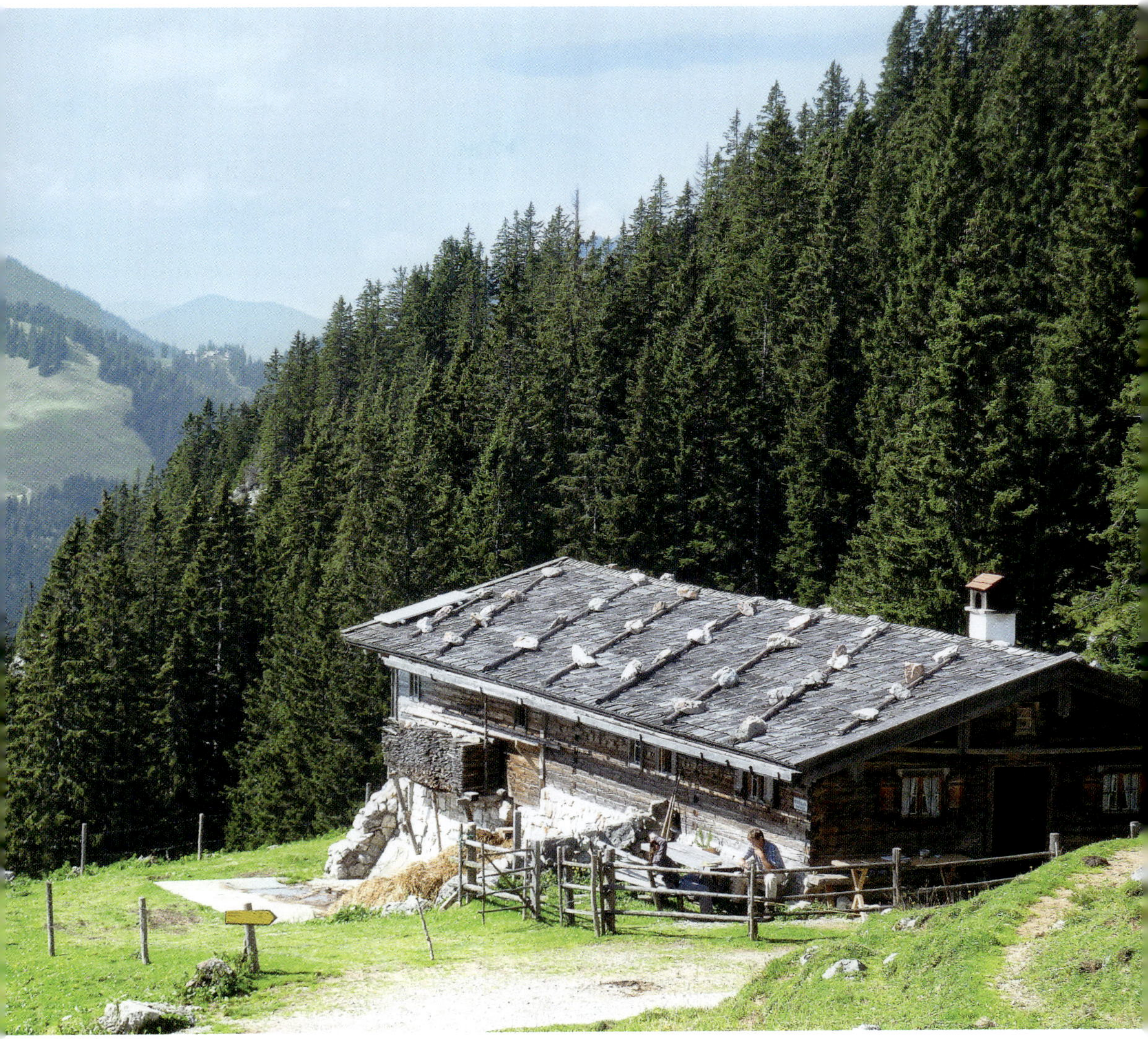

Auf dem Gipfel können wir gut Brotzeit machen, und eine Panoramatafel hilft uns, die umliegenden Gipfel zu identifizieren. Im Osten sehen wir den markanten Wendelstein mit seinen auffälligen Sendemasten, der von zwei Bergbahnen erschlossen ist: einer Zahnradbahn und einer Kabinenbahn. Anschließend steigen wir hinab zum Rotwandhaus. Von dort führt dann ein ausgeschilderter Wirtschaftsweg über die Wildfeldalm hinab zu einem Fahrsträßchen, dem wir links hinab durch Wald zum Spitzingsee folgen. Dort erwarten uns dann ein paar Einkehrmöglichkeiten sowie die Bushaltestelle, von der wir mit dem RVO-Bus wieder hinab zum Bahnhof in Fischhausen-Neuhaus fahren.

Traditionelle Almhütte – mit Schindeln und Steinbeschwerung – am Abstiegsweg zum Spitzingsee

29 Über den Taubenberg

Wo das Münchner Wasser herkommt

Leicht | 200 Hm | 3 Std.

Tourencharakter
Leichte Wanderung auf Fahrstraße und unbefestigten Wirtschaftswegen, einige Passagen auch auf Bergwanderwegen

Ausgangs-/Endpunkt
Bahnhof Warngau

Anfahrt
Mit der Bahn über Holzkirchen in Richtung Tegernsee bis zum Haltepunkt Warngau. Von dort weiter zu Fuß

Einkehr
Berggasthaus Taubenberg (ganzjährig bewirtschaftet), evtl. Gasthaus Zur Post in Oberwarngau

Karte
TK 1:50000 Mangfallgebirge (LDBV)

Information
tegernsee-schliersee.de/warngau

Der Taubenberg bietet uns eine leichte Bergwanderrunde direkt ab dem Bahnhof von Warngau an. Ein großer Teil des Wegs führt dabei durch angenehm schattigen Wald. Oben angekommen, erwarten uns jedoch reizvolle Ausblicke und außerdem mit dem Berggasthaus Taubensee eine veritable Einkehr.

Vom Bahnhof in Warngau wandern wir vor zur Bahnhofsstraße, links auf dieser weiter zur Bundesstraße, queren diese und gehen dann geradeaus hinein in den Ort Oberwarngau. Am Gasthaus Zur Post geht es links in die Hauptstraße, dann gleich wieder links und rechts in die Lindenstraße, wobei wir den grünen Wanderschildern folgen. Eine kleine Brücke bringt uns in die Auenstraße. Nach 200 Metern überschreiten wir rechts eine weitere Brücke, halten uns dahinter links und befinden uns nun auf dem direkten Aufstiegsweg zum Taubenberg.

Durch Wald und auf einer schmalen Teerstraße erreichen wir eine Lichtung. 50 Meter nach dem Ende der befestigten Straße biegen wir links in einen Ziehweg ein. Nach einer halben Stunde treffen wir auf eine Wegverzweigung, gehen dort rechts hoch zu einem weiteren Ziehweg. Wir halten uns dort links und erreichen so den höchsten Punkt des Taubenbergs mit 896 Metern Höhe. Anschließend rechts am Aussichtsturm aus dem Jahre 1911 vorbei, sodann links hinab zum Berggasthaus Taubenberg mit schöner Aussicht. Übrigens: Tief unter uns befindet sich ein Labyrinth von Stollen und Kanälen, denn von dort bezieht die Landeshauptstadt einen großen Teil ihres Wassers. Vom Berggasthaus wandern wir dann auf einem Waldweg hinab zur

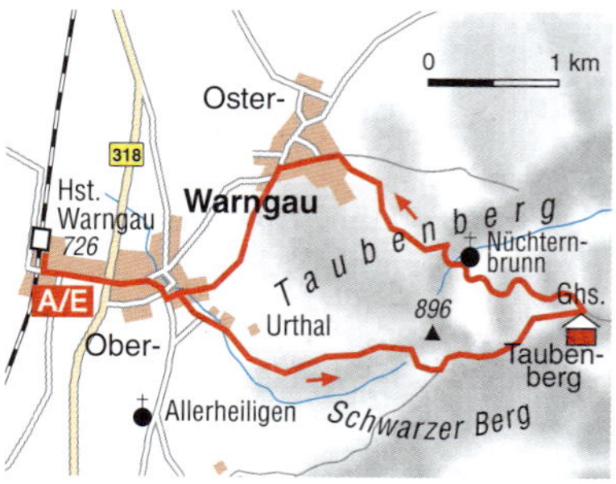

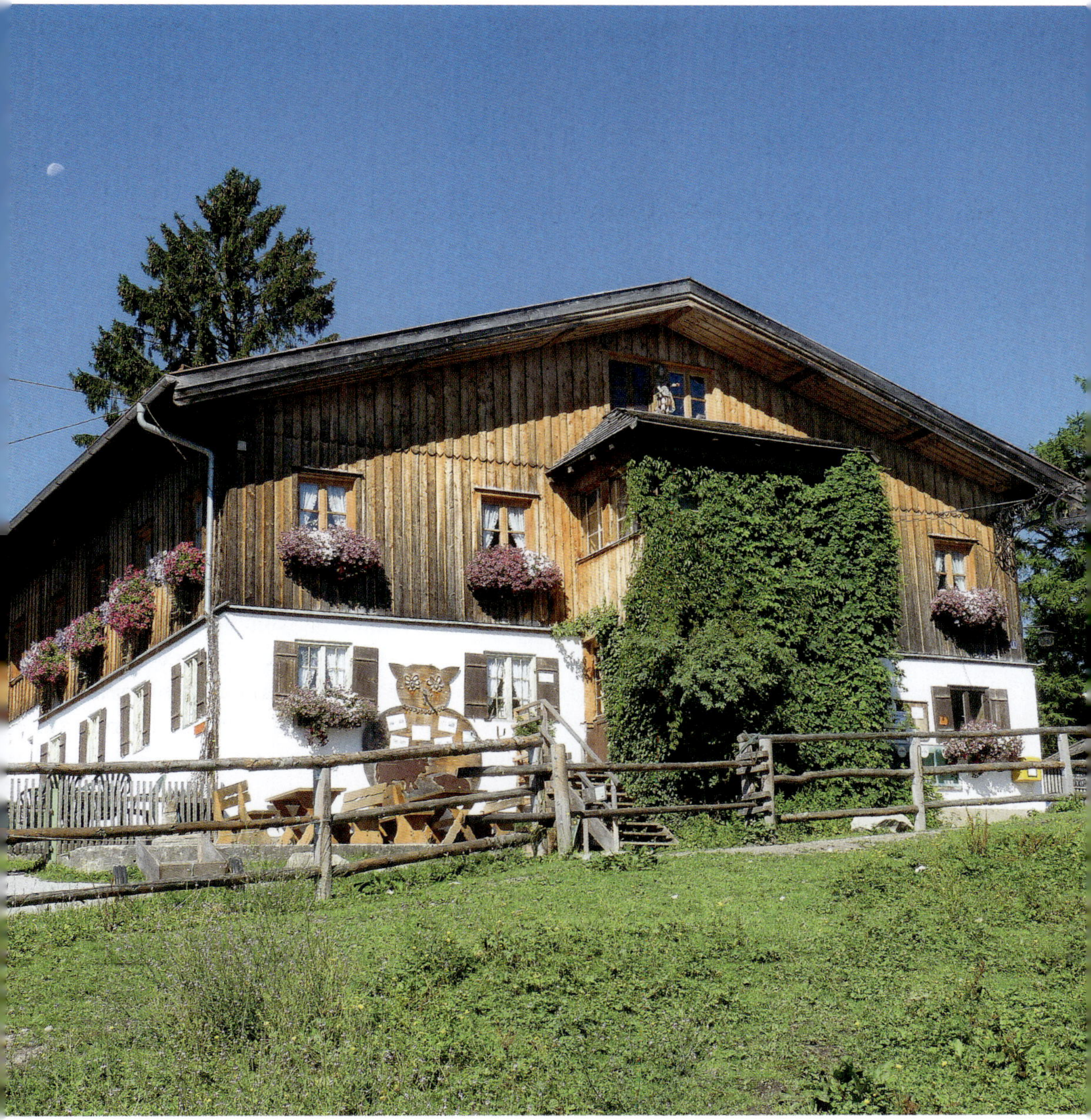

Kapelle Nüchternbrunn, die mitten im Wald liegt. Vor dieser geht es links hoch zu einer Kammhöhe, dann über eine Forststraße hinweg und den Kreuzwegstationen folgend hinab nach Osterwarngau. Am Ortsanfang geht es links in den Nüchternbrunnweg und vor zur Hauptstraße. Anschließend links in einen Feldweg und auf diesem zurück nach Oberwarngau und zum Bahnhof, dem Ausgangspunkt unserer Tour.

Das Berggasthaus Taubenberg auf dem gleichnamigen Voralpenberg

30 Neureuth, Gindelalm und Kreuzbergalm

Zur Bergwanderoase über dem Ausflugssee

Leicht | 640 Hm | 3.15 Std.

Tourencharakter
Zu Beginn Ortsstraße, dann steiler Treppensteig, im oberen Teil guter Wanderweg. Der Abstieg erfolgt vor allem auf Forstwegen.

Ausgangs-/Endpunkt
Bahnhof Tegernsee

Anfahrt
Mit der Bahn über Holzkirchen zum Ort Tegernsee.

Einkehr
Neureuthhaus (privat, Mo Ruhetag); Gindelalm: drei bewirtschaftete Almen, in der mittleren kann man sogar übernachten; Kreuzbergalm (im Sommer bewirtschaftet, Mo ab 16 Uhr geschlossen)

Karte
TK 1:50 000 Mangfallgebirge (LDBV)

Information
tegernsee.com

Eine Möglichkeit, dem Trubel am Tegernsee zu entfliehen, ist die Wanderung auf die Neureuth. Von dort oben erhält der Tegernsee zumindest wieder den Anschein von Idylle. Von der Terrasse der Gastwirtschaft verklären sich die Berge zu überirdischen Gefilden. Der Abstieg erfolgt dann durch das Alpbachtal.

Wir starten unsere Tour am Bahnhof in Tegernsee. Durch die Bahnhofstraße und Neureuthstraße gelangen wir zuerst zur Volkshochschule; dort beginnt der steile Treppenweg hinauf zur Privatklinik Westerhof. Auf einer Fahrstraße geht es bis zum Waldrand, dann auf dem Westerhofweg steil bergan. Bald münden der alte Sommerweg und der Bayernweg auf unsere Route (die genannten Wege können natürlich ebenfalls als Anstiegswege benutzt werden, da alle hinauf zur Neureuth führen; man achte im Ort auf die jeweilige Ausschilderung). Ein Stück unterhalb der Neureuth treten wir aus dem Wald auf eine Bergwiese hinaus und steigen auf dem Wiesenweg quer hinauf zur bereits sichtbaren Gastwirtschaft, wo uns eine kleine Kapelle und eine große Terrasse erwarten.

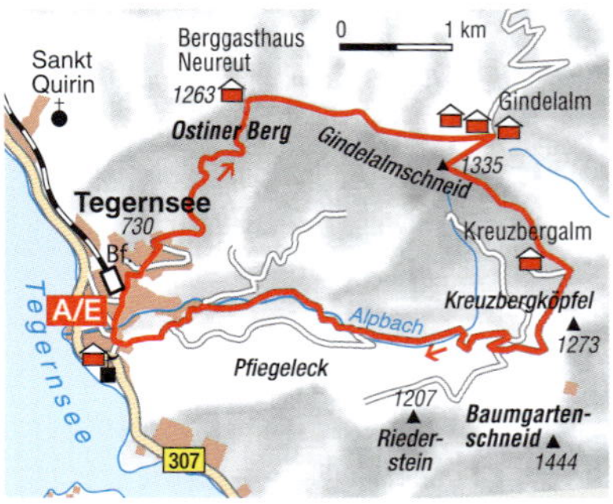

Den Abstieg könnten wir natürlich auch auf dem Anstiegsweg bewältigen. Doch es stehen uns zahlreiche Varianten offen. Wenn eine davon besonders empfohlen werden kann, dann vielleicht diese: Statt sogleich abzusteigen, wandern wir auf breitem Verbindungsweg ostwärts in Richtung Gindelalm. Kurz bevor wir diese erreichen, nehmen wir den rechts abzweigenden, markierten Pfad und erreichen somit den 1331 Meter hohen Gipfel der Gindel-

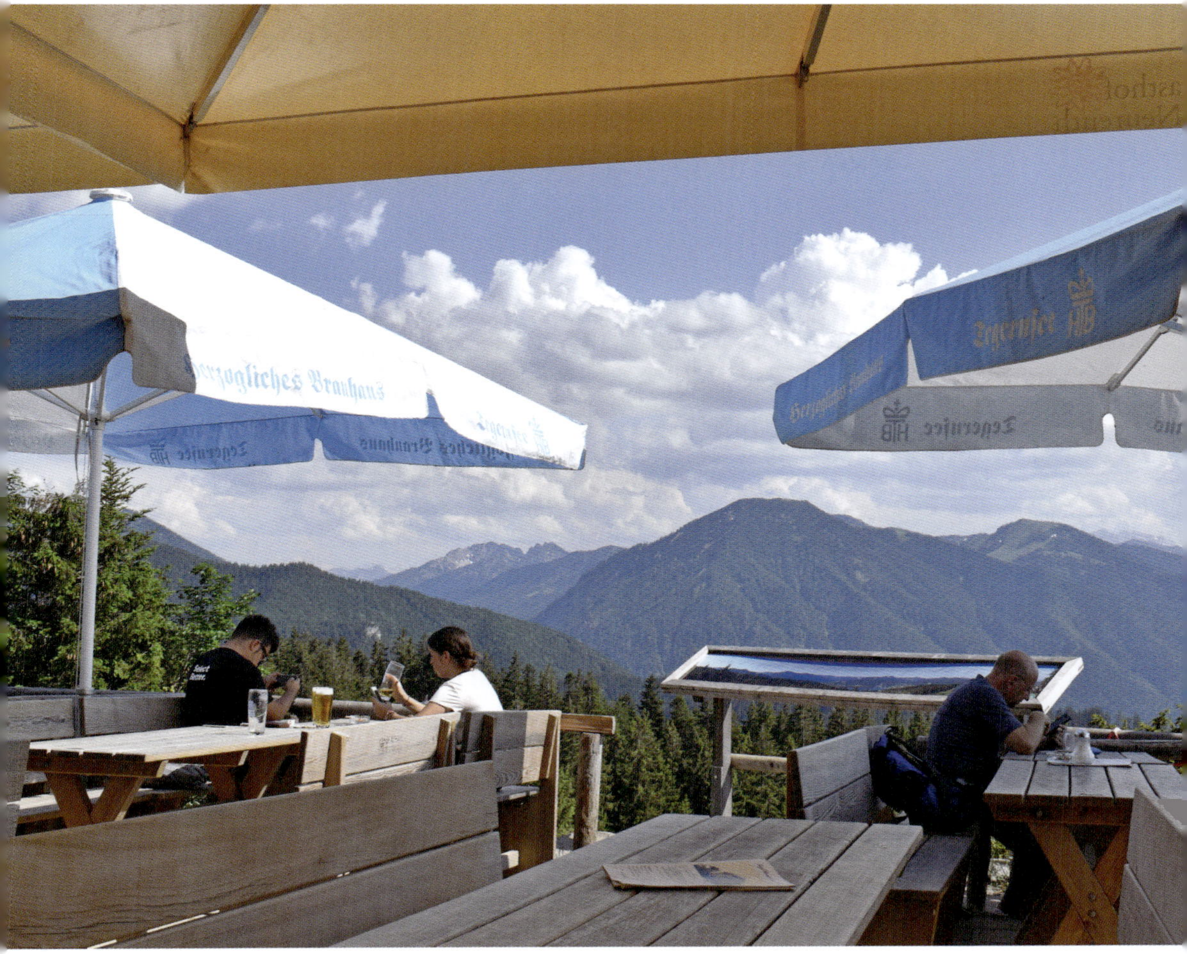

Die Terrasse des Neureuthhauses bietet herrliche Ausblicke hoch über dem Tegernsee.

almschneid, den ein kleines Kreuz schmückt und der zumindest eine beschränkte Aussicht bietet. (Falls wir in der Gindelalm einkehren oder sogar in urigen Zimmern übernachten wollen, müssen wir hier direkt zu den Almhütten absteigen.)

Von dort aus geht es jenseits auf schmalem Pfad hinab in ein Bergwiesental, das wir in südöstlicher Richtung queren. Rechts oben sehen wir dann bald die Kreuzbergalm, die wir über einen direkten steilen Pfad erreichen können (oder wir halten uns links und erreichen so den Zufahrtsweg zur Alm). Von dort leitet uns ein Wirtschaftsweg hinunter ins Alpbachtal. Dann schlendern wir am Alpbach entlang talaus, genießen an heißen Tagen den Waldschatten und beschließen die Wanderung mit einer gemütlichen Bummelei, die am Bahnhof von Tegernsee ihr Ende findet.

31 Vom Tegernsee zum Schliersee

Kammüberschreitung mit Almeinkehr

Leicht | 530/500 Hm | 3 Std.

Tourencharakter
Zu Beginn Ortsstraße, dann steiler Treppensteig, im oberen Teil leichte Bergwanderwege; Abstieg zum Schliersee Wirtschaftssträßchen, dann Fahrweg

Ausgangspunkt
Bahnhof Tegernsee

Endpunkt
Bahnhof Schliersee

Anfahrt
Mit der Bahn über Holzkirchen nach Tegernsee

Rückfahrt
Mit der Bahn vom Bahnhof Schliersee im Stundentakt

Einkehr
Neureuthhaus (ganzjährig bewirtschaftet, Mo Ruhetag); Gindelalm (drei bewirtschaftete Almen, in der mittleren kann man übernachten, 25 Betten), Hofwirtschaft in der Hennerer Au

Karte
TK 1:50000 Mangfallgebirge (LDBV)

Information
tegernsee.com

Auf dieser reizvollen Streckenwanderung berühren wir nur am Rande einen Gipfel – die Gindelalmschneid –, haben jedoch den Vorteil, von Bahnhof zu Bahnhof zu wandern, ohne einen Bus bemühen zu müssen. Am Wege liegen zwei beliebte Einkehrstellen, das Berggasthaus Neureuth und die Gindelalm.

Vom Bahnhof Tegernsee gehen wir zuerst durch die Bahnhofstraße und die Neureuthstraße hinauf zur Volksschule, wo rechts der steile Treppenweg zur Klinik Westerhof beginnt. Dort geht es auf einer Fahrstraße weiter bis zum Waldrand, dann links auf dem Westerhofweg steil bergan.

Es führen nun ein paar Wege bergwärts, die wir alle benutzen können und die sich weiter oben wieder treffen. Wir treten dann aus dem Wald hinaus auf eine Bergwiese und wandern auf einem Wiesenweg hinauf zur bereits sichtbaren Berggaststätte mit kleiner Kapelle. Auf der Gindelalm – unserem nächsten Ziel – teilen drei bewirtschaftete Almen die Schar der Wanderer zur Verköstigung unter sich auf, wobei wir in der mittleren von den dreien (Gindelam II) sogar übernachten können. Im Wesentlichen handelt es sich bei diesem Übergang um eine Waldwanderung mit gelegentlichen Ausblicken, wobei idealerweise die Gindelalm auf halbem Weg liegt. Etwas mehr Aussicht bietet uns der kurze Abstecher von der Gindelalm zur Gindelalmschneid.

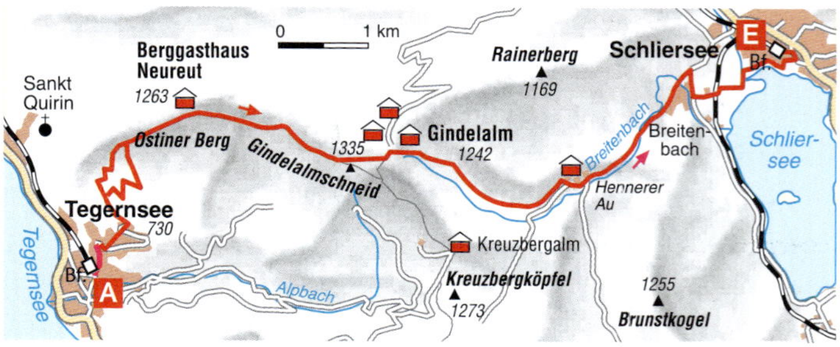

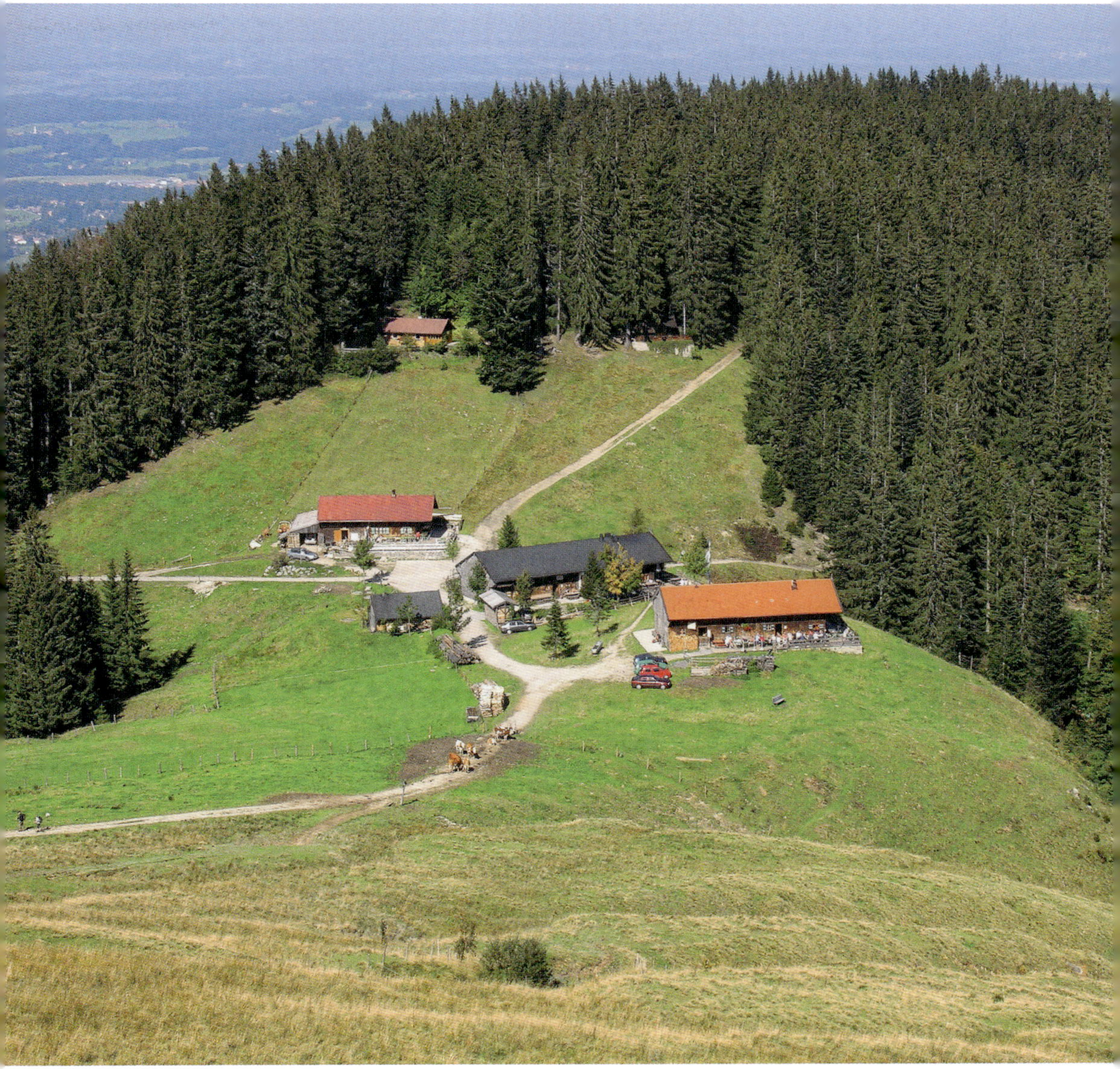

Ein steiler Almfahrweg leitet uns von den drei Almen hinab in die Hennerer Au. Im Tal angekommen, folgen wir ein Stück der Fahrstraße bis zum Ortsrand von Breitenbach, wandern dann rechts am gleichnamigen Bach entlang und überqueren diesen links. Auf der folgenden Straße rechts, bald wieder links, dann über die Bahngleise. Ein Stück hinab und rechts auf breitem Weg am Sportplatz vorbei. 200 Meter dahinter gehen wir rechts über eine Brücke und schließlich in die Ortsmitte von Schliersee. Links weiter zum Bahnhof, wo wir die Rückfahrt antreten können.

Blick von der Gindelalmschneid auf die drei bewirtschafteten Hütten der Gindelalm

32 Auf den Baumgartenschneid

Über den Riederstein auf einen wunderbaren Aussichtsberg

Mittel | 750 Hm | 5 Std.

Tourencharakter
Waldreiche Bergwanderung auf zumeist guten Wegen und mit gemäßigten Anstiegen. Großartige Aussichten hat man vom Riederstein und natürlich vom Gipfel selbst. Ein längeres Wegstück verläuft allerdings auf einer breiten Forststraße.

Ausgangspunkt
Bahnhof Tegernsee

Endpunkt
Bahnhof Tegernsee bzw. Bahnhof Schliersee

Anfahrt
Mit der Bahn nach Tegernsee

Rückfahrt
Ohne Umsteigen von Tegernsee, alternativ ebenfalls direkt von Schliersee

Einkehr
Berggasthaus Galaun/Riederstein, Dienstag Ruhetag

Karte
UK L 12 »Mangfallgebirge«, 1:50 000, Bayerisches Landesvermessungsamt

Information
Tegernseer Tal Tourismus, Hauptstraße 2, 83684 Tegernsee, Tel. 08022/927 38-0, tegernsee.com

Direkt am Bahnhof in Tegernsee beginnt die Besteigung des Baumgartenschneids. Der Weg über den Berggasthof Galaun und den Riederstein ist eine der schönsten Vorgebirgstouren am bayerischen Alpenrand. Leider hat ein Stück des Weges am sogenannten Pfliegeleck durch den Bau einer breiten Forststraße gelitten.

Vom Bahnhof folgt man der Bahnhofstraße nach Süden bis zur Karl-Stieler-Straße und biegt in diese links ein. Dort, wo sich die Straße gabelt, wendet man sich nach rechts (Schild »Parplui über Pflieglhof und Lärchenwald«; *nicht* links Richtung »Galaun«). Man folgt zunächst dem Höhenweg und biegt dann nach links in Richtung »Baumgartenschneid über Riederstein« ab. Im Bergmischwald geht es über Stufen nun steiler bergan, bevor der Weg wieder flacher wird und zwischen Fichtenhecken weiterführt. Man stößt auf einen Teerweg, folgt diesem kurz nach links und biegt dann nach rechts in Richtung Berggasthof »Galaun« ab. Es wird kurz flacher und der Weg führt leicht bergab, bevor man nach links in Richtung »Riederstein über Galaun« abzweigt. Kurz danach biegt man wieder nach links ab (Schild »Galaun«)

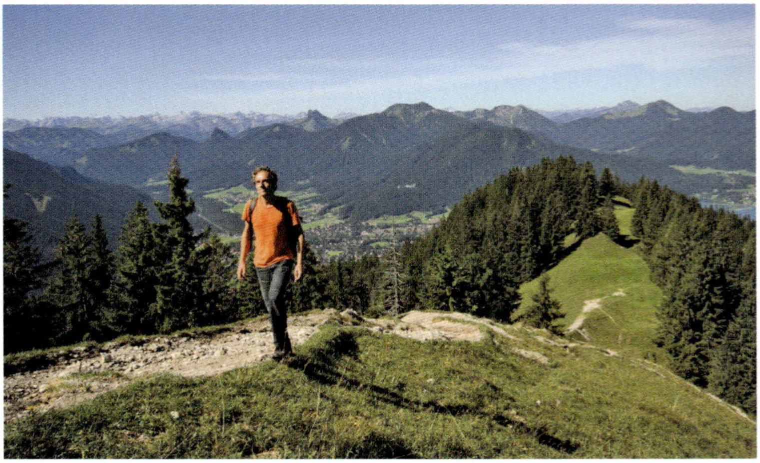

Über einen freien Rücken geht es zum Schluss zum Gipfel.

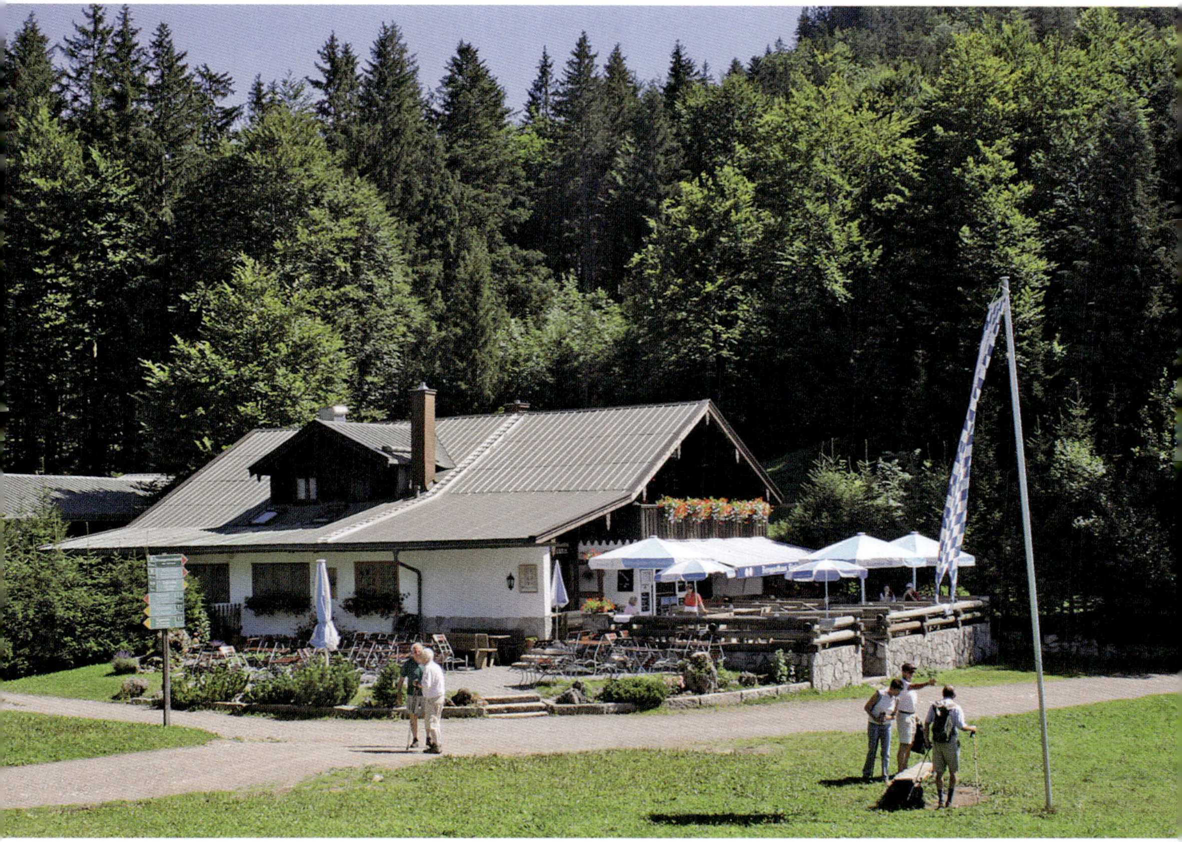

Die Galaun Hütte ist ein ideale, am Weg gelegene Einkehrmöglichkeit.

und es geht im Bergwald nun in mäßiger Steigung weiter. Man folgt immer den Serpentinen und bei einer Gabelung rechts dem Schild Riederstein. Der Weg wird flacher und man stößt auf die neue, sehr breite Forststraße, der man ein gutes Stück folgen muss. Bei einem Bergsattel teilen sich die Wege. Hier folgt man geradeaus bzw. ganz leicht nach rechts einem schmaleren Fahrweg leicht bergan. Dieser führt nun sehr schön zum Berghaus Riederstein am Galaun.

Kurz dahinter zweigt man nach links in einen Fußweg ab (Schild »Riederstein/Kreuzweg über Kapelle«). Über viele Stufen geht es in schönem Mischwald weiter empor, bis man auf eine Weggabelung an einem Waldrücken trifft. Hier lohnt sich unbedingt nach links der Abstecher zum Riederstein, von dessen Kapelle man eine tolle Aussicht auf den Tegernsee hat. Wieder zurück an der Gabelung geht man weiter geradeaus in Richtung »Baumgartenschneid«. Der Weg führt eben und kurz leicht bergab

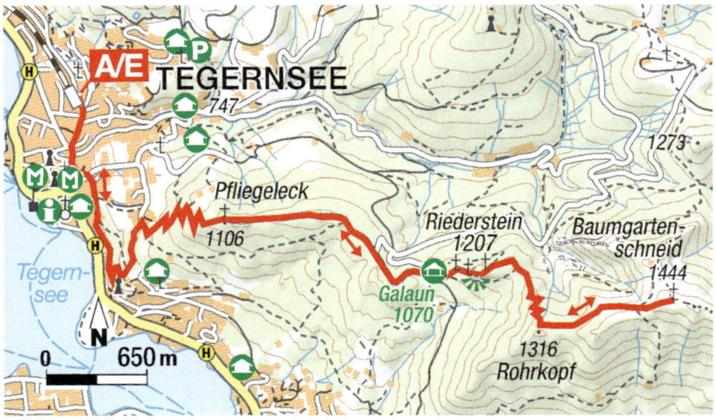

entlang des Waldrückens weiter. Dann wird es wieder steiler und der Weg wird schmaler. Dort, wo sich der Pfad zweimal teilt, hält man sich besser einmal rechts und dann links. So oder so führen die Pfade aber wieder zusammen. Es wird noch einmal flacher, bevor der wieder bessere Weg ansteigend aus dem Wald hinausführt. Hier sieht man bereits den Gipfel vor sich, den man schließlich in freiem Gelände ohne Probleme erreicht. Vom Gipfel hat man einen großartigen Ausblick auf den Tegernseer Talkessel und das dahinter in der Ferne aufragende Karwendelgebirge. Ganz im Westen ist die Zugspitze zu erkennen, während im Osten der Wendelstein den

Am aussichtsreichen Riederstein …

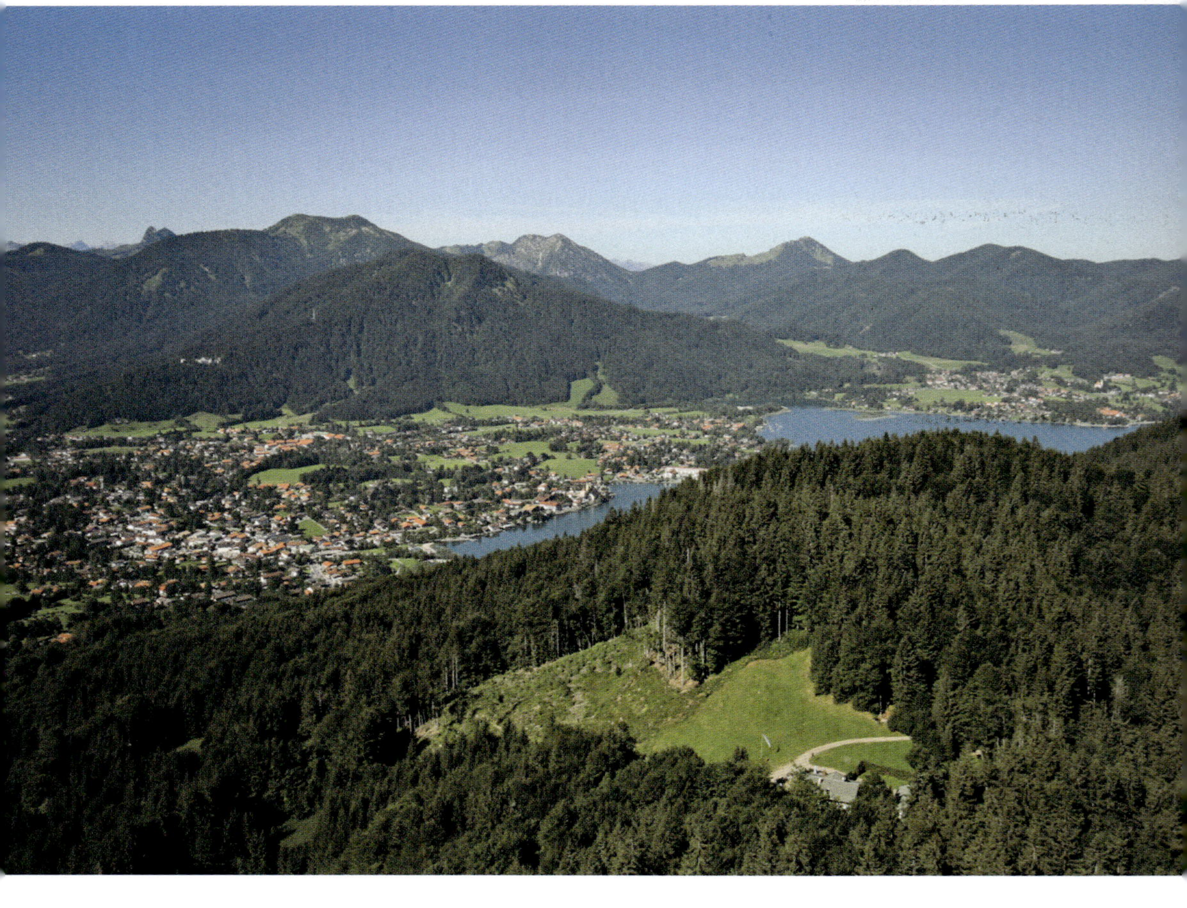

Abschluss des Bergpanoramas bildet. Der Rückweg erfolgt auf dem gleichen Weg.

Variante Wer Gebirgsdurchquerungen mag, kann nach dem Gipfel den Weiterweg zum Schliersee dranhängen. Der Weg verläuft die meiste Zeit allerdings auf einer breiten Forststraße. Hierfür steigt man vom Gipfel aus nach Norden zur Baumgartenalm ab. Dahinter im Wald steiler absteigend, erreicht man einen Waldsattel mit Wegkreuzung. Hier wendet man sich nach rechts. Der Weg führt nach Osten leicht absteigend in ein Tälchen hinein. Im Talboden angekommen wendet sich der Weg nach links und erreicht eine Forststraße. Auf dieser geht es nun immer geradeaus dem Breitenbach folgend zum Schlierseer Ortsteil Breitenbach. Dort folgt man rechts der Westerbergstraße und dann links dem Tegernseer Weg und dem Kurweg, um ins Ortszentrum zu gelangen, wo sich auch der Bahnhof befindet.

… steht eine kleine Kapelle.

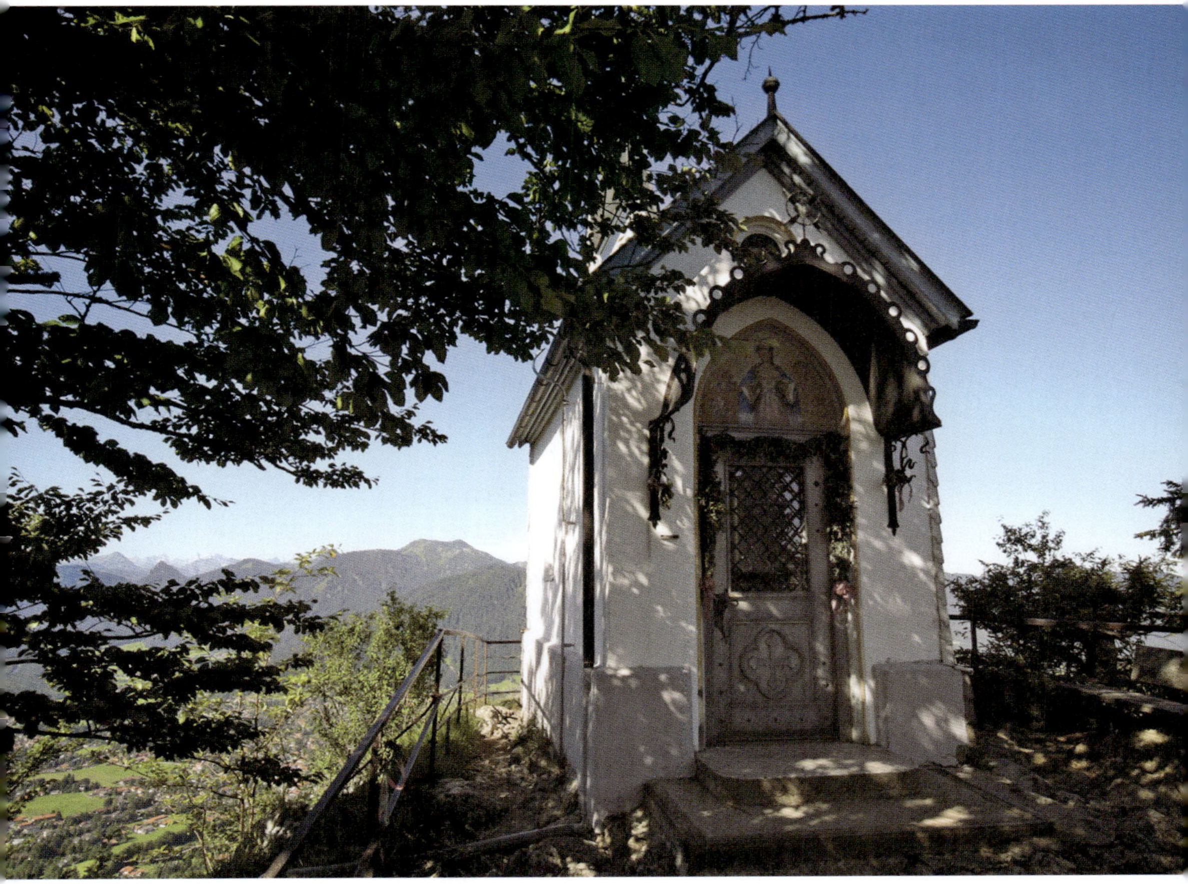

33 Aueralm und Fockenstein

Leichte Almwanderung mit reizvoller Gipfeleinlage

Leicht | 825 Hm | 5 Std.

Tourencharakter
Bis auf die Gipfelrunde am Fockenstein (z. T. felsiges, aber unschwieriges Gelände) und den Abstieg zum Hirschtalsattel bewegen wir uns auf Alm- bzw. Forstwegen.

Ausgangs-/Endpunkt
Bushaltestelle Söllbach in Bad Wiessee

Anfahrt
Mit der Bahn über Holzkirchen in Richtung Tegernsee bis Bahnhof Gmund. Dort weiter mit dem Bus nach Bad Wiessee bis Haltestelle Söllbach. Oder mit dem DAV-Bergsteigerbus von München

Einkehr
Aueralm (Mo Ruhetag, ganzjährig bewirtschaftet)

Karte
TK 1:50 000 Mangfallgebirge (LDBV)

Information
bad-wiessee.de

Oberhalb von Bad Wiessee liegt ein »Muss« für jeden Bergwanderer: die Aueralm mit dem Fockenstein. Auf einem freien Wiesenbuckel steht die gemütliche Hütte, von ihrer Terrasse bietet sich uns ein Panorama aller Tegernseer Berge. Und für den Gipfelabschluss ist der Fockenstein genau das Richtige.

Von der Haltestelle in Bad Wiessee folgen wir bergwärts zunächst der Söllbachtalstraße bis zur Wegverzweigung; dort links weiter zum Wanderparkplatz am Eingang des Söllbachtals. Auf zunächst asphaltiertem, dann unbefestigtem Fahrweg wandern wir am Bach entlang talein.

Kurz hinter der zur Zeit geschlossenen Söllbachklause zweigt rechts ein Almweg ab. Auf diesem geht es in Kehren durch Wald hinauf, bis wir die erste Aussicht genießen können. Gegenüber baut sich der Hirschberg auf und rechts dahinter erkennen wir den markanten Doppelgipfel des Roß- und Buchsteins. Der anstrengende Teil der Wanderung zur Aueralm ist nun vorbei, und wir steigen gemütlich weiter an, bis zur Kammhöhe des Söllbergs. Dort links weiter zum Waldende, wo wir oberhalb der

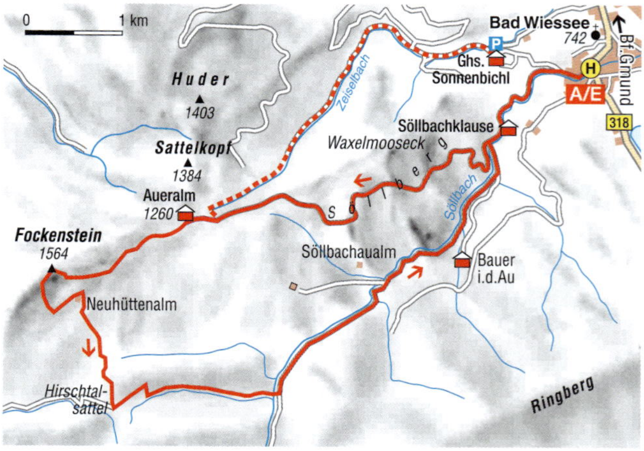

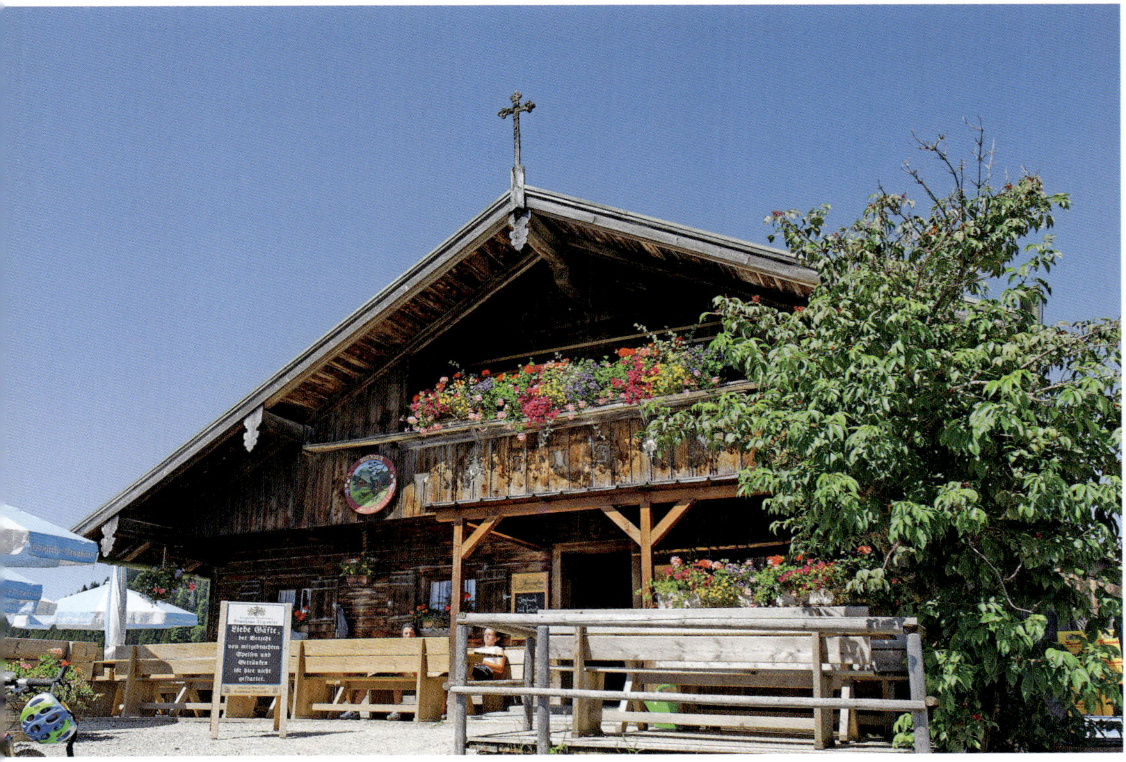

Die Aueralm ist ein beliebtes Ziel in den Tegernseer Bergen.

ersten Almwiesen die reizvoll gelegene Aueralm zu Gesicht bekommen. Mancher wird auf der Almterrasse den Anstieg beenden wollen, denn das Aufbrechen von diesem gemütlichen und aussichtsreichen Flecken Erde fällt schwer. Wir wandern jedoch weiter und folgen dem Almfahrweg in Richtung Neuhüttenalm. Nach etwa zehn Minuten biegen wir rechts ab und steigen auf Pfad durch Hochwald steil an. Nach einem nur mehr sanft ansteigenden Stück steht uns noch der Gipfelsturm über steile Bergflanken bevor.

Anschließend steigen wir über die schrofige Südwestflanke und den grasigen Vorgipfel ab und wandern links hinab zum Neuhütteneck und zur Neuhüttenalm. Der Abstieg zum Hirschtalsattel (1224 m) führt dann auf Feldweg über Bergwiesen und durch Wald. Vom Sattel nun Richtung Osten durch Wald hinab in den Stinkergraben, der seinen Namen von den hier befindlichen Schwefelquellen hat. Bei der Holzstube treffen wir auf den breiten Fahrweg, der uns immer am Söllbach entlang hinausleitet bis nach Bad Wiessee.

34 Risserkogel

Hinter Vorbergen versteckter Paradegipfel

Schwer | 1100 Hm | 6.30 Std.

Tourencharakter
Anspruchsvolle Bergwanderung, am Gipfelgrat sind jedoch Trittsicherheit und Schwindelfreiheit erforderlich (einige Seilsicherungen). Der Rückweg durch das Tal der Langen Au ist gemütlich.

Ausgangs-/Endpunkt
Bushaltestelle Kreuth

Anfahrt
Mit der Bahn über Holzkirchen nach Tegernsee; dann mit dem Oberbayernbus weiter nach Kreuth. Oder mit dem DAV-Bergsteigerbus von München

Rückfahrt
Mit dem Bus zurück nach Tegernsee; der Bus kann bereits am Talausgang der Langen Au (Kistenwinterstube) genommen werden oder aber in Kreuth (Abfahrt einige Minuten später).

Einkehr
Schwaigeralm im Tal der Langen Au, Raineralm; beide sind ganzjährig bewirtschaftet.

Karte
TK 1:50000 Mangfallgebirge (LDBV)

Information
kreuth.de

Der Risserkogel gehört nicht nur zu den höchsten Gipfeln der Tegernseer Berge, sondern auch zu den beliebtesten. In unmittelbarer Nähe befindet sich der felsige Plankenstein, der schon so manchen Kletter-Aspiranten zu ersten Hochgefühlen verholfen hat. Der klassische Anstieg beginnt in Kreuth.

Von der Ortsmitte in Kreuth wandern wir zunächst über die Weißachbrücke hinüber zum Kurpark, gehen an diesem entlang, folgen nach etwa 300 Metern dem links abzweigenden Teersträßchen (Ausschilderung) bergwärts und gehen bald links über eine kleine Brücke. Wenig später lassen wir die letzten Häuser des Ortsteils Riedlern hinter uns und folgen zunächst einem Ziehweg bis zu einem Holzlagerplatz. Kurz dahinter treffen wir auf einen Forstweg, folgen diesem kurz nach links und gehen bei der Weggabelung nach rechts. Es geht überwiegend durch Wald, die Forststraßen kürzen wir dabei mehrmals auf Wanderwegen ab (gute Ausschilderung) und erreichen so eine größere Lichtung. Das weitere Wegstück führt dann wieder durch steilen Wald, wobei etwas Orientierungssinn und auch Trittsicherheit erforderlich sind.

So erreichen wir den Bergkamm, der das Grubereck mit dem Setzberg verbindet. Dort wurde vor ein paar Jahren ein kleiner

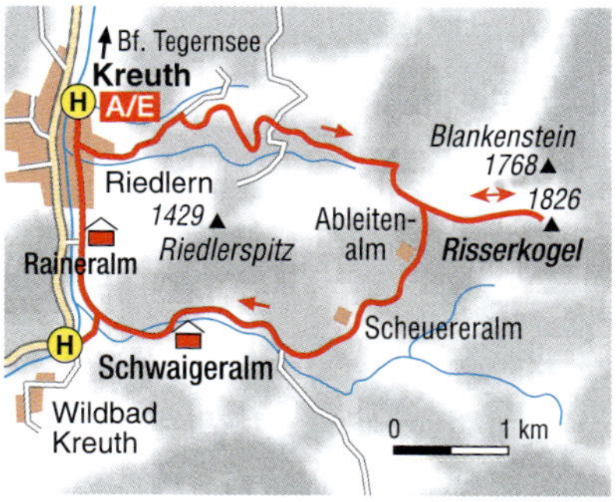

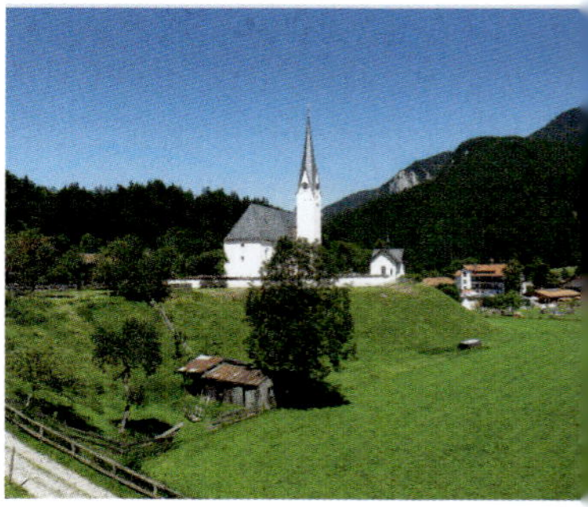

Ausgangspunkt unserer Tour ist Kreuth.

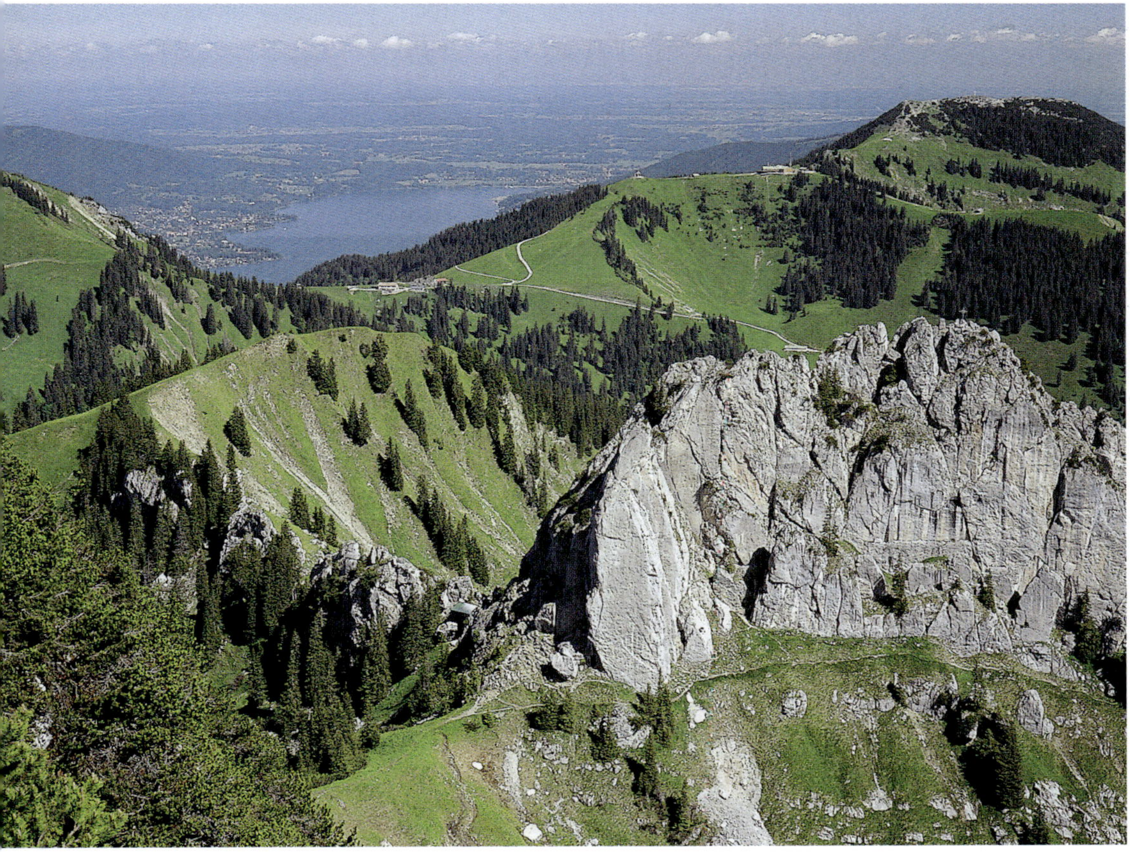

Blick vom Risserkogel über den markanten Blankenstein auf den Wallberg

Holzbau installiert, der sogenannte »Gamsbeobachtungspunkt«. Bei Regen bietet er auch einen guten Unterstand. Wir gehen nun rechts haltend zum Grubereck (1664 m) weiter. Dort halten wir uns links, immer dem Kammverlauf folgend, und steigen direkt auf den Gipfel des Risserkogels zu, den wir schließlich nach Überwindung einer steilen, ausgesetzten Stelle erreichen. Für den Abstieg gehen wir ein Stück des Anstiegsweges zurück und verlassen dann den Gratrücken nach links. Wegweiser leiten uns dann auf einen Bergsteig, der über die Ableitenalm und die Scheuereralm talwärts führt. Nach der Ableitenalm nimmt uns der Wald auf und in zahlreichen kurzen Serpentinen windet sich unser Weg hinab ins Tal der Langen Au. Dort folgen wir rechts der Forststraße talauswärts zur Schwaigeralm, wo wir einkehren können. Kurz dahinter verzweigt sich unser Weg: Wir können nun entweder links hinaus zur Haltestelle Kistenwinterstube wandern oder den längeren Weg über die Raineralm nach Kreuth antreten.

35 Auf den Schildenstein

Schöne Wald- und Almtour auf den wenig bekannten Voralpengipfel

Mittel | 800 Hm | 5 Std.

Tourencharakter
Abwechslungsreiche Bergwanderung auf zumeist guten Wegen und mit angenehmen Steigungen

Ausgangs-/Endpunkt
Bushaltestelle »Siebenhütten«

Anfahrt
Mit der Bahn zum Bahnhof Tegernsee und weiter mit RVO-Bus 9556 bis zur Haltestelle »Siebenhütten«

Rückfahrt
Zurück mit der Bahn mit Umsteigen in Tegernsee

Einkehr
Unterwegs keine Möglichkeit außer bei der Variante

Karte
UK L 12 »Mangfallgebirge«, 1:50 000, Bayerisches Landesvermessungsamt

Information
Tegernseer Tal Tourismus, Hauptstraße 2, 83684 Tegernsee, Tel. 08022/927 38-0, tegernsee.com

Während am Hirschberg und am Wallberg an Wochenenden recht viel los ist, wird der etwas abgelegenere Schildenstein um einiges seltener besucht. Dabei bietet er eine mindestens genauso schöne Aussicht und für trittsichere Wanderer eine ideale Rundwanderung mit auf dem Schlussabschnitt sehr netter Einkehrmöglichkeit.

Vom Parkplatz aus geht man über eine Brücke und folgt geradeaus dem breiten Fahrweg in Richtung »Siebenhütten«. Nach etwa 300 Metern biegt man nach rechts von dem breiten Weg ab und folgt dem Schild in Richtung »Gaißalm – Schildenstein«. Zuerst noch flach, dann in angenehmer Steigung geht es durch den schönen Bergmischwald ohne Orientierungsprobleme zu den freien Wiesenflächen der Gaißalm hinauf. Hier hat man zum ersten Mal einen freien Blick auf das Gipfelkreuz des Schildensteins. Kurz hinter der unbewirtschafteten Gaißalm muss man aufpassen. Man folgt hier nicht dem breiteren Fahrweg in Richtung Königsalm, sondern zweigt nach links in einen ansteigenden Fußweg ab (Wegweiser etwas oberhalb an Baum). Es geht noch einmal durch den Wald und dann ein längeres Stück am Waldrand oberhalb der großen Wiesenhänge der Königsalm entlang. Am Graseck stößt der von der Königsalm kommende Fußweg hinzu. Es geht noch ein Stück geradeaus weiter, dann taucht unser Anstieg wieder in den Wald ein und wendet sich nach Süden. Im zunehmend lichter werdendem Bergwald geht es in angenehmen Kehren stetig bergan, bis man den kleinen Sattel des sogenannten »Schanzl« erreicht, von wo man den Gipfel auch schon links von sich liegen sieht. Der Weg führt nun leicht absteigend nach links und zu einer Gabelung, an der man nach links dem Schild »Schildenstein« folgt. Es geht nach eine Latschengasse und den letzten hochstämmigen Bäumen zuletzt schattenlos die kurze Gipfelflanke zum höchsten Punkt (1613 m) hinauf.

Der Abstieg erfolgt auf dem gleichen Weg.

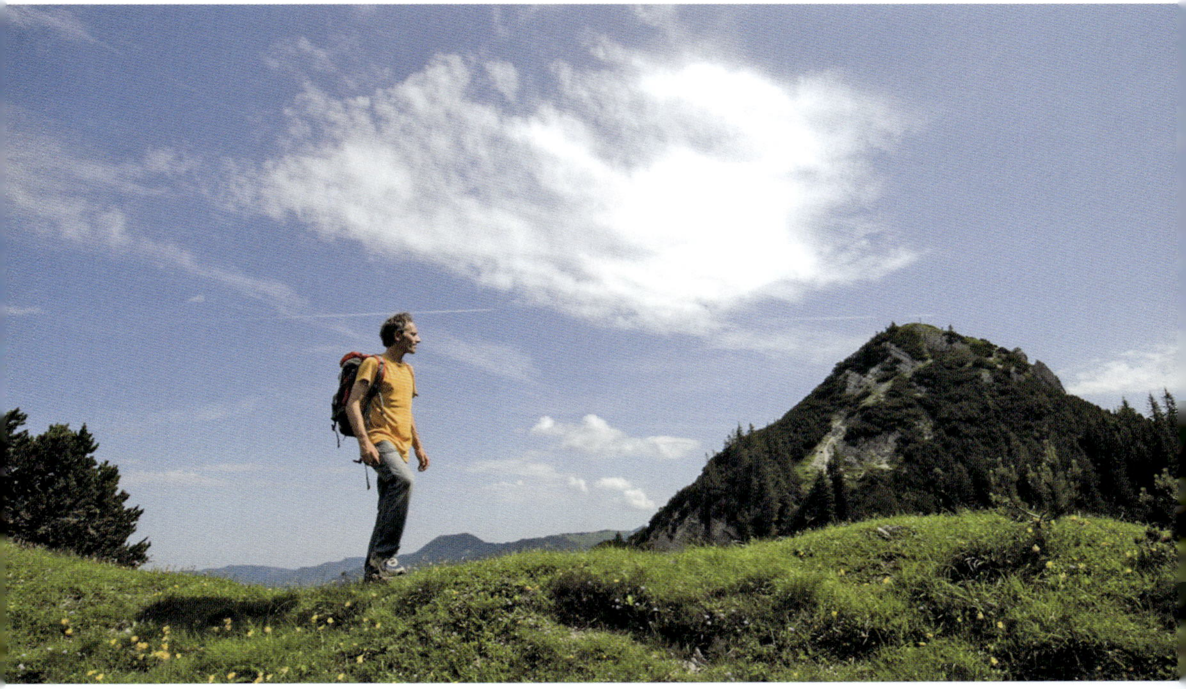

Vom Graseck aus ist es nur noch ein Katzensprung hinüber zum Gipfel.

Variante Trittsichere und schwindelfreie Wanderer können auch über die Wolfsschlucht zum Ausgangspunkt zurückkehren. Hierzu wendet man sich am letzten Wegweiser nach links Richtung Halserspitze. Man folgt nun dem breiten Gebirgskamm nach Osten und zweigt dann nach einem knappen Kilometer an der nächsten Gabelung nach links ab (das Schild »Wolfsschlucht« befindet sich auf der Rückseite des dortigen Baumes). Zunächst noch auf gutem Weg geht es nun wieder in Waldgelände hinein, bevor der etwas heikle Abstieg über wieder freie Hänge in die Wolfsschlucht folgt. Besonders erodierte Passagen werden mit Drahtseilen erleichtert. Im Talboden angekommen folgt man nun immer dem deutlichen Weg, der zuerst entlang des Baches, dann oberhalb davon über die Oberhofer Alm zur kleinen Wirtschaft Siebenhütten (Dienstag Ruhetag) führt. Von dort geht es auf einem breiten Fahrweg immer am Bach entlang zum Ausgangspunkt zurück.

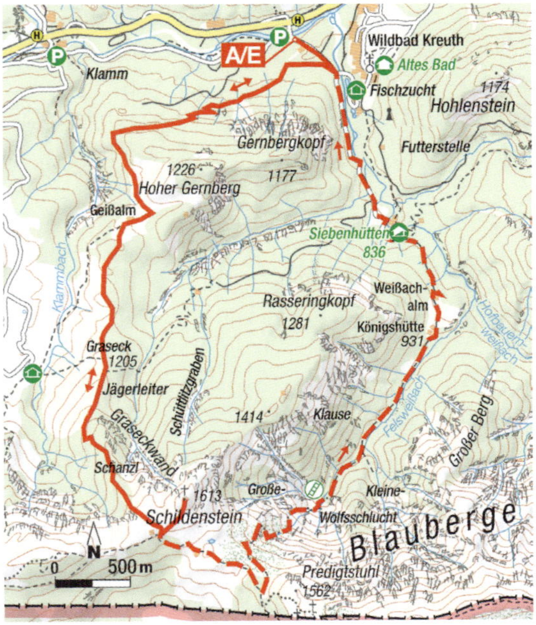

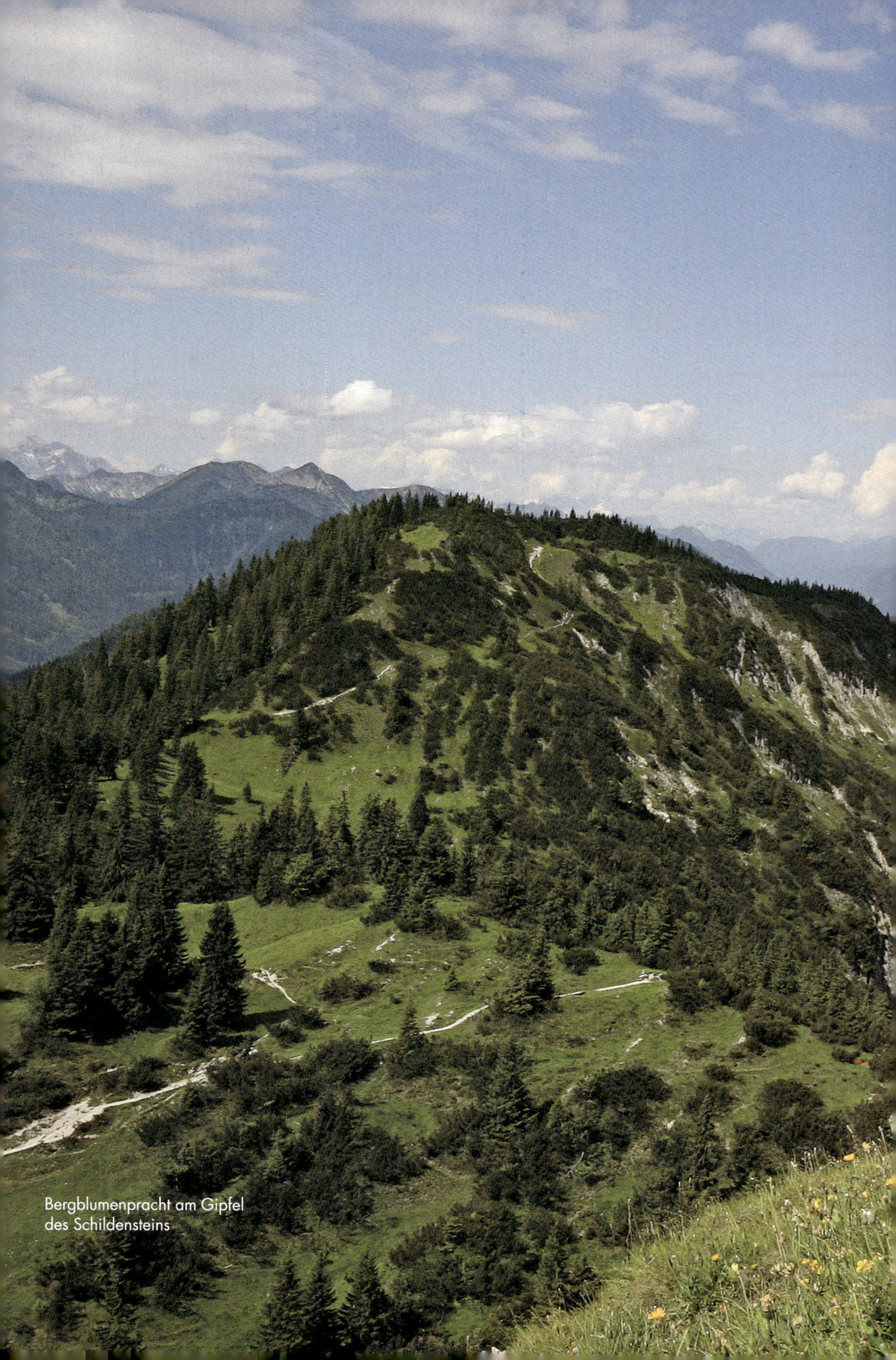

Bergblumenpracht am Gipfel
des Schildensteins

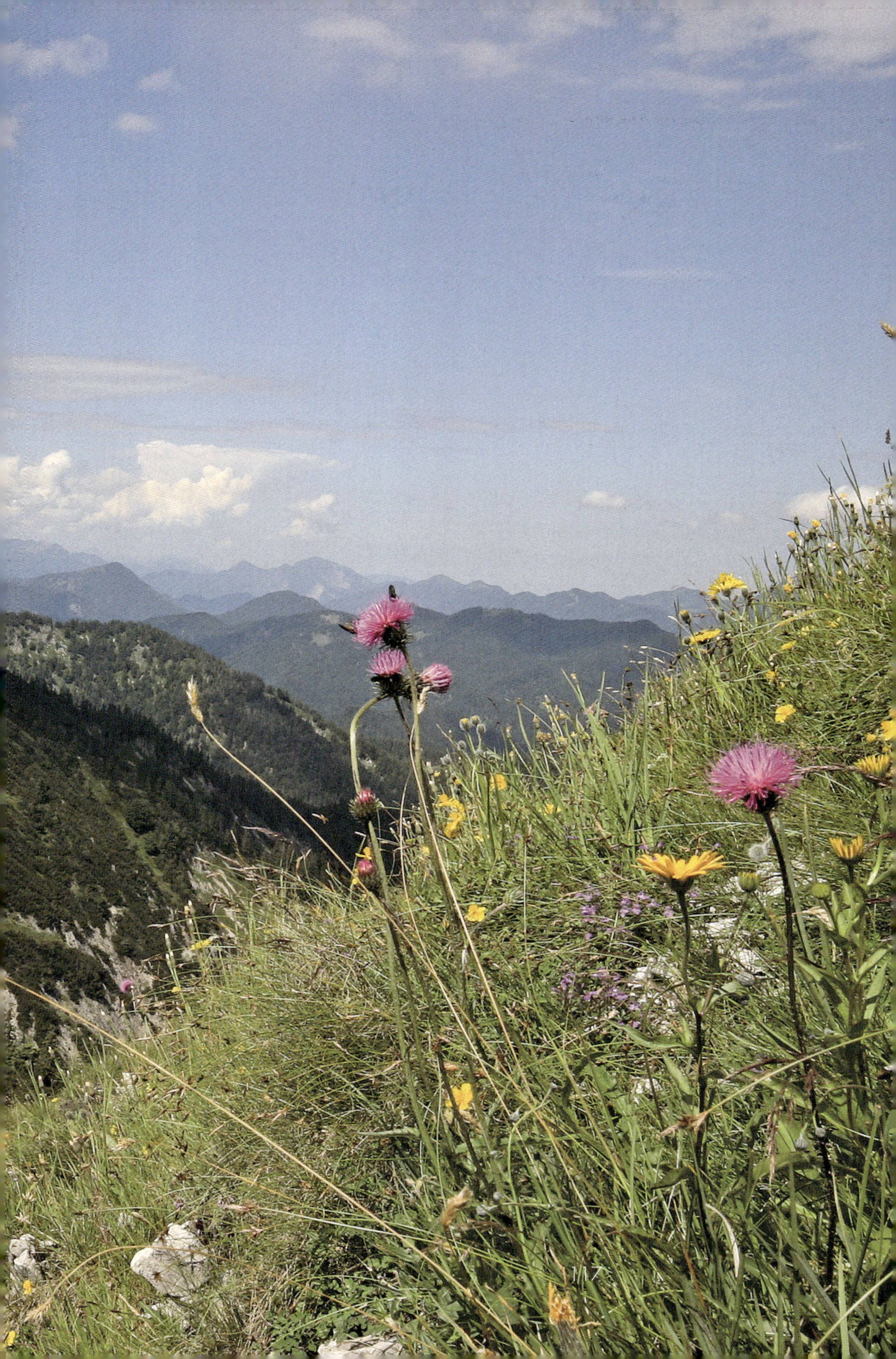

36 Roßstein und Tegernseer Hütte

Leichter Wandergipfel und spektakuläre Hütte

Mittel | 800 Hm | 4.30 Std.

Tourencharakter
Zum Teil steiler, aber gut begehbarer Bergsteig. Der direkte Hüttenzustieg vom »Brotzeitfelsen« ist drahtseilgesichert. Der Gipfel liegt nur wenige Meter oberhalb der Hütte.

Ausgangs-/Endpunkt
Haltestelle Tegernseer Hütte

Anfahrt
Mit der Bahn nach Tegernsee. Von dort weiter mit Bus in Richtung Achensee bis zur Haltestelle Tegernseer Hütte. Oder mit dem DAV-Bergsteigerbus von München bis zur Haltestelle Klamm (dann noch ein Stück zu Fuß zum Beginn des Anstiegswegs)

Einkehr
Tegernseer Hütte (AV-Hütte, Übernachtung), Sonnbergalm-Hochleger (während der Weidezeit bewirtschaftet). Mehrere Gaststätten an der Deutschen Alpenstraße

Karte
TK 1:50000 Mangfallgebirge (LDBV)

Information
kreuth.de

Der Doppelgipfel Roß- und Buchstein setzt in den Tegernseer Bergen einen alpinen Akzent. Wenn auch der Buchstein den Felsgeübteren vorbehalten ist, so bleibt doch der Roßstein als einfacher Wandergipfel; alle gemeinsam treffen sich dann wieder auf der exponiert gelegenen Tegernseer Hütte.

Wir beginnen unsere Wanderung am Parkplatz an der Straße Richtung Achenpass und müssen zu Beginn ein recht »gaches« Stück bewältigen. Der steile und schmale Bergwanderweg ist ausgeschildert und führt uns zunächst durch ein schattiges Waldstück hinauf zu dem Sonnbergalm-Niederleger auf 1144 Metern Höhe.

Wir gehen zwischen den Hütten durch und folgen jenseits weiter dem noch steilen Steig durch den nun lichter werdenden Wald, bis wir die Almwiesen des Sonnbergs, eines freien Bergrückens vor dem eigentlichen Ziel, erreichen.

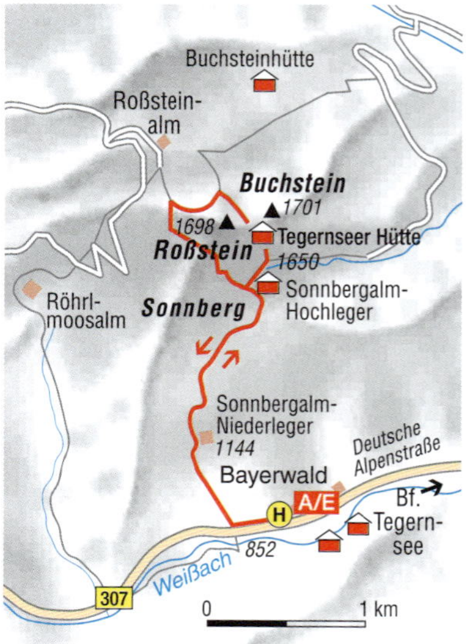

Bereits hier bietet sich uns eine freie Sicht auf all die umliegenden Berge, wobei sich der keck aufragende Leonhardstein besonders bemerkbar macht. Links von der im Sommer bewirtschafteten Alm steigen wir nun weiter über die freien Hänge bis zum sogenannten Brotzeitfelsen, wo sich die trittsicheren von den nicht schwindelfreien Wanderern trennen müssen. Erstere nehmen den rechts nach

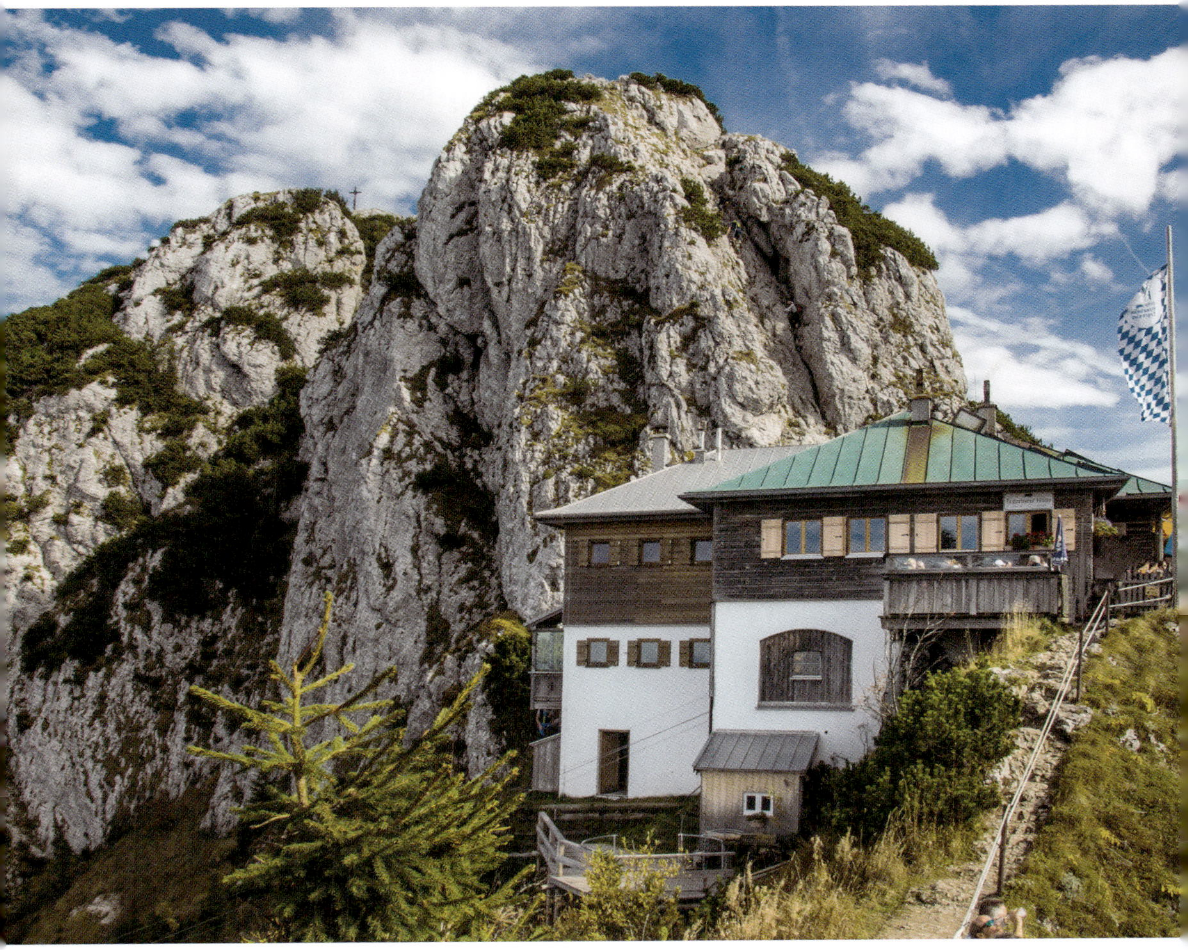

oben führenden leichten Klettersteig, der direkt hinaufführt zur Tegernseer Hütte, die weniger Geübten umrunden stattdessen im Uhrzeigersinn den Roßstein und steigen dann von Norden kommend hinauf zur Hütte.

Von der Terrasse der Tegernseer Hütte präsentieren sich die umliegenden Berge wie aus der Vogelperspektive.

Von dort sind es nur noch wenige Meter zum Roßsteingipfel; Klettergewandte dürfen sich natürlich auch am Buchstein versuchen, der sich direkt hinter der Hütte steil und herausfordernd in den Himmel reckt. Doch Vorsicht, der Fels ist schon ziemlich abgegriffen und glatt. Und trotz des nicht schwierigen Anstiegs stellt gerade die starke Ausgesetztheit des Geländes für die meisten Tatendurstigen das größte Hindernis dar. Also auf keinen Fall bei nassen Felsen dort hinaufklettern. Der Blick von der Hüttenterrasse ist aufregend genug.

37 Auf den Geierstein

Runde über den stillen Hausberg der Lenggrieser

Mittel | 815 Hm | 4.30 Std.

Tourencharakter
Bis auf den Talbereich Bergwege und -steige, Trittsicherheit und an wenigen Stellen auch Schwindelfreiheit vorausgesetzt. Nahezu die gesamte Tour verläuft in angenehm schattigem Wald

Ausgangs-/Endpunkt
Bahnhof Lenggries

Anfahrt
Mit der Bahn über Holzkirchen zum Endbahnhof in Lenggries

Einkehr
Unterwegs keine; Gaststätten in Lenggries

Karte
TK 1:50 000 Tölzer Land/ Starnberger See (LDBV)

Information
lenggries.de

Der Geierstein – auf einigen Wegtafeln noch als Geigerstein ausgewiesen – gehört ganz sicher zu den stilleren Hausbergen der Lenggrieser. Aber er hat auch seine Pluspunkte: Bis auf die letzten Meter am Gipfel erfolgt der Aufstieg wie der Abstieg in angenehm schattigem Wald.

Wir starten unseren Aufstieg am Bahnhof in Lenggries und folgen zunächst der Karwendelstraße Richtung Süden, dann nehmen wir den Großherzogin-Anna-Weg nach Hohenburg. Am Fuß des Kalvarienbergs weisen uns Wegtafeln nach links zum Geierstein. Durch Wald nun hinüber zum Schlossweiher. Dort links ein Stück am Ufer entlang, bis wiederum links der ausgeschilderte Weg zum Geierstein abzweigt.

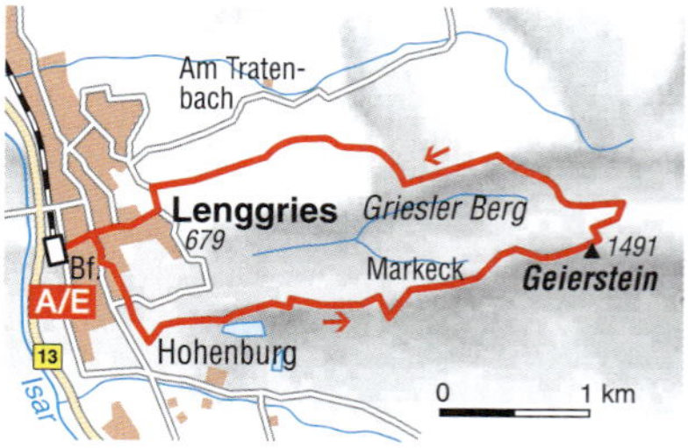

Zu Beginn noch breiter Weg durch Mischwald. Nach zehn Minuten mündet rechts ein Weg von Hohenburg ein. Dort links

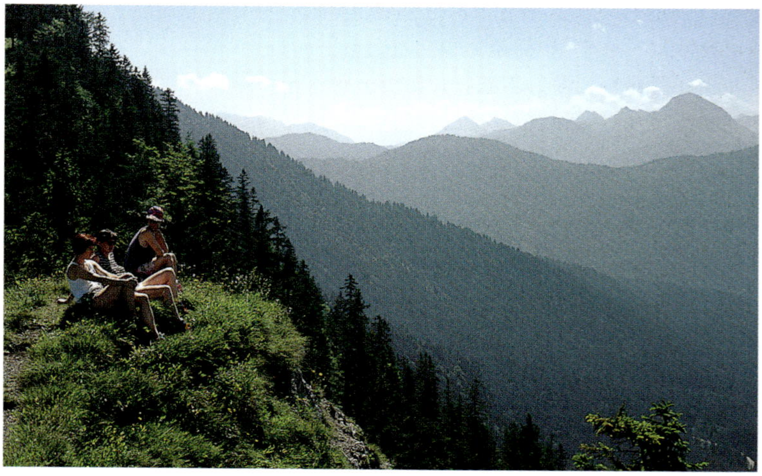

Erst nahe dem Gipfel bieten sich reizvolle Blicke ins Tal hinab nach Lenggries.

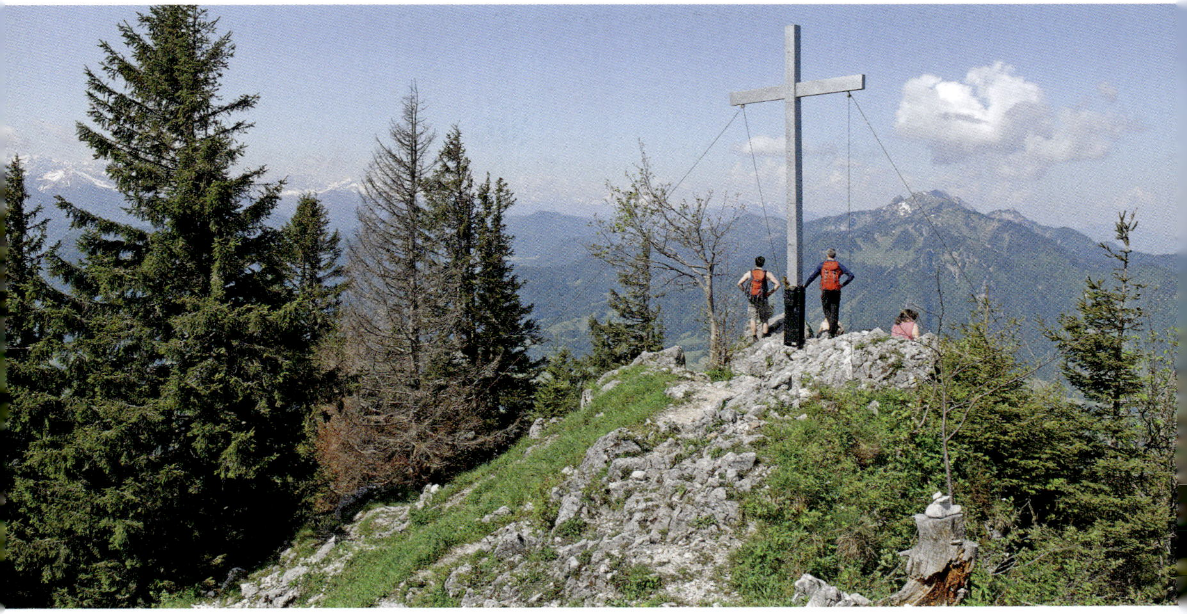

An der Felskante am Gipfelkreuz des Geiersteins genießt man den Blick auf das Isartal.

weiter zu einer Wegverzweigung. Die Wegtafel zeigt nach links: Wir steigen weiter durch Wald bergan und erreichen bald eine Kammhöhe. Nun auf diesem allmählich schmäler werdenden Kamm weiter. Über eine felsige Kuppe im Kamm, dann leicht abwärts zu einer Lichtung. Weiter oben treffen wir auf einen schönen Aussichtspunkt mit Sitzgelegenheit. Die bald folgenden Gipfelfelsen umgehen wir rechts und gelangen über schrofige Passagen durch Wald und Latschen hinauf zum Gipfel des Geiersteins, den ein Kreuz schmückt.

Am Gipfel folgen wir für den Abstieg den Wegtafeln in Richtung »Lenggries/Fockenstein«. Zunächst auf dem felsigen Kamm weiter, dann in Serpentinen steil hinab über Bergwiesen zu einer Wegverzweigung. Links eben weiter auf Holzbohlen durch sumpfiges Gebiet und zu einer Lichtung. Rechts haltend über diese hinweg, leicht fallend durch schönen Fichtenbestand, dann in Serpentinen über zahllose Treppen hinab, bis wir auf einen Wildzaun treffen. Diesen rechts entlang, dann hinab bis zum Waldrand. Rechts am Bach entlang weiter talwärts und zuletzt auf einem Wirtschaftsweg nach Lenggries.

Badespaß

In Lenggries gibt es ein schönes Freibad am südlichen Ortsrand. Das Hallenbad »Isar-Welle« passieren wir am Rückweg vom Geierstein, am östlichen Ortsrand.

38 Lenggrieser Hütte und Seekarkreuz

Ganzjährig bewirtschaftete Alpenvereinshütte

Leicht | 920 Hm | 5 Std.

Tourencharakter
Zu Beginn breite Wirtschaftswege, dann schmale Bergsteige, der Abstecher zum Seekarkreuz ist nur mit gutem Schuhwerk anzuraten, da die gesamte Wegpassage lehmig ist. Der Sulzersteig ist streckenweise feucht.

Ausgangs-/Endpunkt
Bahnhof Lenggries

Anfahrt
Mit der Bahn über Holzkirchen nach Lenggries. Vom Endbahnhof entweder weiter zu Fuß nach Hohenburg (20 Minuten) oder mit dem Bus

Rückfahrt
Von Hohenburg evtl. mit dem Bus nach Lenggries, dann Rückfahrt mit dem Zug im Stundentakt

Einkehr
Lenggrieser Hütte (AV-Hütte, Übernachtung)

Karte
TK 1:50000 Tölzer Land/ Starnberger See (LDBV)

Information
lenggries.de

Die westlichen Ausläufer der Tegernseer Berge haben keine spektakulären Erhebungen; sie sind meist stark bewaldet und bieten nur im oberen Bereich gute Aussichtsmöglichkeiten. Das Seekarkreuz hat diesen Vorzug aufzuweisen. Einkehren können wir in der ganzjährig bewirtschafteten Lenggrieser Hütte.

Vom Bahnhof in Lenggries folgen wir der Karwendelstraße in Richtung Süden, dann dem Großherzogin-Anna-Weg nach Hohenburg. Dort halten wir uns links und nehmen die asphaltierte Straße Richtung Hirschtalsattel. Der daran anschließende unbefestigte Wirtschaftsweg führt uns durch Wiesen, bis wir nach 20 Minuten den Wald erreichen und bald auf den Hirschbach stoßen. Nach Querung von zwei kleinen Brücken treffen wir auf eine dritte, vor der rechts der Sulzersteig abzweigt (Mark.-Nr. 612). Ihm folgen wir nun steil aufwärts durch Wald, wobei wir immer auf der rechten Seite des hier herabfließenden Bachs

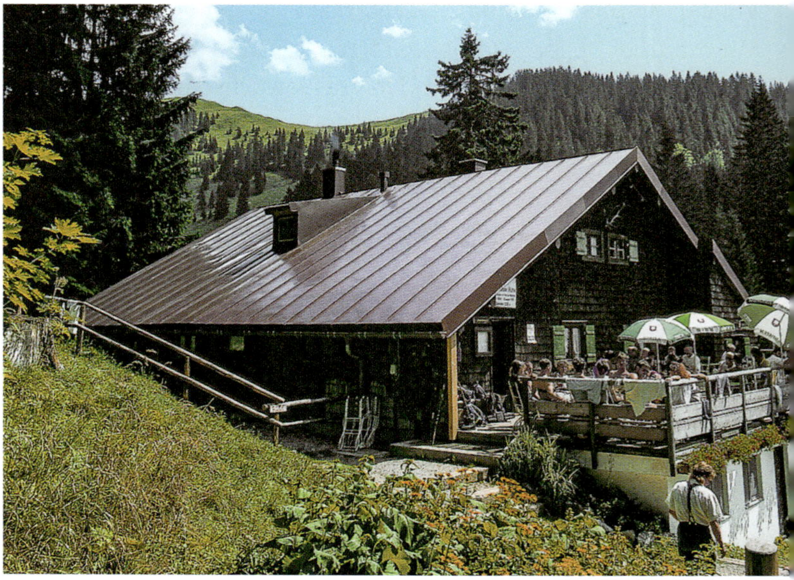

Die Lenggrieser Hütte bietet zwar nur eine begrenzte Aussicht, ist aber das ganze Jahr über bewirtschaftet.

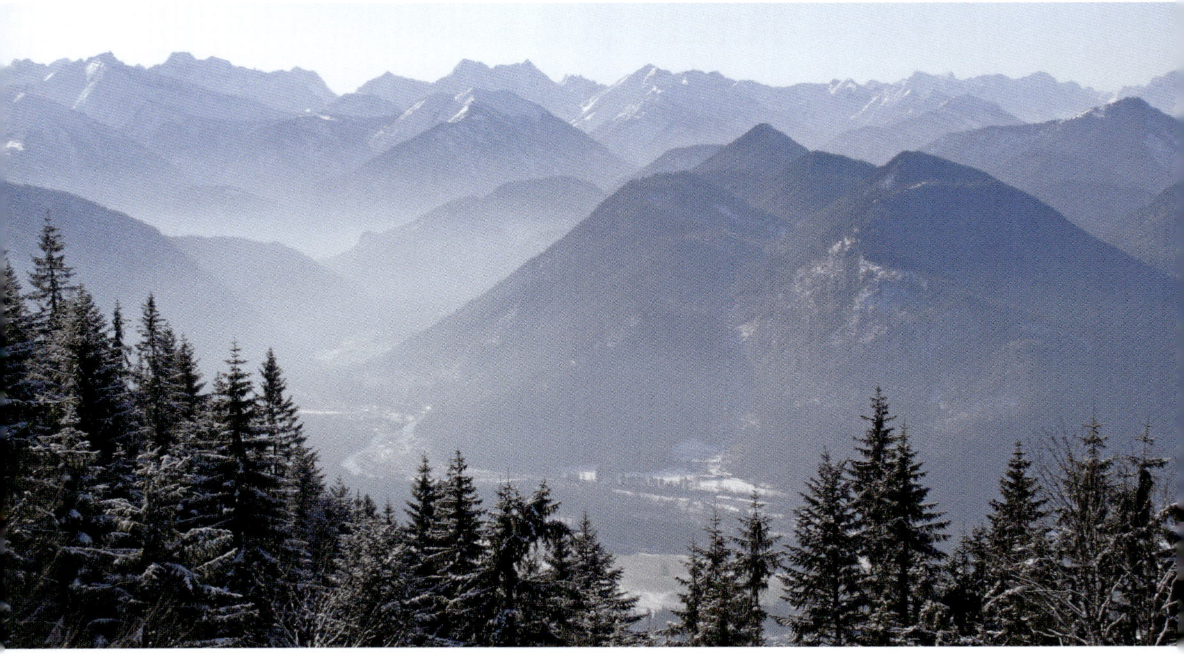

Blick vom Seekarkreuz auf das Karwendelgebirge

bleiben. Nach etwa zwei Stunden stoßen wir auf eine Almwiese. Hier leitet uns ein Almfahrweg über die Seekaralm zur Lenggrieser Hütte.

Gipfelabstecher Von der Hütte nehmen wir den Richtung Osten führenden Weg, der sich bereits nach wenigen Metern verzweigt. Vorbei an der Jubiläumshütte geht es durch dichten Wald auf lehmigem Steig hinauf zu den freien Gipfelmähdern. In leichtem Linksbogen über den grasbewachsenen Kamm wandern wir zum Gipfel.

Für den Talabstieg wählen wir nun eine neue Route. Kurz vor der Hütte beginnt links ein gut angelegter, steiler Steig, der uns auf der Südseite des Grasleitenkopfs durch Wald hinunter nach Lenggries führt. Bei der Wegverzweigung, auf die wir nach einer halben Stunde Gehzeit treffen, halten wir uns rechts. Hinter dem Tradln-Anwesen treffen wir schließlich auf die asphaltierte Fahrstraße, der wir nach Hohenburg folgen.

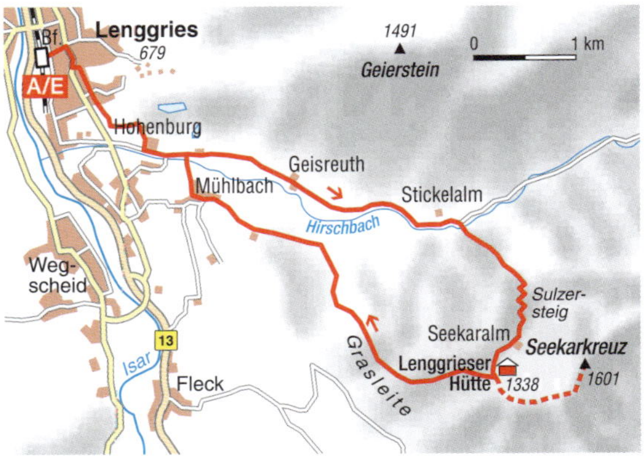

39 Am Brauneck

Abstiegsrunde mit zahlreichen Einkehrmöglichkeiten

Leicht | 20/860 Hm | 3.30 Std.

Tourencharakter
Breite Wirtschaftswege, z. T. auch steile Wanderwege; der Übergang zur Kotalm erfolgt teilweise auf schmalem Steig.

Ausgangs-/Endpunkt
Talstation der Brauneckbahn

Anfahrt
Mit der Bahn über Holzkirchen nach Lenggries zum Endbahnhof. Von dort entweder weiter zu Fuß zur Talstation der Brauneckbahn (25 Minuten) oder mit dem Bus dorthin

Einkehr
Brauneck-Gipfelhaus (AV-Haus, ganzjährig bewirtschaftet, im Sommer Mi Ruhetag, Übernachtung). Tölzer Hütte, Quengeralm, Strasseralm, Florianshütte und Kotalm (Übernachtung) sind alle während der Wandersaison bzw. ganzjährig geöffnet

Karte
TK 1:50 000 Tölzer Land/Starnberger See (LDBV)

Information
lenggries.de

Knapp zehn Hütten und Almen versorgen den Bergwanderer am Brauneck mit Brotzeiten, und in einigen können wir sogar übernachten. Beweis genug, dass dieser Teil der Benediktenwandgruppe der beliebteste des Isarwinkels ist. Die Gondelbahn verlockt uns dabei zum gemütlichen Wandern bergab.

Von der Bergstation der Brauneckbahn steigen wir zuerst auf breitem Weg hinauf zum Brauneckhaus und zum eigentlichen Gipfel knapp oberhalb. Von dort gehen wir bequem Richtung Westen auf der Kammhöhe, dann leicht hinab zur Umsetzstation, kurz vor dem felsigen Schrödelstein. Von dort links hinab, bis wir auf den von links kommenden Panoramaweg stoßen. Auf ihm weiter zur schön gelegenen Tölzer Hütte und weiter zur Quengeralm und zur Strasseralm, die alle zur Einkehr laden. Auf dem breiten Fahrweg etwas steil hinunter zur geschlossenen Bayernhütte, wo wir bald den breiten Weg verlassen.

An der ersten Kurve wenige Minuten unterhalb führt links ein schmaler Pfad hinüber zur Florianshütte. Vor der Hütte links steil den freien Hang hinauf, oben ein kurzes Stück nach links,

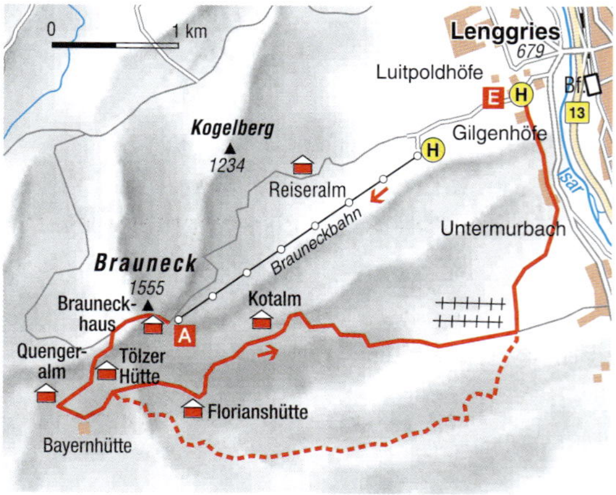

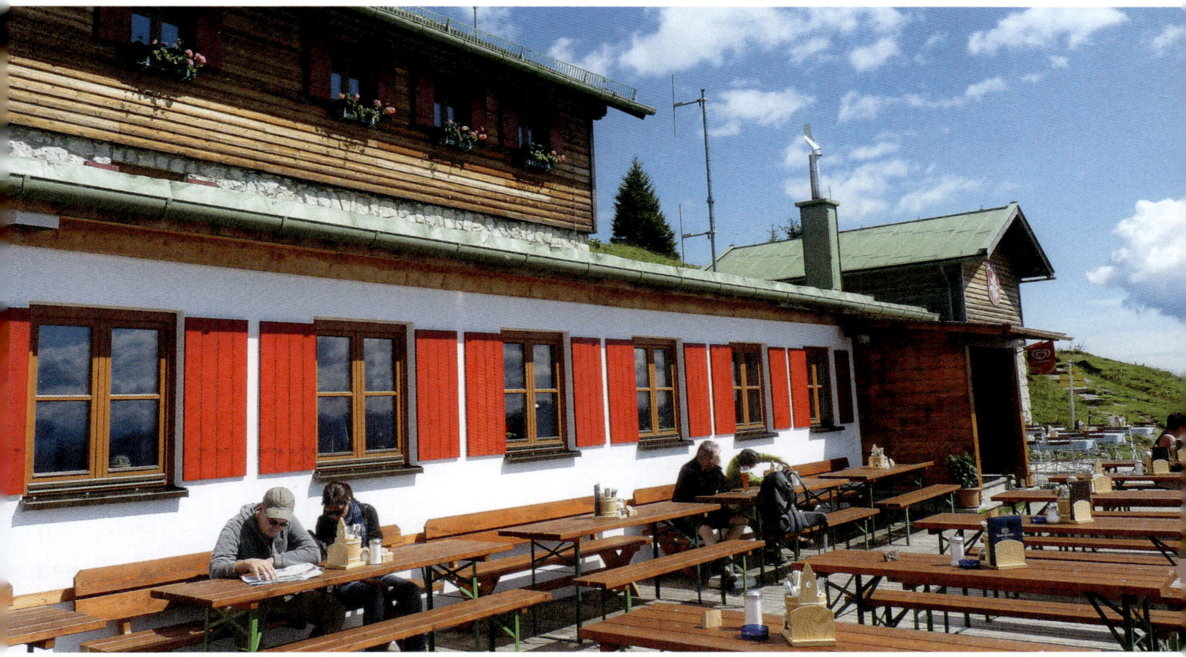

Das Brauneck-Gipfelhaus ist ganzjährig bewirtschaftet und daher bei Wanderern wie auch Skifahrern ein beliebtes Alpenvereinshaus.

dann jenseits der Kammhöhe auf schmalem Pfad hinab zur bereits sichtbaren Kotalm, die sich so richtig zur Rast anbietet. Vielleicht nutzt man solch eine Rast auch einmal, um sich Lenggries als ein Flößerdorf vorzustellen, zu Zeiten, als die Isar in dieser Gegend noch ein richtiger Fluss gewesen ist und kein trauriger Bach, dem alle Wildheit durch Kraftwerksnutzung und Speichersee genommen wurde. In einem Bericht von 1873 ist zu lesen: »Der wesentlichste Betrieb der Einwohner ist die Flößerei … manche halten in München an, andere fahren die Donau hinab bis Wien oder gar Ungarn.« Ob es bessere Zeiten waren? An einem Tag wie diesem möchte man es fast meinen.

Von der Kotalm geht es dann auf dem steilen Almfahrweg durch Wald hinab bis zum Fuß der Skilifte. Dort links zunächst auf dem Wiesenweg, dann auf dem Fahrweg weiter zu den Weilern Untermurbach und Gilgenhöfe. An prächtigen Bauernhäusern vorbei schlendern wir auf schmaler Asphaltstraße zurück zur Talstation der Brauneckbahn oder gehen gleich rechts zurück zum Bahnhof von Lenggries, falls wir nicht das Glück haben, zum richtigen Zeitpunkt an der Bushaltestelle zu sein. Denn so eine lange Abstiegswanderung geht schon auch ein bisschen auf die Knochen.

40 Blomberg und Zwiesel

Ein Voralpenklassiker

Leicht | 130/650 Hm | 2.30 Std.

Tourencharakter
Breite Bergwander- und Wirtschaftswege; der Abstieg zur Talstation ist im oberen Teil sehr steil. Im Gipfelbereich auch Bergpfade

Ausgangs-/Endpunkt
Talstation Blombergbahn

Anfahrt
Mit der Bahn über Holzkirchen nach Bad Tölz. Von dort mit dem Bus zur Talstation der Blombergbahn

Einkehr
Blomberghaus (privat, Übernachtung, ganzjährig bewirtschaftet), Blombergtenne

Karte
TK 1:50000 Tölzer Land/ Starnberger See (LDBV)

Information
bad-toelz.de

Dieser bescheiden wirkende Doppelgipfel hat es in sich. An schönen Tagen stürmen manchmal Heerscharen hinauf zum höchsten Punkt, oder besser: lassen sich mit dem Sessellift hinauftragen. Von der Bergstation ist es dann nur mehr ein längerer Spaziergang bis zum hinteren Gipfel, dem Zwieselberg.

Von der Bergstation der Blombergbahn wandern wir rechts haltend auf einem breiten Forstweg durch Nadelwald im Auf und Ab hinüber zum bewirtschafteten Blomberghaus. Die Einkehr sparen wir uns besser für den Rückweg auf. Also dann links an diesem vorbei auf weiterhin breitem Weg in den sogenannten Sattel Kotlache zwischen Blomberg und Zwiesel. Links erkennen wir das Brauneck und den breiten Höhenzug der Benediktenwandgruppe.

Dort beginnt links ein Bergwanderweg, der uns über einen zunächst noch bewaldeten Kammrücken hinauf zum freien Gipfel des Zwiesels führt, wo uns schließlich ein schlichtes großes Kreuz und eine Sitzbank erwarten.

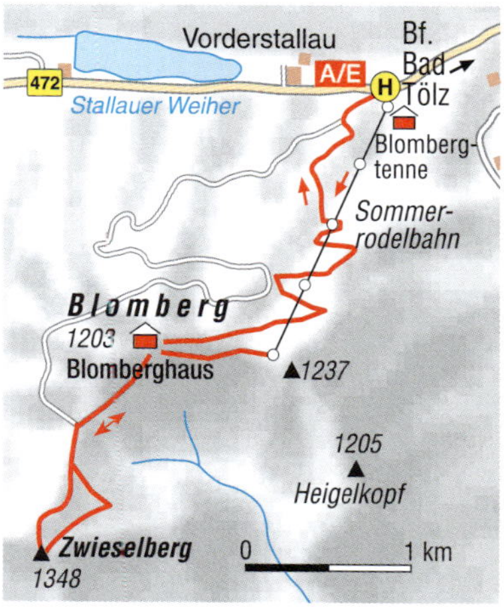

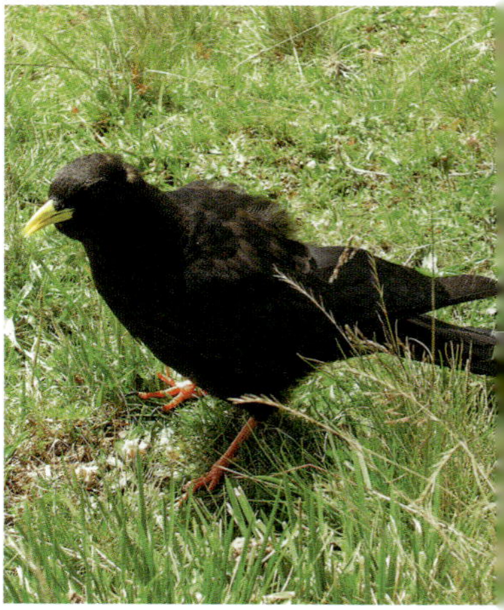

Bergdohlen finden sich beinahe auf jedem Gipfel.

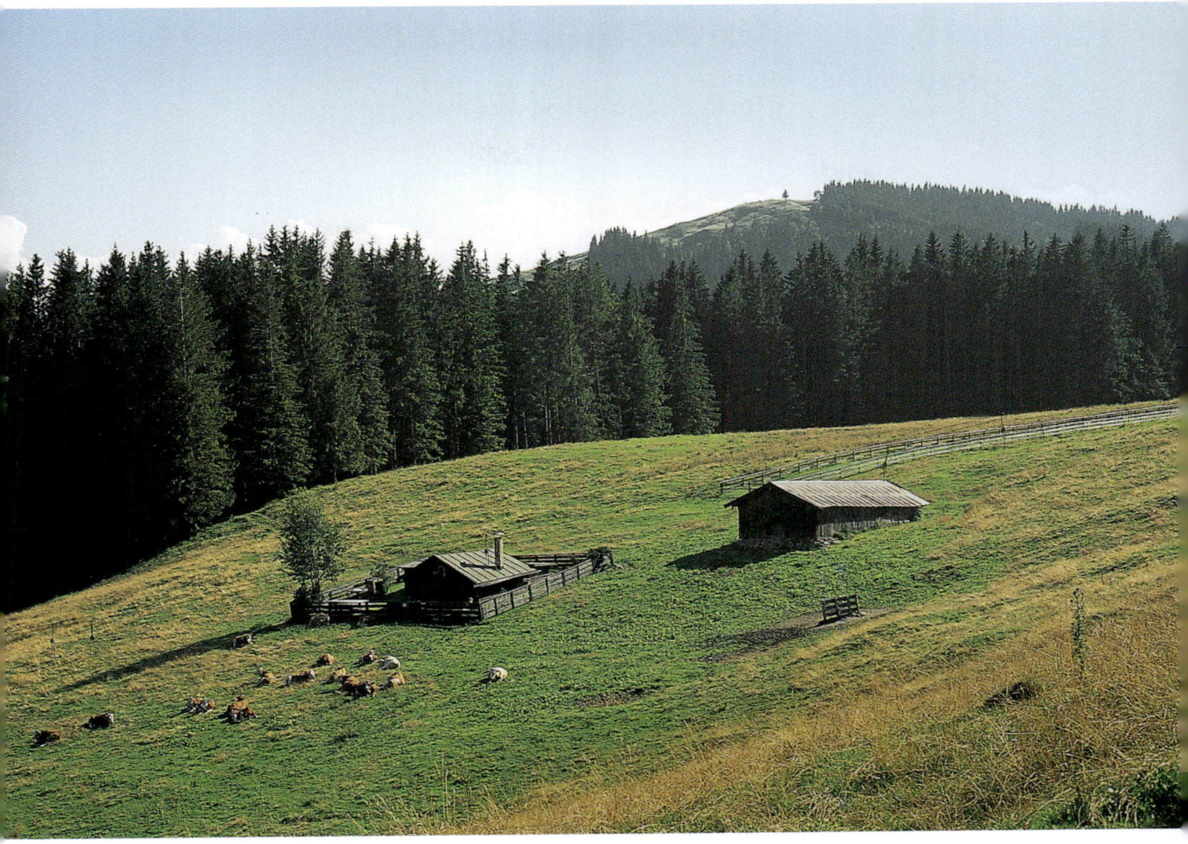

Blick über die Sauersberger Almen auf den Zwiesel

Wir kehren dann mit einem Schlenker über die Schnaiteralm (auch Speckeralm genannt; wenn wir Glück haben, ist sie vielleicht bewirtschaftet und wir können zu einer Brotzeit einkehren) zum Blomberghaus zurück. Wer den Trubel nicht so mag, ist vielleicht mit einer Brotzeit bei der Speckeralm besser bedient. Falls wir mit Kindern unterwegs sind, ist natürlich das Blomberghaus die bessere Wahl, denn dort gibt es eine herrliche Riesenschaukel.

Anschließend folgen wir dem Weg in Richtung Bergstation; dort, wo der Weg in den Wald eintritt, zweigt links unser Abstiegsweg ab. In steilen Kehren geht es auf breitem Weg zunächst hinab zur Mittelstation (wo wir uns einen Rodel mieten könnten, um die zweite Hälfte der Strecke auf rasante Art zu verkürzen) und weiter – nun weniger steil – hinab zur Talstation. In der Blombergtenne können wir dann den Tag ausklingen lassen – und diskutieren, wer die Strecke am rasantesten zurückgelegt hat.

41 Benediktenwand

Großartiges Ziel mit langem Anlauf

Mittel | 1180 Hm | 7 Std.

Tourencharakter
Leichte Bergwanderung bis zur Alpenvereinshütte. Die Gipfelrunde erfordert Trittsicherheit und Schwindelfreiheit; wer jedoch über die Westseite auf- und absteigt, muss diese Voraussetzungen nicht mitbringen.

Ausgangs-/Endpunkt
Bahnhof Benediktbeuern

Anfahrt
Mit der Regionalbahn nach Kochel am See bis zum Haltepunkt Benediktbeuern. Dort weiter zu Fuß

Einkehr
Tutzinger Hütte (AV-Hütte, Übernachtung)

Karte
TK 1:50000 Tölzer Land/ Starnberger See (LDBV)

Information
benediktbeuern.de

Die »Bene«-Wand ist ein klassischer Wanderberg der Münchner, doch keiner der zahlreichen Zustiegswege ist kurz. Wir müssen also viel Zeit mitbringen. Vorteil allerdings, wir können direkt vom Bahnhof loslaufen, wenngleich der eigentliche Bergwanderweg erst nach etwa einer halben Stunde erreicht wird.

Vom Bahnhof in Benediktbeuern wandern wir zunächst durch den beschaulichen Ort zur Kapelle Mariabrunn, wo der eigentliche Anstiegsweg zur Tutzinger Hütte beginnt. Auf gutem Wanderweg folgen wir dem Lainbach taleinwärts. An diesem wurde ein informativer Wildbach-Lehrpfad mit zahlreichen Stationen zum Wildbachmanagement, zur Hochwassergefahr, Geologie des Lainbachtals, den Pflanzen am Wildbach sowie dem Leben im Wasser gebaut.

Eine Weile später passieren wir die unbewirtschaftete Söldneralm, anschließend bewältigen wir ein steiles Wegstück. Bei der kleinen Materialseilbahnstation, welche die Alpenvereinshütte versorgt, beginnt dann ein serpentinenreicher Steig, der uns durch Wald zur Tutzinger Hütte bringt. Von dort führt ein Steig entweder rechts oder links um die Nordwand der Benediktenwand herum zum Gipfel, der durch ein schlichtes, aber großes Holzkreuz erkennbar ist. Falls es etwas windig sein sollte, gibt es wenige Meter un-

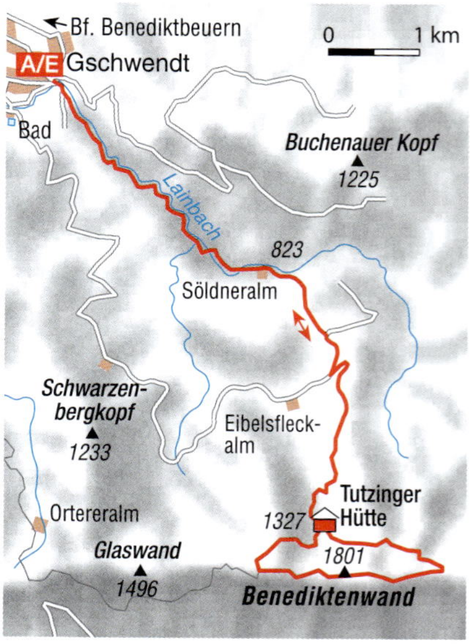

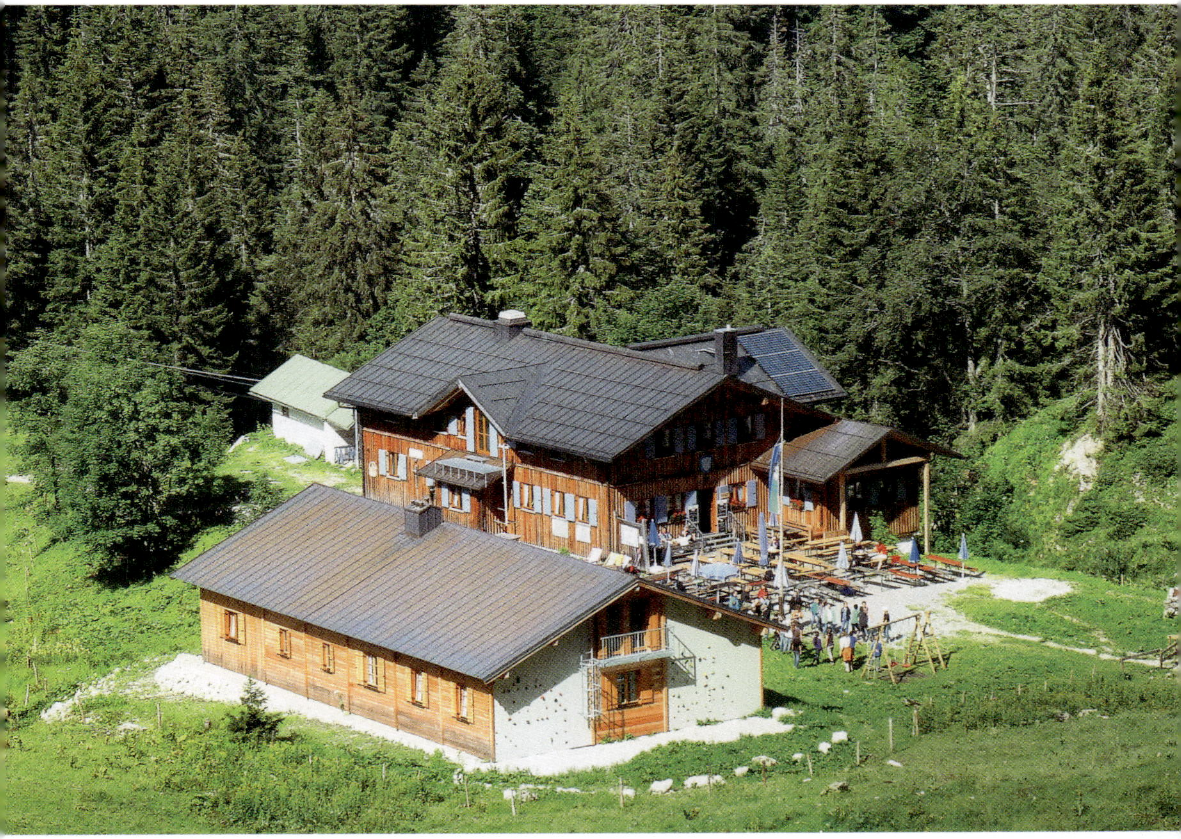

Die neue Tutzinger Hütte ist rundum nach ökologischen Kriterien erbaut und bewirtschaftet.

terhalb des Gipfels eine kleine, offene Unterstandshütte. Tief unten liegt die Tutzinger Hütte; auf der anderen Seite sehen wir das Karwendelgebirge.

Die anspruchsvollere Variante der beiden Gipfelwege führt dabei über den Rotöhrsattel (drahtseilgesicherte Stelle). Der Abstieg erfolgt auf dem Anstiegsweg, den Gipfelweg können wir dafür in Form einer Rundwanderung anlegen. Wir müssen jedoch Trittsicherheit und Schwindelfreiheit mitbringen. Der Steig ist nicht wirklich schwierig, doch eine kleine Warnung ist angebracht.

Falls wir früh gestartet sind, können wir nach der Tour noch am Kloster vorbeischauen und die prächtige Klosterkirche sowie den Innenhof bewundern. Wer es weniger kunstgeschichtlich mag, schaut vielleicht noch im Klosterstüberl vorbei, bevor er den Zug zurück nimmt.

42 Von der Jachenau aus auf den Rabenkopf

Durch schönen Bergmischwald zum versteckt gelegenen Aussichtsberg

Mittel | 800 Hm | 5.30 Std.

Tourencharakter
Abwechslungsreiche Bergtour, die nur auf dem schmalen Pfad oberhalb der Rappinschlucht Trittsicherheit erfordert

Ausgangs-/Endpunkt
Bushaltestelle Jachenau, Post

Anfahrt
Mit der Bahn nach Lenggries, weiter mit dem Bus in die Jachenau und bei der Haltestelle »Post« aussteigen

Einkehr
Staffelalm, geöffnet von Ende Mai bis Mitte Oktober

Karte
UK L 18 »Bad Tölz – Lenggries«, 1:50 000, Bayerisches Landesvermessungsamt

Information
Gästeinformation Jachenau
Tel. 08043/91 98 91,
jachenau.de

Der ausgedehnte Anstieg von der Jachenau aus zum Rabenkopf vergeht durch seine landschaftliche Vielfalt fast wie im Flug. Gleich zu Beginn führt ein wunderschöner Weg entlang eines Baches leicht bergan, dann wandert man auf einer Forststraße durch die wildromantische Rappinschlucht und unterhalb des Gipfels lädt auch noch die schöne Staffelalm zum Einkehren ein.

Von der Hauptstraße wendet man sich nach rechts ab und geht zu dem großen Wanderparkplatz rechts unterhalb der Kirche. Hier findet man im hinteren Teil einen Wegweiser »Rabenkopf«, der nach rechts über eine Brücke führt. Wunderschön geht es nun auf der in Gehrichtung linken Seite eines kleinen, aber dafür erstaunlich tief eingeschnittenen Baches weiter. Nach einiger Zeit stößt man auf einen breiten Fahrweg und folgt diesem nach rechts Richtung »Benediktenwand, Wasserfall«. Es geht weiter geradeaus, die nächste Abzweigung wird ignoriert und man kommt an einer Scheune vorbei. Nicht weit hinter der Scheune führt unser Weg nach rechts wieder in den Wald hinein. Wir gehen leicht bergab, überqueren mittels einer Brücke einen Bach und stoßen nach einem kurzen Anstieg auf eine Forststraße. Dieser folgen wir und gehen parallel zum Bach weiter, bis links eine Brücke und ein Marterl auftauchen. Indem man dem Schild »Rappinschlucht« über die Brücke folgt, er-

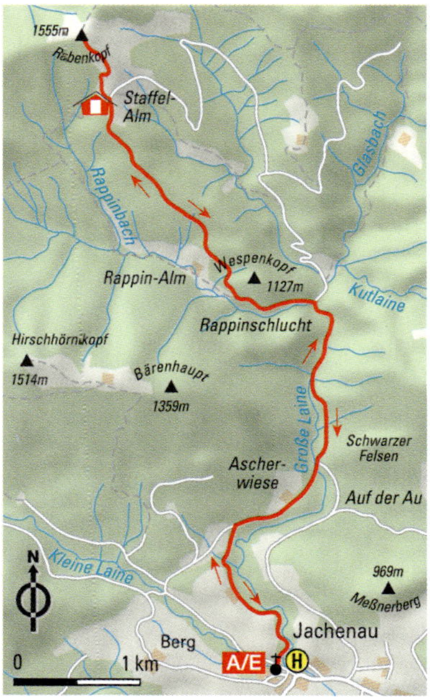

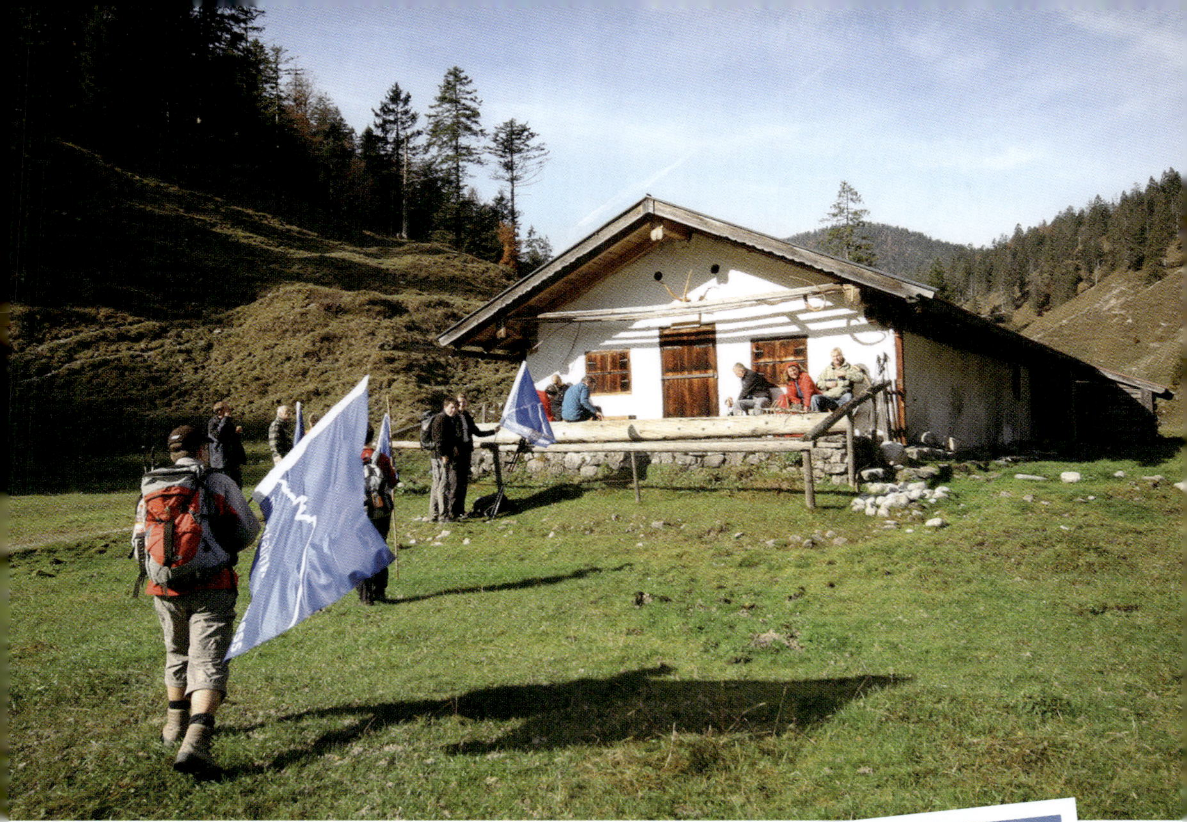

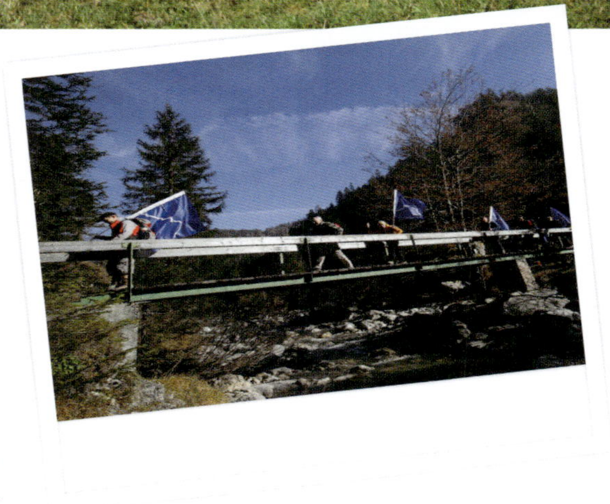

reicht man den schönsten Abschnitt der Tour. Auf einem schmalen Pfad geht es bald hoch über der romantischen Rappinschlucht weiter bergan. Nach der Schlucht verzweigt sich der kleine Weg. Geradeaus geht es leicht absteigend zur wunderschön gelegenen Rappinalm. Man geht aber nicht zu dieser hinab, sondern hält sich rechts und wandert weiter in immer derselben Richtung durch schönen Mischwald hinauf zur 1320 Meter hoch gelegenen Staffelalm, die sich nach der Gipfelbesteigung natürlich zum Einkehren anbietet. Vorher geht es aber noch an der Alm vorbei und auf einem Weg über den grasigen Rücken hinauf zum Gipfel des Rabenkopfes. Der Weg führt in Kehren einen Wiesenhang bergauf und wird zunehmend steiler bis zum Gipfelaufbau mit dem 1559 Meter hoch gelegenen Kreuz. Trotz seiner vergleichsweise geringen Höhe bietet der Rabenkopf eine tolle Aussicht auf die umliegenden Bayerischen Voralpengipfel, vor allem aber auf das vor uns liegende Alpenvorland. Zurück geht es auf dem gleichen Weg.

Beide Bilder: Mitglieder der Umweltschutzorganisation Mountain Wilderness protestierten im Herbst 2009 gegen den Bau einer Straße zur Rappinalm.

43 Jochberg und Jocheralm

Aussichtsgipfel zwischen zwei Voralpenseen

Leicht | 750 Hm | 4 Std.

Tourencharakter
Schmale, aber gute Steige. Der erste Teil des Anstiegs ist jedoch etwas steil.

Ausgangspunkt
Bushaltestelle Kesselberghöhe

Endpunkt
Bushaltestelle Urfeld

Anfahrt
Mit der Bahn nach Kochel am See. Von Kochel weiter mit dem Bus zur Kesselberghöhe

Einkehr
Jocheralm (im Sommer einfach bewirtschaftet), Kiosk mit kleiner Terrasse in Sachenbach

Karte
TK 1:50 000 Tölzer Land/ Starnberger See (LDBV)

Information
kochel.de

Der Jochberg ist vor allem wegen seiner herrlichen Aussicht berühmt und beliebt. Am Gipfel sitzend, lässt sich ein weiter Alpenbogen überschauen: Bayerische Voralpen und Rofangebirge, Karwendel und Estergebirge, Stubaier Alpen und Wetterstein. Nicht minder reizvoll ist der Blick ins Tal.

Die Wanderung beginnt am Kesselberg, jener Passhöhe von 850 Metern, die den Kochelsee vom Walchensee scheidet. Ein paar Treppen führen ostwärts in den lichten Mischwald; auf einem schmalen Bergsteig gewinnt man in angenehmer Steigung allmählich an Höhe. Etwa eine Stunde lang führt der Weg in Serpentinen empor, bis man nach rechts schwenkend eine Schulter im westlichen Ausläufer des Jochbergs gewinnt.

Von nun an geht die Wanderung meist nahe an den schroffen Nordabbrüchen entlang. Das bietet reizvolle Aussichten, die freilich mit entsprechender Vorsicht genossen werden sollten. Bei einem Weidegatter verlässt man den Wald und tritt hinaus in die Wiesenhänge des Gipfelaufschwungs. Rechts zweigt ein Weg zur Jocheralm ab – später! Zuvor soll dem Jochberg ein Besuch abgestattet werden. Noch ist es eine Viertelstunde hinauf zum Kreuz, mit jedem Schritt werden die Ausblicke herrlicher, schließlich findet der Aufstieg nach etwa zwei Stunden in 1565 Meter Höhe sein Ende.

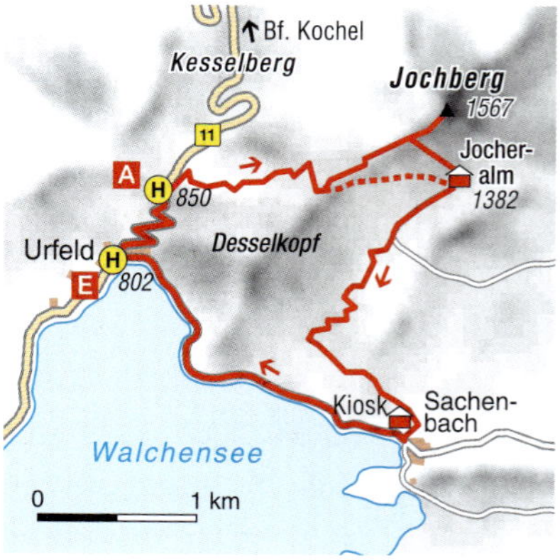

Am Anstiegsweg wandern wir dann zurück bis zum Waldrand und links hinab zur Jocheralm, wo man sich eine gute Brotzeit bestellen

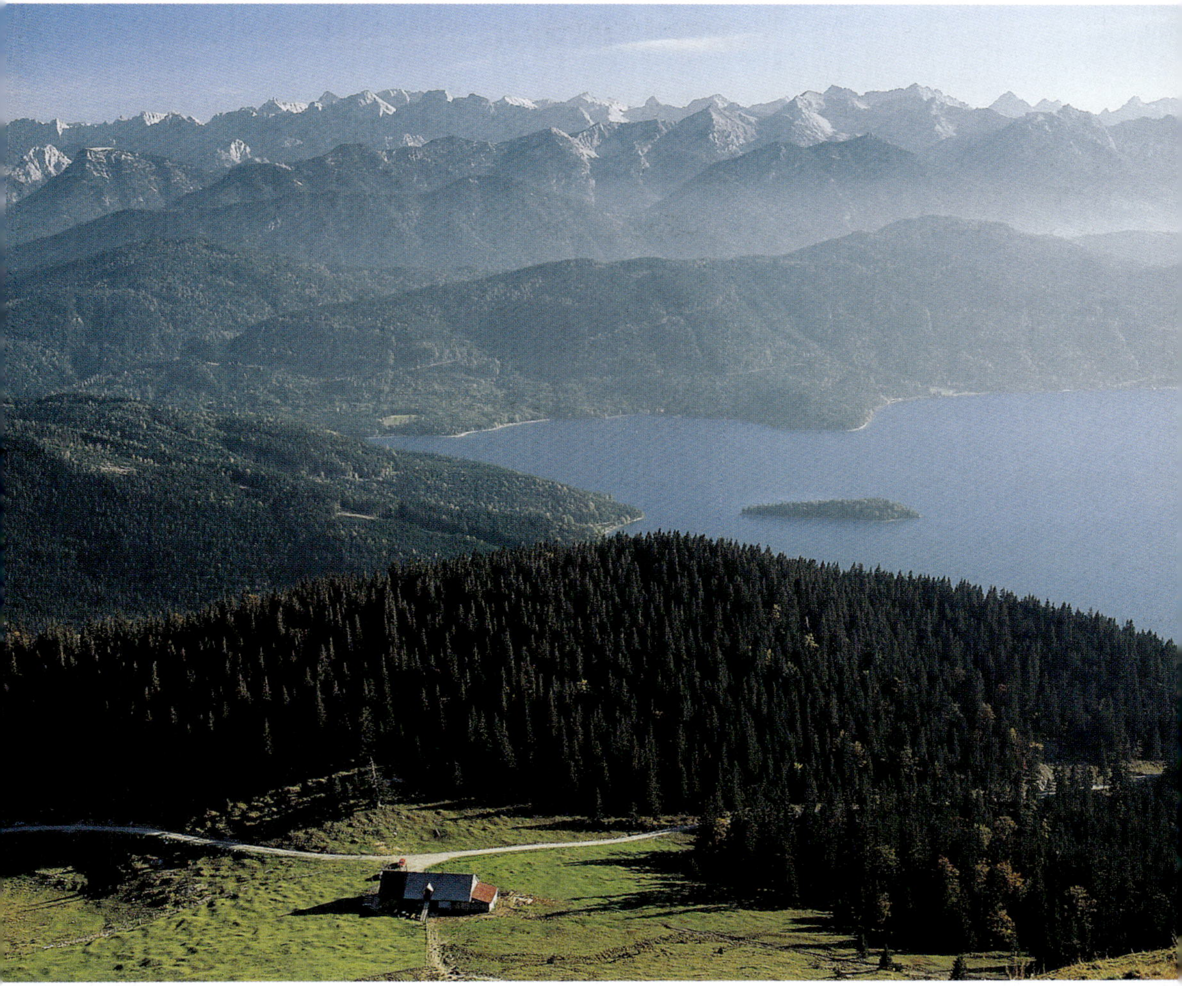

Blick über die Jocheralm und den Walchensee hinweg auf das Karwendel

kann. Danach führt ein fast ebener Weg westwärts zur Schulter des Jochbergs und von da am Anstiegsweg in vielen Serpentinen zurück zum Kesselberg.

Eine andere Möglichkeit ist es, von der Jocheralm direkt nach Süden zum Walchensee hinunterzuwandern. Man hält sich zunächst auf der Forststraße Richtung Jachenau, bis rechts ein Steig abzweigt, der in vielen Serpentinen durch Wald hinunterführt zum Weiler Sachenbach. Am Ufer entlang geht es auf gesperrtem Sträßchen hinaus nach Urfeld, wo wir wieder in den Bus einsteigen.

Und nach der Tour

... lockt ein Bad im kühlen Kochelsee oder im geheizten »KRISTALL trimini« in Kochel am See, das mit allerlei Attraktionen aufwarten kann.

44 Vom Herzogstand zum Heimgarten

Herrliche Kammwanderung über dem Kochelsee

Schwer | 1000 Hm | 6.30 Std.

Tourencharakter
Sehr aussichtsreiche Kammwanderung, die etwas Trittsicherheit erfordert. Zu Beginn der Tour kann die Herzogstandbahn benutzt werden.

Ausgangspunkt
Bushaltestelle »Kesselbergsattel«

Endpunkt
Bahnhof von Ohlstadt

Anfahrt
Mit der Bahn nach Kochel und weiter mit dem RVO-Bus 9608 (auf direkten Anschluss achten) zum Kesselbergsattel. Alternativ auch nach Bad Tölz und mit den RVO-Bussen 9612 und 9608 zum Kesselbergsattel

Rückfahrt
Zurück vom Bahnhof Ohlstadt

Einkehr
Herzogstandhaus, ganzjährig bewirtschaftet, Heimgartenhütte, bewirtschaftet von Ende Mai bis Ende Oktober

Karte
UK L 18 »Bad Tölz – Lenggries«, 1:50 000, Bayerisches Landesvermessungsamt

Information
Tourist Info Kochel am See, Tel. 08851/338, kochel.de

Für diese großzügige Kammwanderung ist die Anfahrt mit der Bahn besonders zu empfehlen. Denn während Autofahrer bei der Überschreitung vom Herzogstand zum Heimgarten irgendwie wieder zum Ausgangspunkt zurückkehren müssen, können Zugfahrer dem schönen Bergrücken weiter nach Westen folgen, um dann von Ohlstadt im Loisachtal zurück in Richtung München zu fahren.

Am 850 Meter hohen Kesselbergsattel weist ein nicht zu übersehendes Schild auf den Weg hin, der ohne Orientierungsprobleme zur Herzogstandhütte führt. Zuerst durch den Bergwald, dann entlang der Skipiste geht es nach Süden bergan. Schon bald lohnt sich ein kleiner Abstecher zur »Schönen Aussicht«, von wo man schon eine herrliche Sicht auf den Walchensee hat. Dann geht es zunächst recht flach, später in steileren Serpentinen und schließlich wieder nahezu eben in den großen Bergkessel östlich des Herzogstands. Der Weg quert den Kessel in einem weiten Bogen

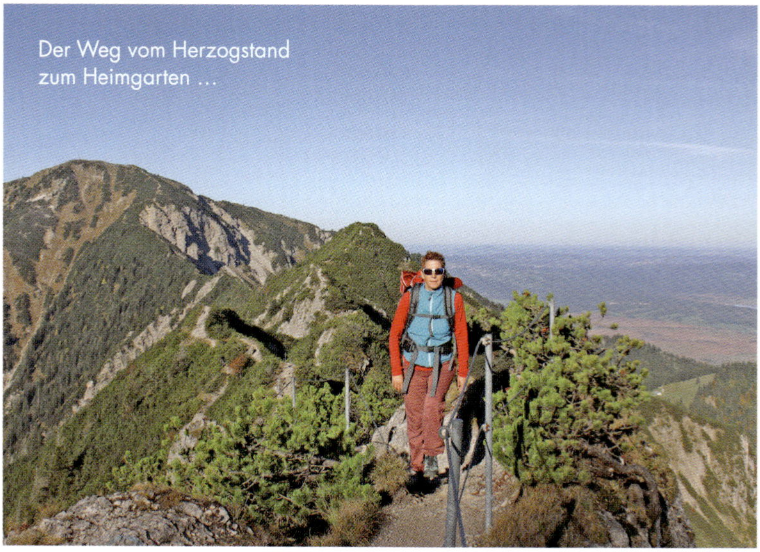

Der Weg vom Herzogstand zum Heimgarten …

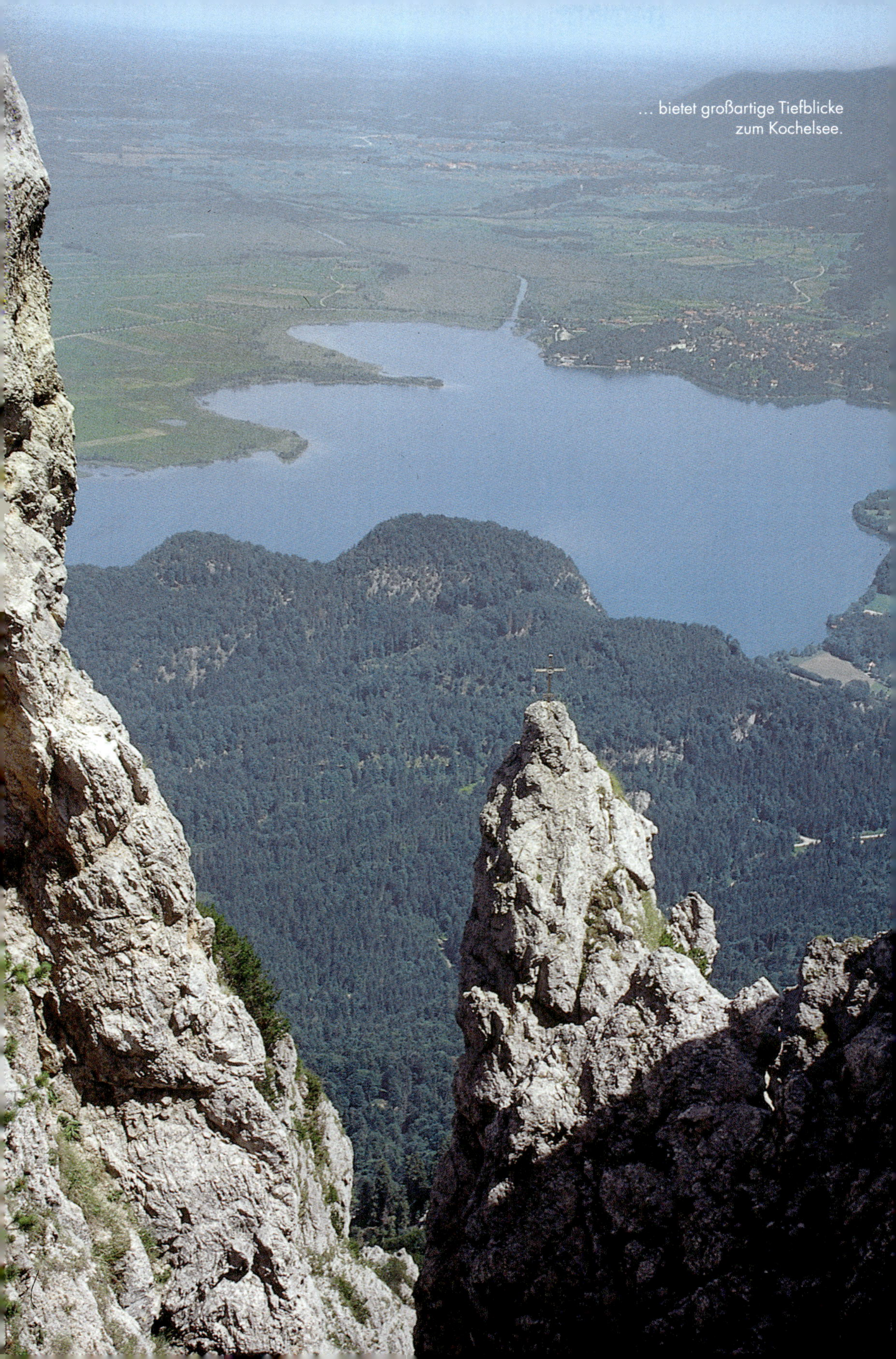

… bietet großartige Tiefblicke zum Kochelsee.

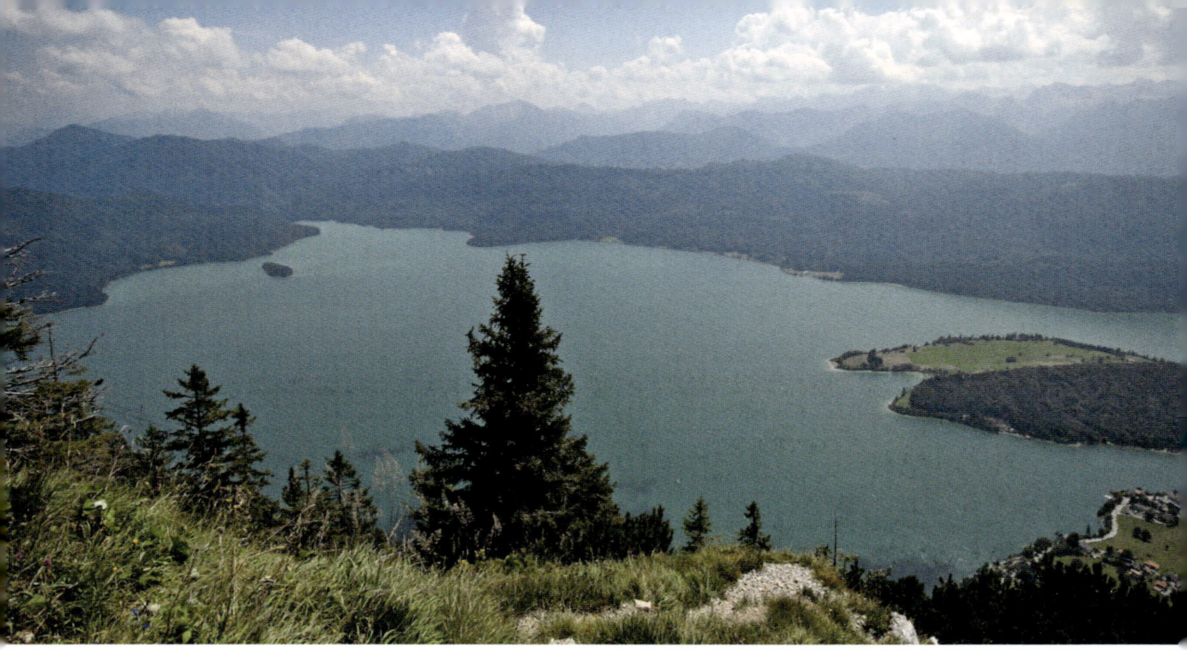

Vom Herzogstand aus hat man eine tolle Aussicht auf den Walchensee.

und steigt zuletzt wieder steiler zur Herzogstandhütte an. Dort angekommen wendet man sich nach rechts, quert unterhalb des Martinskopfes nach Nordwesten zu einem Sattel. Hier beginnen die lang gezogenen Serpentinen, die durch den latschenbewachsenen Gipfelhang zum 1731 Meter hohen Gipfelpavillon des Herzogstands führen, der als Schutzhütte dient.

Für die folgende Kammwanderung sollte man möglichst gutes Wetter haben. Vom Gipfel aus folgt man nun immer dem unübersehbaren Bergkamm nach Westen, der hinüber zum Heimgarten führt. Der Kamm ist zumeist recht breit und nur an wenigen Stellen muss man auch einmal die Hände zu Hilfe nehmen. In leichtem Auf und Ab geht es nun immer am Kamm entlang, wobei man großartige Ausblicke auf den Kochelsee und das Alpenvorland hat. Schließlich gelangt man an den Fuß des östlichen Gipfelhanges des Heimgartens, dessen 1790 Meter hohes Gipfelkreuz man sich mit einem kleinen Schlussanstieg erobern muss. Bevor man den Abstieg zum Bahnhof von Ohlstadt in Angriff nimmt, sollte man unbedingt in der unterhalb des Gipfels gelegenen kleinen Heimgartenhütte

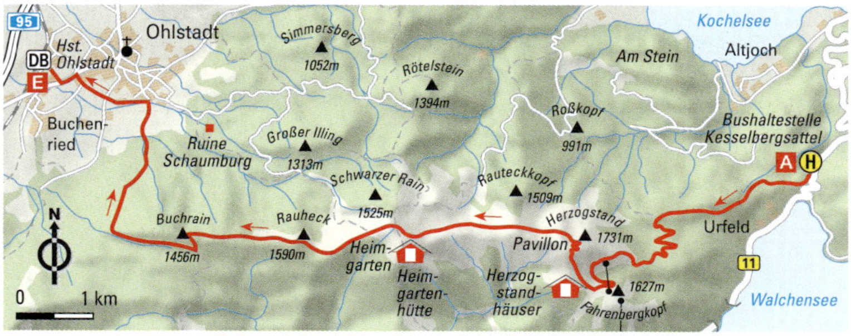

einkehren. Dieses Berggasthaus verdient den Namen Hütte noch wirklich und bietet eine traumhafte Aussicht auf Walchensee, Karwendel und Wetterstein.

Für den Abstieg folgt man weiter dem nach Westen verlaufenden Gratrücken (Beschilderung »Ohlstadt über Wankalm«). Den breiten Fußweg verlässt man in der ersten spitzen Kehre und folgt dem Wegweiser zur Wankalm. Von da an ist der Weg (Nr. 442) teilweise etwas zugewachsen, aber sehr idyllisch. Bis zum Kreuz am Buchrain (1456 m) wandert man durch den lichten Bergwald entlang des Rückens. Hier wendet man sich nach Süden, um gleich bei den Hütten in nordwestlicher Richtung nach Ohlstadt abzusteigen. Im Ort wendet man sich nach einer Brücke nach links und folgt gleich wieder links einem Sackgassenschild. Nun am schönen Bachweg entlang, am Freibad vorbei bis zur Hauptstraße und dort einfach dem Schild »Bahnhof« folgen.

Variante Wer sich den Aufstieg vom Kesselbergsattel zum Herzogstandhaus sparen möchte, kann mit der Herzogstandseilbahn hinaufschweben. Hierfür fährt man einfach mit dem Bus weiter bis zur Talstation der Seilbahn.

Die Heimgartenhütte ist eine der urigsten Einkehrmöglichkeiten am oberbayerischen Alpenrand.

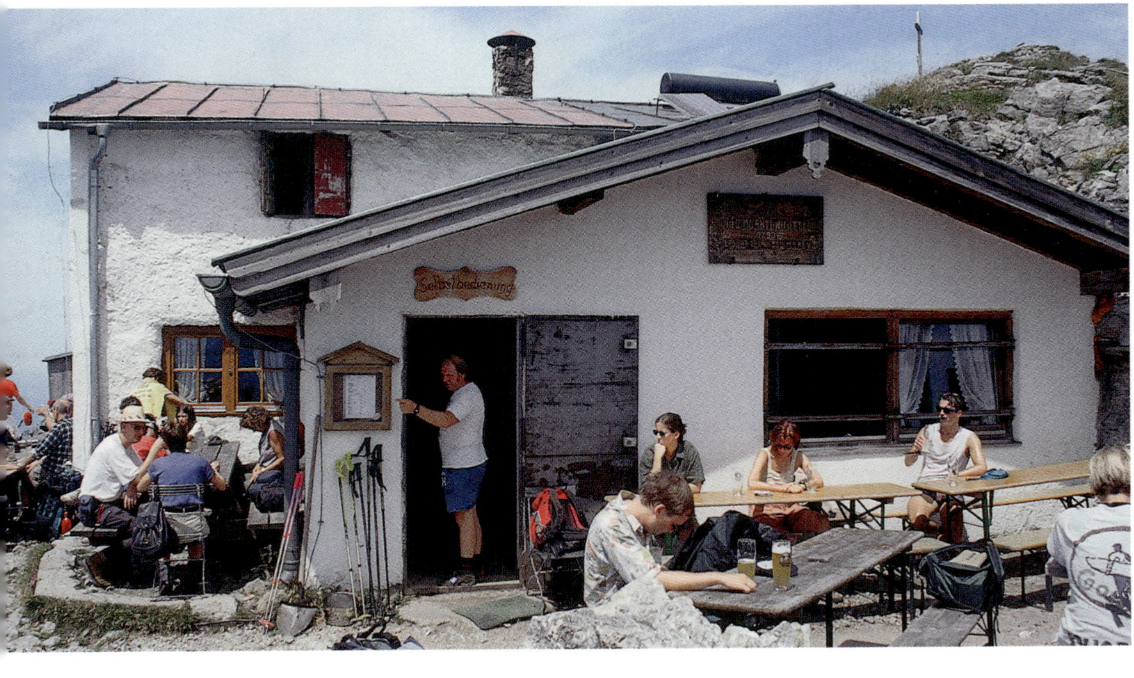

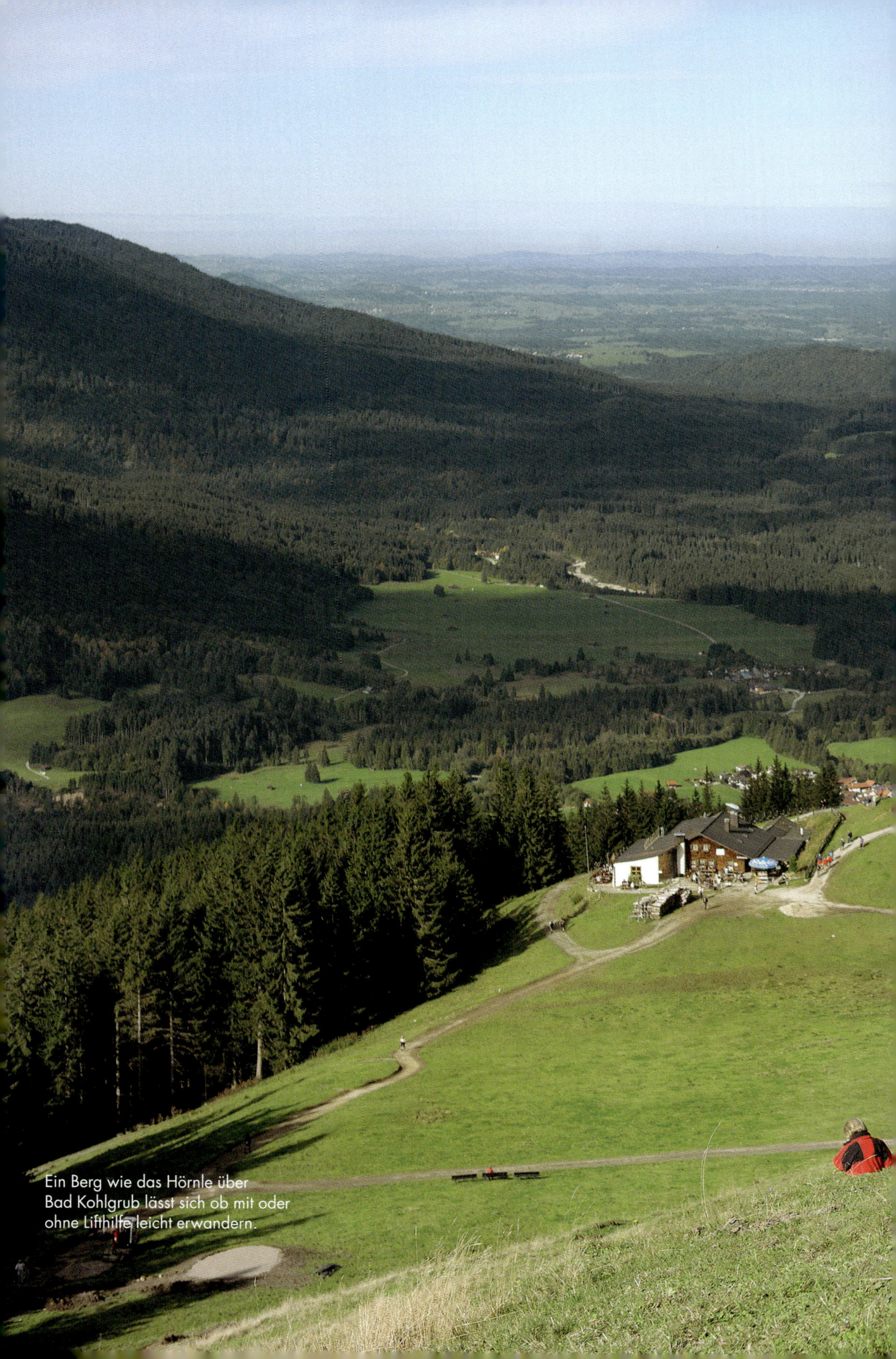

Ein Berg wie das Hörnle über Bad Kohlgrub lässt sich ob mit oder ohne Lifthilfe leicht erwandern.

Ammergauer Alpen und Werdenfelser Land

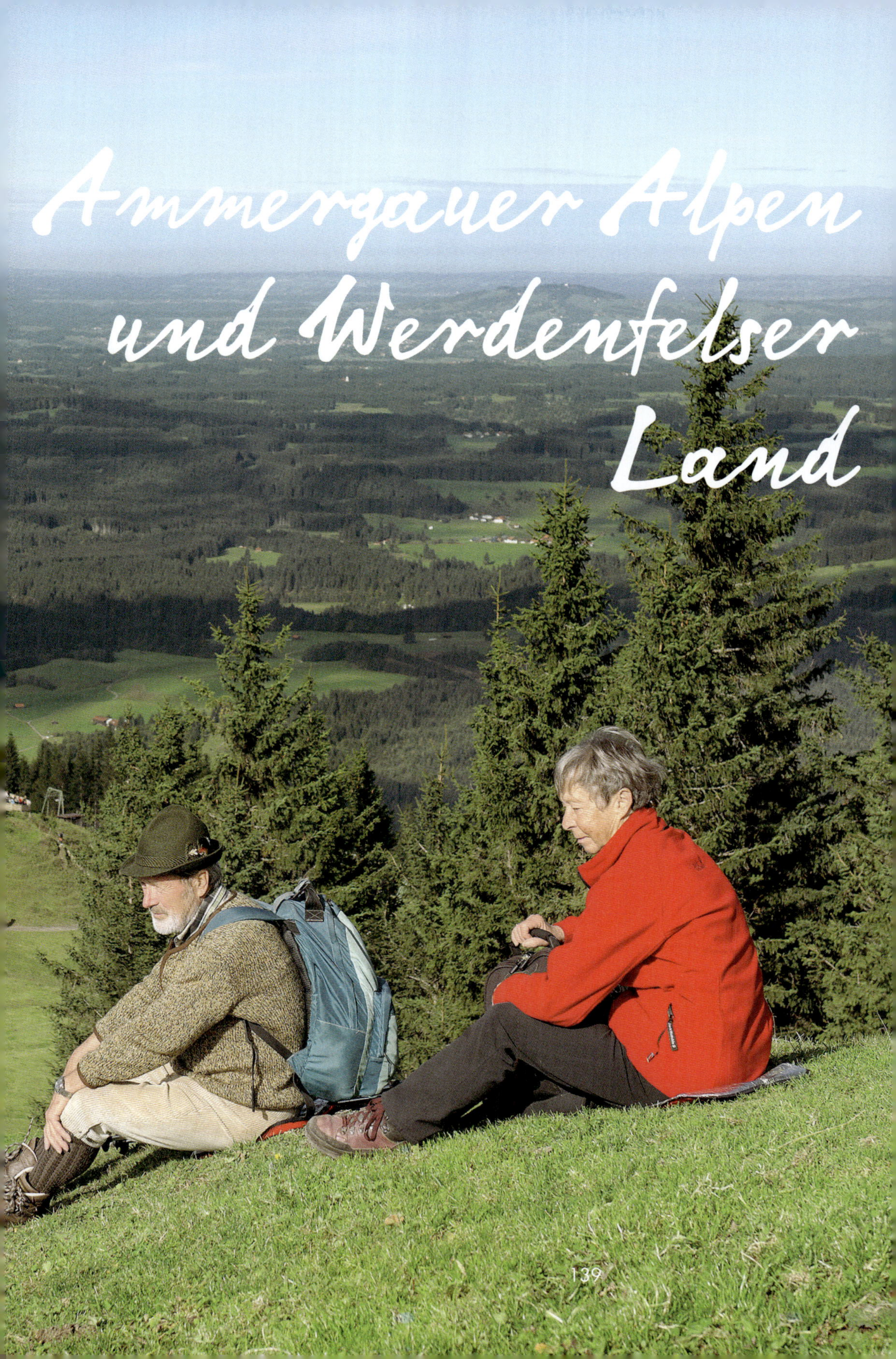

45 Von Eschenlohe aus auf die Hohe Kisten

Steile Bergtour an der Nordseite des Estergebirges

Schwer | 1300 Hm | 6.30 Std.

Tourencharakter
Großzügige Bergtour, die gute Kondition und bei der Variante (s. u.) auch etwas Orientierungssinn erfordert

Ausgangs-/Endpunkt
Bahnhof Eschenlohe

Anfahrt
Mit der Bahn nach Eschenlohe

Einkehr
Unterwegs keine Möglichkeit, danach diverse Gasthöfe in Eschenlohe

Karte
UK L 31 »Werdenfelser Land«, 1:50 000, Bayerisches Landesvermessungsamt

Information
Gästeinformation Eschenlohe, Murnauer Straße 1, 82438 Eschenlohe, Tel. 08824/82 28, eschenlohe.de

Der markante Gipfel am Nordende des Estergebirges erinnert mit seiner eigenartig eckigen Form tatsächlich an eine Kiste. Trotz der bescheidenen Höhe des Gipfels von nicht einmal 2000 Metern müssen fast 1300 Höhenmeter von Eschenlohe aus bewältigt werden. Als Belohnung wartet oben eine großartige Aussicht auf die Ammergauer Alpen, den Wetterstein und das Karwendelgebirge. Und nicht zu vergessen der beeindruckende Tiefblick hinunter ins Loisachtal und auf das weite Alpenvorland.

Vom Bahnhof folgt man der Bahnhofstraße ins Ortszentrum und überquert die Loisach. Weiter geht es auf der Krottenkopfstraße und der Schellenbergstraße zu einer Forststraße, die auf der Nordseite des Schellenbergs bergan führt. Nachdem der breite Fahrweg einen weiten Bogen um das Brandeck gemacht hat und nach Süden führt, zweigt rechts der beschilderte Steig zur Hohen Kisten ab (bis hier ist die Tour auch gut für Mountainbiker geeignet). Durch den Mischwald geht es nun südwestlich bergan, wobei schwierigere Passagen drahtseilgesichert sind. Bald gelangt man zur Wiese bei der Pustertal-Jagdhütte,

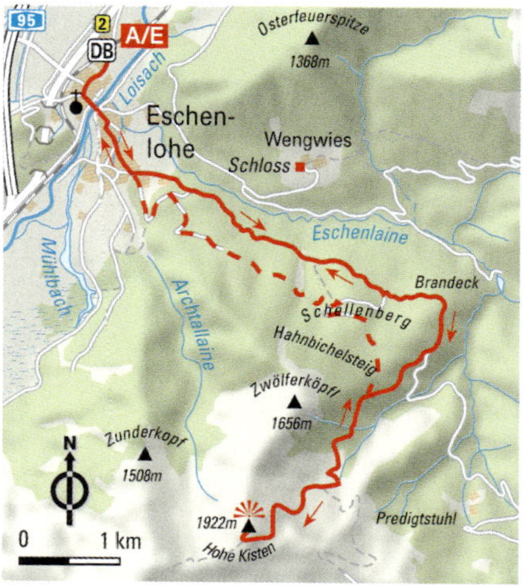

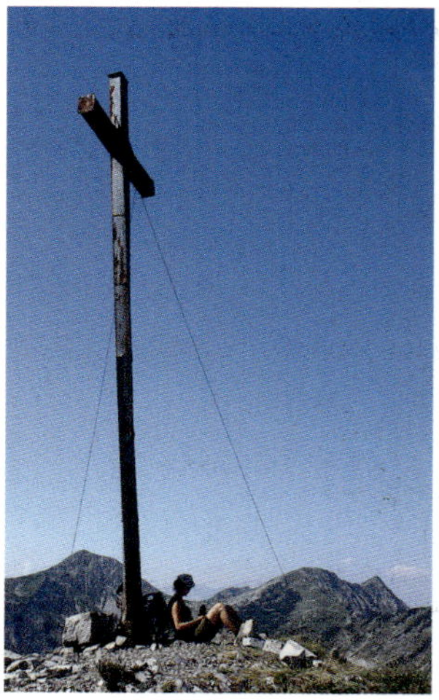

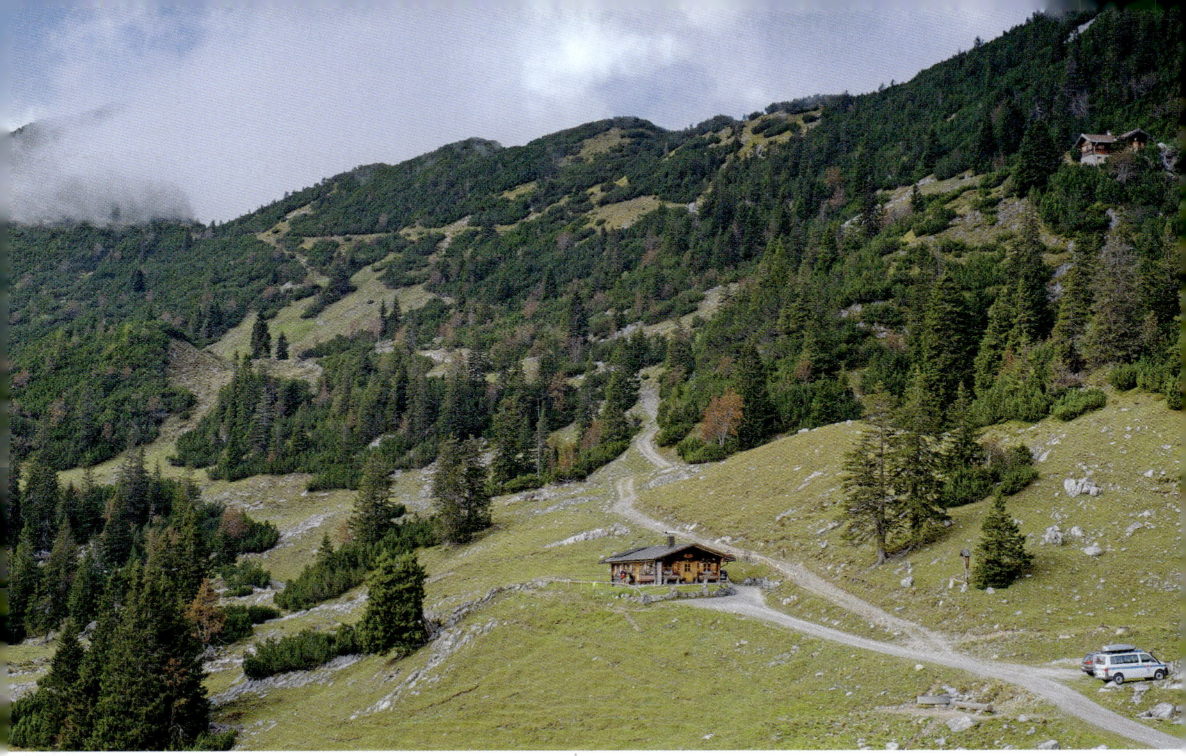

die sich für eine Pause anbietet. Von hier steigt man südlich in einen Karboden und in Kehren über zunehmend steiles Geröll bis unter die Gipfelfelsen an. Zuletzt geht es links haltend zum Kamm. Auf diesem angelangt folgen wir dem Wegweiser zum Krottenkopf nach rechts. Von der ersten oder (besser) zweiten Abzweigung (orangefarbene Markierungen) nach rechts führt ein Steig durch die dichten Latschen hinauf zum Gipfel der 1922 Meter hohen Hohen Kisten. Oben angekommen muss man sich entscheiden, ob man die beeindruckenden Tiefblicke nach Norden ins Alpenvorland oder die herrlichen Ausblicke nach Süden aufs Estergebirge und die Nordtiroler Alpen bevorzugt. Am besten man nimmt sich genug Zeit für beides! Nach der Gipfelrast wandern wir nach Eschenlohe auf demselben Weg wieder zurück.

Im Windschatten des Gipfels der Hohen Kisten duckt sich die Rechtleralm.

Linke Seite: Das große Gipfelkreuz der Hohen Kisten

Tipp

Am Anfang bzw. am Ende der Tour lohnt sich der beschilderte Abstecher zur Brücke über die Asamklamm.

Variante Bei trockenen Wetterverhältnissen können Bergsteiger mit guter Orientierung für den Aufstieg dem »Hainbichelsteig« folgen, der parallel oberhalb der breiten Forststraße verläuft und erst kurz vor der Pustertal-Jagdhütte auf den üblichen Anstiegsweg stößt. Es steht ein Schild am Beginn der Forststraße mit der Aufschrift »Hainbichelsteig. Nur für Geübte«.

46 Durch das Estergebirge

Ausgedehnte Gebirgsdurchquerung von Wallgau ins Loisachtal

Schwer | 1200 Hm | 8.30 Std.

Tourencharakter
Abwechslungsreiche Bergtour, bei der sich Waldwege und freie Abschnitte ebenso abwechseln wie die Breite der Wege. Der Abstieg ins Loisachtal ist ziemlich steil.

Ausgangspunkt
Bushaltestelle Wallgau/Bichl

Endpunkt
Bahnhof von Oberau

Anfahrt
Mit der Bahn nach Kochel und weiter mit dem Bus (auf direkten Anschluss achten) nach Wallgau und beim Ortsanfang Bichl aussteigen

Rückfahrt
Zurück mit der Bahn von Oberau

Einkehr
Weilheimer Hütte (DAV), 1955 m, dav-weilheim.de/WMHuette.htm

Karte
UK L 18 »Bad Tölz – Lenggries«, 1:50 000, Bayerisches Landesvermessungsamt

Information
Tourist-Information Wallgau, Mittenwalder Straße 8, 82499 Wallgau, Tel. 08825/92 50 50, wallgau.de

Die Ost-West-Überschreitung des Estergebirges hat alles zu bieten, was ein Bergwanderer sich so wünscht: Auf der ersten Hälfte liegt ein wunderschöner See, der seinem Namen alle Ehre macht. Kein Kiosk oder gar Wirtshaus stört das märchenhafte Ambiente des Wildsees. Von dort geht es in angenehmer Steigung weiter zur traumhaft gelegenen Weilheimer Hütte, in der man unbedingt einkehren sollte. Und nach der Stärkung geht es im letzten Drittel recht steil ins Loisachtal hinab.

Von der Bushaltestelle Wallgau/Bichl folgt man der Hauptstraße ein kurzes Stück zurück bis zum Ortsschild und biegt links in eine Forststraße ein. An der ersten Gabelung geht's wieder nach links (Beschilderung »Krottenkopf«). An einer großen Kehre verlässt man die breite Forststraße. Auf dem alten Forstweg folgt man dem Bach nach Westen. Nach einer Holzbrücke geht es nach links und eine weitere Forststraße querend ein schönes Tälchen hinauf zum wunderschön gelegenen Wildsee (1394 m). Nach dem See ist der wenig benutzte Weg zum Teil schon zugewachsen, aber immer noch markiert (z. B. rote Punkte an Steinen). Bald tritt man aus dem Wald heraus auf die Hochfläche des Estergebirges. An der Kuhalm wendet man sich nach rechts und gelangt nach kurzer Zeit auf den deutlich stärker frequentierten

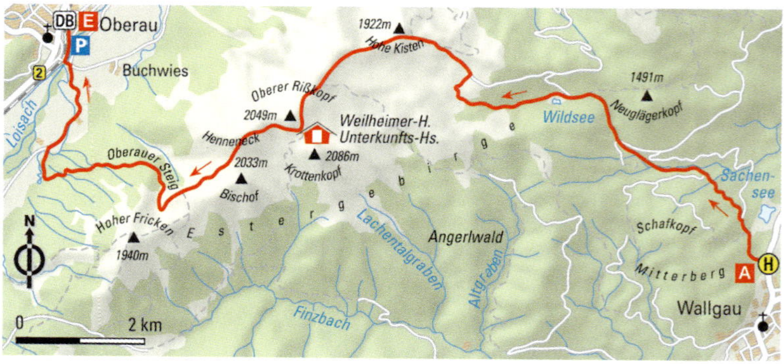

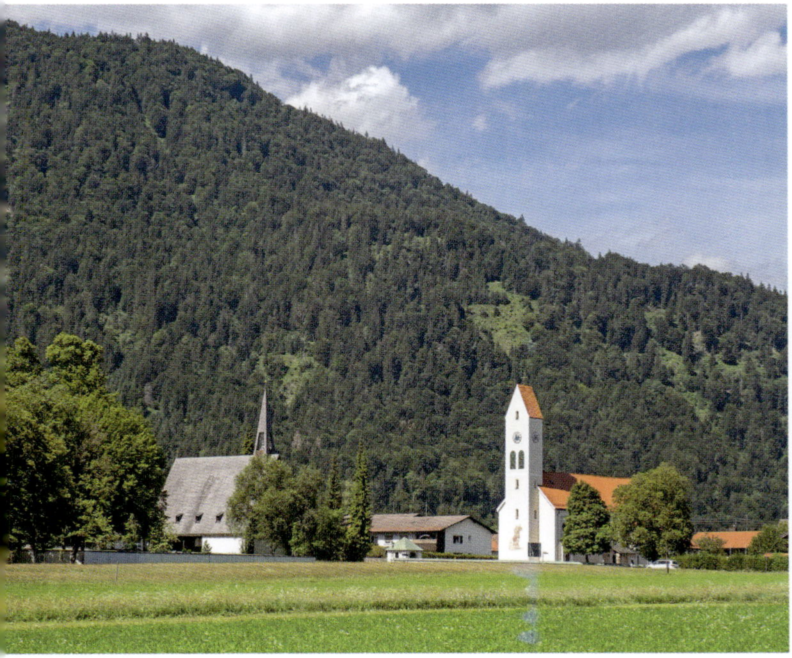

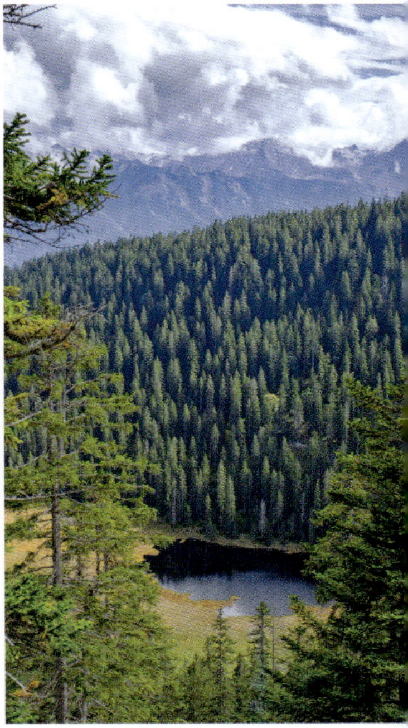

Weg, der wenig unterhalb des Hauptkammes verläuft. Hier bietet sich bald ein Abstecher zur Hohen Kisten (1922 m) an. Der Weiterweg führt in angenehmer Steigung hinauf zur 1955 Meter hoch gelegenen Weilheimer Hütte, die etwas nördlich des gleichnamigen und höchsten Gipfels des Estergebirges liegt. Die letzten Höhenmeter zum Krottenkopf werden mit einem Panoramablick auf Wetterstein und Karwendel belohnt.

Vorbei am Wildsee beginnen wir mit dem Aufstieg.

Links: Schlusspunkt der langen Tagestour ist Oberau im Loisachtal.

Für den Abstieg folgen wir von der Weilheimer Hütte aus der Beschilderung »Oberau« in den Sattel zwischen Bischof und Henneneck. Dann führt eine lange Querung hinüber zum Frickenkar, vor dessen Beginn man sich nach rechts (Beschilderung »Oberau«) wendet. Nun geht es auf dem »Oberauer Steig« steil hinunter ins Loisachtal. Beim Abstieg kann man ein interessantes, aber auch trauriges Phänomen beobachten. Der Bergwald in diesem mit Abgasen überfrachteten Tal ist nämlich nicht am Talboden, sondern 300 bis 500 Meter darüber am stärksten geschädigt, eine Folge der in dieser Höhenlage ausgeprägtesten Nebelbildung. Im Talboden angekommen folgt man weiter der Markierung, bis man eine Teerstraße erreicht. Indem man dieser nach rechts folgt, erreicht man nach einer letzten knappen halben Stunde den Oberauer Bahnhof.

47 Auf die Elmauer Alm

Mini-Bergtour ins Apfelstrudel-Paradies

Leicht | 420 Hm | 3.15 Std.

Tourencharakter
Einfache Wanderung mit gemächlicher Steigung, lediglich ein kurzer, aber steiler Anstieg über eine Wiese

Ausgangs-/Endpunkt
Bahnhof Klais

Anfahrt
Mit der Bahn nach Klais

Einkehr
Elmauer Alm (Mo/Di Ruhetage)

Karte
Kompass 1:50000, Nr. 5 Werdenfelser Land

Information
Tourist-Info Garmisch-Partenkirchen, Richard-Strauss-Platz 2, 82467 Garmisch-Partenkirchen, Tel. 08821/180700, gapa-tourismus.de, wallgau.de

Der Traum aller Naschkatzen wird auf der 1203 Meter hoch gelegenen Elmauer Alm wahr! Die feine Patisserie kommt direkt aus der exquisiten Küche des Schlosshotels von Elmau, und das hat bekanntlich sagenhafte fünf Sterne. Die Wanderung selbst hat für eine Bergtour einen sehr gemütlichen Charakter, auch wenn sie in atemberaubender Landschaft verläuft.

Die Tour startet direkt am kleinen Bahnhof von Klais. Wir wenden uns nach Süden und wandern die wenigen Meter zur kleinen Kapelle an der Straßenkreuzung nach Elmau. Dort halten wir uns links, gehen also nicht in Richtung Mautstraße/Elmauer Schloss, sondern folgen der Bahnhofsstraße am Gasthaus Post vorbei noch für 50 Meter. Dann biegen wir unmittelbar nach der Brücke rechts in den Kirchfeldweg ein.

Wir bleiben nun entlang des Bachlaufs und erreichen so den Beginn der Römerstraße. Deutlich ist die gepflasterte Straße mit ihren beiden Spurrillen zu sehen, und es fühlt sich fast ein bisschen frevelhaft an, wenn wir mit unseren Wanderschuhen einfach über einen so geschichtsträchtigen Boden laufen. In Gedanken versetzen wir uns in die Zeit von Asterix und Obelix, und schon

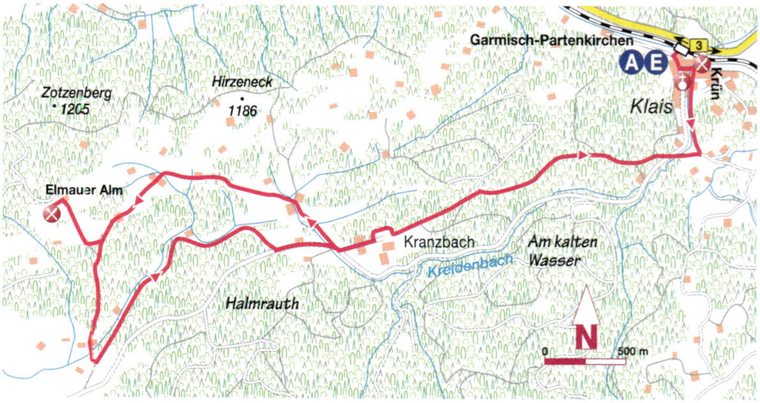

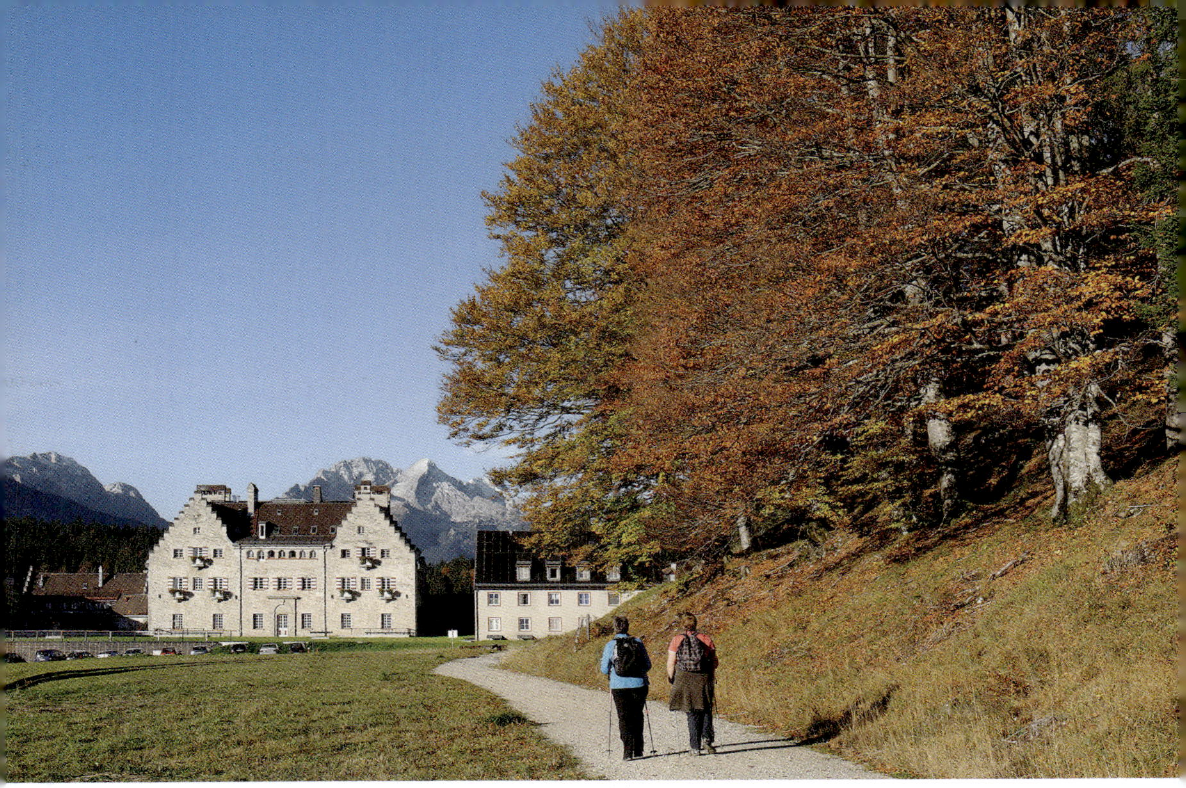

Vorbei am feudalen Schlosshotel Kranzbach wandern wir zur Elmauer Alm.

erobern wir für gut 250 Meter Germanien. Dann halten wir uns rechts auf einen breiteren Weg und laufen auf einer Brücke über den Bach. So erreichen wir die geteerte Mautstraße, die wir nun geradeaus auf den ansteigenden Forstweg queren. Wir passieren einen Wanderparkplatz und wandern nun angenehm schattig Richtung Westen. Nach knapp 15 Minuten leichten Steigens folgen wir der Beschilderung links Richtung Kranzbach/Elmauer Alm.

Schon wandern wir eben aus dem Wald heraus und glauben uns in eine schottische Landschaft versetzt: Vor uns liegt der prächtige Bau des Wellnesshotels Schloss Kranzbach. Die englische Aristokratin und Musikerin Mary Isabel Portman ließ es 1913 von den bekannten englischen Architekten Detmar Blow und Fernand Billerey entwerfen und errichten. Es sollte ursprünglich ein Gästehaus mit privatem Konzertsaal und Rasentennisplätzen für ihre zahlreichen Künstlerfreunde werden. Nach der Fertigstellung durchkreuzte der Erste Weltkrieg aber diesen Plan, und Miss Portman kam nie mehr in die Bergwelt hier zurück.

Ein Zeitlang nisteten sich trotzdem viele illustre Künstler ein, und ganz nebenher diente das Haus mit seinem englischen

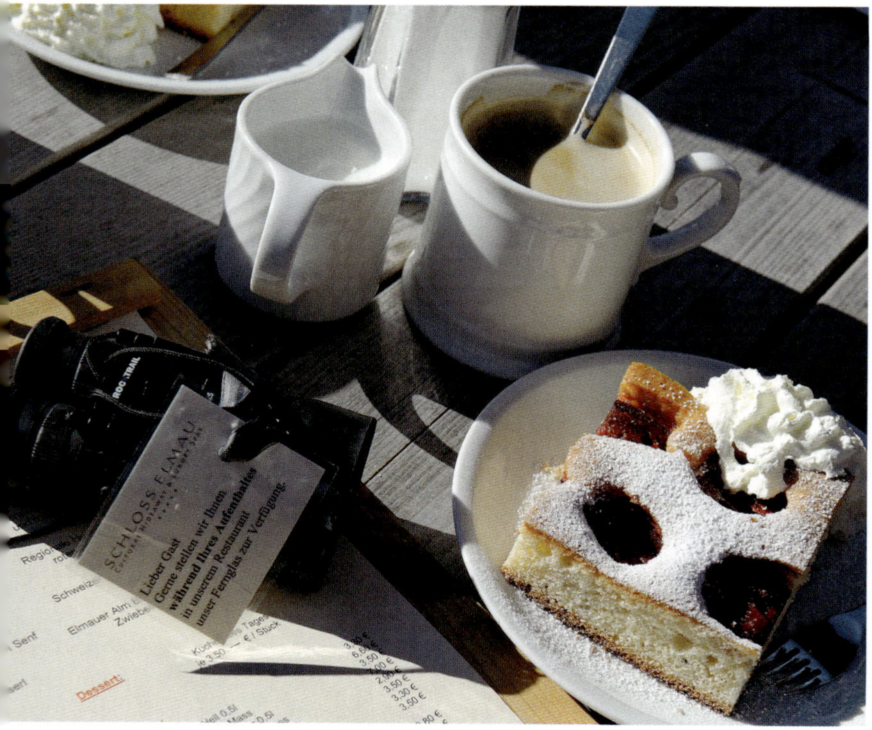

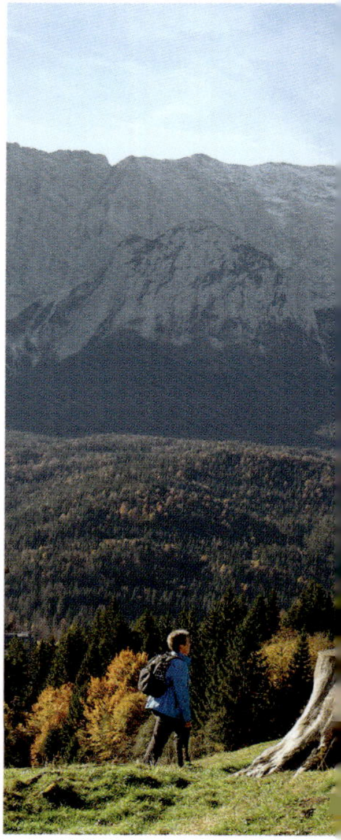

Ferngläser mitzubringen lohnt sich. So genießen wir bei Kaffee und Kuchen die Sicht zum Schachenschloss.

Country-Style zahlreichen Filmen als Kulisse. Über viele Jahre hinweg wurde es schließlich von der evangelischen Kirche als Freizeitstätte genutzt, bis es 2003 an einen Hotelbetreiber verkauft wurde. Nach vierjähriger Bauzeit öffnete »Das Kranzbach« als Wellnesshotel seine Pforten oder besser gesagt: die Schlosstüren.

Die Gebäude und Einrichtungen sind jedoch den Gästen allein vorbehalten, und so umwandern wir das Hotel auf seiner rechten Seite. Über die Hotelzufahrtsstraße am Torhaus vorbei treffen wir schließlich auf die Mautstraße, die von Klais heraufführt. Am Straßenrand gibt es einige Parkplätze. Vor diesen biegen wir rechts in den Feldweg ein und marschieren nun über grüne Almwiesen, die allerdings an einigen Stellen sehr feucht sein können. Unser breiter Weg ist z. T. aufwendig mit dicken Bohlen unterlegt, sodass wir trockenen Fußes unterwegs sind. Auffallend sind nur die vielen ölhaltigen Wasserflecken auf dem Weg. Es handelt sich hier um echtes Erdöl, das aus verrottetem und verdichtetem organischem Material im Lauf von Jahrmillionen entstanden ist. Es tritt langsam an die Erdoberfläche, aber natürlich

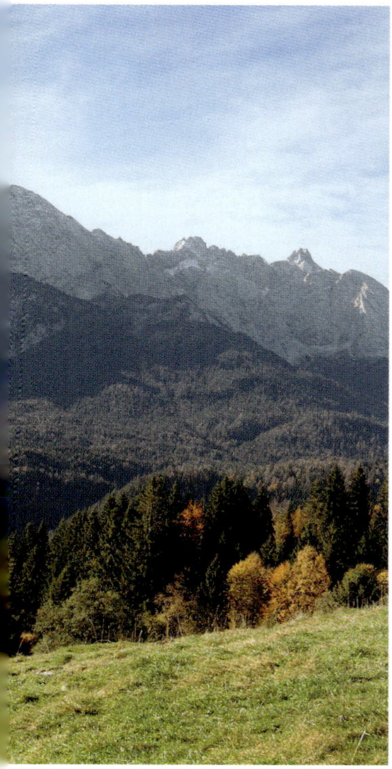

in so geringen Mengen, dass sich ein Abbau nicht lohnt.

In einem Waldstück passieren wir den Abzweig zum Schloss Elmau und biegen kurz darauf am Rand einer Almwiese nach rechts aufwärts ab. Nach der nächsten Baumreihe sehen wir über uns schon die kleine Elmauer Alm, unser heutiges Ziel (s. auch Tippkasten). Allein schon von der Terrasse haben wir einen sensationellen Blick, und es lohnt sich auch noch, die drei Minuten zu investieren und auf den kleinen Hügel zu steigen, der westlich der Hütte liegt. Ein dicker Baumstumpf lädt zu einer Schaupause ein. Die Aussicht beginnt mit der im Westen gelegenen Zugspitze, mit Alp- und Dreitorspitze. Mit bloßem Auge ist auch das Schachenhaus leicht zu entdecken. Der Blick schweift weiter über das Wettersteingebirge und den Karwendel bis zum Soierngebiet, zu den Tiroler Bergen im Inntal und, ganz im Osten, zur Benediktenwand.

Etwas oberhalb der Alm finden wir auch einen herrlichen Rastplatz.

Die Elmauer Alm

Die Wanderung zur Elmauer Alm kann man sogar im Winter unternehmen. Allerdings sollte man sich bei unsicheren Witterungsverhältnissen (auch im Sommer!) immer vorab telefonisch im Schlosshotel erkundigen, ob die Alm auch wirklich geöffnet hat – denn bei sehr schlechtem Wetter fahren die Angestellten nicht hinauf. Geöffnet hat die Alm in der Regel mittwochs bis sonntags von 11–16 Uhr. Weitere Infos gibt's unter Elmauer Alm Schlosshotel Elmau, Tel. 08823/ 180, schloss-elmau.de.

Für den Rückweg gehen wir bis zum Waldstück zurück und folgen der Beschilderung zum Elmauer Schloss abwärts. An einem Privathaus verlassen wir den Wald und treffen in Sichtweite zum Schlosshotel Elmau auf einen breiteren querenden Wanderweg. Diesem folgen wir nach links. Entlang eines Bächleins sind wir dann schnell wieder am Schloss Kranzbach und folgen ab hier dem vom Anstieg schon bekannten Weg bis zu unserem Ausgangspunkt.

48 Vom Barmsee zu den Buckelwiesen

Abwechslungsreiche Rundwanderung vor großartiger Bergkulisse

Leicht | 150 Hm | 4.30 Std.

Tourencharakter
Landschaftlich tolle Rundtour auf guten Wegen. Ein halbstündiger Wegabschnitt verläuft entlang einer Teerstraße. An zwei Stellen ist etwas Orientierungssinn hilfreich.

Ausgangs-/Endpunkt
Bahnhof Klais

Anfahrt
Mit der Bahn nach Klais

Einkehr
Gasthof zur Post in Klais

Karte
UK L 31 »Werdenfelser Land«, 1:50 000, Bayerisches Landesvermessungsamt

Information
Tourist-Information Krün, Schöttlkarspitzstraße 15, 82494 Krün, Tel. 08825/10 94, urlaub-in-klais.de

Stille Bergseen, saftige Almwiesen und dahinter das beeindruckende Karwendelgebirge. Die Rundtour zu den Buckelwiesen entspricht der Idealvorstellung einer »Bayerischen Voralpenlandschaft« voll und ganz! Zudem hat die Wanderung sowohl geologische als auch historische Schmankerl parat: Während die Geomorphologen darüber streiten, wie die Buckelwiesen entstanden sind, sind sich die Historiker einig, dass antike Fuhrwerke ihre Spuren am Römerweg hinterlassen haben.

Vom Bahnhof aus überquert man die Bundesstraße Garmisch–Mittenwald und sieht auf der anderen Seite ein Holzschild »Barmsee – Grubsee«. Auf einem guten Fußweg geht es in den Wald hinein. Immer geradeaus wandernd gehen wir erst leicht bergan, dann eben über eine Wiesenfläche und schließlich leicht bergab hinunter zum Westende des Grubsees. Hier wendet sich der Weg nach links und verläuft kurz parallel zu einem Zaun. Man geht geradeaus im Wald bergauf und folgt einem breiten Fahrweg, der sich nach Osten wendet. Dieser führt zu zwei Wegkreuzungen. Bei der zweiten geht man nach links zum Barmsee hinab. Indem man immer dem Weg am Ufer entlang folgt, erreicht man bald eine wunderschöne Liegewiese, von wo man eine traumhafte Aussicht auf den Barmsee mit dem dahinterliegenden Karwendel hat. Im Sommer sollte man also Badezeug einpacken. Der Weg führt nun vom See weg; nach ca. 200 Metern verlassen wir

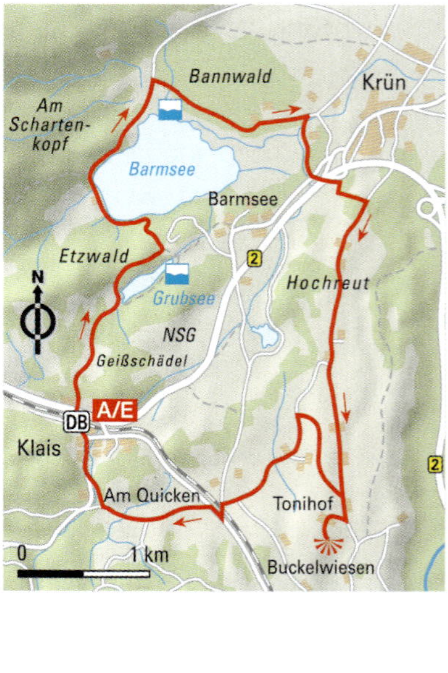

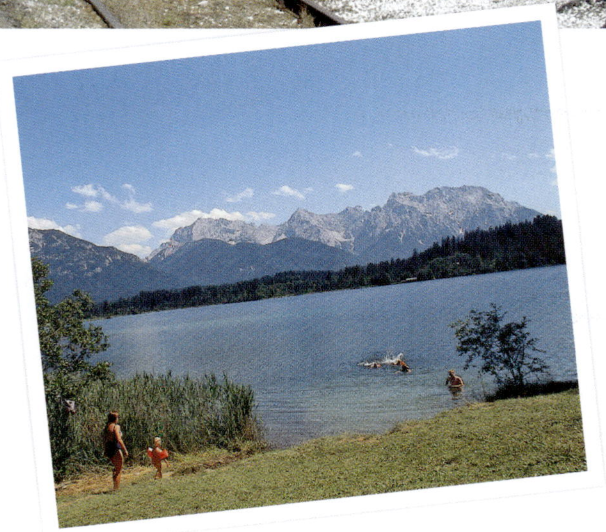

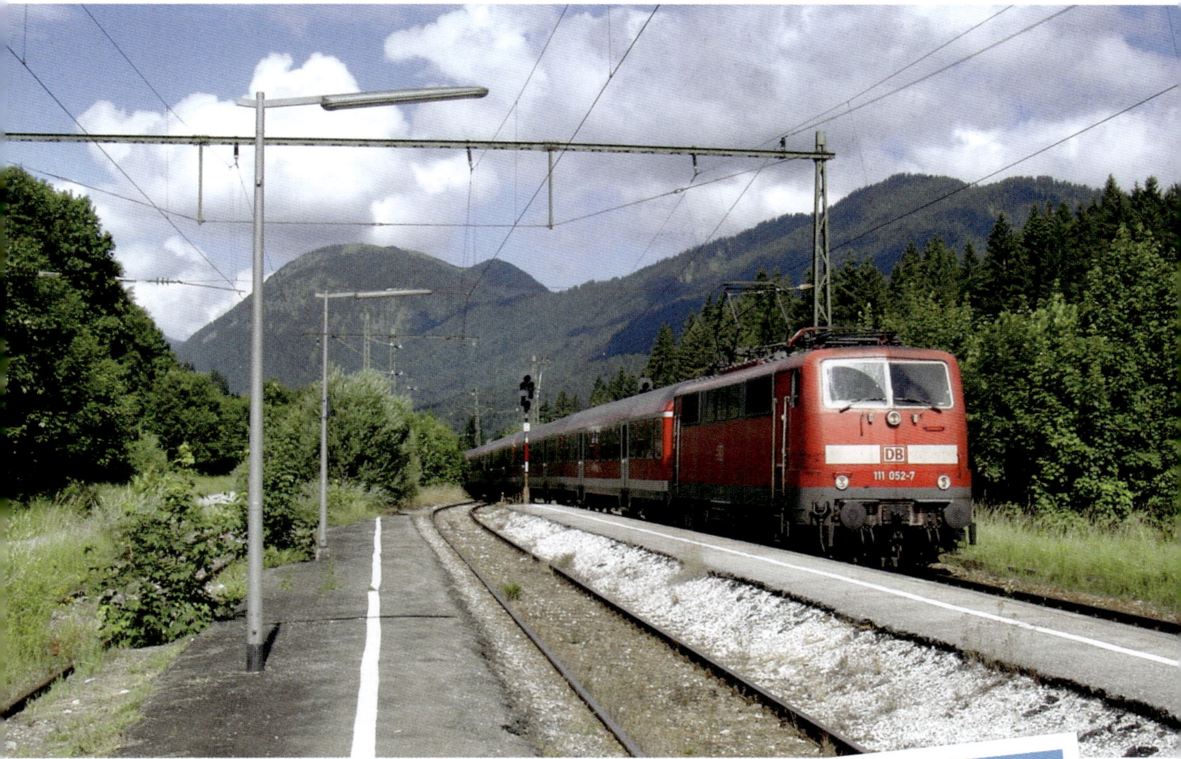

den breiten Fahrweg, indem wir nach rechts dem Schild »Barmseerundweg – Krün« folgen. Nun geht es ein längeres Stück durch einen Fichtenwald. Wir kommen an einem Haus und einer Lichtung vorbei. Schließlich führt der Weg aus dem Wald heraus und wir treffen auf eine Weggabelung. Hier wendet man sich nach rechts, überquert einen Bach und wendet sich gleich wieder scharf nach rechts (Schild »Fußweg Ortsteil Barmsee«). Parallel zum Schilfgebiet geht es nun nach Süden, bis wir auf die Hauptstraße treffen. Diese überqueren wir und stehen nun am Rand einer Wiese, wodurch sich zwei Alternativen ergeben: Ist die Wiese gemäht, gehen wir halb links den Wiesenhang hinauf, bis wir auf der anderen Seite auf einen Fahrweg und dort auf einen Holzwegweiser treffen. Ist die Wiese nicht gemäht, müssen wir ein kurzes Stück nach links an

Im Hochsommer darf man keinesfalls das Badezeug vergessen.

Ganz oben: Richtung Österreich bei Klais

der Hauptstraße sowie einer Abfahrt von dieser entlang. Hier beginnt in einer Kurve ein Fahrweg, der uns nach rechts leicht ansteigend zum oben erwähnten Wegweiser führt. Bei diesem folgen wir der Beschilderung »Kapelle, Hochstraße, Tonihof« und wandern zu der sehr schön gelegenen Kapelle hinauf. Kurz dahinter stoßen wir auf die sogenannte »Hochstraße« und folgen dieser nach rechts. Der nächste, etwa halbstündige Wegabschnitt ist zwar leider geteert, dafür öffnet sich von nun an ein wunderschönes Panorama mit lieblichen Almflächen im Vordergrund und den gewaltigen Gebirgsketten von Wetterstein und Karwendel im Hintergrund. Wir kommen an zwei schön gelegenen Höfen vorbei und sehen halb rechts schon den am südlichsten gelegenen Tonihof. Ca. 100 Meter bevor wir rechts zum Tonihof abbiegen, zweigt nach rechts ein Wirtschaftsweg mit grünem Schild »Klais« ab. – Diesen Abzweig müssen wir uns für den Rückweg merken. – Wir gehen aber zuerst noch zum Tonihof und von hier zur benachbarten Kapelle weiter. Denn unweit

Von den Buckelwiesen aus hat man einen großartigen Blick auf das Karwendel.

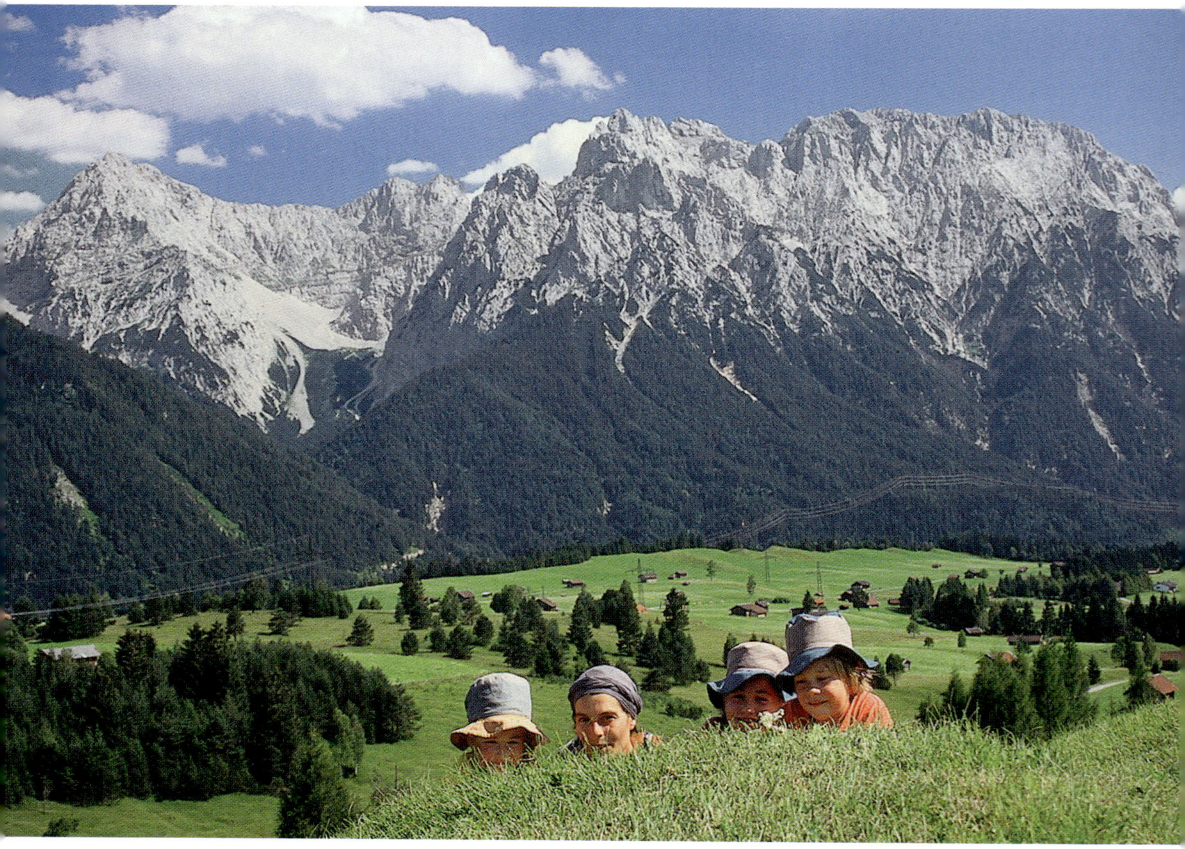

von der Kapelle hat man einen wunderschönen Blick auf die um uns herum liegenden Buckelwiesen und die dahinter aufragenden Gipfel von Wörner, Tiefkarspitze und Westlicher Karwendelspitze.

Wie es nun weitergeht, hängt wieder von der Jahreszeit ab: Sind die Wiesen nicht gemäht, geht man zurück zu erwähntem grünem Schild »Klais« und folgt diesem talwärts, bis man auf einen breiteren Fahrweg stößt. Hier wendet man sich nach links und folgt diesem, bis man die Bahnlinie erreicht.

Karwendelspiegelung auf der glatten Wasseroberfläche des Barmsees.

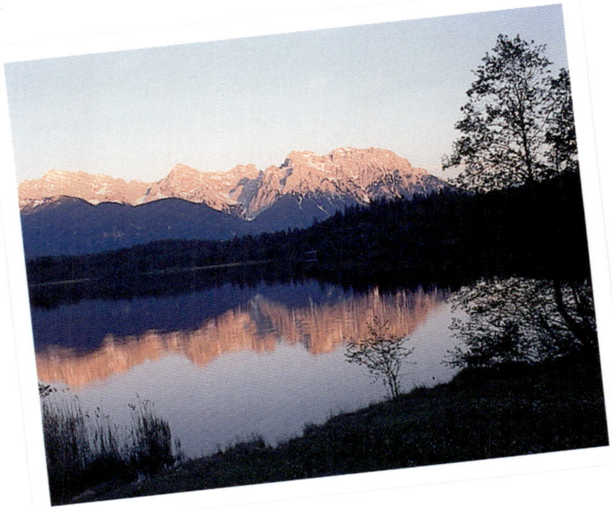

Ist die Wiese gemäht, geht man von der Kapelle aus auf eine frei stehende Fichte zu und in gleicher südwestlicher Richtung weiter einen Wiesenhang hinab, bis man auf die Gabelung eines Fahrweges (direkt neben einer großen Scheune) stößt. Hier nehmen wir in Richtung Norden schauend den linken Weg und wandern an Scheunen vorbei leicht bergab. Bald stoßen wir auch auf den breiten Fahrweg, wenden uns nach links und befinden uns ebenfalls an den Bahngleisen.

Diese überquert man, geht halb rechts bergab und überquert die Autostraße. Auf der anderen Seite beginnt ein weiterer Fahrweg (Schild »Fußweg nach Klais«), der uns entlang weiterer Buckelwiesen zu einem Tälchen und durch dieses hindurchführt. Wir erreichen einen kurz vor einem Bach gelegenen Waldrand und wenden uns hier dem Schild »Römerweg« folgend nach rechts vom Hauptweg ab. Das letzte Teilstück unserer Rundtour verläuft nun auf der alten Via Raetia. Noch heute kann man hier die Radspuren bestaunen, die sich tief in die in den Fels geschlagene Straße eingegraben haben. Wir treten aus dem Wald heraus und folgen weiter dem Bach, um kurz darauf wieder einen historisch bedeutsamen Ort zu streifen. Eine Infotafel weist auf eine Ausgrabung des mittelalterlichen Klaiser Klosters hin. Schließlich stoßen wir auf die Hauptstraße und folgen dieser nach links bis zum Bahnhof.

49 Über den Schachen

Von Mittenwald nach Garmisch-Partenkirchen

Mittel | 975/1160 Hm | 9 Std.

Tourencharakter
Leichte Bergwanderwegen bzw. Wirtschaftswege zum Schachen. Der Abstieg ins Reintal ist steil und setzt Trittsicherheit voraus.

Ausgangspunkt
Bahnhof Mittenwald

Endpunkt
Olympia-Skistadion in Garmisch. Von dort mit dem Bus zum Bahnhof Garmisch-Partenkirchen

Anfahrt
Mit der Deutschen Bahn über Garmisch-Partenkirchen bis Mittenwald. Vom Bahnhof weiter zu Fuß

Einkehr
Gasthäuser am Lautersee und am Ferchensee, Wettersteinalm (im Sommer bewirtschaftet), Schachenhaus (privat, Übernachtung), Bockhütte (im Sommer einfach bewirtschaftet)

Karte
TK 1:50 000 Blatt Werdenfelser Land/Ammergebirge (LDBV)

Information
mittenwald.de

Diese lange Streckenwanderung von Mittenwald nach Garmisch-Partenkirchen führt von Bahnhof zu Bahnhof und von einem Höhepunkt zum nächsten. Allein der Ausgangsort ist einen längeren Streifzug wert: Der historische Ortskern von Mittenwald ist reich an alten, freskengeschmückten Bürgerhäusern.

Vom Bahnhof Mittenwald gehen wir zunächst geradeaus in die Ortsmitte hinein – vielleicht haben wir genug Zeit eingeplant, um der berühmten Geigenbauerschule mit angeschlossenem Museum einen Besuch abzustatten – und folgen dann hinter der Pfarrkirche den zahlreichen Wegweisern und diversen Routen hinauf zum Lautersee; dies ist die erste größere Station auf unserer langen Streckenwanderung, die allein schon einen Ausflug rechtfertigen würde.

Nun an der Badeanstalt und den Gasthäusern vorbei und dann rechts haltend auf dem Sandweg hoch zum Sträßchen, das weiter

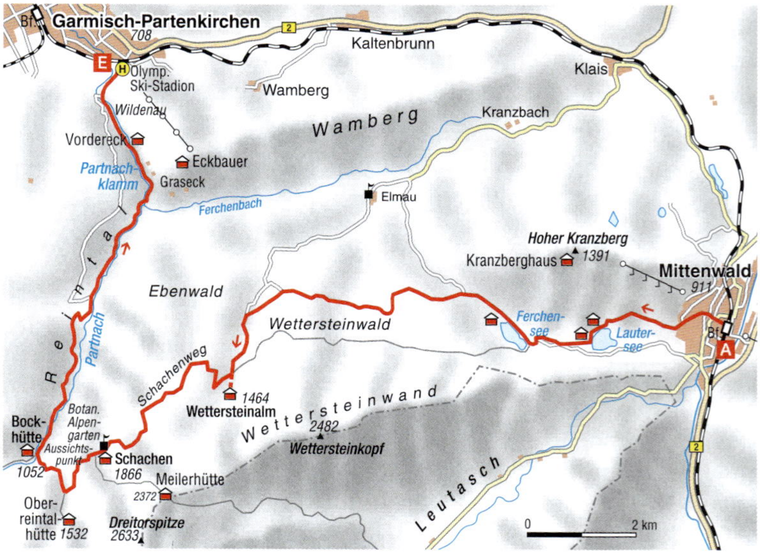

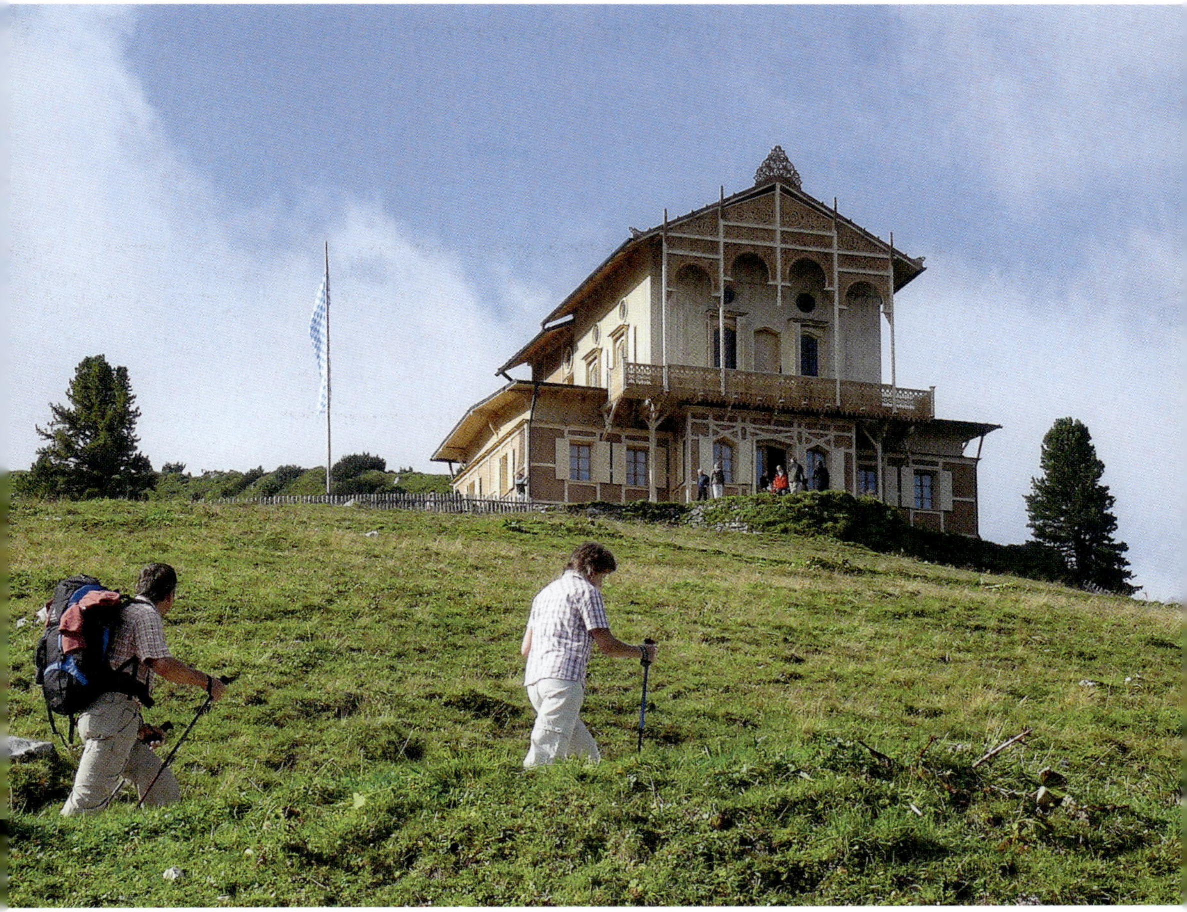

zum Ferchensee und nach Elmau führt. Wir folgen diesem vorbei am See, bis nach etwa einer Viertelstunde vom oberen Seeende links der Bannholzweg abzweigt. Auf diesem nun durch den Wettersteinwald hinüber zum Schachenweg, der von Elmau heraufführt. Bevor wir den Steilenberg angehen, haben wir noch die Möglichkeit, einen Schlenker nach links zur Wettersteinalm zu machen, die bereits mehrere Jahrhunderte alt ist. Im Sommer weiden dort oben bis zu 130 Stück Jungvieh.

Nach dem Steilenberg verlassen wir den Wald und wandern in mäßiger Steigung Richtung Schachenschloss. Das Königshaus auf dem Schachen ist der eigentliche Höhepunkt: Es wurde im Jahre 1877 von König Ludwig II. als Jagdschloss errichtet. Eine Wanderung auf den Schachen bietet unvergessliche Eindrücke. Am Rande eines Steilabbruchs ins Reintal steht der Schachenpa-

Nach einem langen Anstieg haben wir endlich das Schachenschloss vor Augen. Ein Besuch seines Inneren ist gewissermaßen Pflicht. Wo in den bayerischen Alpen finden wir denn schon eine »Traumwelt aus Tausendundeiner Nacht« vor? Eigentlich sollte der Bau »nur« ein Jagdschloss von König Ludwig II. werden – dann ist er jedoch etwas üppiger ausgefallen.

Rechte Seite: Die unterhalb des Schlosses liegenden Schachenhäuser waren ursprünglich die Unterkünfte und Ställe für die Bediensteten des »Märchenkönigs«. Heute dürfen sich dort einfache Wanderer an einer Brotzeit erfreuen oder auch übernachten.

Unten: Tiefblick in die Partnachklamm

villon, von dem sich fantastische Tiefblicke ergeben. Der Alpengarten neben dem Schachenschloss dürfte nicht nur für Botaniker ein Muss sein. Unser anschließender Abstieg ins Oberreintal und der Weiterweg durchs Reintal beeindrucken uns durch ihre landschaftliche Großartigkeit.

Vom Schachenschloss folgen wir der Ausschilderung ins Reintal und gehen vor bis zur Geländekante am Aussichtspunkt, dann folgen wir dem steilen Steig über zahlreiche Serpentinen hinab ins Oberreintal. Dort halten wir uns rechts (links geht es hinauf zur Oberreintalhütte).

Im Talgrund angekommen können wir links in wenigen Minuten die bewirtschaftete Bockhütte ansteuern. Ansonsten gehen wir auf dem nun breiten Wanderweg rechts weiter – etwas oberhalb der Partnach, die wir weiter unten nach links queren. Wir passieren die Hinterklamm, steigen ein kurzes Stück hoch über der Schlucht an und erreichen so den Materiallagerplatz der Reintalangerhütte. Der weitere Abstieg durch das Reintal erfolgt nun auf breiten Forstwegen durch Wald (gut ausgeschildert). Bei den folgenden Wegverzweigungen halten wir uns jeweils rechts und gelangen nach etwa eineinhalb Stunden Gehzeit ab Erreichen des Reintals an die Brücke über den Ferchenbach. Hier queren wir links hinüber und folgen der Ausschilderung zur Partnachklamm.

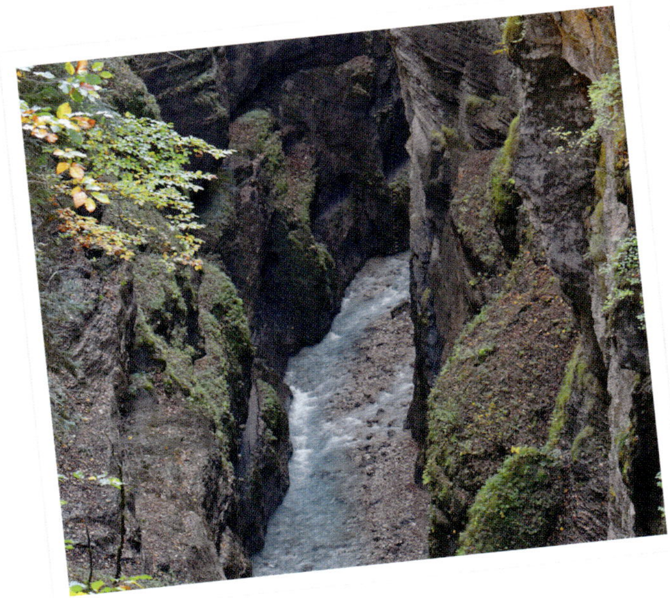

Unser Weg folgt nun weiter der Partnach, bis dieser in den Klammweg mündet (den Eintritt für die Klamm zahlen wir am unteren Ausgang). Ein gut angelegter Steig leitet uns nun mittels Stegen, Brücken, Tunnels und gesicherten Wegabschnitten durch diese spektakuläre Schlucht. Auf gesperrtem Fahrweg dann hinaus zum Olympia-Skistadion. Von dort mit dem Bus zum Bahnhof.

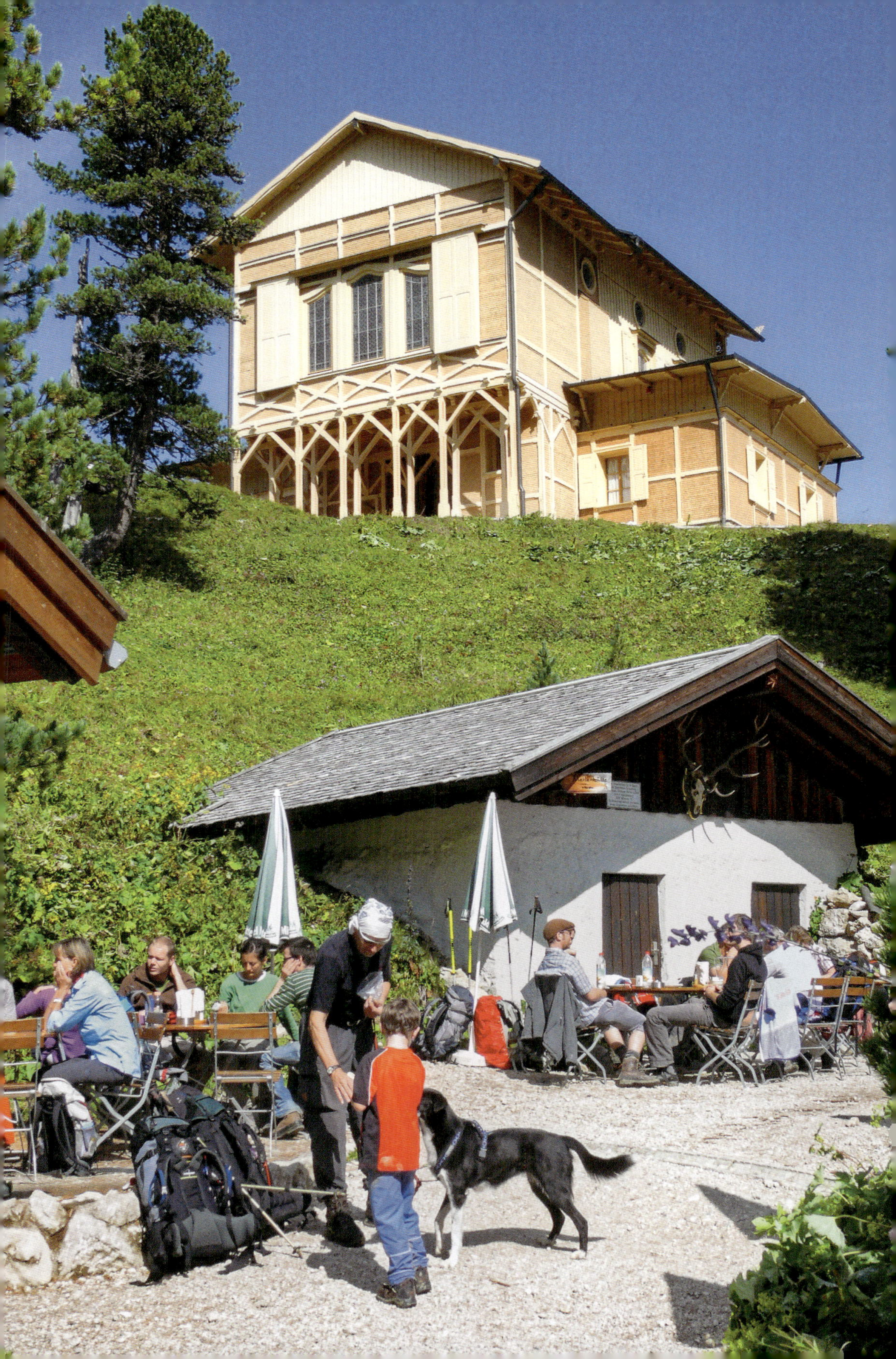

50 Wank und Gschwandtnerbauer

Großartiges Panorama und beliebte Einkehr

Mittel | 170/1210 Hm | 4.15 Std.

Tourencharakter
Leichte Wanderung auf Bergsteigen und Bergwanderwegen; Trittsicherheit jedoch erforderlich

Ausgangs-/Endpunkt
Talstation der Wankbahn

Anfahrt
Mit der Bahn nach Garmisch-Partenkirchen. Vom Bahnhof weiter mit dem Ortsbus zur Talstation der Wankbahn

Einkehr
Wankhaus (AV-Haus, Übernachtung); Gschwandtnerbauer (Mo Ruhetag) und Tannenhütte (jeweils ganzjährig bewirtschaftet, Mo Ruhetag); Esterbergalm (Mi Ruhetag)

Karte
TK 1:50 000 Werdenfelser Land/Ammergebirge (LDBV)

Information
gapa-tourismus.de

Der Wank ist der Aussichtsberg der Garmisch-Partenkirchner. Mit den kleinen Gondeln der Wankbahn ist sein Gipfel schnell zu erreichen und vor uns liegt dann ein großartiges Rundumpanorama: Estergebirge, Karwendel, Wetterstein und Ammergauer Alpen erstrecken sich direkt vor unseren Füßen.

Die Kleinkabinenbahn bringt uns bequem hinauf zum Wankgipfel. Und wenn wir uns etwas Zeit nehmen und auf dem Wankhaus übernachten, dann können wir mit ein bisschen Glück einen herrlichen Sonnenunter- und -aufgang erleben. Vom Wankhaus – wenige Höhenmeter oberhalb der Bergstation – folgen wir zunächst dem in nordwestlicher Richtung zum Ameisberg führenden Gipfelweg (Mark.-Nr. 413). Seitlich an diesem Untergipfel vorbei und über die Hangkante durch Latschen in zahlreichen Serpentinen hinab zu den Böden der Esterbergalm. Im unteren Teil biegt der Weg nach Osten, trifft auf den Wirtschaftsweg, der von Garmisch heraufführt, und bringt uns rechts haltend zur bewirtschafteten Alm.

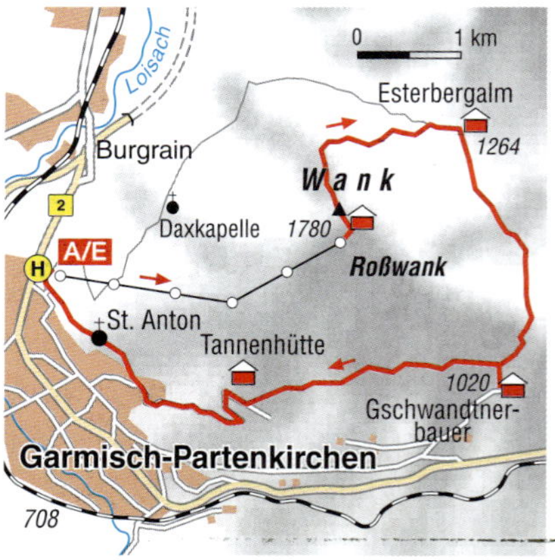

Unser Weiterweg beginnt direkt bei der Kapelle daneben und führt über Bergwiesen in südlicher Richtung zum Waldrand, dann zwischen Wank und Rotenkopf weiter zum höchsten Punkt des Bergeinschnitts. Jenseits durch den Häuslgraben hinab, bei den nächsten zwei Wegverzweigungen jeweils rechts und hinab zum Gschwandtnerbauern.

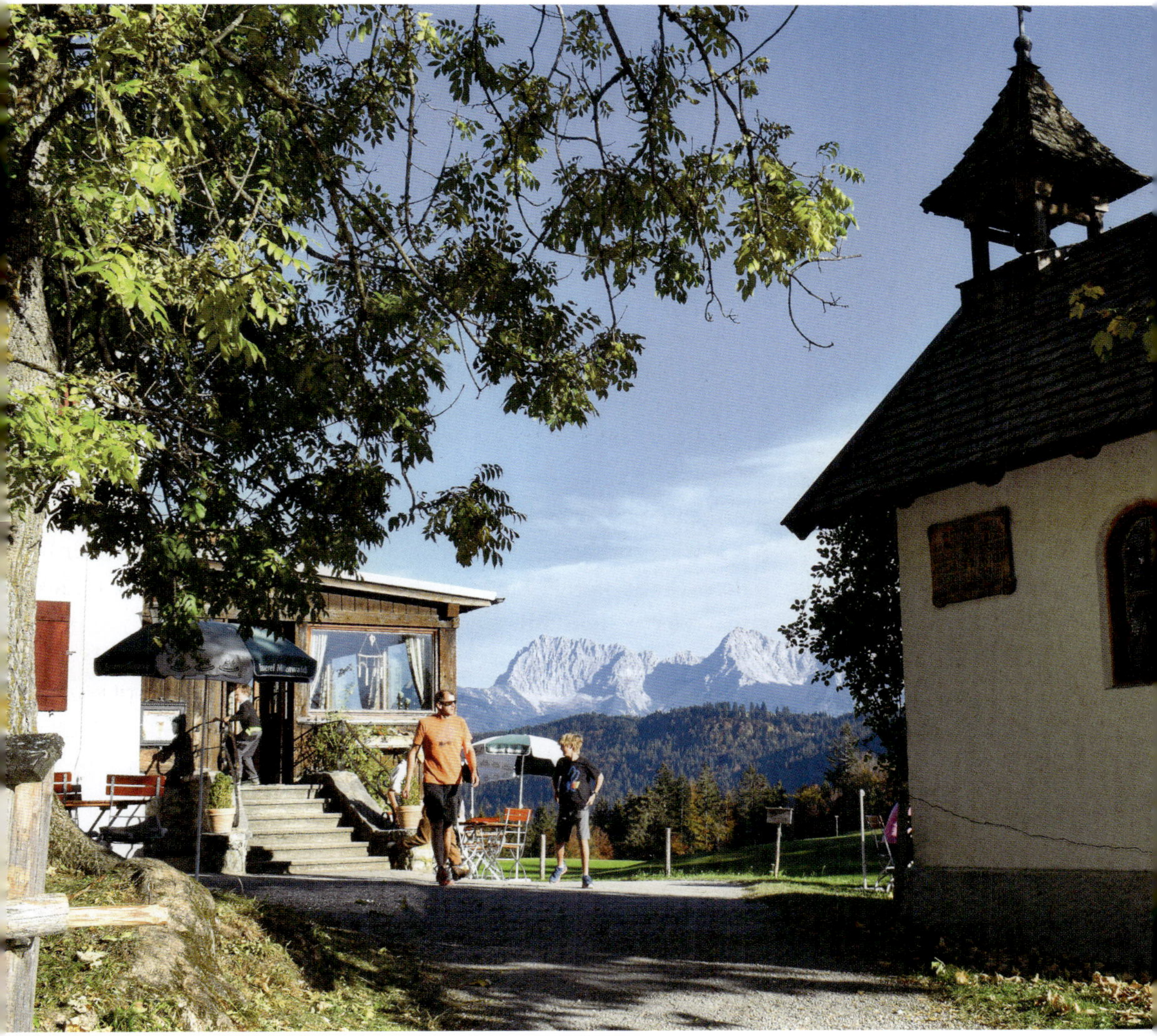

Nach der Einkehr gehen wir ein Stück des Wegs zurück und folgen dann dem linken Abzweiger durch Wald hinauf zum Steinbühel. Wir orientieren uns dabei an den Wegweisern zur neuen Tannenhütte. Wir treffen dann auf eine Forststraße, folgen ihr kurz, verlassen sie gleich wieder nach rechts und wandern in die Schalmerschlucht hinein. Im weiteren Verlauf gelangen wir zur Antoniuskapelle am Ortsrand von Partenkirchen. Über den Philosophenweg kehren wir dann zur Talstation der Wankbahn zurück. Oder wir können vor der Wankbahn, nachdem wir den Ortsrand von Partenkirchen berührt haben, direkt zum Bahnhof laufen.

Der Gschwandtnerbauer ist eine beliebte Einkehr, die man auch nach einer kleinen Wanderung von Garmisch-Partenkirchen aus erreicht.

51 Eckbauer und Partnachklamm

Durch eine spektakuläre Felsenschlucht

Leicht | 530/539 Hm | 4 Std.

Tourencharakter
Markierte und gut ausgebaute Wanderwege

Ausgangs-/Endpunkt
Olympia-Skistadion in Garmisch

Anfahrt
Mit der Bahn nach Garmisch-Partenkirchen. Vom Bahnhof weiter zu Fuß oder per Ortsbus zum Olympia-Skistadion

Einkehr
Berggasthaus Eckbauer, Gasthöfe am Vordergraseck, alle nahezu ganzjährig geöffnet. Gasthaus in Wamberg

Karte
TK 1:50 000 Blatt Werdenfelser Land/Ammergebirge (LDBV)

Information
gapa-tourismus.de

Die Durchquerung der Partnachklamm stellt sicher etwas Besonderes dar. Sie ist so ganz anders als die üblichen Gipfeltouren – fast schon ein bisschen wie eine Höhlenbefahrung mutet sie an. An die relativ kurze Klammdurchquerung schließt sich eine kleine Bergwanderung der klassischen Art an.

Vom Olympia-Skistadion spazieren wir auf Fahrweg zuerst partnachaufwärts. Bald endet die Asphaltstraße, und wir wandern auf einem breiten Fußweg bis zum eigentlichen Klammeingang. Anstatt von oben auf die Berge hinabzuschauen, durchqueren wir nun das Innere des Gebirges, riechen das Gestein, das Moos und die Feuchtigkeit, hören das Tosen des Wassers, das nebenan durch die Enge schießt, und zucken zusammen, wenn wir einen Tropfen ins Genick bekommen. Schon sind die Talwände viel enger aneinandergerückt.

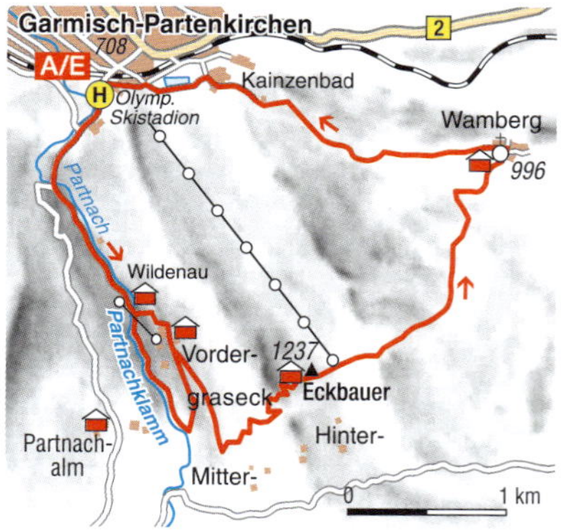

Badespaß

Nachdem bei der Durchwanderung der Partnachklamm lediglich unser Kopf ein paar Tropfen abbekommen hat, stürzen wir uns ins nahegelegene Kainzenbad oder entspannen beim Rudern und Baden am schön gelegenen Rießersee (Wettersteinkulisse). Hier wurde 1920 der SC Rießersee gegründet, der dem Eislauf und Eishockey zur Popularität verhalf.

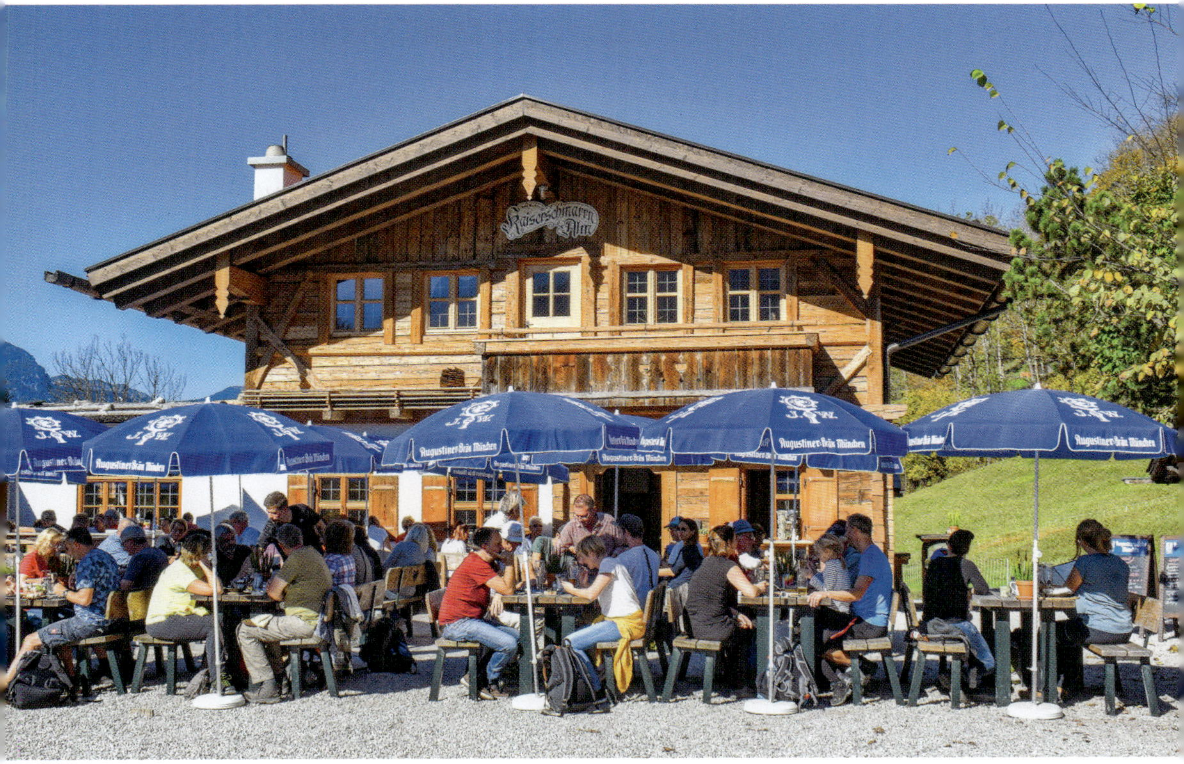

Die Kaiserschmarrnalm in Vordergraseck – doch keine Sorge: Wer nichts Süßes will, findet auch »Saures«.

Nachdem wir unseren Eintrittsobolus entrichtet haben, dürfen wir uns in die Enge der Klamm zwängen. Der Weg ist in die Felswände gehauen; nur zwei, drei Personen haben nebeneinander Platz und die Tunneldurchschlüpfe sind noch enger. 20, 30 Meter oberhalb sehen wir die Bäume und den Himmel durchschimmern. Der Weg ist auf ganzer Länge mit einem Geländer gesichert. Wir können uns genug Zeit zum Schauen und zum Fotografieren nehmen, denn die Klamm ist nicht sehr lang. In einer halben Stunde haben wir sie leicht durchwandert. Am Südende treten wir am Zusammenfluss der Partnach und des Ferchenbaches wieder in die Sonne hinaus. Hier beginnt der »normale« Teil unserer Wanderung, der uns über das Vordergraseck mit seinen Einkehrmöglichkeiten hinauf zum Aussichtspunkt Eckbauer führt.

Vom Berggasthaus Eckbauer nehmen wir nun den ausgeschilderten Weg – vorbei an der Bergstation der Eckbauerbahn – zum Dörfchen Wamberg mit seinem hübschen Kircherl. Von dort führt ein Fahrweg hinab zum Olympia-Skistadion.

52 Reintalangerhütte

Grüne Oase am Anstieg zur Zugspitze

Leicht | 670 Hm | 9 Std.

Tourencharakter
Durch die Partnachklamm geht es auf gesichertem Steig, dann weiter auf Forststraßen und Bergwanderwegen. Leichte, aber lange Wanderung

Ausgangs-/Endpunkt
Olympia-Skistadion in Garmisch

Anfahrt
Mit der Bahn nach Garmisch-Partenkirchen. Vom Bahnhof weiter zu Fuß oder per Ortsbus zum Olympia-Skistadion

Einkehr
Reintalangerhütte (AV-Hütte, Übernachtung), Bockhütte (im Sommer bewirtschaftet), Gaststätten am Eingang in die Partnachklamm

Karte
TK 1:50000 Werdenfelser Land/Ammergebirge (LDBV)

Information
gapa-tourismus.de

Kein Gipfel und dennoch ein beliebtes Ziel am einfachen, aber langen Anstiegsweg zur Zugspitze. Rund um die Reintalangerhütte ist es schön grün, das Bachbett der Partnach direkt vor der Tür wurde zum »Lido« umgewidmet. Die Übernachtungsgäste werden mit Livemusik geweckt. Wo gibt es das schon?

Vom Olympia-Skistadion folgen wir zunächst dem für den öffentlichen Verkehr gesperrten Fahrweg zur Partnachklamm (diese Strecke kann auch mit der Pferdekutsche zurückgelegt werden). Dann wandern wir durch die mit Tunneln und einem gut angelegten Steig versehene Partnachklamm (Gebühr). Bereits nach einer knappen halben Stunde haben wir das obere Ende erreicht und folgen dann einem breiten Wanderweg, der an der Partnach entlang zum Steg über den Ferchenbach führt.

Jenseits des Stegs verzweigen sich die Wege. Wir nehmen den breiten Forstweg nach rechts und wandern mit leichter Steigung weiter der Partnach folgend ins Reintal. Der Weg ist gut ausgeschildert. Wir entfernen uns dann von der Partnach und erreichen den Materiallagerplatz der Reintalangerhütte. Der Weg ist nun bedeutend schmäler und führt hoch über der Hinterklamm weiter ins Tal hinein. Wir queren bald wieder die Partnach und wandern auf schönem Waldweg hinauf zur neu erbauten Bockhütte, die zur Einkehr lädt.

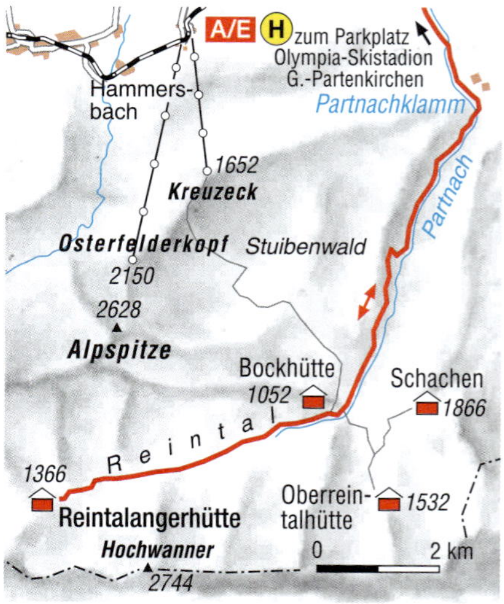

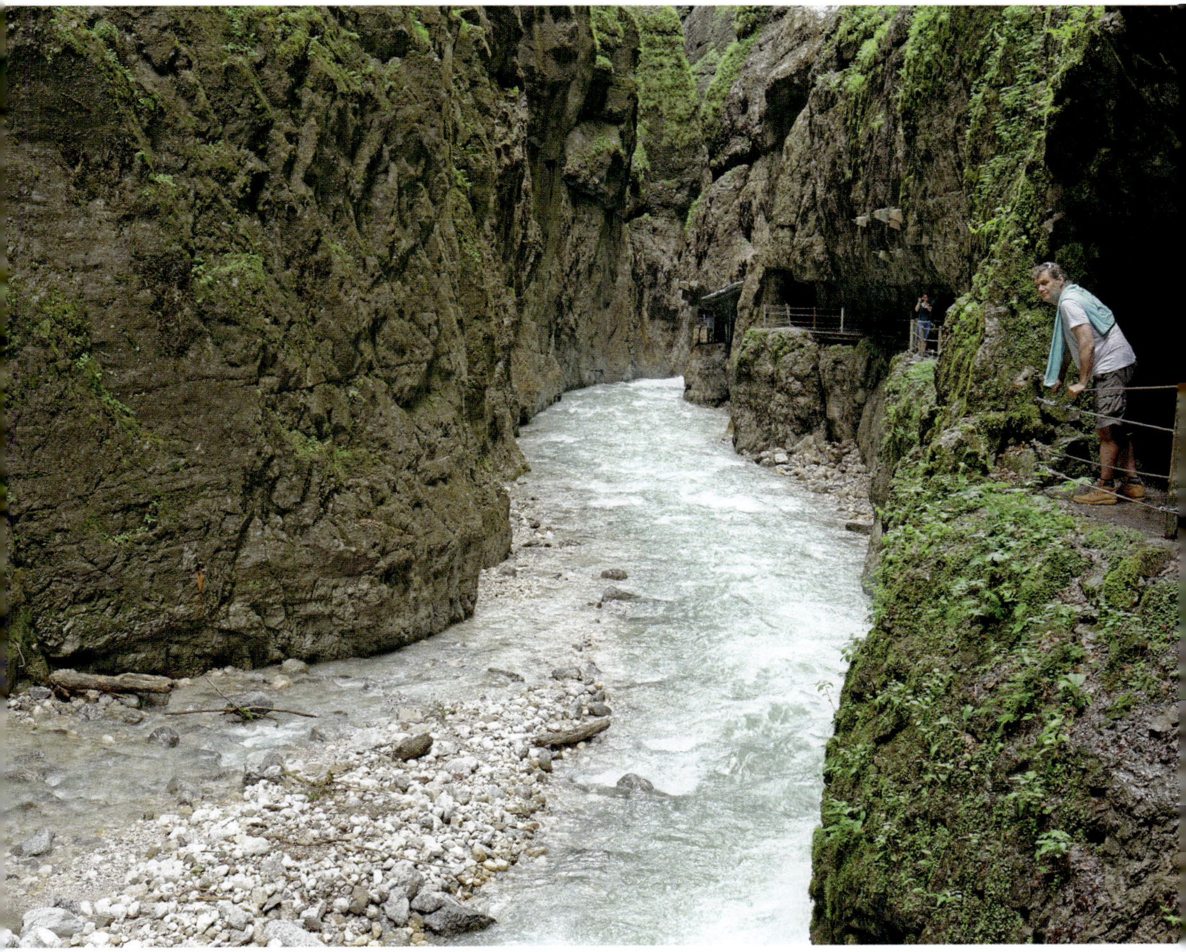

Hier öffnet sich das Tal und zeigt die ersten Felsen des Reintals. Auf breitem Wanderweg geht es nun weiter talein, vorbei an den »Quellen der Sieben Sprünge«. Zwischendurch versickert die Partnach und taucht erst wieder an der »Blauen Gumpe« auf. Bald überwinden wir mit ein paar Kehren eine Talstufe (links ein schöner Wasserfall) und erreichen dann nach einem letzten Waldstück die Reintalangerhütte. Dort genießen wir den restlichen Tag am sogenannten »Lido« an der Partnach. Und falls wir dort oben übernachten wollen, werden wir mit Livemusik geweckt. Wenn das keine Einladung ist! Konditionsstarke Bergwanderer starten von hier am nächsten Tag den langen Weg über die Knorrhütte hinauf zur Zugspitze (es ist übrigens der leichteste Anstieg auf Deutschlands höchsten Gipfel). Wir jedoch zockeln gemütlich wieder hinab nach Garmisch.

Der Weg ist schon das Ziel, denn er führt durch die wildromantische Partnachklamm.

53 Kreuzeck und Höllentalklamm

Abstieg über das Hupfleitenjoch

Mittel | 170/1060 Hm | 4 Std.

Tourencharakter
Bis zum Hupfleitenjoch unschwierig, aber der Abstieg ins Höllental erfordert Trittsicherheit und Schwindelfreiheit. Der Weg durch die Klamm ist leicht.

Ausgangspunkt
Talstation der Kreuzeckbahn

Endpunkt
Haltepunkt Hammersbach der Zugspitzbahn

Anfahrt
Mit der Bahn nach Garmisch-Partenkirchen. In Garmisch umsteigen in die Zugspitzbahn (Talbahnhof gleich nebenan) und weiter bis zur Talstation der Kreuzeckbahn

Einkehr
Kreuzeckhaus (AV-Haus, Übernachtung), Höllentalangerhütte (AV-Haus, Übernachtung), Höllentaleingangshütte

Karte
TK 1:50000 Blatt Werdenfelser Land/Ammergebirge (LDBV)

Information
gapa-tourismus.de

Das Wettersteingebirge ist ein wildes Gebirge mit dominanten Felsbergen, langen gezackten Graten, einem Gletscher in der Nordflanke der Zugspitze und vielen Anstiegen, die jedes Bergsteigerherz höherschlagen lassen. So soll deshalb auch für diesen Tagesausflug ein »wilder« Weg vorgestellt werden.

Zunächst freilich geht alles ganz gemütlich los. In Garmisch-Partenkirchen setzten wir uns in die Gondelbahn und fahren hinauf zur Bergstation am Kreuzeck. Von dort sind es nur wenige Minuten zur gleichnamigen Alpenvereinshütte. Vor dem großartigen Zugspitzpanorama schlendern wir nun eine knappe Stunde hinüber zum Hupfleitenjoch, mit einem viertelstündigen Umweg zum 1818 Meter hohen Schwarzenkopf. Denn von hier hat man wirklich einen großartigen Blick ins Höllental, zu den Waxensteinen, die sich vis-à-vis erheben, und natürlich zur Zugspitze, mit knapp 3000 Metern Deutschlands höchstem Berg.

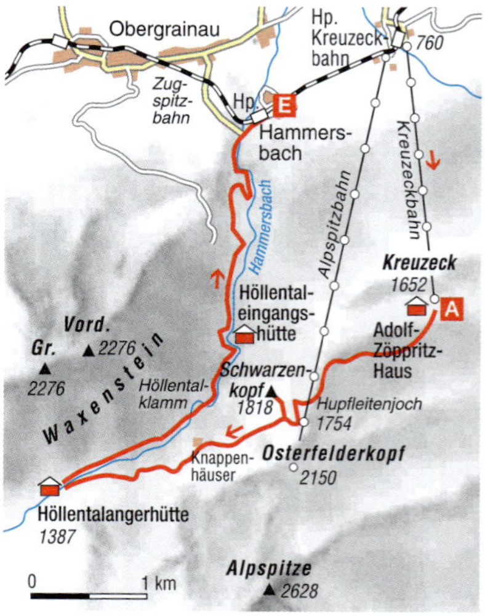

Vom Hupfleitenjoch geht es in vielen, teilweise drahtseilgesicherten Serpentinen hinab ins Höllental. Nach einer halben Stunde erreichen wir die Knappenhäuser, und wir bedauern, dass wir an dieser ehemals privat bewirtschafteten Hütte vorbeiwandern müssen. Allzu verlockend wäre es, in solch großartiger Landschaft ein Stündlein zu sitzen. Jedenfalls erinnert sie uns an den früher hier betriebenen Bergbau. Wie dem auch sei: Der hier vorgeschlagene

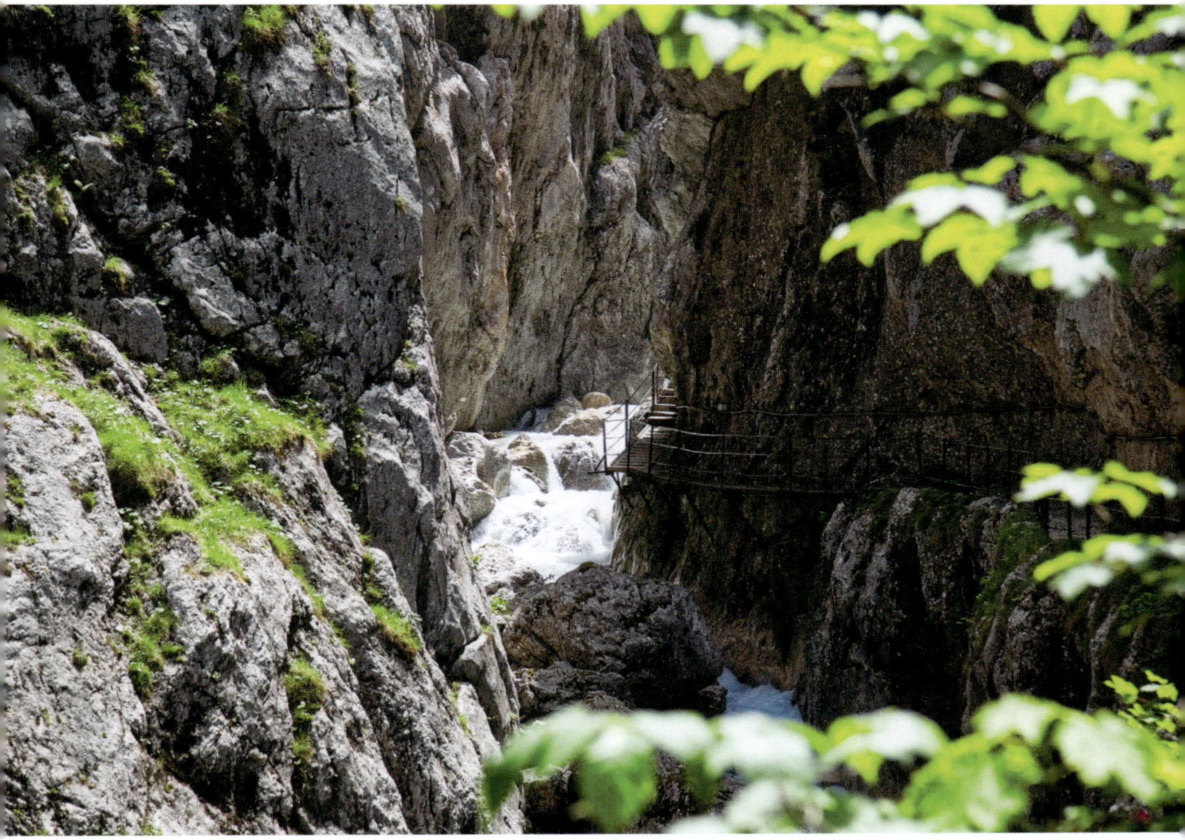

Die Höllentalklamm

Weg führt weiter bergab – und es gilt aufzupassen, denn der Steig ist schmal und etwas ausgesetzt.

Dann erreichen wir die erst vor einigen Jahren neu erbaute Höllentalangerhütte, deren Architektur den Naturgewalten geschuldet ist, um stabil gegenüber Lawinenabgängen zu sein. Falls wir hier übernachten sollten: Nicht wundern, wenn es sehr früh in den Zimmerlagern rumpelt. Es sind die Zugspitzbegeher, die früh starten müssen, um den langen Steig bewältigen zu können. Für uns ist die Alpenvereinshütte die letzte Station vor einem furiosen Schluss. Und natürlich kehren wir erstmal ein und genießen den freien Blick bergwärts in Richtung Zugspitze. Dann wandern wir talaus, erreichen die in den Fels gesprengten Tunnel und folgen nun der wildromantischen Höllentalklamm hinaus nach Hammersbach. Dort steigen wir wieder in die Zugspitzbahn und fahren bequem weiter nach Garmisch-Partenkirchen, wo wir endgültig die Heimreise antreten.

54 Kramer

Gipfelrunde mit Blick auf die Zugspitze

Mittel | 1285 Hm | 6.30 Std.

Tourencharakter
Alpine Bergwanderwege und -steige. Steile Passagen, die in die Knochen gehen. Im Bereich des Kramergipfels viel Schotter, Trittsicherheit und Schwindelfreiheit erforderlich

Ausgangs-/Endpunkt
Bahnhof Garmisch-Partenkirchen oder Bushaltestelle Äußere Maximilianstraße

Anfahrt
Mit der Bahn nach Garmisch-Partenkirchen. Vom Bahnhof dann mit dem Ortsbus bis zur Wendeschleife unterhalb des Berggasthauses Almhütte. Den Kramerplateauweg können wir auch zu Fuß erreichen: vom Bahnhof über die St.-Martin-Straße, Klammstraße, Fürstenstraße zur Bayernhalle.

Einkehr
Stepbergalm (im Sommer bewirtschaftet), Berggasthaus Almhütte , Berggasthaus St. Martin

Karte
TK 1:50 000 Werdenfelser Land (LDBV)

Information
gapa-tourismus.de

Fährt man auf Garmisch-Partenkirchen zu, dominieren natürlich die beeindruckenden Gipfel des Wettersteingebirges. Der rechts liegende Kramer wird dabei erst einmal übersehen. Doch diese Runde bietet alles: ein großes Gipfelerlebnis und am Abstiegsweg eine bewirtschaftete Alm.

Wir starten unsere Wanderung an der Bushaltestelle Äußere Maximilianstraße (Wendeschleife) und folgen entweder der Fahrstraße oder dem etwas oberhalb nach rechts abzweigenden Wanderweg durch den Wald hinauf zur Berggaststätte Almhütte. Direkt gegenüber steigen wir dann in den Kramerplateauweg ein und folgen diesem in nordöstlicher Richtung.

Nach einer Viertelstunde zweigt links, bei einem auffälligen hölzernen Wegweiser, unser Weg zum Kramer ab. Wir folgen dem weiterhin breiten Wanderweg (Mark.-Nr. 255) in den Wald hinein und steigen über einige Kehren zum aussichtsreich gelegenen Berggasthaus St. Martin an. Der Kramersteig, auf dem wir uns nun befinden, windet sich weiter in Kehren durch Wald hinauf. Bald treffen wir auf eine ungewöhnliche Aussichtskanzel.

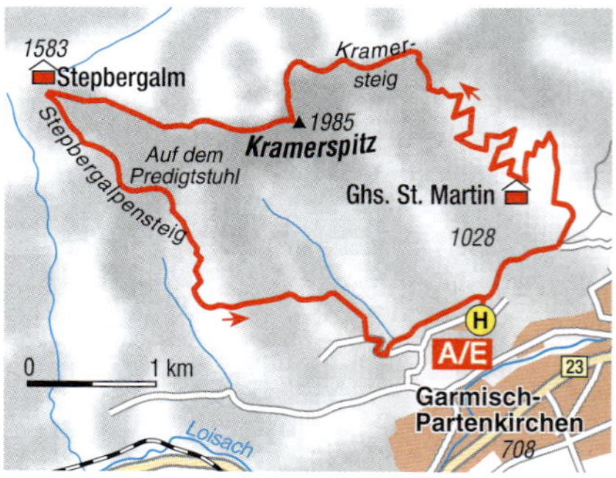

Weiter geht es in Kehren bergan, bis unser Weg nun flach zum sogenannten Königsstand hinüberzieht. Dort müssen wir aufpassen, dass wir die Abzweigung nach links zum Kramergipfel nicht verpassen. Etwas mühsam steigen wir nun schließlich zum Ostgrat hoch und über diesen – die Nordflanke querend – zum Gipfel.

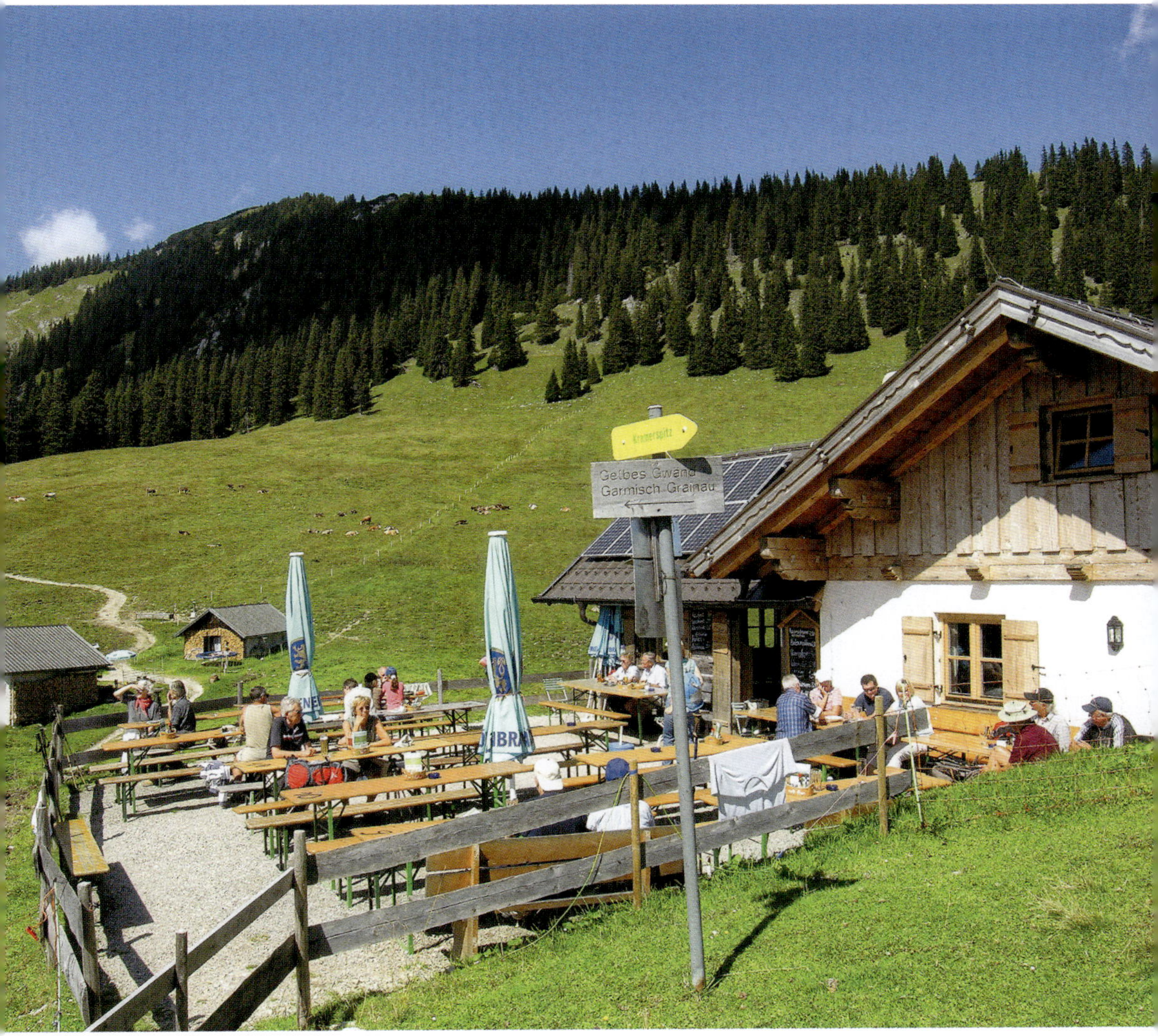

Der Abstieg zur Stepbergalm erfolgt dann in Richtung Westen auf einem guten Steig. Nach der Einkehr nehmen wir den Stepbergalpensteig (Mark.-Nr. 259) unter die Füße. Von der Alm steigen wir kurz über Bergwiesen an, bis rechts der markierte Steig abzweigt. Es geht bald in den Wald hinein, dann leicht fallend durch die Südwestflanke des Kramers. Der Steig fällt bald stark ab und windet sich in zahlreichen Serpentinen talwärts. Nach einer langen Linksquerung treffen wir auf einen Wirtschaftsweg, der uns zum Kramerplateauweg hinabbringt. Und bald ist rechts haltend auch unser Ausgangspunkt erreicht.

Die Stepbergalm auf der Westseite des Kramers. Hier muss man sich gut stärken, denn der Abstieg nach Garmisch-Partenkirchen wird steil.

55 Aus dem Loisachtal auf den Schellschlicht

Ideale Rundwanderung in der Südostecke der Ammergauer Alpen

Schwer	1300 Hm	5.30 Std.

Tourencharakter
Rundwanderung mit großartigen Blicken auf die direkt gegenüberliegende Zugspitze. Trittsicherheit erforderlich

Ausgangs-/Endpunkt
Bahnhof Griesen der Außerfernbahn

Anfahrt
Mit der Bahn nach Garmisch-Partenkirchen und weiter mit der Außerfernbahn bis zum Bahnhof Griesen

Einkehr
Unterwegs keine Möglichkeit

Karte
UK L 31 »Werdenfelser Land«, 1:50 000, Bayerisches Landesvermessungsamt

Information
Tourist-Info Garmisch-Partenkirchen, Richard-Strauss-Platz 2, 82467 Garmisch-Partenkirchen, Tel. 08821/18 07 00, gapa-tourismus.de

Als letzte Haltestelle vor der österreichischen Grenze stellt der kleine Bahnhof von Griesen den Ausgangspunkt für eine sehr aussichtsreiche Kamm- und Rundwanderung dar. Die Tour auf den Schellschlicht besticht vor allem durch Traumblicke auf die Ammergauer Alpen und noch spektakulärere Aussichten auf die Felswände des gegenüberliegenden Zugspitzmassivs.

Vom kleinen Bahnhof Griesen folgt man ein Stück der Straße nach Süden, bis rechts vor einer Straßenbrücke der Forstweg ins Neidernachtal abzweigt. Auf diesem geht es nun parallel zum Bachbett nach Westen, bis ein Wegweiser auf den zum Schellschlicht abzweigenden Fußweg aufmerksam macht. Man wendet sich dem Wegweiser folgend nach rechts und steigt durch den Wald zunächst angenehm flach bergauf. Nachdem es steiler geworden ist, stößt man auf eine Weggabelung. Hier gehen wir links und

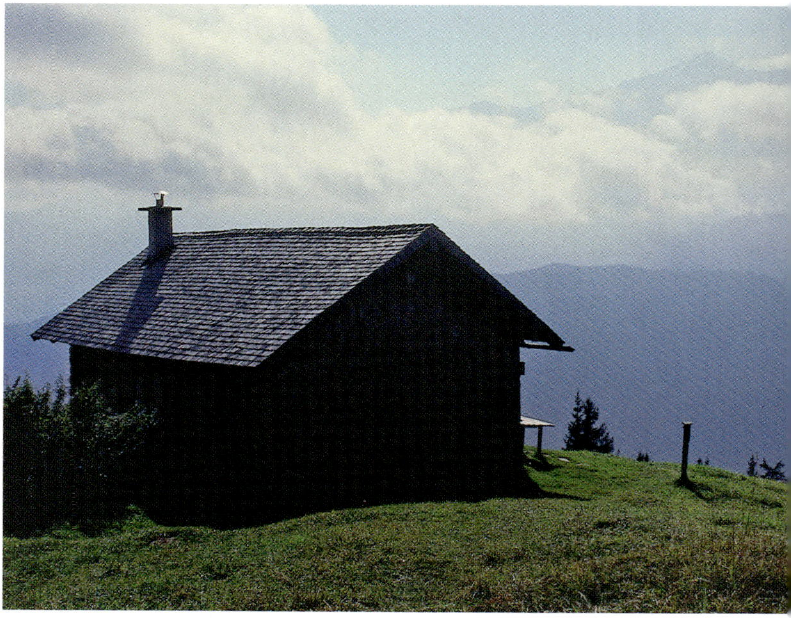

Die unbewirtete Schellalm ist eine ideale Rastmöglichkeit.

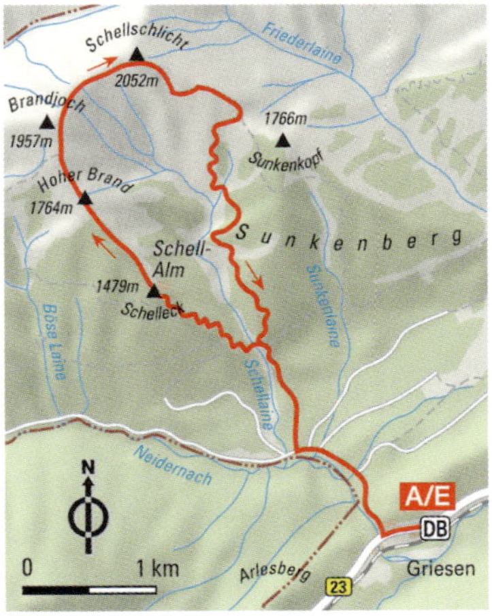

auf einer Brücke überqueren wir eine kleine Klamm. Nach einem steilen Anstieg durch schönen Mischwald erreicht man die unbewirtschaftete Schellalm, die sich für eine aussichtsreiche Brotzeit geradezu aufdrängt. Von nun an folgt der Weg erst in nordwestlicher, dann in nordöstlicher Richtung dem anfangs breiten Rücken, der über Hohen Brand und Brandjoch zum Schellschlicht führt. Über eine kurze Kletterstelle helfen Drahtseile hinweg. Im letzten Drittel ist der Weg stellenweise etwas ausgesetzt. Von der Orientierung her gibt es aber keine Probleme. Schließlich ist das 2052 Meter hohe Gipfelkreuz erreicht. Vom höchsten Punkt aus hat man einen sehr beeindruckenden Blick auf die steile Westseite des Zugspitzmassivs.

Für den Abstieg wendet man sich nach Südosten, folgt zunächst weiter dem Rücken und steigt dann auf einem zum Teil erodierten Weg in Serpentinen bergab. Hier ist abermals gute Trittsicherheit notwendig. Nachdem man einen kleinen Wildbach überquert hat, gelangt man in den Wald und der Weg wird wieder besser. In Kehren geht es stetig bergab. Bald erreicht man die Weggabelung, an der sich die beiden Anstiegswege getrennt haben, und man gelangt auf dem vom Herweg bekannten Pfad zum Ausgangspunkt zurück.

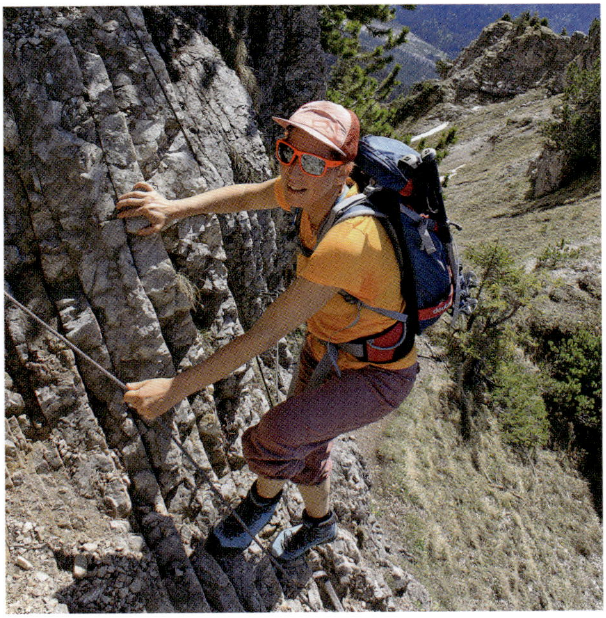

Die kurze Kletterstelle ist mit Drahtseilen gesichert.

56 Auf die Notkarspitze

Großartige Bergtour hoch über dem Kloster Ettal

Schwer | 1050 Hm | 5 Std.

Tourencharakter
Ausgedehnte Rundwanderung, die eine gute Kondition und stellenweise auch Trittsicherheit erfordert

Ausgangspunkt
Bushaltestelle »Ettal, Am Berg«

Endpunkt
Bushaltestelle »Ettal, Am Berg« bzw. »Ettal, Abzw. Zieglerhof«

Anfahrt
Mit der Bahn in Richtung Garmisch, in Oberau aussteigen. Weiter mit dem RVO-Bus 9606 Richtung Oberammergau und an der Haltestelle »Ettal, Am Berg« aussteigen

Rückfahrt
Zurück von der Haltestelle »Am Berg« oder »Zieglerhof«

Einkehr
Gasthof Ettaler Mühle, kein Ruhetag

Karte
UK L 31 »Werdenfelser Land«, 1:50 000, Bayerisches Landesvermessungsamt

Information
Gemeinde Ettal, Ammergauer Straße 8, 82488 Ettal, Tel. 08822/35 34, ettal.de

Wenn man Glück – will heißen eine gute Fernsicht – hat, dann bietet sich vom Gipfel der Notkarspitze aus neben beeindruckenden Blicken auf das Wettersteingebirge eine grandiose Aussicht auf das Alpenvorland mit Staffelsee, dem Starnberger See und dem Ammersee.

Während die Geduld der Autofahrer an schönen Wochenenden am Autobahnende schwer geprüft wird, geht es mit der Bahn ohne Stau nach Oberau und von dort schnell mit dem RVO-Bus zum Ettaler Sattel hinauf. Von der Bushaltestelle »Am Berg« unweit des Ettaler Sattels geht man ein Stück entlang der Straße nach Süden zu einem Parkplatz und stößt dahinter auf eine Fahrstraße, der man nach links folgt. Wo diese eine markante Kurve macht, weist ein Schild »Notkarspitze« nach rechts und man steigt von nun an auf einem gut ausgetretenen Pfad in angenehmer Steigung immer nach Westen bergan. Nach einiger Zeit wird der Wald lichter und wir sehen vor uns das Holzkreuz an der 1719 Meter hohen Ziegelspitz, wo sich eine schöne Rast anbietet. Der Weg wird nun etwas flacher und umgeht in Latschengelände einen im Kamm zwischen der Ziegelspitz und der Notkarspitze gelegenen Hügel auf dessen Südseite. Wir steigen in einen Sattel ab, um dahinter die letzten Aufstiegsmeter in Angriff zu nehmen. Der Weg hinauf zum Gipfel ist zwar ein wenig erodiert, aber dennoch problemlos zu bewältigen. Der breite, 1889 Meter hohe Gipfel der Notkarspitze bietet auch an überlaufenen Tagen genug Platz, damit jeder ein nettes Plätzchen findet.

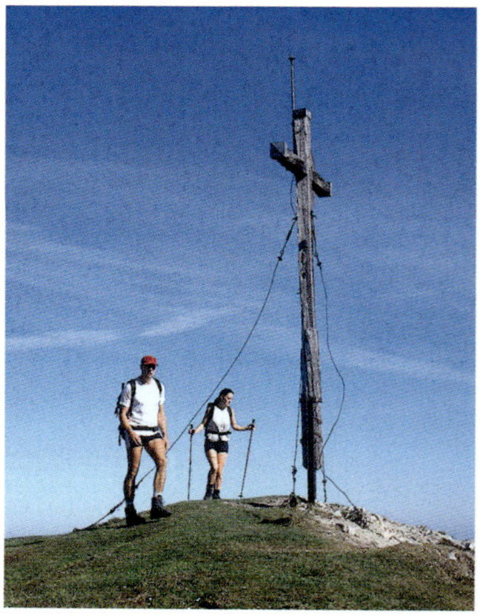

Vom Gipfel aus hat man im Herbst …

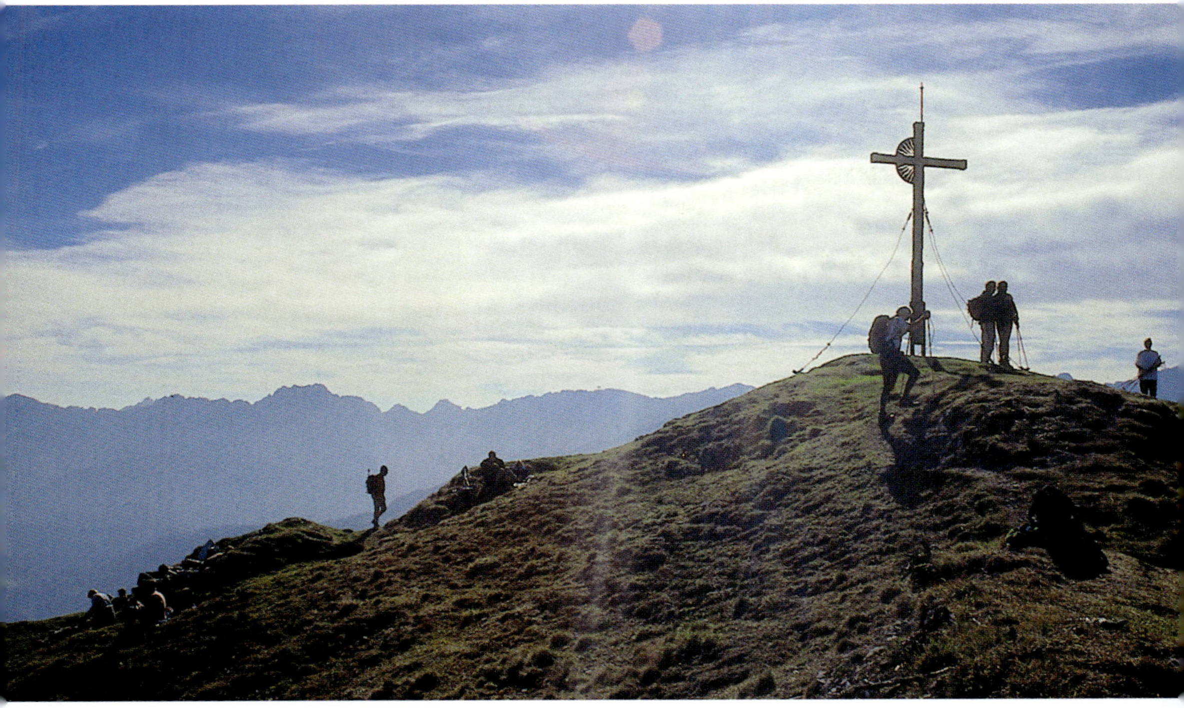

... eine großartige Sicht auf das Wettersteingebirge.

Für den Abstieg folgt man dem nach Norden absteigenden Gipfelrücken, um bald nach Osten in das große, nach Norden exponierte Kar der Notkarspitze abzubiegen. Dorthin geht es zunächst noch steil bergab, dann wird das Gelände zunehmend flacher und man quert den Bergkessel nach Norden und auf ungefähr derselben Höhe am Beginn des Bergwaldes. Ab hier wird der Weg ziemlich steil. Bei Nässe ist unbedingt Trittsicherheit gefragt. Dann wird der Weg wieder etwas flacher und wenig später erreicht man auch schon einen Forstweg, der zur Ettaler Mühle führt. Nach der Einkehr folgt man der Straße bis zur Haltestelle »Zieglerhof« an der Hauptstraße Ettal–Oberammergau, von wo man mit dem Bus zurückfahren kann.

Variante Wer nach dem Einkehren einen Verdauungsspaziergang einlegen und die Wanderung als geschlossene Rundtour beenden will, der kann von der Ettaler Mühle ein Stück zurückgehen und dann nach links, immer entlang des Waldrandes, nach Osten und somit wieder zur Bushaltestelle »Am Berg« am Ettaler Sattel zurückwandern.

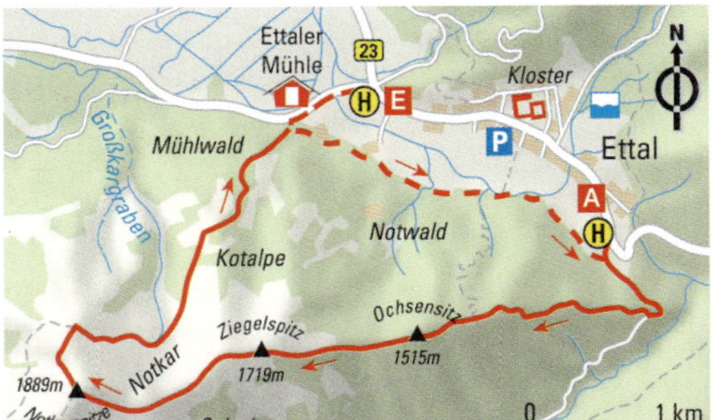

57 Kofel

Leichte Wanderung und exponierter Gipfelaufbau

Mittel | 520/529 Hm | 3.45 Std.

Tourencharakter
Überwiegend Bergwanderwege. Für den Gipfelabstecher sind jedoch Trittsicherheit und Schwindelfreiheit erforderlich (einige Seilsicherungen).

Ausgangs-/Endpunkt
Bahnhof Oberammergau

Anfahrt
Mit der Bahn über Murnau nach Oberammergau. Von dort zu Fuß zur Talstation der Kolbensesselbahn

Einkehr
Berggasthaus Kolbenalm (nahezu ganzjährig bewirtschaftet), Gasthäuser in Oberammergau

Karte
TK 1:50 000 Werdenfelser Land/Ammergebirge (LDBV)

Information
ammergauer-alpen.de

Mit seiner Höhe von »nur« 1342 Metern ist der Kofel zwar kein besonders hoher Berg, seine exponierte Lage und sein felsiger Gipfelaufbau machen ihn aber trotzdem zu etwas Besonderem. Sein Gipfel wirkt etwas abweisend, doch trittsichere Bergwanderer schaffen diesen Felszahn mit »links«.

Vom Bahnhof in Oberammergau folgen wir zunächst dem ausgeschilderten Weg durch den Ort – über die B 23 hinweg – zur Talstation der Kolbenlifte. Vom Parkplatz geht es dann kurz in Richtung Kolbenalm, bis links der »Grottenweg« abzweigt, dem wir nun folgen.

Wir wandern durch Wald unter den Felsen des Kofels entlang, hinüber zum Dottenbühl. Dort treffen wir auf einen Fahrweg, dem wir kurz rechts folgen; dann queren wir eine große Wiese nach rechts und gelangen so zum Beginn eines gut befestigten Serpentinenwegs.

Auf diesem Steig geht es nun hinauf zum Kofelsattel (mit Unterstandshüttchen). Dort halten wir rechts auf die Gipfelfelsen zu. Ein drahtseilgesicherter Steig leitet uns nun hinauf zu einer Scharte. Links des Gipfelgrats steigen wir dann hinauf zum Gipfel. Der Tiefblick auf Oberammergau von hier oben ist beeindruckend.

Anschließend kehren wir zum Kofelsattel zurück, halten uns dort rechts und wandern dann weiter auf dem Königssteig, der uns durch die Nordflanke des Brunnbergs führt. Bei einer Wegkreu-

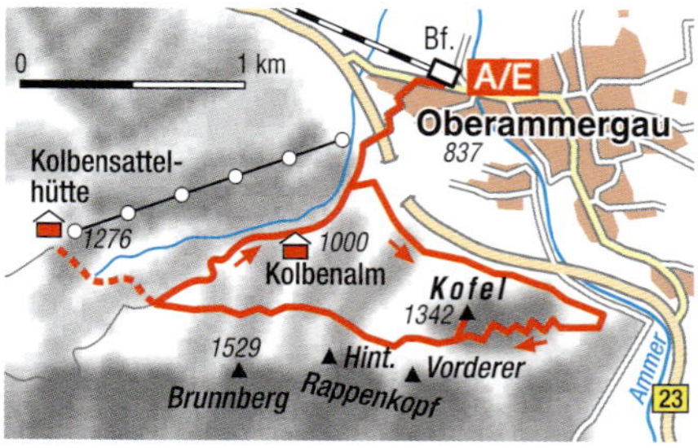

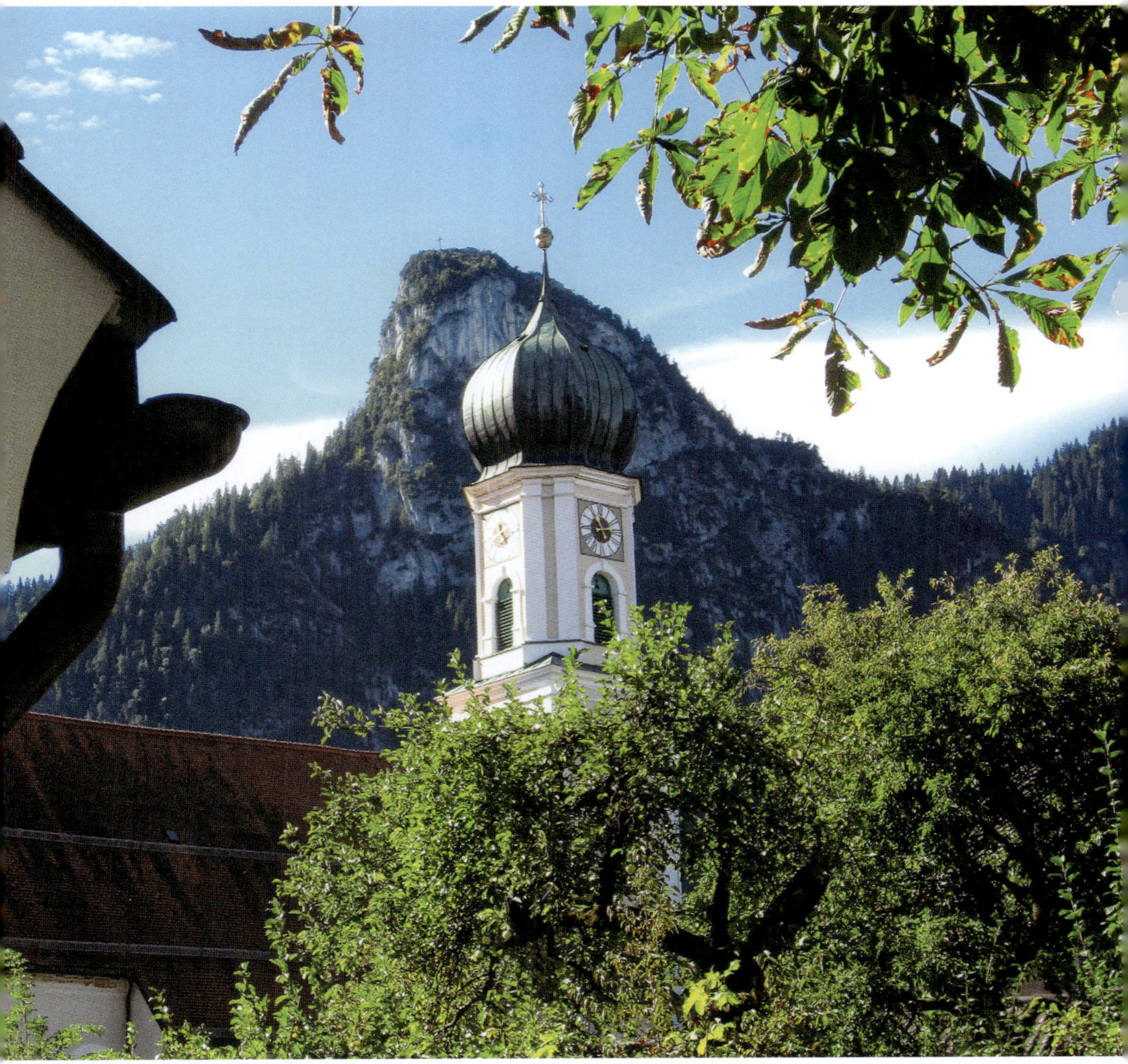

Blick von Oberammergau auf den spitzen Kofel

zung treffen wir auf den Abstiegsweg zur Kolbenalm, dem wir bis hinab zum Parkplatz an der Talstation der Kolbenlifte folgen. Auf dem bereits bekannten Weg wandern wir zurück zum Bahnhof von Oberammergau.

Variante Von der zuletzt erwähnten Wegkreuzung können wir geradeaus weiter zur Bergstation des Kolbensessellifts wandern und dann bequem ins Tal hinabschweben oder mit dem Alpine Coaster hinunterfetzen. Dies hat auch den Vorteil, dass wir in der Kolbensattelhütte noch einkehren können.

58 Zu den Pürschlinghäusern

Ganzjahresziel hoch über Oberammergau

Leicht | 1030 Hm | 4 Std.

Tourencharakter
Bei Nässe ist der Kofelsteig unangenehm; ein Stück auf einem Wirtschaftsweg. Der Teufelstättkopf setzt Trittsicherheit und Schwindelfreiheit voraus.

Ausgangs-/Endpunkt
Bahnhof Oberammergau

Anfahrt
Mit der Bahn über Murnau nach Oberammergau; dann zu Fuß zur Talstation der Kolbensesselbahn

Einkehr
Kolbensattelhütte (ganzjährig bewirtschaftet), Pürschlinghäuser (August-Schuster-Haus, AV-Haus, Übernachtung), Kolbenalm (privat, Übernachtung, ganzjährig bewirtschaftet)

Karte
TK 1:50 000 Werdenfelser Land/Ammergebirge (LDBV)

Information
ammergauer-alpen.de

Südwestlich von Oberammergau erstreckt sich ein Höhenzug, der mit dem felsigen Hausberg, dem Kofel, beginnt und in der Klammspitze zu enden scheint. Dieser Bergzug, der als letztes ernstzunehmendes Bollwerk die Ammergauer Alpen nach Norden hin abschließt, ist einen Ausflug wert.

Vom Bahnhof in Oberammergau folgen wir der Ausschilderung zu den Kolbenliften. Bei der Talstation beginnt auch die Wanderung. Ein gut angelegter, stellenweise mit Stufen versehener Wanderweg führt an einem Bach entlang talein. Bald nimmt die Steigung zu, der Weg windet sich in mehreren Serpentinen durch Mischwald bergan. Schließlich begleitet er rechter Hand die Schlucht, in der die vom Brunnberg herabziehenden Bachläufe rauschen.

Bei einer Weggabelung hält man sich rechts. Von links mündet der Weg vom Kofel ein. Als Weg Nr. 233 führt unser Steig nun langsam ansteigend zur Kolbensattelhütte (bei der Bergstation des Sessellifts) und weiter auf dem bei Nässe unangenehmen Kofelsteig bis dorthin, wo die von Unterammergau heraufziehende Forststraße einmündet. Das letzte Stück zu den Pürschlinghäusern ist steil und weniger erfreulich; doch es entschädigen bald eine ausgiebige Hüttenrast und eine ergiebige Rundsicht. Der

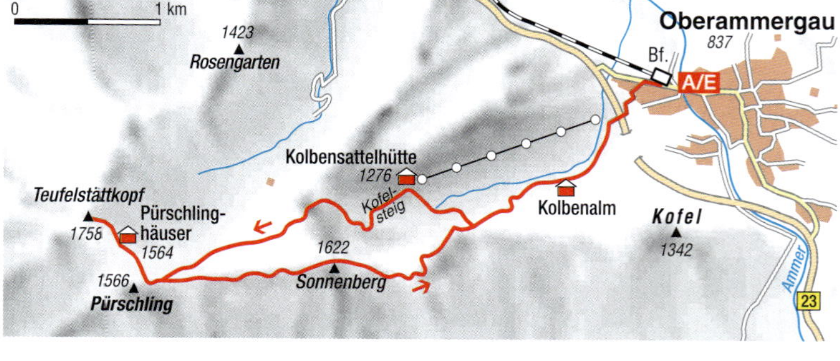

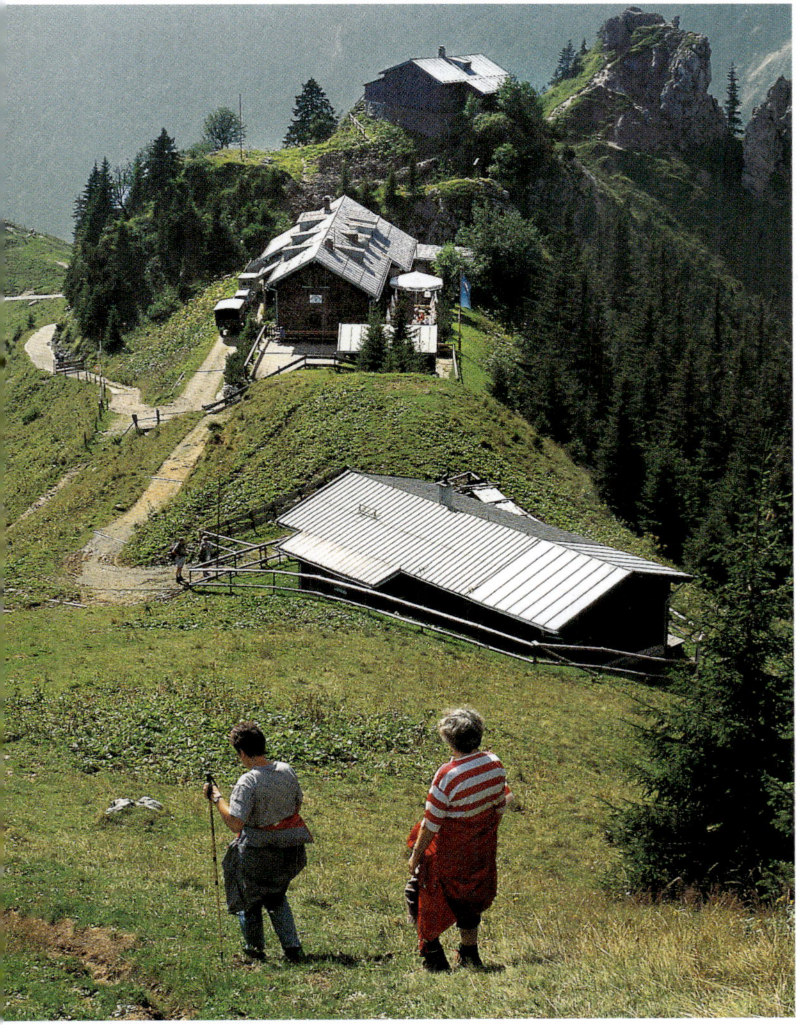

Die Pürschlinghäuser liegen auf einem Gratausläufer, bieten aber trotzdem einen windfreien Logenplatz.

Weiterweg zum Teufelstättkopf ist von hier gut ausgeschildert und nicht zu verfehlen.

Für den Abstieg wählt man dann denselben Weg; vielleicht nutzt man dabei den Sessellift, um ein wenig Kraft zu sparen. Wer hingegen über ordentliche Bergerfahrung verfügt, der kann auch den Sonnenberggrat überschreiten. Wenig unterhalb der Hütte zweigt rechts ein kleiner Steig von der Forststraße ab. Dieser Steig durchzieht steile Hänge, erlaubt einen etwas lehmigen Gipfelanstieg am Sonnenberg (1622 m) und erreicht die Felszacken, die als »Am Zahn« bezeichnet werden, bevor er in Kehren hinunterführt zum breiten Wanderweg nach Oberammergau.

59 Auf das Ettaler Manndl

Runde um ein Wahrzeichen der Ammergauer Alpen

Leicht | 50/800 Hm | 5.30 Std.

Tourencharakter
Bis zum Gipfelaufschwung ist die Wanderung leicht, der Gipfelanstieg selbst ist durch eine Eisenkette gesichert, dabei aber sehr ausgesetzt. Dies erfordert Erfahrung im felsigen Gelände und sorgfältiges Gehen.

Ausgangs-/Endpunkt
Bahnhof Oberammergau

Anfahrt
Mit der Bahn über Murnau nach Oberammergau. Von dort mit RVO-Bus zur Talstation der Laberbahn (zu Fuß etwa 40 Minuten)

Einkehr
Laber-Gipfelhaus (während des Betriebs der Bergbahn, schöne Terrasse), Soilaalm

Karte
TK 1:50 000 Werdenfelser Land/Ammergebirge (LDBV)

Information
ammergauer-alpen.de

Das Ettaler Manndl erhebt sich über Kloster Ettal und dem Passionsspielort Oberammergau. Aber keine Sorge – ein Kreuzweg ist die Wanderung nicht. Vielmehr ein Vergnügen für die, die auch am felsigen Gipfelaufschwung trittsicher sind. Zuerst geht es aber bequem per Bergbahn hinauf zum Laber.

In St. Gregor, dem östlichen Ortsteil Oberammergaus, nimmt der Ausflug seinen Anfang. Mit der Laberbergbahn kommen wir rasch in die stattliche Höhe von 1690 Metern. (Natürlich gibt es auch einen Fußweg hinauf.) Bei Bergstation und Gasthaus zweigt ein Weg nach Osten ab; in einer halben Stunde sind die Sicherungen am felsigen Gipfelaufschwung des Ettaler Manndls erreicht.

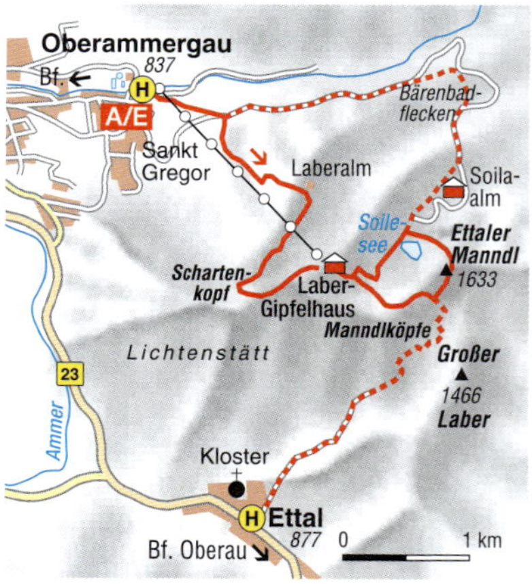

Ist die derart zu überwindende Höhe auch gering,

Und nach der Tour

Da steht natürlich die Besichtigung der nahen Ettaler Klosterkirche (Bus) auf dem Programm. Des Weiteren bietet sich ein Bummel in Oberammergau an: sehenswerte Lüftlmalereien (der berühmte Lüftlmaler Franz Zwinck lebte einst in Oberammergau) oder Schnitzereien in den zahlreichen Kunstgewerbeläden. Auch sehenswert sind das Passionsspielhaus sowie das Wellenbad mit Freibad und Liegewiese.

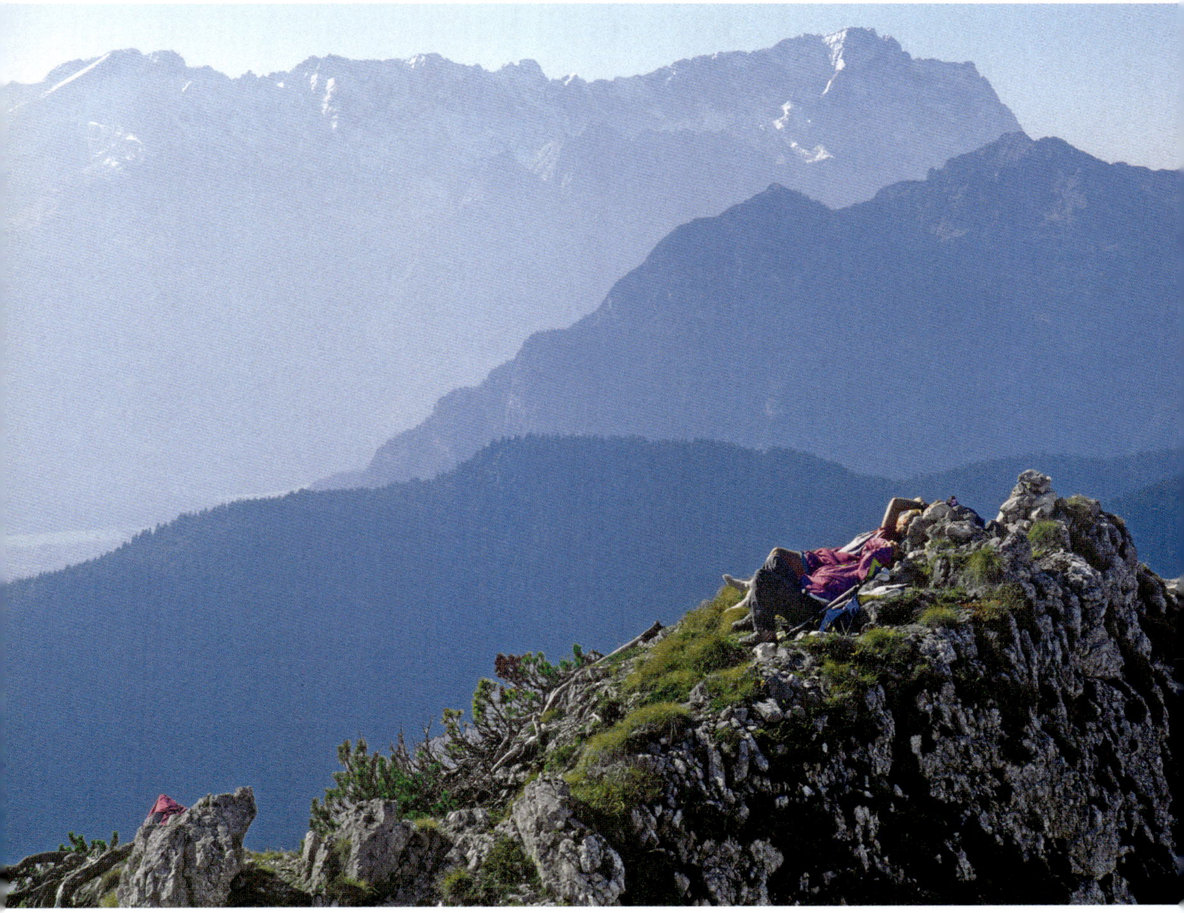

Die Zugspitze liegt zum Greifen nah – ein herrliches Gipfelerlebnis auf dem Ettaler Manndl!

so ist doch mit größter Achtsamkeit zu kraxeln: Wer hier nicht schwindelfrei, nicht trittsicher ist, der sollte auf den Gipfelanstieg besser verzichten. Beim Einstieg des Klettersteigs gehen wir auf dem Normalweg in nordwestlicher Richtung weiter, steigen hinab zum kleinen Soilesee, der reizvoll unter der Nordwestflanke des Manndls liegt. Vom See führt dann ein Steig wieder hinauf Richtung Laber, wo wir vor der Entscheidung stehen, ob wir auf gutem Steig nach Oberammergau hinablaufen oder ob wir einmal mehr die Seilbahn nehmen.

Zu empfehlen ist eine weitere Wandervariante Vom Soilesee nordseitig auf breitem Weg – vorbei an der Soilaalm – in die Senke, die das Manndl vom Aufacker trennt, und hier westlich hinaus nach St. Gregor. Diese Strecke hat den Vorteil, dass wir bei der Soilaalm noch eine kleine Stärkung zu uns nehmen können.

60 Über das Hörnle nach Bad Kohlgrub

Herrliche Überschreitung eines Ammergauer Wanderklassikers

Leicht | 650 Hm | 4 Std.

Tourencharakter
Abwechslungsreiche Überschreitung auf zumeist guten Wegen und mit angenehmen Anstiegen

Ausgangspunkt
Bahnhof Unterammergau

Endpunkt
Bahnhof Bad Kohlgrub

Anfahrt
Mit der Bahn über Murnau nach Unterammergau

Rückfahrt
Von Bad Kohlgrub ebenfalls über Murnau

Einkehr
Hörnlehütte (AV-Hütte, ganzjährig bewirtschaftet) sowie nach der Tour Gasthäuser in Bad Kohlgrub

Karte
UK L 31 »Werdenfelser Land«, 1:50 000, Bayerisches Landesvermessungsamt

Information
Kur- und Tourist-Information Bad Kohlgrub, 82433 Bad Kohlgrub, Tel. 08845/74 22-0, bad-kohlgrub.de

Von der Sonne verwöhnte Wiesenhänge laden bereits beim Aufstieg zum Mittleren Hörnle zu der einen oder anderen ausgedehnten Pause mit schöner Aussicht auf die Ammergauer Alpen ein. Oben angekommen glänzt der grüne Voralpengipfel vor allem mit einer tollen Aussicht auf das Alpenvorland mit dem wunderschönen Staffelsee.

Vom Bahnhof in Unterammergau geht man ein Stück entlang der Gleise und sieht bald die Wegweiser zum Hörnle. Man folgt zuerst dem Kappelweg, dann geht es eben zwischen Weiden auf einem Landwirtschaftsweg zum Kappelkirchlein, wo man nach rechts der Teerstraße bergan folgt. Die Teerstraße wird bald zum Schotterweg. Bei der ersten Gabelung gehen wir geradeaus, bei der nächsten Gabelung halten wir uns rechts und gehen durch ein Viehgatter. Bald darauf verlassen wir den breiten Weg nach links und folgen dem markierten Pfad, der über zumeist freie Wiesenhänge weiter nach Osten bergan führt. Ein Weidezaun kann mithilfe von Trittstufen überstiegen werden. Nach einer Gruppe von uralten Ahornbäumen stoßen wir auf einen Fahrweg, dem wir ein Stück folgen. Wieder auf dem Fußweg geht es auf dem Rücken

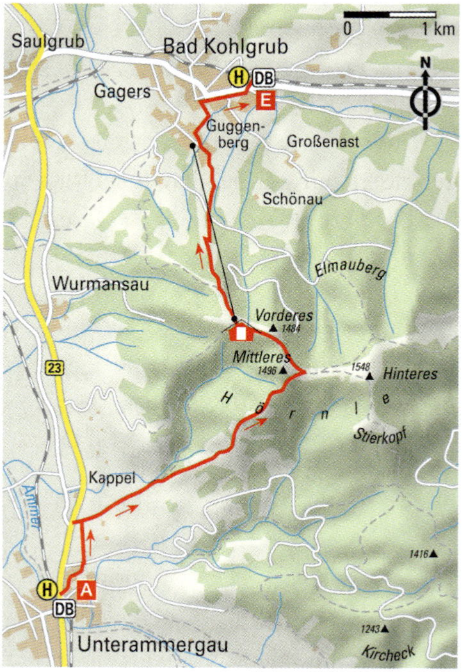

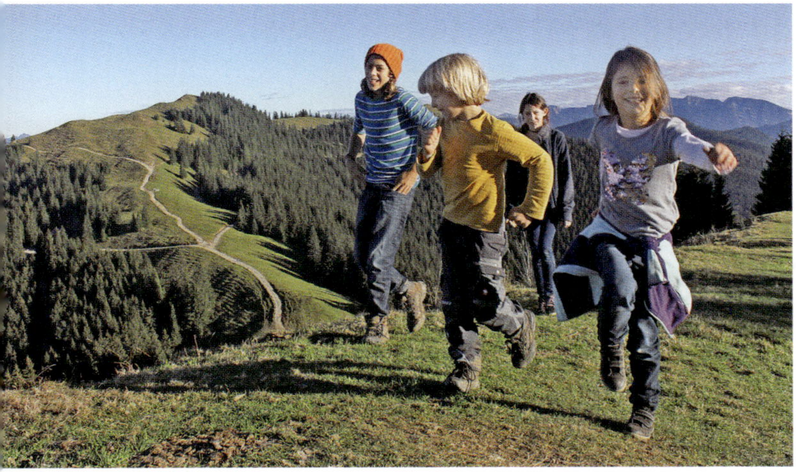

Der Anstieg verläuft über aussichtsreiche Wiesenhänge.

wieder in Richtung Osten weiter. Am Rande einer Lichtung führt der markierte Weg weiter in Richtung Hörnlealm. Noch ein gutes Stück vor dieser kann man abkürzen und nach links einem Pfad folgen, der direkt zum aussichtsreichen Gipfel des Mittleren Hörnles führt. Hat man sich sattgesehen, aber noch nicht satt gegessen, dann folgt man vom Gipfel aus dem Wiesenrücken nach Norden hinab, wo man auf einen breiteren Weg stößt, der nach links zur Hörnlehütte führt.

Von der Hütte folgt der markierte Abstiegsweg zunächst der Skipiste und führt dann meist parallel zum Sessellift bis zu dessen Talstation. Hier folgt man nach links ein Stück der Fallerstraße und dann nach rechts dem Schillingweg. Über einen Fußweg gelangen wir schließlich ins Ortszentrum von Bad Kohlgrub. Hier folgen wir zunächst der Murnauer Straße nach rechts und dann der Bahnhofstraße nach links und erreichen schließlich den Bahnhof.

Variante Wer die Tour verlängern möchte, dem sei noch der Abstecher zum Hinteren Hörnle – dem höchsten der drei Hörnle-Gipfel – aufgrund seiner Aussicht ins Loisachtal und hinüber zum Estergebirge sehr empfohlen. Wer das Hintere Hörnle zusätzlich besteigen möchte, zweigt nicht kurz vor dem Gipfel des Mittleren Hörnles wie oben beschrieben nach links ab, sondern folgt weiter dem Weg zur Hörnlealm. Hier sieht man auch schon im Osten das Gipfelkreuz des Hinteren Hörnles vor sich liegen, das man über einen freien Wiesenhang erreicht.

61 Tegelberghaus und Branderschrofen

Schnelle Gipfelfreuden und leichter Abstieg

Mittel | 170/1050 Hm | 3.45 Std.

Tourencharakter
Der Gipfelweg zum Branderschrofen ist ausgesetzt (einige Drahtseilsicherungen). Der Abstieg ins Tal: überwiegend breite Wege, streckenweise steil, aber ungefährlich

Ausgangs-/Endpunkt
Berg- bzw. Talstation der Tegelbergbahn

Anfahrt
Mit der Bahn über Buchloe nach Füssen. Bus zur Talstation der Tegelbergbahn

Einkehr
Tegelberghaus (privat, ganzjährig bewirtschaftet, Übernachtung), Restaurant an der Bergstation mit Terrasse und Kiosk, Rohrkopfhütte

Karte
TK 1:50 000 Füssen (LDBV)

Information
schwangau.de

Der Tegelberg gibt seinen Namen einem ganzen Bergmassiv. Der höchste Gipfel allerdings – der Branderschrofen – trägt einen anderen Namen. Zudem gibt es eine Reihe kleinerer und größerer Erhebungen an diesem Massiv. Das ganze Areal ist Teil des Ammergebirges, seines Zeichens größtes Naturschutzgebiet in Bayern.

Seit dem Bau der Tegelbergbahn hat das Interesse an diesem Berg stark zugenommen. Vorher war er ein eher ruhiges Jagdrevier für die bayerische Königsfamilie. Das Tegelberghaus, gleich neben der Bergstation, war früher ein königliches Jagdhaus, in dem sich Ludwig II., der Märchenkönig, gerne aufhielt. An der Talstation lockt eine Sommerrodelbahn, daneben gibt es eine römische Ausgrabung. Dann ist da die steile Auffahrt mit der Tegelbergbahn, bei der nur eine einzige Stütze benötigt wird, um eine schräge Länge von 2146 Metern zu überwinden. Dort oben öffnet sich dann ein wahres Wanderparadies mit einigen

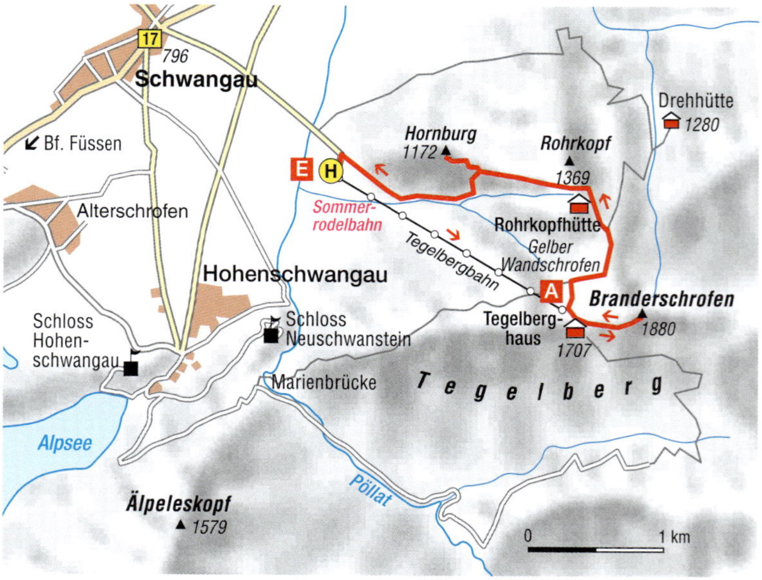

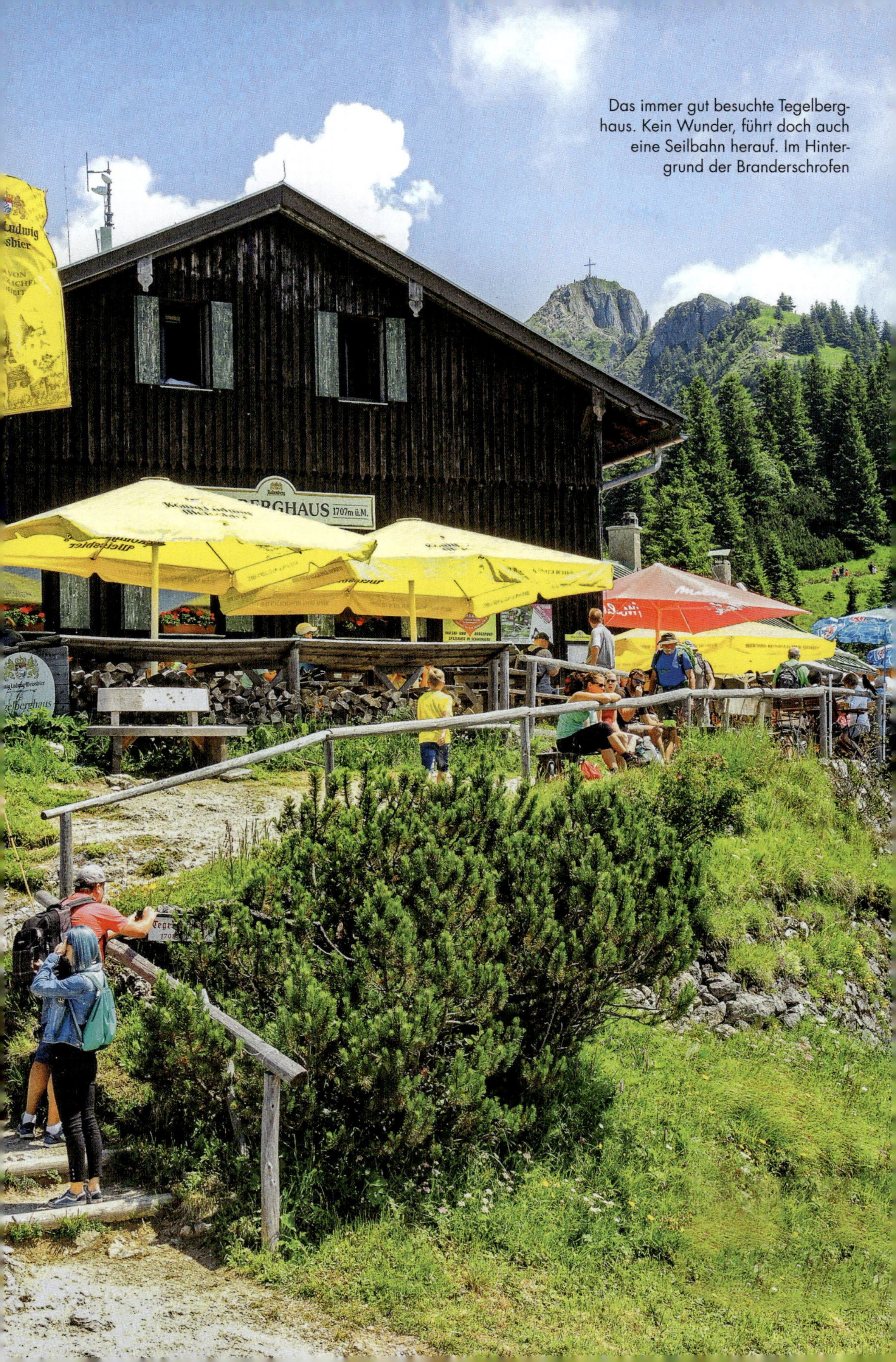

Das immer gut besuchte Tegelberghaus. Kein Wunder, führt doch auch eine Seilbahn herauf. Im Hintergrund der Branderschrofen

Themenwanderwegen: so z.B. der Schutzengelweg oder der Ahornreitweg hinab in die Bleckenau, der als Naturlehrpfad gestaltet ist.

Von der Bergstation der Tegelbergbahn laufen wir die wenigen Meter zum Tegelberghaus. Von dort folgen wir – rechts an diesem vorbei – dem ausgeschilderten breiten Wanderweg auf den bereits über uns deutlich aufragenden Branderschrofen. Zunächst seitlich am Kamm entlang, dann bei der Wegverzweigung links über die grasigen Hänge hinauf zu der Schulter, die vom Branderschrofen herabzieht. Bei einem kleinen Vorgipfel warnt uns eine Tafel: »Vorsicht – nur für Geübte«. Also Augen auf, denn hier beginnt der anspruchsvollere Teil des Gipfelwegs. Einige Seilsicherungen helfen auf dem nun schmalen Pfad, der hinauf zum Grat führt. Dann geht es über den letzten Gipfelaufschwung hinauf zum großen Gipfelkreuz. Der Blick reicht von hier oben bis zur Zugspitze, in die Lechtaler und Allgäuer Alpen und natürlich hinaus ins Alpenvorland, das direkt vor uns liegt.

Abstieg über Schutzengelweg und Rohrkopfhütte: Auf dieser Route bewegen wir uns auf dem Kulturpfad »Schutzengelweg«, der von der Bergstation hinab zur Talstation führt. Er weist uns auf Wissenswertes aus der letzten Eiszeit sowie auf die Geologie und die Geschichte der Region hin. Vom Tegelberghaus gehen wir zunächst auf breitem Weg unter der Seilbahntrasse hindurch zur Wegverzweigung unterhalb, wo uns die Wegweiser »Ilgmösle« und »Drehhütte« weiterhelfen. Rechts haltend geht es auf gestuftem Wanderweg hinab in eine Mulde. Dann links haltend an zwei Lifthäuschen vorbei und in Serpentinen weiter zur bereits sichtbaren Rohrkopfhütte. Kurz vorher zweigt rechts der Weg zur Drehhütte ab. Von der Rohrkopfhütte dann links weiter auf einem schmalen Wirtschaftsweg, dem sogenannten »Schutzengelweg«, und durch Wald abwärts, seitlich am Rohrkopf vorbei. Der Fahrweg wird links haltend abgekürzt. Dann gelangen wir zu einer Lichtung und bald darauf zu einer Wegverzweigung direkt vor der Hornburg. Links geht es weiter in einen großen Graben (Achtung: Rutschgefahr!) und in Serpentinen hinab zum Fahrweg. Auf diesem wandern wir dann gemächlich – zu Beginn am Rautbach entlang – hinab zur Talstation der Tegelbergbahn. Dort können wir noch einkehren oder wir sehen uns die römischen Ausgrabungen an, bevor wir unsere Heimreise antreten.

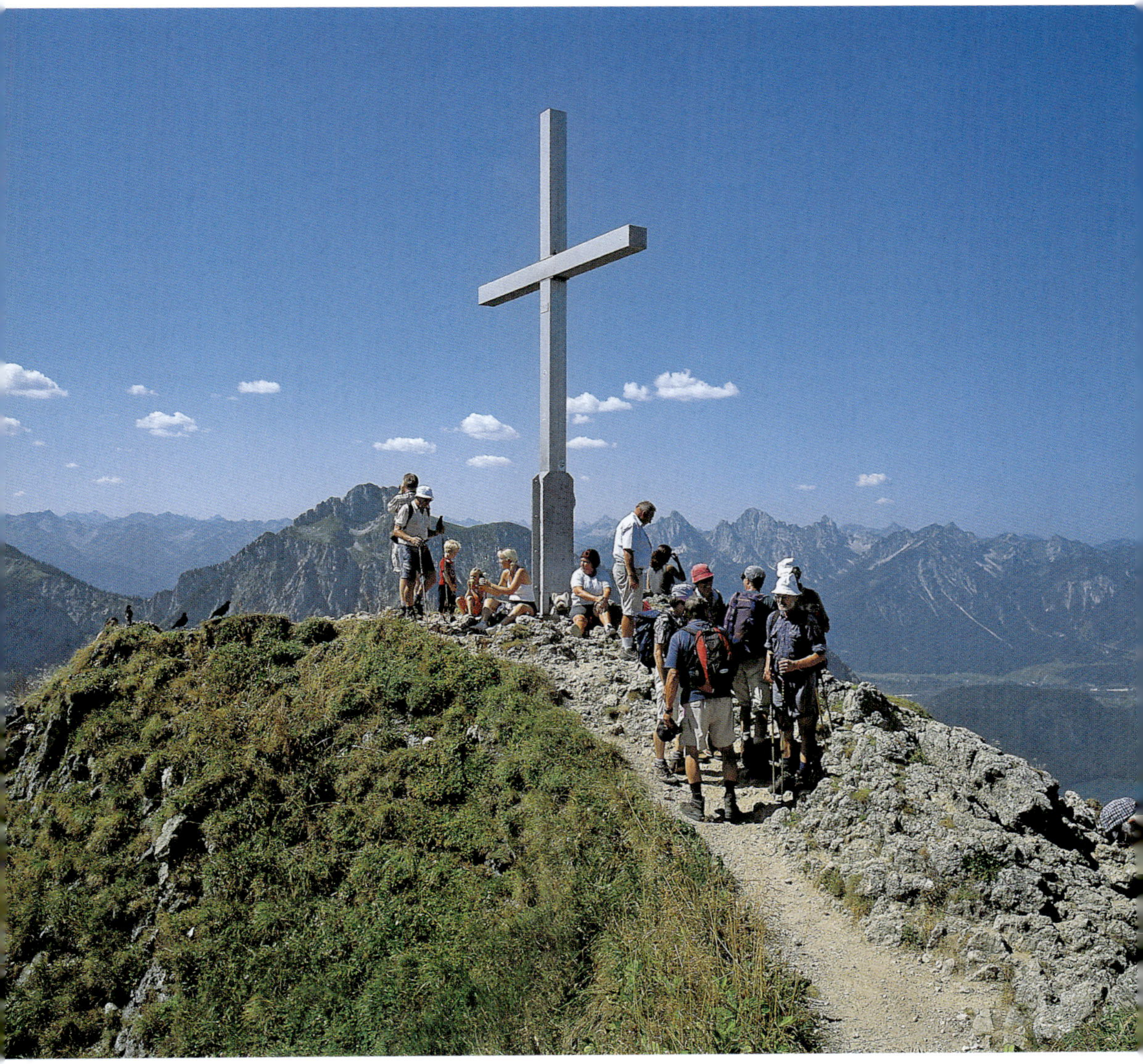

Auf dem Gipfel des Branderschrofens, höchster Punkt am Tegelberg

Abstecher zur Hornburg Am Abstiegsweg über die Rohrkopfhütte haben wir die Gelegenheit, noch einen kleinen Gipfelabstecher einzulegen. 20 Minuten unterhalb der Rohrkopfhütte beginnt unser Anstiegsweg. Ein kleiner Wegweiser gibt die Richtung vor, dann folgen wir dem schmalen Pfad hinauf durch Fichtenwald bis zur 1172 Meter hohen Hornburg, die allerdings nur so heißt. Eine Burg finden wir dort oben nicht vor, aber einen schönen Platz zum Rasten und einen freien Blick auf die Ostallgäuer Seenplatte. Nach Norden fällt dieser Gipfel steil ab, also Vorsicht!

62 Auf den Säuling

Stolzer Gipfel über den Königsschlössern

Mittel | 1230 Hm | 7 Std.

Tourencharakter
Im unteren Teil Forstwege und Bergwanderwege, im Gipfelbereich steile Steige (einige Seilsicherungen). Trittsicherheit und Schwindelfreiheit erforderlich

Ausgangs-/Endpunkt
Bushaltestelle Hohenschwangau

Anfahrt
Mit der Bahn über Buchloe nach Füssen. Vom Bahnhofsplatz in Füssen fährt ein RVA-Bus nach Hohenschwangau.

Einkehr
Säulinghaus (TVN-Haus, Übernachtung), Gasthäuser in Hohenschwangau

Karte
TK 1:50 000 Füssen (LDBV)

Information
schwangau.de

Neben dem Tegelberg ist der Säuling der zweite Hausberg der Schwangauer. Und anders als der behäbig wirkende Nachbar fällt er trotz der Vielzahl der Ammergauer Berge sofort ins Auge. An ihn lehnt sich der 300 Meter niedrigere Pilgerschrofen an. Als Ausgangspunkt bietet sich Hohenschwangau an.

Von der Bushaltestelle am großen Parkplatz in Hohenschwangau folgen wir zunächst dem ausgeschilderten breiten Weg hinauf zum Schloss Neuschwanstein. Dahinter führt unser ausgeschilderter Weg die Pöllat entlang aufwärts – vorbei an einem Wasserfall – in Richtung Bleckenau. Bei der Weggabelung »Zur Jugend« folgen wir der Forststraße nach rechts.

Nach etwa 20 Minuten geht rechts ein schmälerer Fahrweg ab, der zum Älpele und ins Pilgerkar führt. Bei der Wildsulzhütte queren wir links die Nordflanke des Säulings und folgen dem Steig, der links hinauf zur Gamswiese leitet, von der wir eine fantastische Aussicht haben. Über diese steile Wiese gelangen

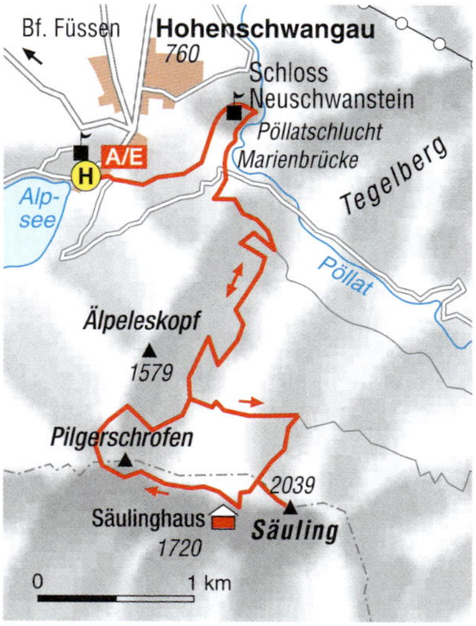

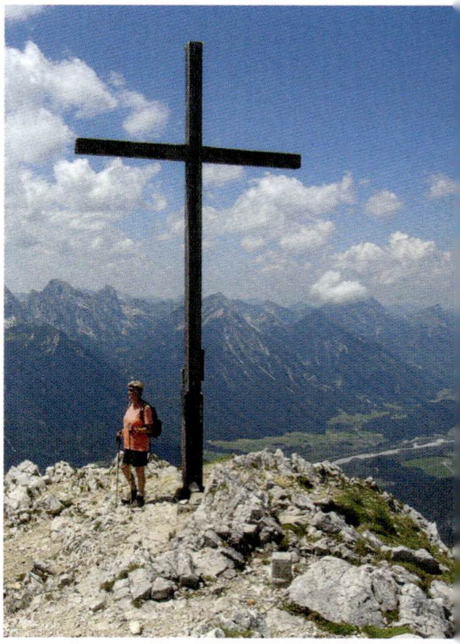

Das schlichte, aber riesige Gipfelkreuz auf dem Säuling

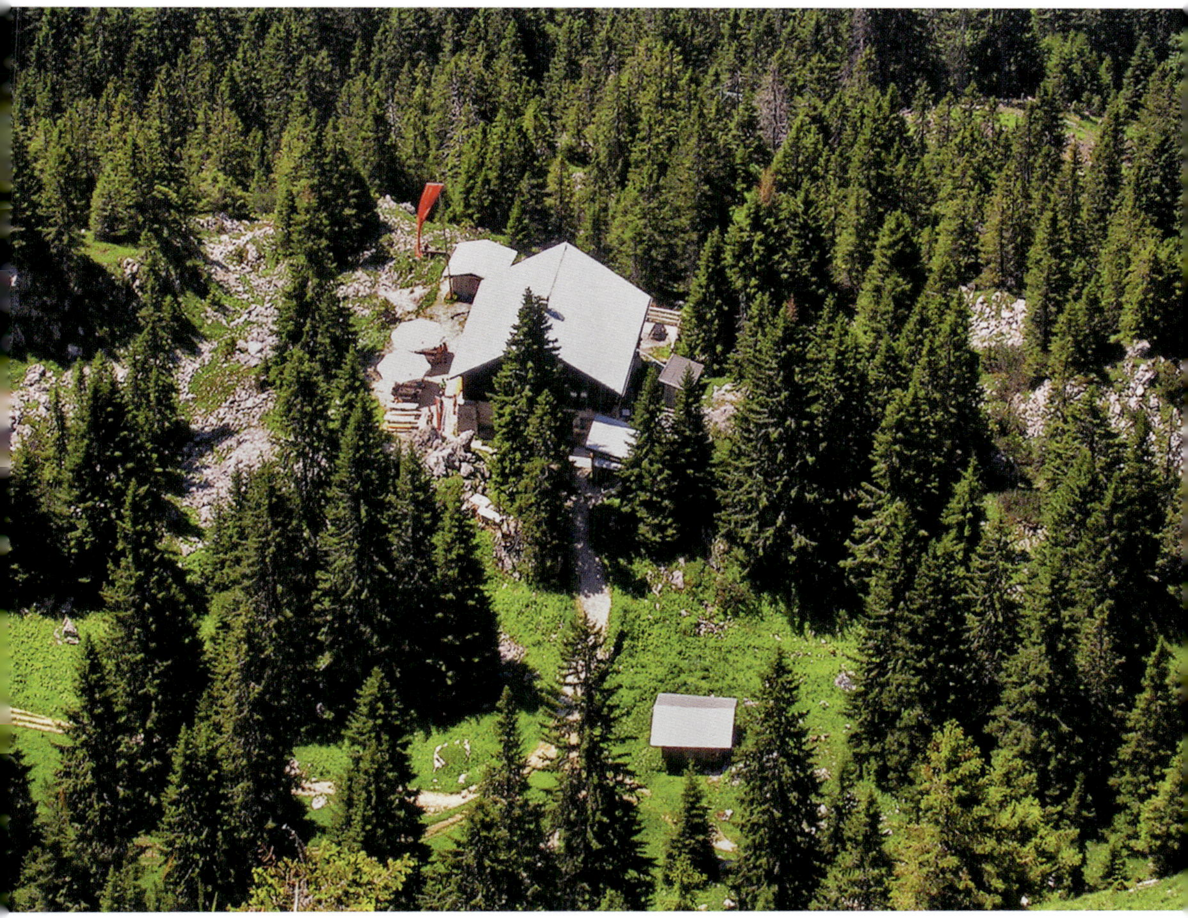

Tiefblick auf das Säulinghaus – ein Unterkunftshaus der »Naturfreunde«

wir schließlich hinauf zum Gipfelfelsen und weiter zum Gipfelkreuz. Hier oben eröffnet sich eine Aussicht, die ihresgleichen sucht: Im Süden sind es die Lechtaler Alpen, die unseren Blick gefangen halten, im Osten erkennen wir die Zugspitze, im Westen sind es die Nordabstürze der Tannheimer Berge, und tief unter uns liegt das unverkennbare Schloss Neuschwanstein.

Für den Abstieg empfiehlt sich die Route über das Säulinghaus auf der Südseite des Gipfels. Von dort wandern wir unter den Wänden des Pilgerschrofens entlang, umrunden diesen Vorgipfel im Rechtsbogen und treffen dann bei der Wildsulzhütte wieder auf unseren Anstiegsweg. Und da wir in unseren Ausflug eine Übernachtung im Säulinghaus eingeplant haben, bleibt nach dem Abstieg schließlich noch genügend Zeit, einem der beiden Königsschlösser einen Besuch abzustatten.

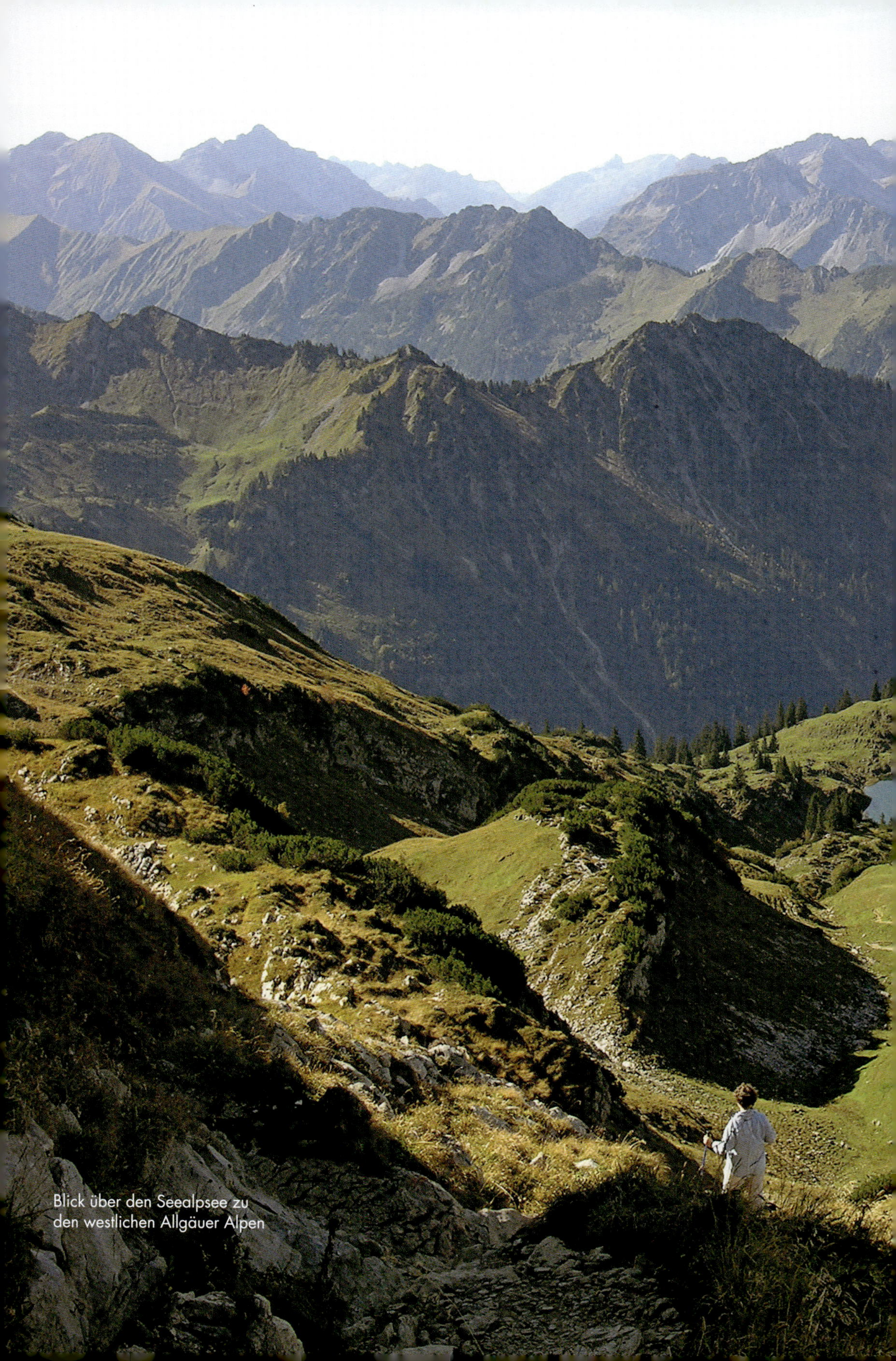

Blick über den Seealpsee zu
den westlichen Allgäuer Alpen

Allgäuer Alpen

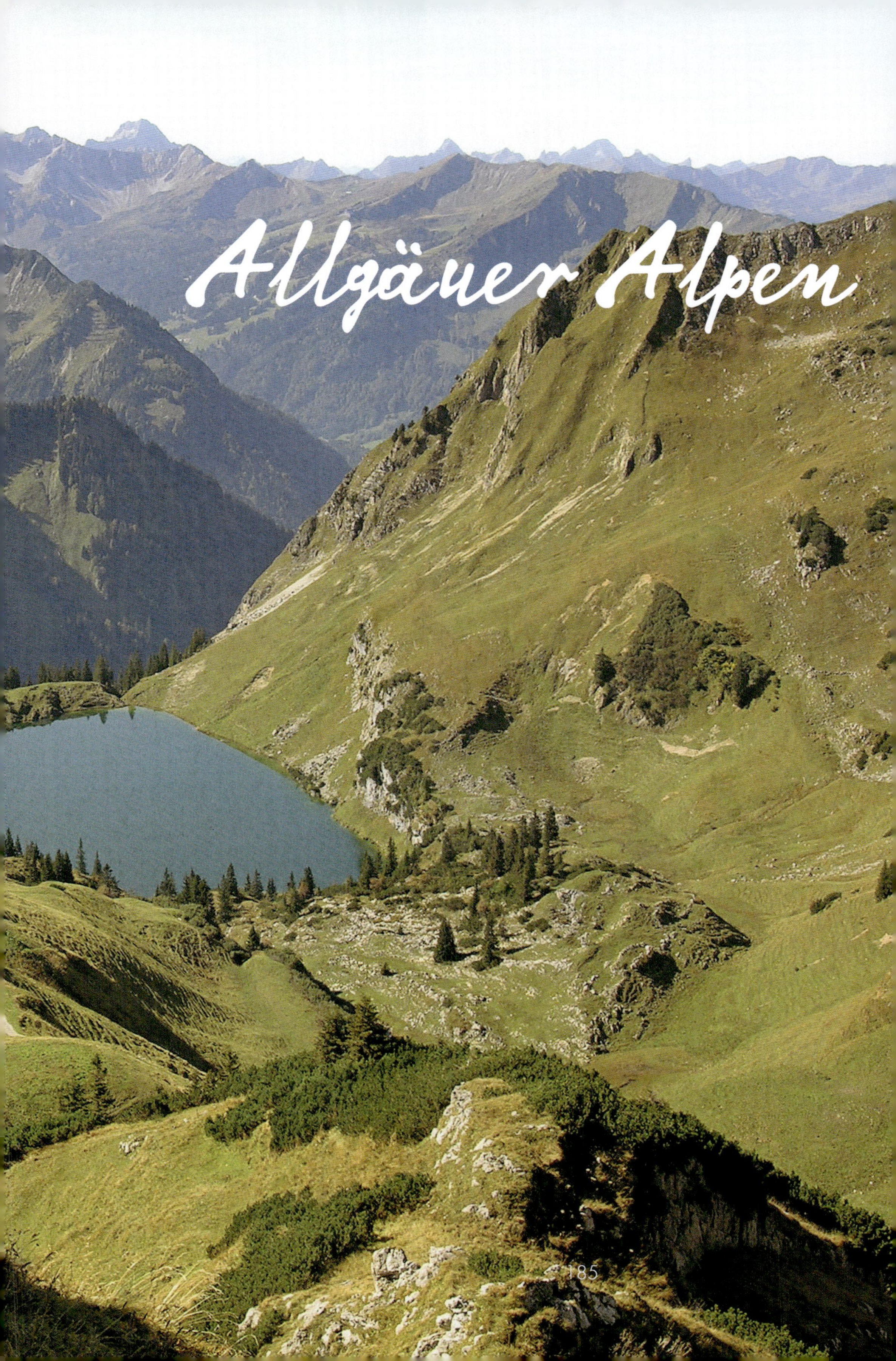

63 Von Füssen zum Schloss Hohenschwangau

Im malerischen Königswinkel

Mittel | 300 Hm | 3 Std.

Tourencharakter
Einfache Wanderung durch die Vorberge zwischen Füssen und den Königsschlössern

Ausgangs-/Endpunkt
Bahnhof Füssen

Anfahrt
Mit der Bahn über Buchloe nach Füssen

Einkehr
Am Lechfall, in Hohenschwangau und in Füssen

Karte
Topographische Karte 1:50000 des Bayerischen Landesvermessungsamtes, UK L10, Blatt Füssen

Information
Füssen Tourismus, Kaiser-Maximilian-Platz 1, 87629 Füssen, Tel. 08362/93850, stadt-fuessen.de

Ausgangspunkt dieser Tour ist das malerische Füssen, dessen Geschichte bis in römische Zeit zurückreicht. Mit seiner geschlossen erhaltenen Altstadt, die von zahlreichen Kirchtürmen und dem Hohen Schloss überragt wird, ist Füssen wohl der schönste Ort im deutschen Alpenraum.

Vom Bahnhof in Füssen folgen wir der Bahnhofstraße geradewegs Richtung Altstadt, gehen an einem Kreisverkehr geradeaus und biegen nach kurzer Strecke rechts in die Fußgängerzone. Die Reichenstraße bringt uns zu einem Brunnen am Fuße des Hohen Schlosses. Wir halten uns links und biegen in die Lechhalde, die uns vorbei am Alten Rathaus zur Lechbrücke am südlichen Rand der Altstadt von Füssen führt. Neben der Brücke glänzt die vollständig mit barocker Lüftlmalerei geschmückte Spitalkirche. Noch vor der Brücke biegen wir rechts in einen Fußweg, der uns am Nordufer des Lechs unterhalb von St. Mang in das nahe Bad Faulenbach bringt. Im kleinen Ort biegen wir links in den Mühlenweg. Er knickt bald nach rechts und wir steigen geradewegs eine Treppe hoch. Wir verlassen den Ort in südlicher Richtung und halten uns an einer Straßengabelung links. Vorbei an einer Hinweistafel zur römischen Via Claudia Augusta und zu einem römischen Meilenstein folgen wir dem Weg zum tosenden Lechfall, in dessen Gischt das Sonnenlicht einen Regenbogen malt. In den Felsen über dem Wasserfall erkennen wir neben einem Kreuz den »Magnustritt«, zwei schuhförmige Abdrücke. Der Allgäuer Missionar Magnus soll sie hinterlassen haben, als er sich durch einen mächtigen Sprung über die Schlucht vor wütenden Heiden in Sicherheit brachte. Wir überqueren auf der schmalen Brücke den Fluss und steigen zur Bundesstraße hinauf.

Jenseits der B17 beginnt eine schmale Teerstraße, die an einem Biergarten vorbei aufwärtsführt. Nach 200 Metern biegen wir an einer Weggabelung rechts in den von Alleebäumen beschat-

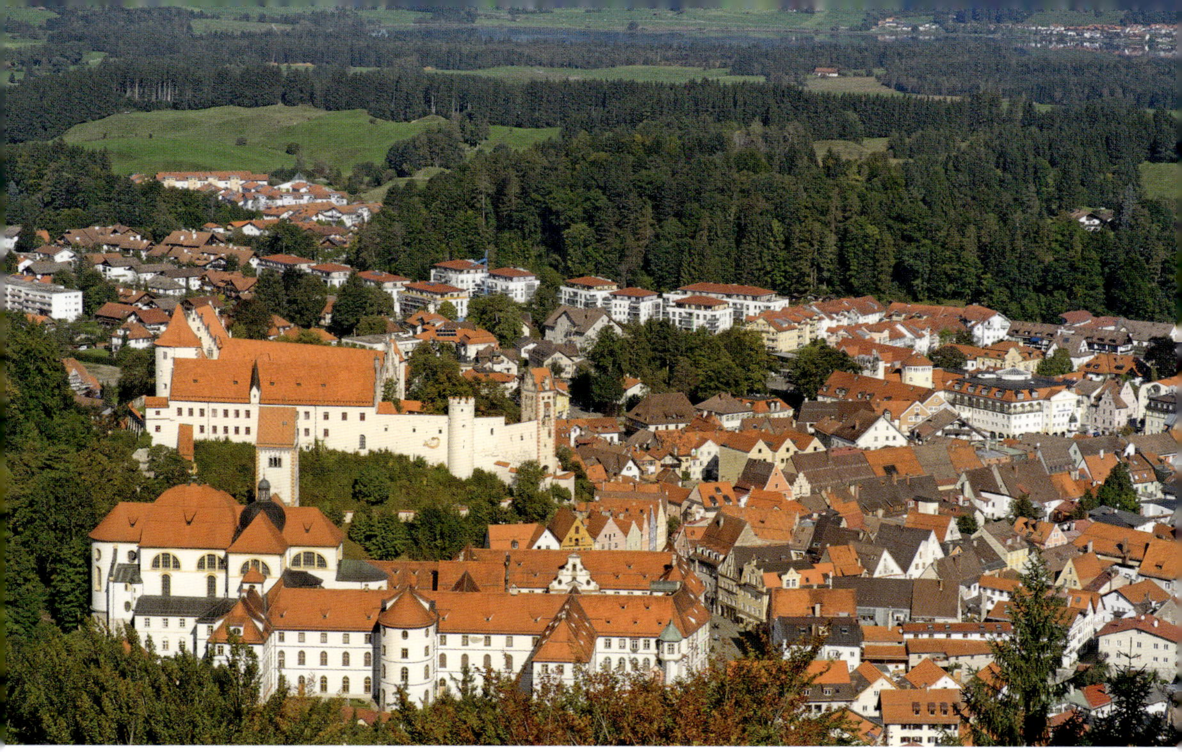

teten Weg, der uns sanft aufwärts zu einem geteerten Weg führt. Wir folgen ihm rechts hinauf. Er geht in einen Kiesweg über und bringt uns zu einer Kreuzung, an der wir rechts auf einen Wanderweg einbiegen. Nach 100 Metern halten wir uns erneut rechts, überqueren dann auf einem Bergsattel geradewegs eine breite Forststraße und folgen dem Wegweiser des »Alpenrosenweges« nach Hohenschwangau. Auf schmalem Forstweg wandern wir über einen kleinen Hügel und überqueren im folgenden Sattel einen Wirtschaftsweg.

Das Hohe Schloss dominiert die Füssener Altstadt.

Tipp

In der bezaubernden Altstadt von Füssen locken zahlreiche traditionelle Gasthöfe zur Einkehr. Empfohlen seien unter anderen der »Gasthof Woaze« (Tel. 08362/63 12) mit seinem herrlichen Biergarten im Hinterhof, das Hotel »Zum Hechten« (Tel. 08362/916 00) mit seinen abwechslungsreichen Fischgerichten und das Gasthaus »Zum Schwanen« (Tel. 08362/61 74) mit seiner bodenständigen Allgäuer Küche.

Kurz darauf knickt der Alpenrosenweg an der Nordflanke des Schwarzenbergs nach links und führt uns als herrlich angelegter Steig hoch über dem Schwansee durch den steilen Waldhang. Mühelos wandern wir in gleichbleibender Höhe zur Wegkreuzung im Bergsattel zwischen Alpsee und

Schwansee. Links führt der Fischersteig zum nahen Schwansee hinab und ermöglicht für jene, die Schloss Hohenschwangau schon kennen, eine kürzere Alternativroute.

Wir gehen jedoch kurz geradeaus, halten uns nach wenigen Metern links und ersteigen auf schmalem Weg den Hügel, auf dessen Gipfel die Grundmauern der mittelalterlichen Burg Frauenstein liegen. Jenseits führt uns der Weg in Serpentinen bergab und bringt uns danach zu einem Teersträßchen, dem wir links zum nahen Schloss Hohenschwangau folgen. Durch das Tor wandern wir hinauf zum Schlosshof.

Nach einem Rundgang durch die südseitigen Gartenanlagen mit anschließender Schlossbesichtigung kehren wir zum Schlosshof zurück. Dort beginnt an einem Tor ein Treppenweg, der in östlicher Richtung bergab läuft. Unterhalb des Schlossgeländes biegen wir links in einen Weg, der uns durch Wald zum großen Parkplatz in Hohenschwangau hinabführt. Dort gehen wir von der Tourist-Information an der Straße entlang nach links.

Die Straße biegt bald nach rechts und wir wandern geradewegs auf einem breiten Weg am Bach entlang, der am Fuß des felsigen Schlossbergs entlangplätschert. Kurz vor dem Schwansee treffen wir auf den Rundweg, dem wir links über den Bach folgen. An der folgenden Wegkreuzung halten wir uns rechts und wandern am Ufer des Schwansees entlang, bis wir am Ende einer mit bunten Frühjahrsblumen bewachsenen Moorwiese auf eine Sandstraße stoßen. Wir folgen ihr kurz nach rechts und finden dort links die Fortsetzung unseres Weges. Zuvor gehen wir jedoch noch die wenigen Meter zum Ufer des malerischen Schwansees, auf dessen grüner Wasserfläche sich Schloss Neuschwanstein spiegelt. An warmen Sommertagen kann man hier in den klaren

Schloss Hohenschwangau

1832 erwarb der bayerische Kronprinz Maximilian die Ruine eines Renaissance-Schlosses, das 1809 während der napoleonischen Kriege von aufständischen Tirolern zerstört worden war. Er ließ sie in neugotischem Stil zum Schloss Hohenschwangau umbauen und die prunkvollen Räume, die bis heute nahezu unverändert erhalten sind, mit großflächigen Bildern der deutschen Geschichte und Sagenwelt ausmalen. Vom Schlossgarten mit seinem plätschernden Brunnen hat man eine großartige Aussicht auf den Alpsee und die Bergwelt der Umgebung. Der spätere Märchenkönig Ludwig II. verbrachte hier einen großen Teil seiner Jugendjahre.

Fluten ein herrlich erfrischendes Bad nehmen, ehe man über den Kalvarienberg nach Füssen zurückwandert.

Von der Badestelle am Schwansee gehen wir auf der Straße wieder kurz zurück und biegen dann in den Wanderweg, der zum Kalvarienberg ausgeschildert ist. Er führt uns in weit ausladenden Kehren durch den Südhang des Kienbergs aufwärts. Unter einer Felswand schwenkt er nach links und durchquert den Hang nach Westen. An der Stelle, an der der breite Weg flach wird, wechseln wir rechts auf einen Steig, der uns zu einer Wegkreuzung auf dem Bergkamm bringt. Wir gehen auf dem schönen Waldsteiglein links hinauf und halten uns an der Weggabelung kurz vor dem höchsten Punkt rechts. Schnell sind wir oben auf dem Kalvarienberg (953 m). In den übereinandergebauten Kapellen ist eine Darstellung von Jerusalem zu bewundern und vom modernen Kruzifix auf dem Gipfel genießen wir den herrlichen Blick auf Berge, Seen, Schlösser und die Stadt Füssen.

Zum Abschluss der Tour bietet die Altstadt von Füssen zahlreiche Einkehrmöglichkeiten an.

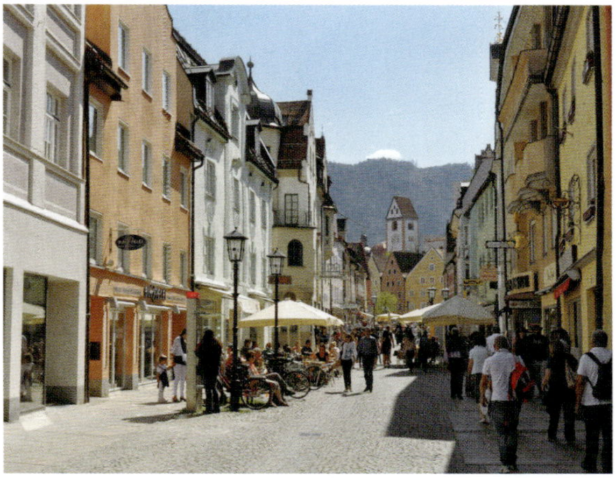

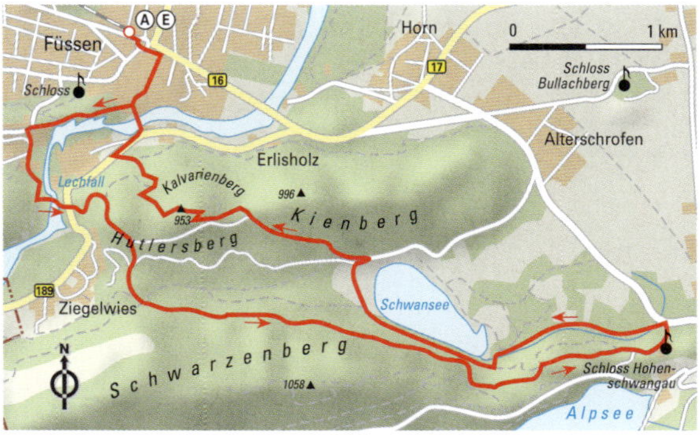

Vom Gipfel steigen wir jenseitig auf einem angenehmen Weg den Stationen des Kreuzwegs folgend ab. Angelegt wurde der Kreuzweg zwischen 1837 und 1842 auf Veranlassung des damaligen Füssener Stadtpfarrers. Am Rand der Hirschwiese, unterhalb der neugotischen Marienkapelle und einer modernen Christusgruppe, überqueren wir geradewegs die Forststraße und gehen auf schmalem Weg auf die unter uns liegende Altstadt von Füssen zu. An der Kreuzung neben einer kleinen Kapelle halten wir uns links und stoßen kurz darauf neben der Kirche »Zu unserer Lieben Frau am Berg« auf die B 17. An ihr entlang gehen wir nach rechts und erreichen danach über die Lechbrücke die nahe Altstadt von Füssen, die uns vielfältige Möglichkeiten für eine verdiente Einkehr bietet, ehe wir zum Bahnhof zurückkehren.

64 Alatsee und Zirmgrat

Seen und Berge zwischen Füssen und Pfronten

Mittel | 650 Hm | 6 Std.

Tourencharakter
Auf Wirtschaftswegen und schmalen Steigen über den aussichtsreichen Bergkamm westlich von Füssen

Ausgangs-/Endpunkt
Bahnhof Füssen

Anfahrt
Mit der Bahn über Buchloe nach Füssen

Rückfahrt
Von Füssen nach Augsburg, ggf. mit Umsteigen in Buchloe

Einkehr
In Bad Faulenbach, am Alatsee, an der Ruine Falkenstein, in der Salober Alm oberhalb des Alatsees und in Füssen

Karte
Topographische Karte 1:50000 des Bayerischen Landesvermessungsamtes, UK L10, Blatt Füssen

Information
Füssen Tourismus, Kaiser-Maximilian-Platz 1, 87629 Füssen, Tel. 08362/93850, stadt-fuessen.de

Zwischen Füssen und Pfronten erstreckt sich der lang gezogene Zirmgrat, der herrliche Blicke über das österreichische Vilstal zur Nordseite der wilden Tannheimer Berge bietet. An seinem Westende trägt der Bergkamm mit der Ruine Falkenstein die Reste der einstmals höchstgelegenen Burg Deutschlands. Und oben auf dem Gratrücken versteckt sich in einer von steilen Waldhängen eingefassten Mulde der Alatsee.

Vom Bahnhof in Füssen folgen wir der Bahnhofstraße geradewegs Richtung Altstadt, gehen an einem Kreisverkehr geradeaus und biegen nach kurzer Strecke rechts in die Fußgängerzone. Die Reichenstraße bringt uns zu einem Brunnen am Fuße des Hohen Schlosses. Wir halten uns links, biegen in die Lechhalde und halten uns dann vor dem alten Rathaus rechts. Zwischen St. Mang und Hohem Schloss steigt der Kobelweg auf einen Bergrücken an und leitet uns dort geradewegs durch den Park. Zum Schluss steigen wir wenige Stufen abwärts und überqueren auf einem Brückchen die tief in den Fels geschnittene Zufahrtsstraße nach Bad Faulenbach. An der Weggabelung folgen wir geradeaus den Wegweisern des Kobelweges, der oberhalb der Eissporthalle nach links knickt. Hier zweigt rechts zuerst der Untere Kobelweg und nach wenigen Metern der Obere Kobelweg ab. Auf einem der beiden Wege, die auf halber Strecke zusammenfinden, könnte man über den Bergrücken zum Alatsee wandern.

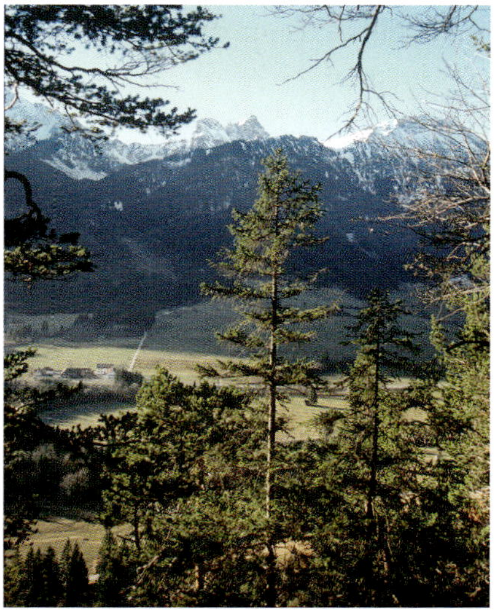

Ausblick vom Zirmgrat über das Vilstal zu den schneebedeckten Tannheimer Bergen

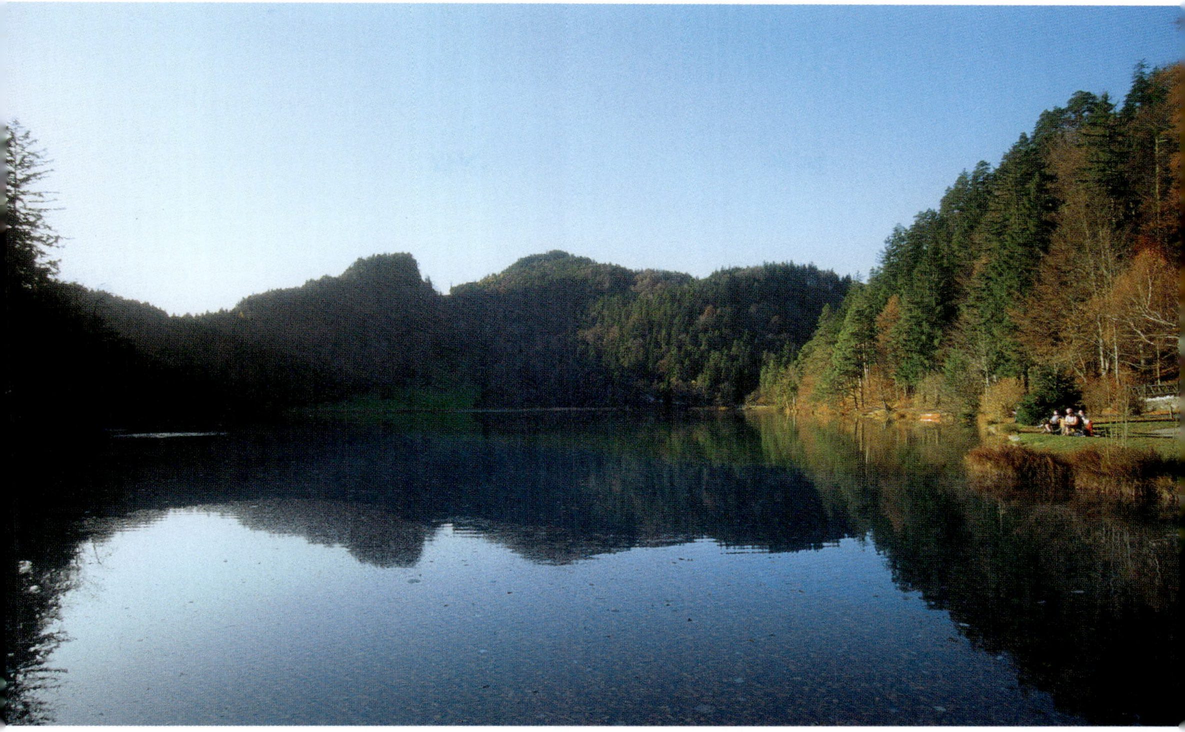

Bewaldete Bergkuppen umgeben den dunklen und geheimnisvollen Alatsee.

In Anbetracht des langen Tourentages wählen wir jedoch die einfachere Variante und biegen wenige Meter weiter rechts in den Ruchtisteig, der nach Bad Faulenbach hinabführt. Wir folgen der Straße nach rechts, die nach kurzer Strecke für den Autoverkehr gesperrt ist. Geradewegs geht es jetzt bis vor den kleinen Mittersee, wo wir links auf den als Fußweg zum Alatsee ausgeschilderten Weg einbiegen. Er führt uns auf der Südseite des Faulenbachtales an Mitter- und Obersee vorbei und steigt dann von einer Wegkreuzung nach links an. Am Ende der Steigung knickt der Weg zum nahen Teersträßchen, das uns links zum wunderschönen Alatsee führt. Auf der Straße wandern wir rechts am Seeufer entlang und bald rechts über den Parkplatz aufwärts.

Am Ende der Parkzone biegen wir links in einen Forstweg. Nach kurzer Strecke wechseln wir rechts auf einen beschaulichen Waldweg, der oberhalb des Weißensees den steilen Waldhang durchquert. Ein steiniges Weglein ermöglicht bald einen vorzeitigen Abstieg zum Seeuferweg. Wir folgen jedoch weiter dem schmalen Hangsteig, der uns oberhalb steil abfallender Wände zur »Magnusruh« bringt. An dieser Stelle soll sich im 8. Jahrhun-

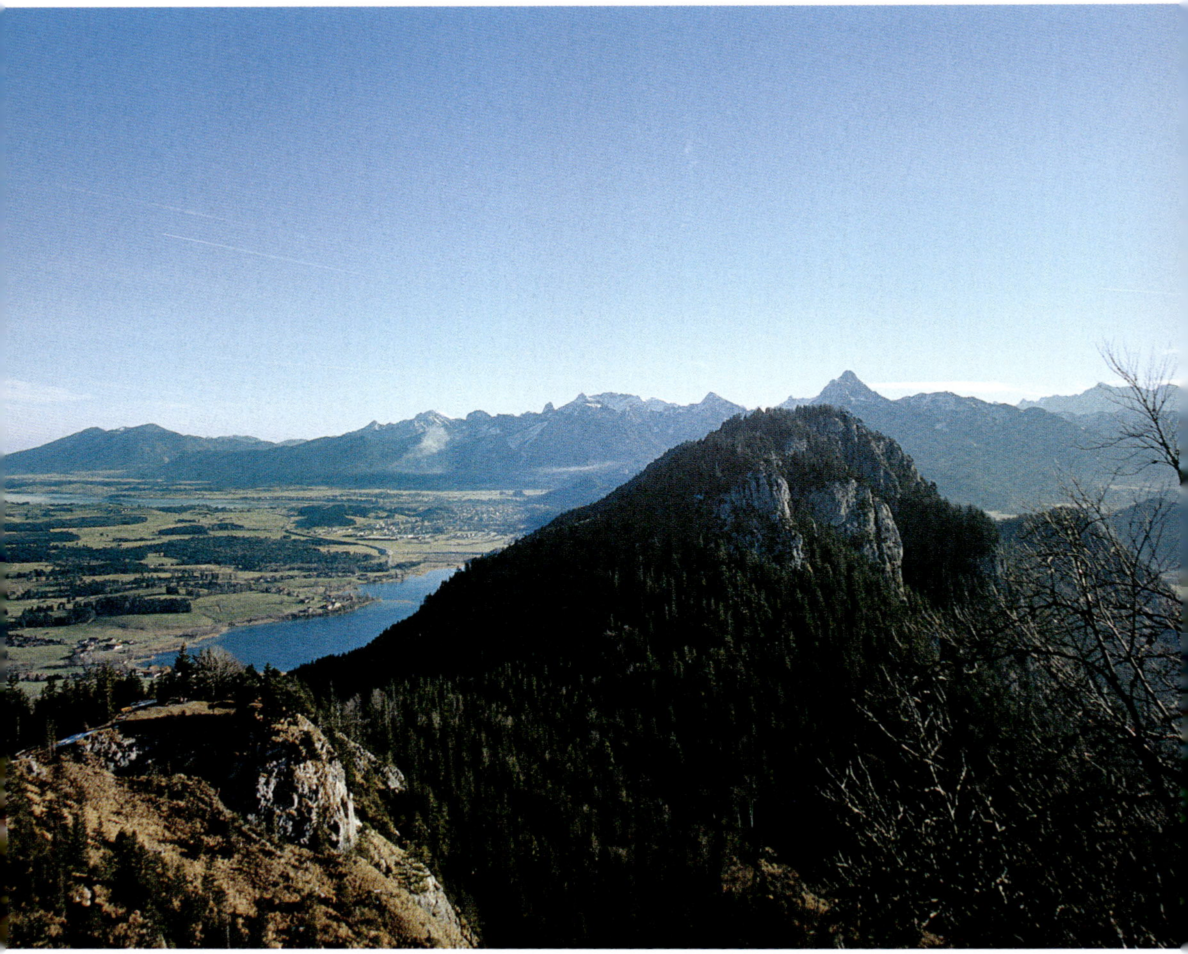

Über Zirmgrat und Weißensee geht der Blick zu den Ammergauer Alpen.

dert der aus St. Gallen kommende Heilige Magnus, besser bekannt als der Allgäuer Missonar St. Mang, auf seinem Weg nach Füssen ausgeruht haben. Anschließend geht es auch für uns hinab zum Ufer des Weißensees, dem wir auf breitem Weg nach links folgen.

Vorbei an schönen Badeplätzen erreichen wir vor Oberkirch eine Weggabelung. Hier bietet sich mit der Bushaltestelle in Roßmoos ein alternativer Ein- und Ausstieg der Tour an. Wer seine Tour dort begonnen hatte, kann hier rechts am See entlang zur Haltestelle im nahen Oberkirch gelangen.

Wir halten uns jedoch links und wandern über den geteerten Wanderweg hinauf zu einem Parkplatz an der B 309. Wir überqueren die Bundesstraße und folgen der Oberkircher Straße. Nach einem Linksknick wandern wir durch Vorderegg aufwärts, bis wir in ebenem Weideland eine Straßenkreuzung erreichen. Hier biegen wir nach links, überqueren eine Vorfahrtsstraße und wandern auf einer Brücke über die B 309 nach Roßmoos. Vor und nach der Brücke führen von den nahen Haltestellen, an denen man bei Anreise mit dem Bus starten kann, Fußwege zu unserer Wanderroute herauf.

Nach der Brücke halten wir uns rechts und gehen durch das Dorf aufwärts zu einer Kreuzung, wo wir nach links und abzweigende Wege ignorierend zum Ortsrand hinaufgehen. Wir folgen nun einem geteerten Weg durch die Wiesen aufwärts bis zu einem Kiesweg. Hier gehen wir links und steigen bald geradewegs aufwärts durch den Wald zu einer Weggabelung. Wer nicht zur Burgruine Falkenstein will und den Weg zurück zum Alatsee deutlich verkürzen möchte, der kann hier geradewegs durch die Waldhänge aufwärts wandern und erreicht erst kurz vor der Salober Alm den Weg über den Zirmgrat. Wir biegen jedoch rechts auf einen Forstweg, der teils steil aufwärtsführt. Wenig oberhalb einer scharfen Linkskurve wechseln wir rechts auf einen Weg, der uns bis zur geteerten Zufahrtsstraße zur Burggaststätte Falkenstein führt. Auf ihr wandern wir bergan bis zu dem Sattel, der den Falkenstein vom Zirmgrat trennt.

Tipp

Das »Burghotel Falkenstein« (Tel. 08363/ 91 45 40) ist eine der feinsten Adressen rund um Pfronten. Auf der Aussichtsterrasse sind aber auch verschwitzte Wanderer willkommen. Auf der Salober Alm (Tel. +43/5677/87 88), die oberhalb des Alatsees schon auf österreichischem Gebiet steht, kann man sich am Ende der langen Tour mit deftigen Gerichten stärken.

Abstecher zum Falkenstein (siehe Tour 67) Wir folgen weiter der Teerstraße, die sich in Serpentinen zur Burggaststätte hinaufwindet. Bevor wir dort eine verdiente Rast einlegen, steigen wir zur nahen Burgruine hinauf, die einen herrlichen Aussichtsplatz hoch über Pfronten bietet. Stundenlang könnte man sich an die von der Sonne aufgewärmte Mauer des mittelalterlichen Palas lehnen und den Blick hinab ins Vilstal und hinüber zum steilen Felshorn des Aggensteins genießen. Doch bald treibt uns der Durst hinab zur gemütlichen Burggaststätte.

Von dort wandern wir auf der Straße wieder bis zum Bergsattel hinab, an dem wir rechts in den schmalen, zum Alatsee und Zirmgrat ausgeschilderten Steig einbiegen. Zu Beginn müssen wir uns steil bergauf mühen. Bald durchquert der Weg die Nordflanke des Einerkopfes bis vor den Sattel, der Zwölfer und Einer voneinander trennt. Nach wenigen Metern Anstieg erreichen wir diese aussichtsreiche Scharte, von der man rechts aufwärts den Einerkopf ersteigen kann.

Der Alatsee

In einer von steilen Waldhängen eingefassten Mulde liegt westlich von Füssen der Alatsee. Der malerische Bergsee, in dem man bedenkenlos baden kann, birgt einige Geheimnisse. Sein schwefelhaltiges, durch Algen rot gefärbtes Tiefenwasser ist giftig. Und während des Zweiten Weltkriegs war der See militärisches Sperrgebiet, in dem geheime Waffen getestet wurden. Die Schätze, die auf seinem lebensfeindlichen Grund vermutet werden, blieben bis heute unauffindbar.

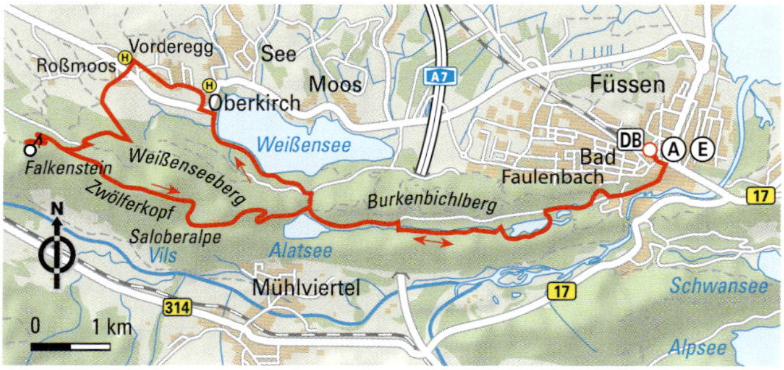

Der Zirmgratweg durchquert jedoch geradewegs ohne große Anstiege die Nordflanke des Zwölferkopfes, bis wir die Gratschneide erreichen. Auch hier besteht wieder die Möglichkeit, einer Wegspur nach rechts zu folgen und nun den Zwölferkopf zu besteigen. Der Hauptweg folgt jedoch dem breiten, aussichtsreichen Bergkamm nach Osten und führt uns auf den wenig ausgeprägten höchsten Punkt des Zirmgrates (1293 m). Hier beginnt der Abstieg durch den teils dichten Wald, der uns bald rechts des Kammes auf österreichischer Seite zu einer Wegkreuzung hinableitet. Hier kommt von links die kürzere Wegvariante von Roßmoos herauf. Geradeaus folgt der rot markierte Hauptweg im Auf und Ab dem Kamm. Schöner und einfacher zu begehen ist jedoch der Weg zur Salober Alm. Dazu durchqueren wir an der Wegkreuzung den Zaun, der links von uns bleibt. Ohne große Mühe führt uns das Weglein teils über aussichtsreiche Almflächen zur bewirtschafteten Salober Alm.

Wir folgen von der Alm der breiten Kiesstraße nach links und schon bald geht der Blick hinab zur Wasserfläche des Alatsees.

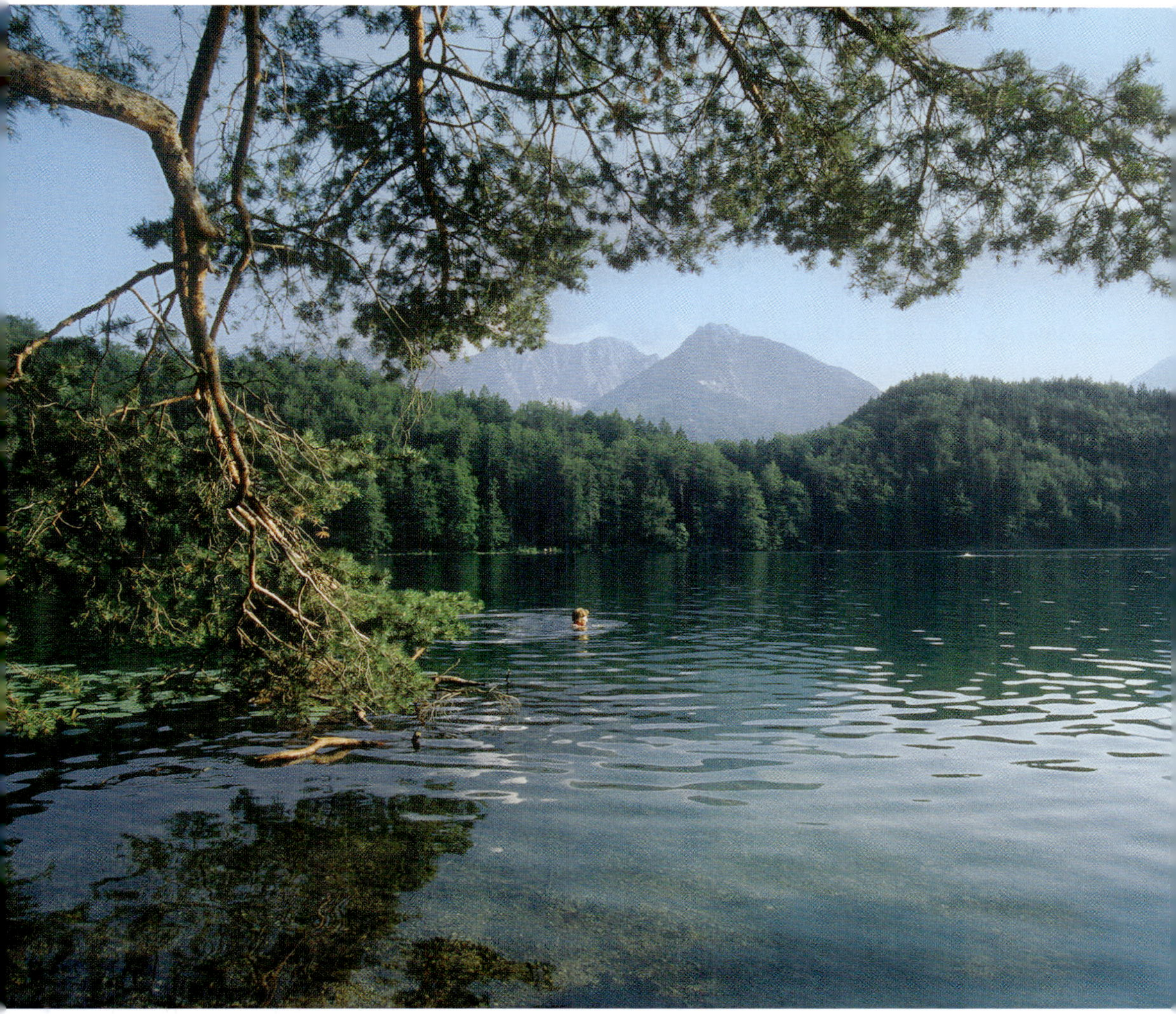

Das kalte Wasser des Alatsees bietet ein erfrischendes Badevergnügen.

Auf einem als »Friedrichsweg« ausgeschilderten Steig lässt sich eine Kehre der Schotterstraße abkürzen, die uns bis an das Seeufer hinabführt. Wir wenden uns nach links und erreichen nach kurzer Strecke die Parkplätze an der Zufahrtsstraße zum Alatsee. Ganz in der Nähe liegen am Nordufer des Sees die besten, am meisten von der Sonne verwöhnten Badeplätze. Vor den giftigen roten Algen muss man keine Angst haben, denn ihr Lebensraum ist nur in der Tiefe des Sees. Doch ein wenig abgehärtet sollte man schon sein, denn so richtig warm wird das Wasser des Alatsees auch im Sommer nicht. Vom See wandern wir anschließend auf dem bekannten Weg durch das Faulenbachtal nach Bad Faulenbach und Füssen zurück.

65 Badeseen bei Seeg

Fünfseenwanderung im Alpenvorland

Leicht | 170 Hm | 3.30 Std.

Tourencharakter
Einfache Familienwanderung auf Wirtschaftsstraßen und Wanderwegen mit nur wenigen und kurzen Anstiegen

Ausgangs-/Endpunkt
Bahnhof Seeg

Anfahrt
Mit der Bahn über Buchloe zum Bahnhof Seeg

Einkehr
Am Schwaltenweiher, in Seeleuten und in Seeg

Karte
Topographische Karte 1:50000 des Bayerischen Landesvermessungsamtes, UK L10, Blatt Füssen

Information
Tourist-Information Seeg, Hauptstr. 33, 87637 Seeg, Tel. 08364/983033, seeg.de

Der Luftkurort Seeg wurde im Jahre 1187 erstmals auf einer Urkunde unter dem Namen »Seecka« erwähnt, was so viel bedeutet wie »das Dorf im Schilf«. So ist es nicht verwunderlich, dass man rund um Seeg eine Vielzahl kleiner, meist von einem Schilfgürtel eingefasster Seen und Weiher findet.

Vom Bahnhof in Seeg gehen wir links zur Bahnhofstraße und auf ihr rechts in den Ort hoch. Wir treffen auf die vorfahrtsberechtigte Hauptstraß«, der wir links hinauf folgen. Sie knickt kurz vor der Kirche nach links, wir folgen jedoch geradewegs den Schildern des »Fünfseenweges«, die uns nahezu auf der gesamten Tour leiten werden.

Auf Höhe der Kirche biegen wir rechts in ein geteertes Sträßchen, das nach der Brücke über die Umgehungsstraße in einen Feldweg übergeht. Er führt uns über frühjahrsbunte Wiesen, von denen wir den herrlichen Blick auf die beiden kleinen Seeger Seen und zurück auf die Kirche von Seeg, hinter der die Ostallgäuer und Tannheimer Berge aufragen, genießen. Wir folgen dem Feldweg, bis uns ein Wegweiser links auf eine schmale Wiesenspur bringt. Sie führt uns an einem Zaun entlang und geht nach der Brücke über die Grazach in einen Feldweg über.

Wir wandern zu einem nahen Weiler hoch und biegen dort links auf eine schmale Teerstraße ein, die uns nach Seeweiler bringt. An der Kreuzung nach der Kapelle halten wir uns rechts und biegen dann nach kurzer Strecke erneut rechts in ein Seitensträßchen. Wir folgen der schmalen Teerstraße und biegen nach 500 Metern links in eine Kiesstraße. Wir folgen immer dem Hauptweg, durchqueren bald eine Talmulde und erreichen anschließend nach einem kurzen Anstieg eine Weggabelung. Hier kann man links der Beschilderung des »Fünfseenweges« direkt zum Trollweiher folgen.

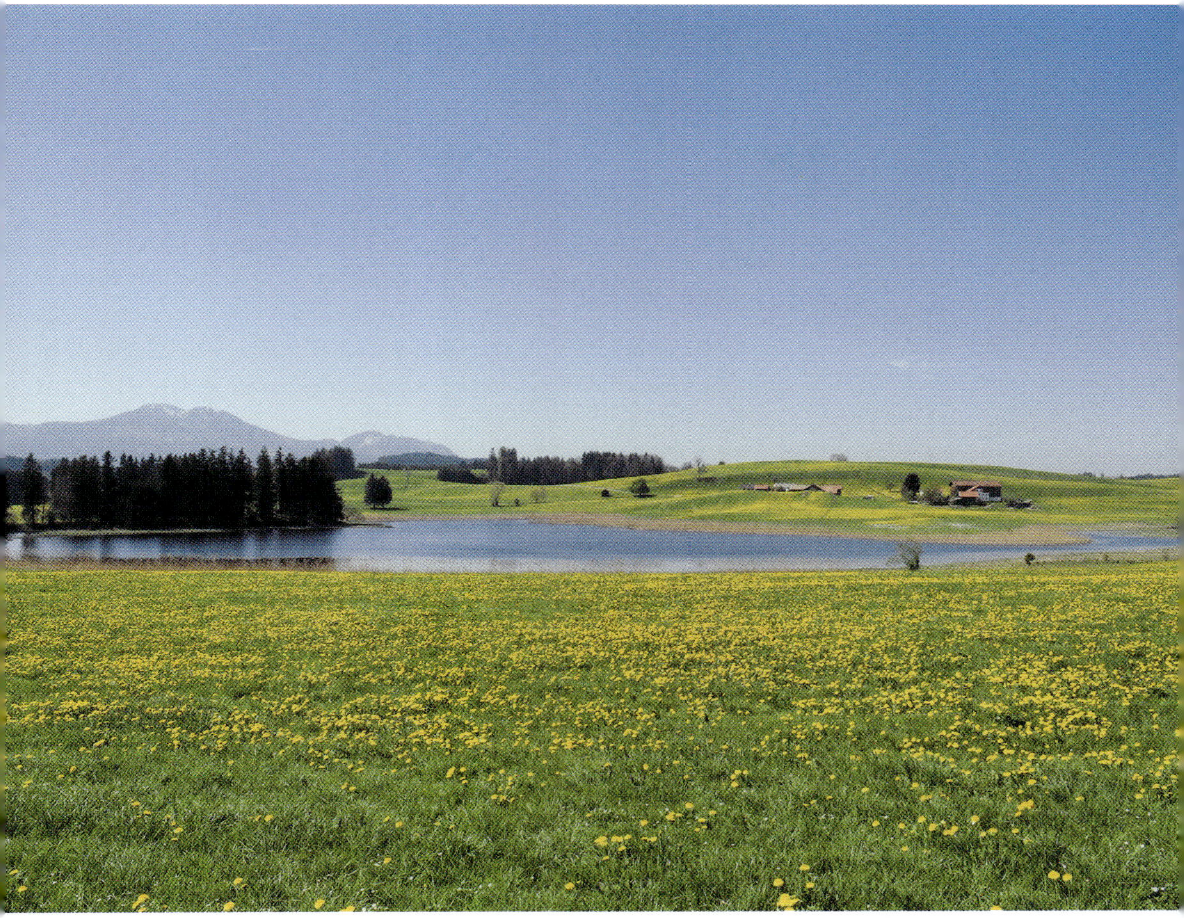

Wir schließen jedoch noch eine Extrarunde in das nicht allzu weit entfernte Treffisried an und folgen der Beschilderung nach Albatsried nach rechts. Nach 300 Metern bleibt ein erster, vor einem Wäldchen scharf nach links abzweigender Weg unbeachtet. Nach kurzer Strecke biegen wir links in den unbeschilderten Feldweg, der rechts an dem Waldstück vorbeiführt. Der grobe Weg steigt bald durch die herrlich aussichtsreichen Wiesen an und bringt uns in den Weiler Treffisried. Wir folgen der Teerstraße durch das Dorf zur wunderschönen holzgrauen Franz-Xaver-Kapelle, die Mitte des letzten Jahrhunderts anstelle eines älteren Kirchleins aus Lärchenholz erbaut wurde. Im Inneren findet man einen hübschen ländlichen Barockaltar.

Vorbei an leuchtenden Seen führt die Fünfseenwanderung rund um Seeg.

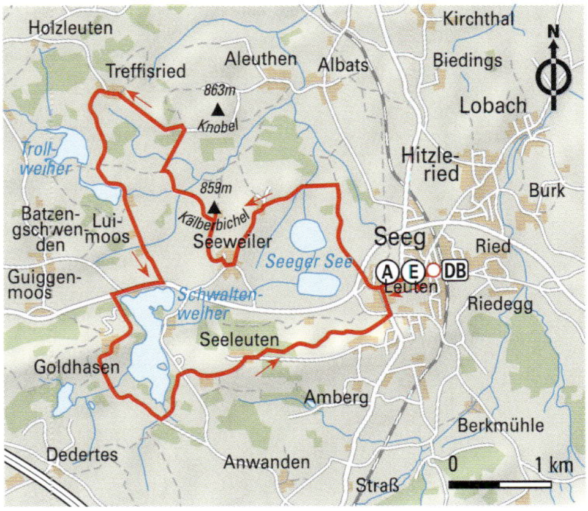

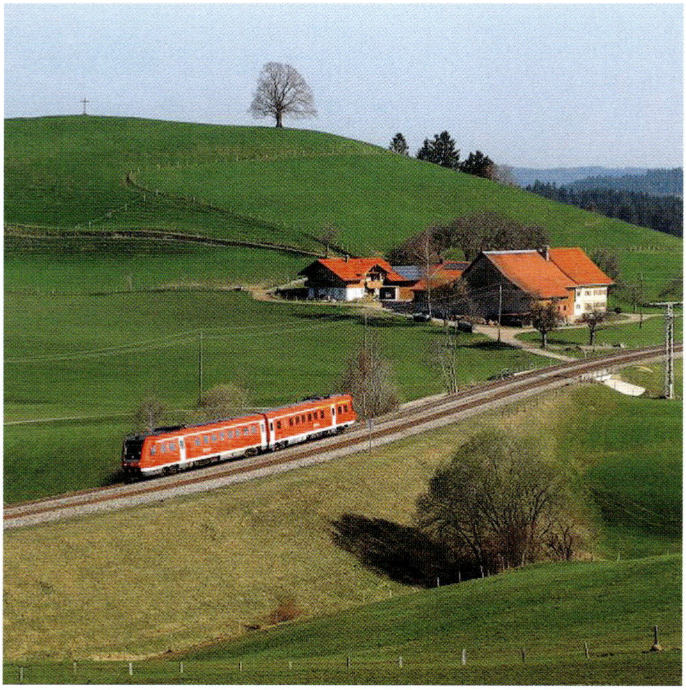

Von der Kapelle gehen wir weiter zu einer nahen Kreuzung und biegen dort links in das nach Luimoos ausgeschilderte Sträßchen. Bald strahlt unter uns das blaue Seeauge des Trollweihers, das in einer sanft gewellten, parkähnlichen Landschaft liegt. Von links kommt bald die Kurzvariante auf dem »Fünfseenweg«, auf der man den Weg nach Treffisried abkürzen konnte, herein. Wenig später gehen wir an der Kreuzung geradeaus zum kleinen Luimooser Weiher, an dem man eine Badepause einlegen kann. Am Hof von Luimoos geht unser Weg in eine schmale Teerstraße über, die uns bis zur Straße am Nordufer des herrlichen Schwaltenweihers bringt. Wir folgen ihr nach rechts und biegen nach ca. 300 Metern links in das Nebensträßchen, das uns über aussichtsreiche Wiesen nach Goldhasen hinaufführt. Dort wechseln wir links auf eine schmale Teerstraße, die nach 500 Metern sanft aufwärts läuft. Wir biegen links in einen schmalen Weg und wandern nach wenigen Metern an einer Kapelle vorbei. Der Wanderweg wird bald breiter, aber nach kurzer Strecke biegen wir links wieder auf einen schmalen Weg. Er schlängelt sich über Moorwiesen und durch Wald um das Südende des Schwaltenweihers zu einer Bucht. Hier bieten sich nahe dem Grill- und Spielplatz gute Bademöglichkeiten. Vor der Bucht liegt eine kleine Insel, die man über eine nahe Brücke erreichen kann und auf der man ebenfalls Badeplätze findet.

Die Pfarrkirche St. Ulrich in Seeg

Während des Dreißigjährigen Krieges wurde Seeg mitsamt seinem Gotteshaus im Jahre 1635 von kaiserlichen Truppen niedergebrannt. 1658 begann man mit dem Wiederaufbau und Anfang des 18. Jahrhunderts wurde der Kirche vom bekannten Allgäuer Barockbaumeister Johann Jakob Herkomer ihre endgültige Form gegeben. Ab Mitte des 18. Jahrhunderts erhielt sie ihre wunderschönen Fresken, den prachtvollen Stuck und die sehenswerten Altäre. Heute zählt St. Ulrich zu den schönsten Barockkirchen im Allgäu.

Oben: Die Fahrt durch diese Landschaft macht Lust, mit dem Zug zum Wandern zu fahren.

Wir halten uns an der Bucht rechts und gehen zur Straße hinauf, die am Ostufer des Schwaltenweihers entlangläuft. Wir gehen wenige Meter nach links, überqueren die Straße und wandern dann auf der Nebenstraße über aussichtsreiche Wiesen hinauf nach Seeleuten. An der Kreuzung neben dem Café Panorama, das seinen Namen wahrlich verdient, halten wir uns rechts. Wir folgen nur kurz der schmalen Teerstraße und biegen anschließend links in einen wurzeligen Wanderweg. Er führt uns teils als breiter Weg, teils als schmale Wegspur durch Wald und über Wiesen oberhalb der Seeger Seen über den Berghang. Nach einem Waldstück erreichen wir eine Gabelung, an der wir links in ein schmales Weglein einbiegen. Es läuft abwärts zu einer Wiese, wo es sich rechts hält und in einen Wirtschaftsweg übergeht. Der Blick geht nun hinüber zur herrlich gelegenen Kirche von Seeg und bald treffen wir am Ortsrand von Seeg auf eine Teerstraße. Auf ihr gehen wir kurz nach rechts und biegen dann links in die Hauptstraße. Sie knickt nahe der Kirche nach rechts und auf bekanntem Weg kehren wir zurück zum Bahnhof von Seeg.

Ein Steg ermöglicht am Schwaltenweiher einen kurzen Abstecher auf eine kleine Insel.

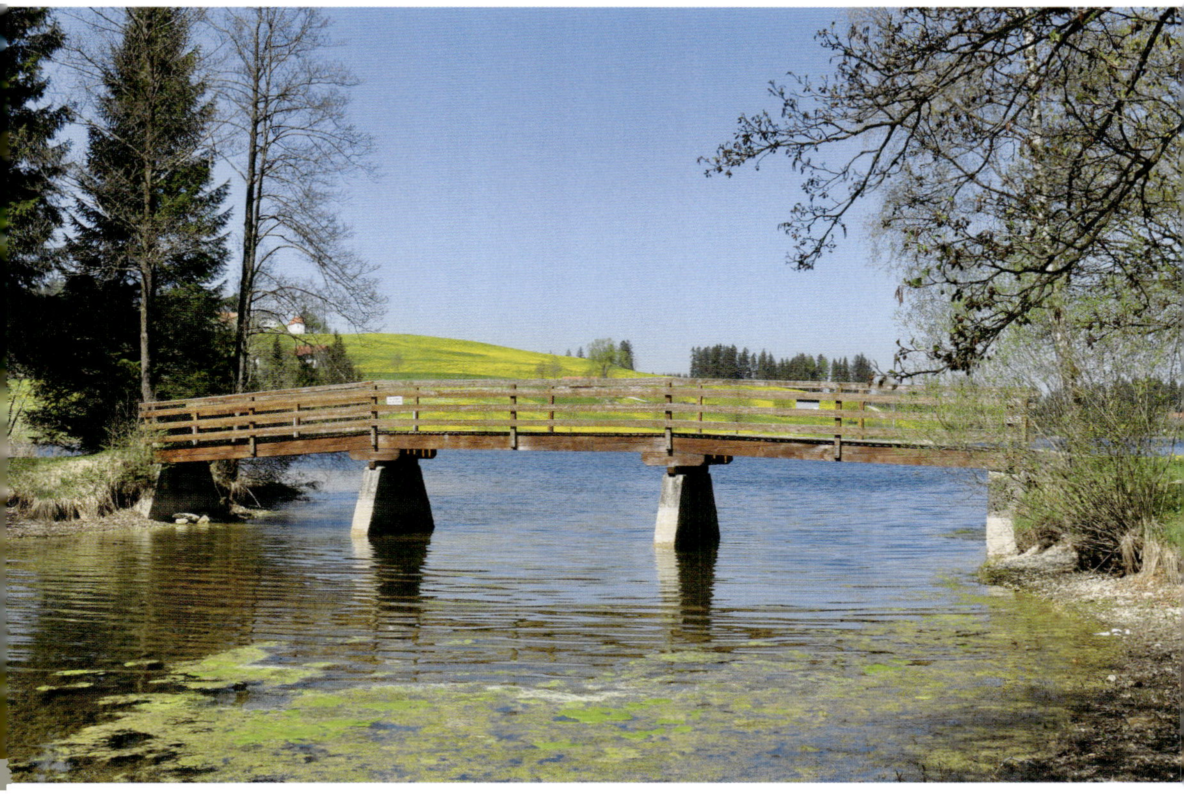

66 Eisenberg und Hohen-Freyberg

Die mächtigsten Burgruinen im Allgäu

Leicht | 320 Hm | 3.15 Std.

Tourencharakter
Einfache Wanderung zu zwei mächtigen Burgruinen, von denen sich herrliche Ausblicke über das Ostallgäu bieten

Ausgangs-/Endpunkt
Bahnhof Weizern-Hopferau

Anfahrt
Mit der Bahn über Buchloe nach Weizern-Hopferau

Einkehr
In der Schlossbergalm und in Speiden

Karte
Topographische Karte 1:50000 des Bayerischen Landesvermessungsamtes, UK L10, Blatt Füssen

Information
Touristikbüro Eisenberg, Pröbstener Str. 9, 87637 Eisenberg, Tel. 08364/1237, eisenberg-allgaeu.de

Nördlich von Pfronten krönen hoch über dem Dorf Eisenberg die Burgruinen von Eisenberg und Hohen-Freyberg die beiden benachbarten Gipfelkuppen des Schlossbergs. Die mittelalterlichen Stammburgen eines einflussreichen Adelsgeschlechts, die im Dreißigjährigen Krieg zerstört wurden, sind in den letzten Jahren aufwendig saniert worden.

Am Bahnhof Weizern-Hopferau überqueren wir die Straße und folgen dem Gehweg nach rechts. Er schwenkt bald von der Straße weg zur Wirtschaft »Seelenwirt«. An der nächsten Kreuzung halten wir uns links und folgen vor einigen Häusern einem Feldweg auf die Wiesen. Nach wenigen Metern wandern wir rechts auf schönem Wiesenweg und zum Schluss auf einem Sträßchen zu einer Kreuzung in Speiden, wo sich am Nachmittag der Kreis wieder schließen wird. Wir folgen der Straße nach rechts und überqueren bald geradewegs am Ortsrand von Eisenberg die Hauptstraße. Den Radwegweisern folgend halten wir

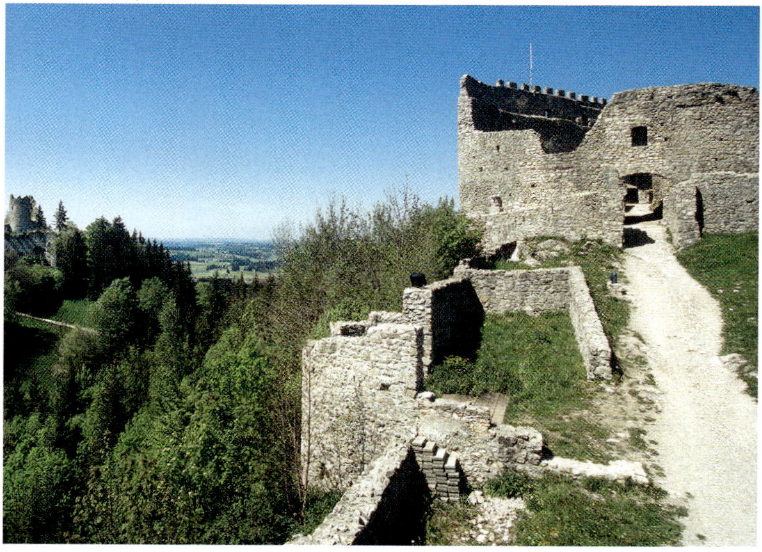

Von der Ruine Eisenberg geht der Blick hinüber zur mächtigen Burgruine Hohen-Freyberg.

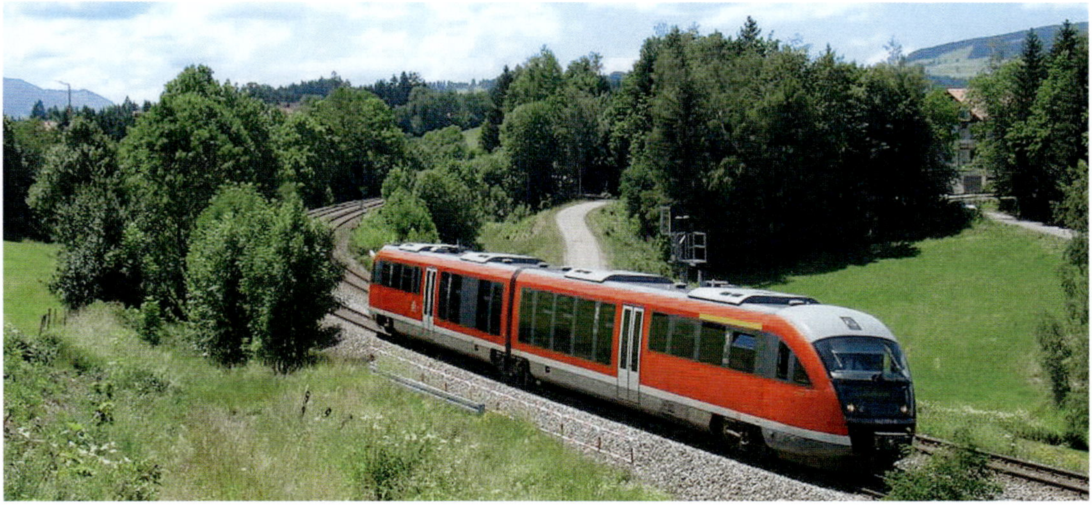

Bequeme Fahrt in die Berge

uns vor einer Neubausiedlung rechts und erreichen eine schmale Querstraße, die uns rechts nach Weizern führt. An der Wegkreuzung am kleinen Schlösschen kann man sich links halten und den Wegweisern folgend direkt zu den Burgruinen aufsteigen.

Wir gehen jedoch rechts zur nahen Hauptstraße, folgen ihr kurz nach links und biegen dann links in das Sträßchen nach Lieben. Vorbei an der Bergkäserei Weizern wandern wir zu einer Wegkreuzung hinauf, an der wir links in den Weiler Lieben gehen. Geradeaus und zwischen den Häusern von Lieben rechts abbiegend führt ein Direktanstieg zu den Burgen hinauf.

Wir wollen die Runde jedoch noch etwas ausdehnen und biegen schon vor den ersten Häusern von Lieben rechts auf einen zum Kögelweiher ausgeschilderten Feldweg, von dem der Blick über die Ammergauer Alpen bis zur Zugspitze reicht. Der Weg führt uns über eine sanfte Waldkuppe zu aussichtsreichen Wiesen, über denen eindrucksvoll die Burgruinen Hohen-Freyberg

Tipp

Einkehren mit Aussicht lässt sich unterhalb von Burg Eisenberg in der herrlich gelegenen »Schlossbergalm« (Tel. 08363/17 48). Wer etwas ganz Besonderes sucht, der sollte unbedingt einen Abstecher in den Eisenberger Ortsteil Speiden unternehmen. Dort steht neben der berühmten Wallfahrtskirche Maria Hilf das Sudhaus der Privatbrauerei Kössel. In der urigen Wirtschaft (Tel. 08364/85 56) fühlt man sich in vergangene Zeiten zurückversetzt. Neben den deftigen und leckeren Speisen locken hier natürlich vor allem die Bierspezialitäten aus eigener Herstellung.

Die Burgruinen Eisenberg und Hohen-Freyberg

Über dem Dörfchen Zell liegen auf dem aussichtsreichen Schlossberg die Ruinen der beiden Burgen Eisenberg und Hohen-Freyberg. Eisenberg ist die ältere der beiden Burgen, die über das Ostallgäuer Alpenvorland herrschen. Sie wurde im 12. Jahrhundert als Stammsitz der gleichnamigen Herrschaft erbaut und ging 1390 in den Besitz der Familie Freyberg über. Bedingt durch eine Erbteilung entstand Anfang des 15. Jahrhunderts auf dem Nachbarhügel die Burg Hohen-Freyberg. Vor allem Hohen-Freyberg wurde bis ins 17. Jahrhundert mehrmals ausgebaut und verstärkt. Im Jahre 1646 wurden während des Dreißigjährigen Krieges beide Burgen von ihren Besatzungen in Brand gesetzt, um den anrückenden Schweden keinen Stützpunkt zu überlassen. Seither waren die Ruinen dem Verfall preisgegeben.

Die zwei sich im Aufbau ähnelnden Burgen sind beide von einem äußeren Mauerring umschlossen, der die Hauptburg mit den Wohn- und Vorratsräumen vor direktem Beschuss schützte. Die Wasserversorgung gewährleistete jeweils eine Zisterne. Die im Kern gotische Burg Hohen-Freyberg und die romanische Burg Eisenberg zählen zu den am besten erhaltenen mittelalterlichen Wehrbauten im Allgäu.

und Eisenberg aufragen. Wir wandern geradewegs durch das Wiesental und wechseln neben der Kapelle von Schwarzenbach auf eine schmale Teerstraße. Sie führt uns zum benachbarten Weiler Schweinegg.

Dort biegen wir dann links auf einen Wirtschaftsweg, der uns auf einen Hügelkamm hinaufführt. Wir wandern nun durch ein wundervolles Landschaftspuzzle aus Hügelkuppen und sanft geschwungenen Tälern, aus bunten Wiesen und dunklen Waldinseln zu einer Wegkreuzung. Wir halten uns links und biegen nach ca. 200 Metern vor einer Hütte rechts auf eine schmale Wegspur, die uns über die Wiesen zum abgelegenen Schweinegger Weiher führt. Auf der dunklen Wasserfläche des Moorsees tummeln sich die Enten und metallisch glitzernde Libellen führen ihre Flugkunststücke vor. Vom See folgen wir weiter dem Weglein, das uns durch Wald und über Wiesen führt, bis uns ein Anstieg auf breitem Weg in einen Sattel bringt. Von hier bietet sich ein herrlicher Blick nach Süden zu den Bergen. Wir folgen links der Kiesstraße, die am Rand einer Wiese aufwärts läuft. Bald können wir links auf ein schmales Weglein abbiegen, das uns in den Sattel hinaufführt, der die Burgruinen voneinander trennt. Links bringt uns ein kurzer Abstecher zur Ruine Hohen-

Freyberg. Anschließend steigen wir wieder zum Bergsattel und wandern geradewegs zu einer Weggabelung. Wir steigen erneut aufwärts geradewegs zur eindrucksvollen Burgruine Eisenberg.

Von der Ruine geht es wieder zur letzten Kreuzung hinab. Wir halten uns rechts und steigen durch den Wald zur nahen Schlossbergalm hinab, an der sich herrlich aussichtsreich einkehren lässt. Das komplette Ostallgäu liegt uns hier zu Füßen und der berauschende Blick reicht bis zu den noch mit Schnee bedeckten Gipfeln der Lechtaler Alpen. Wir wandern anschließend auf der schmalen Zufahrtsstraße zur Alm abwärts, bis wir kurz vor Zell links in einen geteerten, nach Eisenberg ausgeschilderten Weg einbiegen. Er führt uns zu einer Straße hinab, der wir nach links folgen. Nach ca. 200 Metern überqueren wir die Straße und wandern auf einem Feldweg abwärts, bis wir am Ortsrand von Eisenberg auf eine Querstraße treffen. Rechts führt sie uns durch Wiesen hinab nach Speiden. Wir halten uns links und gehen durch das Dorf zur urigen Gaststätte der Brauerei Kössel. Geradewegs über den Hof erreichen wir die Wallfahrtskirche Maria Hilf. 1636 erbaute ein Einwohner Speidens als Dank für die göttliche Hilfe, die seiner Tochter zuteil wurde, eine Kapelle. Sie wurde schnell zu einer beliebten Wallfahrtsstätte und in der zweiten Hälfte des 17. Jahrhunderts durch ein größeres Gotteshaus ersetzt. Im Inneren besticht die Kirche durch die wertvolle Barock- und Rokokoausstattung aus dem 18. Jahrhundert. An der Speidener Kirche halten wir uns links und gehen zu der Kreuzung, an der sich der Kreis der Tour wieder schließt. Auf bekanntem Weg wandern wir über die Wiesen zurück zum Bahnhof Weizern-Hopferau.

Hinter dem Dörfchen Zell sticht der markante Aggenstein in den blauen Himmel.

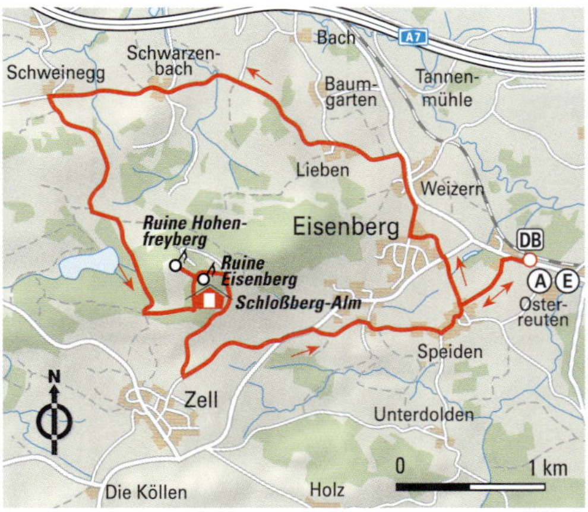

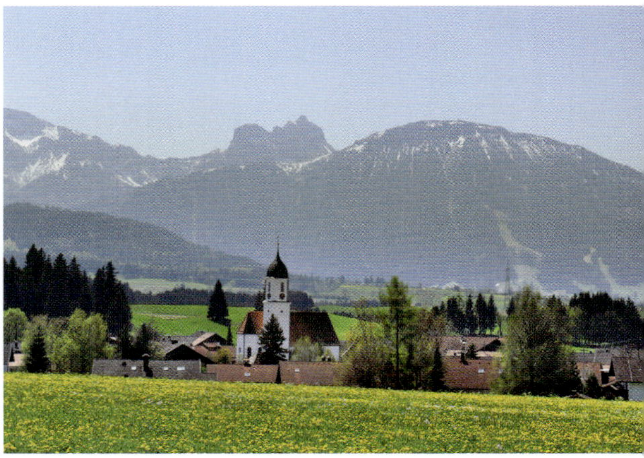

67 Von Pfronten zur Burg Falkenstein

Zur höchstgelegenen Burgruine Deutschlands

Mittel | 430 Hm | 2.30 Std.

Tourencharakter
Auf Bergwegen über einen teils steilen Anstieg zur herrlich gelegenen Burgruine Falkenstein. Nahe des Gipfels hat man in der Burggaststätte eine ausgezeichnete Einkehrmöglichkeit. Wegen des schweißtreibenden, nach Süden exponierten Anstieges eignet sich die Tour vor allem für schöne Frühlings- oder Herbsttage.

Ausgangs-/Endpunkt
Bahnhof Pfronten-Steinach

Anfahrt
Mit der Bahn über Kempten nach Pfronten-Steinach

Einkehr
In der Burggaststätte Falkenstein, im Hotel Schlossangeralp und im Gasthof Manzenstuben

Karte
Topographische Karte 1:50000 des Bayerischen Landesvermessungsamtes, UK L10, Blatt Füssen

Information
Pfronten Tourismus, Vilstalstr. 2, 87459 Pfronten, Tel. 08363/69888, pfronten.de

Im Norden des Pfrontener Ortsteils Steinach krallt sich die Burgruine Falkenstein an einen Gipfel, der mit eindrucksvoll steilen Wänden ins Tal abbricht. Eine nicht allzu lange, aber recht steile Wanderung führt zu dieser höchstgelegenen mittelalterlichen Burg Deutschlands hinauf, in deren Nähe die herrliche Aussichtsterrasse der Burgwirtschaft lockt.

Vom Bahnhof in Pfronten-Steinach gehen wir, vorbei an der Talstation der Breitenbergbahn, kurz entlang der Bundesstraße Richtung Osten. Nach 200 Metern biegen wir links in den Zirmenweg (Wegweiser »Mariengrotte, Falkenstein, Weg 7«), überqueren die

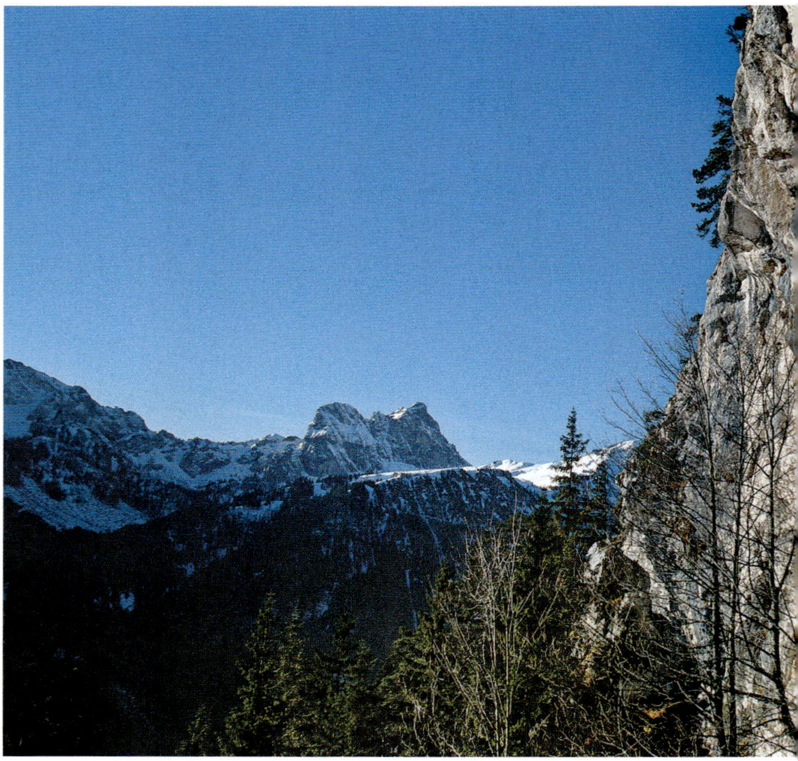

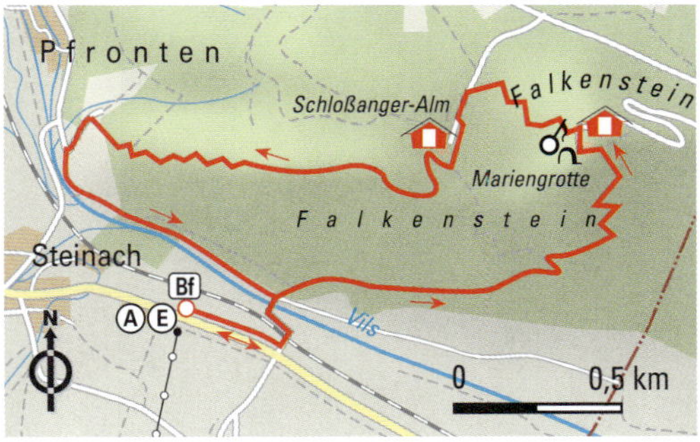

Bahnlinie und treffen nach der Vilsbrücke auf einen Querweg. Auf dem breiten Kiesweg geht es wenige Meter nach links und dann rechts in einen schmalen Wanderweg (Wegweiser »Südanstieg Falkenstein, Schlossangeralp«). Nach kurzem Anstieg gehen wir am Wegkreuz geradeaus (Wegweiser »Falkenstein«). Der erste steilere Anstieg liegt bald hinter uns und der hübsche Weg durchquert angenehm den steilen Südhang des Falkensteins Richtung Osten. Schnell nimmt die Steigung wieder zu und nach einigen Kehren zweigt links der schmale Steig zur Schlossangeralp ab.

Wir folgen jedoch dem Hauptweg nach rechts, der uns durch den Wald aufwärtsführt. Nach einigen Minuten leuchtet über den Bäumen die senkrechte, in hellen Farbtönen strahlende Südwand des Falkensteins auf. Noch gilt es, einige Höhenmeter zu überwinden, ehe wir über freies Gelände den Wandfuß erreichen. Der Weg geht kurz nach rechts und führt uns zu einer tief

Links: Vorbei an der senkrechten Südwand des Falkensteins geht der Blick zum Aggenstein.

Nur noch Teile des Palas sind von der einstmals höchstgelegenen Burg Deutschlands erhalten.

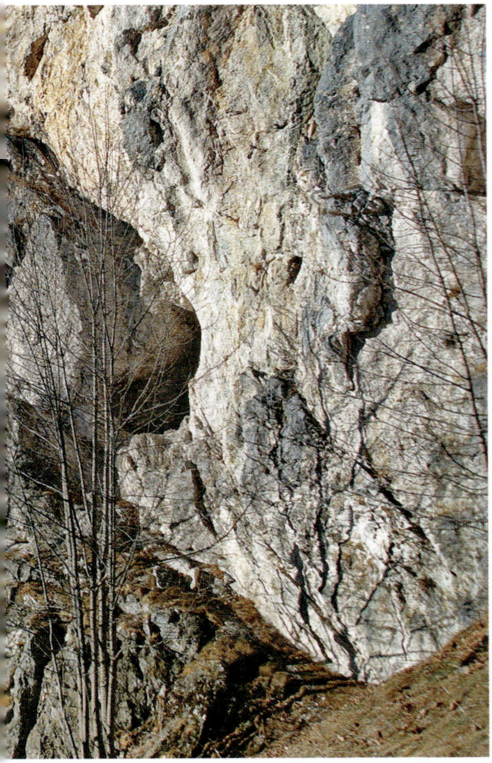

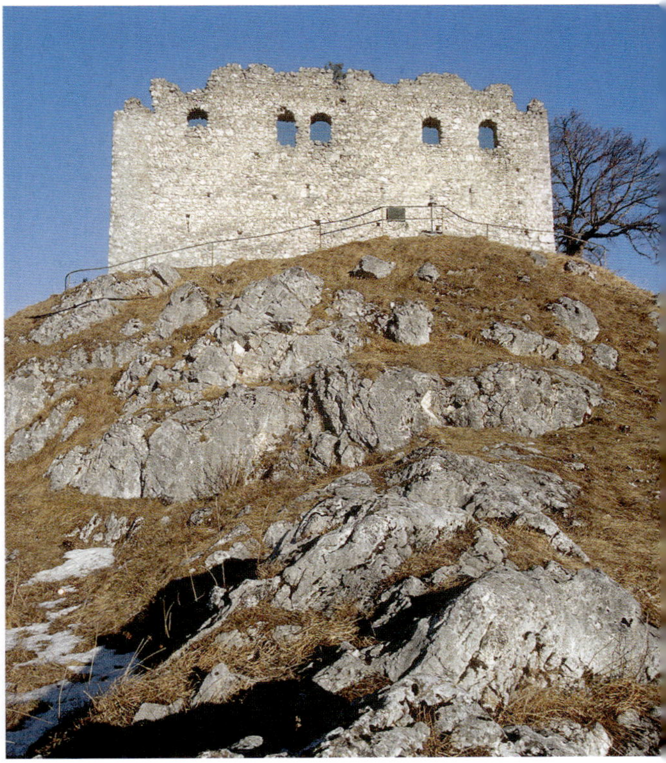

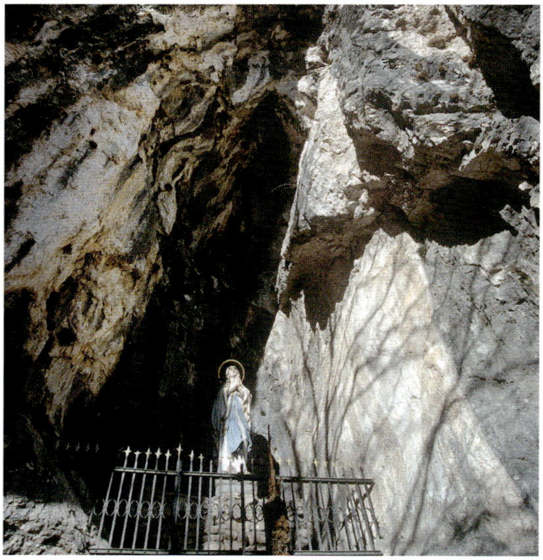

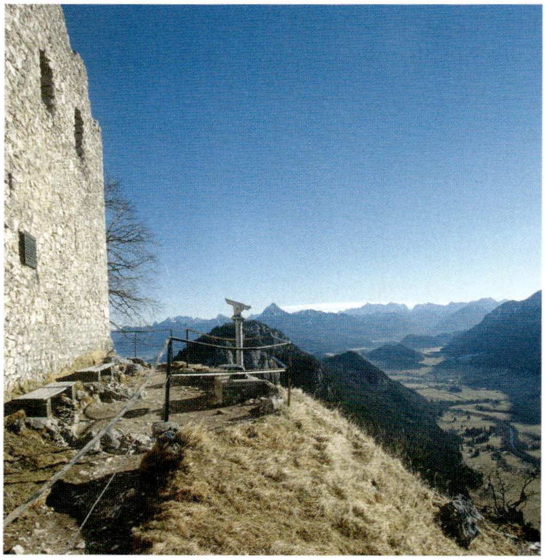

Tief schneidet die Mariengrotte in die senkrechten Südwände des Falkenstein ein.

Rechts: Von der Burgruine schweift der Blick über das Vilstal zu den Ammergauer Alpen.

in den Fels eingeschnittenen Furche, die die überhängende Wand durchreißt. In ihr ragt die große, 1889 aufgestellte Madonna auf, der die Felsspalte den Namen Mariengrotte verdankt. Von der Grotte steigen wir auf dem linken, oberen Weg direkt zur Burggaststätte Falkenstein hinauf. Links an der Terrasse setzt der gut ausgebaute Weg an, der uns zur nahen Burgruine Falkenstein (1268 m) hinaufbringt.

Von der Burgruine gehen wir wieder zur Burgwirtschaft zurück und finden links der Terrasse einen steinigen Steig, der uns in vielen Serpentinen durch den steilen Waldhang abwärts führt. Nach unten hin nimmt das Gefälle ab und der Weg bringt uns zu den Wiesen der Schlossangeralp. Der Steig läuft am Waldrand nach rechts und führt uns zu einer Teerstraße. Wir folgen ihr nach links, gehen geradewegs über den Parkplatz und dann auf einem Feldweg links an der Schlossangeralp vorbei (Wegweiser zum »Manzengrat« und »Südabstieg nach Steinach«). Unter der Burgruine Falkenstein, die links hoch über uns thront, wandern wir geradewegs über die Wiesen zum Waldrand. Hinter dem Zaun gabelt sich der Weg. Links führt der Direktabstieg zu unserem Ausgangspunkt zurück.

Wir halten uns jedoch rechts (Wegweiser »Manzengrat nach Steinach«) und folgen dem schmalen Steiglein, das auf dem bewaldeten Bergkamm noch ein kurzes Stück sanft bergauf läuft. Der

Waldweg verliert sich teils unter einer wundervoll weichen Nadeldecke; die guten roten Markierungen lassen trotzdem keine Zweifel aufkommen. Meist nahe dem Abbruch in das Vilstal, der uns immer wieder Ausblicke zu den gegenüberliegenden Bergen gewährt, wandern wir über den breiten Rücken nach Westen. Bald fällt der Bergkamm steiler ab und unser Steig windet sich in Serpentinen nach unten. Von einem Absatz wird der Blick hinab nach Pfronten frei. Unterhalb pendelt der zunehmend steinige Weg in vielen Kehren Richtung Pfronten hinab. Wir lassen den nach Meilingen ausgeschilderten Weg rechts liegen und folgen weiterhin dem Serpentinenweg abwärts. Nach wenigen Minuten treffen wir unterhalb des Gasthofes Manzenstuben auf eine schmale Teerstraße.

Gegenüber finden wir die Fortsetzung des Wanderweges, der uns in einem Bachtobel wieder zur Teerstraße führt. Auf ihm gehen wir rechts abwärts zur nahen Wegkreuzung am Rande des Talbodens, dann kurz nach links und noch vor der Vilsbrücke wieder links auf einen Kiesweg (Wegweiser »Unterer Manzenweg, Falkenstein-Südaufstieg, Vils«). Jetzt geht es anfangs am Mühlbach, später an der breiten Vils entlang, bis wir nach einem Kilometer die Vilsbrücke erreichen. Rechts wandern wir über den Fluss zum nahen Bahnhof Pfronten-Steinach zurück.

Die Burgruine Falkenstein

Ab dem 11. Jahrhundert wurde Burg Falkenstein in einer Höhe von 1268 Metern auf einem steilen Felsen westlich von Pfronten als höchstgelegene Burg Deutschlands erbaut. Von der Burg aus ließ der Augsburger Bischof die wichtige Fernhandelsstraße durch das Vilstal bewachen. Im 15. Jahrhundert hausten auf Falkenstein Raubritter, bis reiche Kaufleute die Burg von Landsknechten niederbrennen ließen. Falkenstein wurde bald wieder aufgebaut, doch nach einem Brand im Jahre 1646 während des Dreißigjährigen Krieges wurde die Burg endgültig aufgegeben. Über 200 Jahre schlummerte die Ruine vor sich hin, bis sie der bayerische Märchenkönig Ludwig II. entdeckte und im Jahre 1884 erwarb. Fasziniert von der herrlichen Lage wollte er hier ein Märchenschloss erbauen lassen, das Schloss Neuschwanstein an Größe und Reichtum übertreffen sollte. Schon ließ der König mit den Vorarbeiten für den Bau beginnen und einen breiten Weg anlegen, über den er sich in hellen Vollmondnächten zur romantischen Burgruine kutschieren ließ. Doch 1886 wurden nach der Absetzung und dem Tod von Ludwig II. die Arbeiten eingestellt.

68 Vom Breitenberg zum Aggenstein

Steiles Felshorn über Pfronten

Schwer | 490/1140 Hm | 5 Std.

Tourencharakter
Die Tour verläuft auf schmalen, steinigen Steigen. Im steilen Gipfelbereich des Aggensteins sind Trittsicherheit und Schwindelfreiheit erforderlich.

Ausgangspunkt
Bergstation der Breitenbergbahn (Info Breitenbergbahn Tel. 08363/58 20)

Endpunkt
Bahnhof Pfronten-Steinach

Anfahrt
Mit der Bahn über Kempten nach Pfronten-Steinach

Einkehr
An der Bergstation der Breitenbergbahn und in der Bad Kissinger Hütte (auch Übernachtung, Tel. +43/676/373 11 66)

Karte
Topographische Karte 1:50000 des Bayerischen Landesvermessungsamtes, UK L10, Blatt Füssen

Information
Pfronten Tourismus, Vilstalstr. 2, 87459 Pfronten, Tel. 08363/698 88, pfronten.de

Südlich von Pfronten ragt ein ungleiches Bergpaar über dem Vilstal auf. Während der Breitenberg seinem Namen entsprechend breit und behäbig den Horizont verstellt, beeindruckt das benachbarte Felshorn des Aggensteins durch seine eleganten Linien und bietet dem erfahrenen Wanderer eine eindrucksvolle Bergtour.

Vom Bahnhof in Pfronten-Steinach gehen wir über die Bundesstraße zur nahen Talstation der Breitenbergbahn. Mit der Seilbahn schweben wir nun zur Bergstation hinauf, an der sich zwei Möglichkeiten für den Weiterweg bieten. Entweder wir überwinden 200 Höhenmeter mit dem Hochalp-Sessellift oder wir folgen geradewegs an der Hochalphütte vorbei dem Wanderweg, der nahe dem Sessellift aufwärtsführt (Wegweiser »Ostlerhütte, Aggenstein«). In beiden Fällen erreichen wir den »Engerle« genannten Wiesenrücken, der sich zwischen Breitenberg und Aggenstein spannt. Über ihn wandern wir links in südlicher Richtung abwärts auf das unnahbare Felshorn des Aggensteins zu (Wegweiser »Aggenstein«), das mit senkrechten Nordwänden abbricht. Noch ist es uns ein Rätsel, wie der Steig diese abweisende Felsflanke überlisten will.

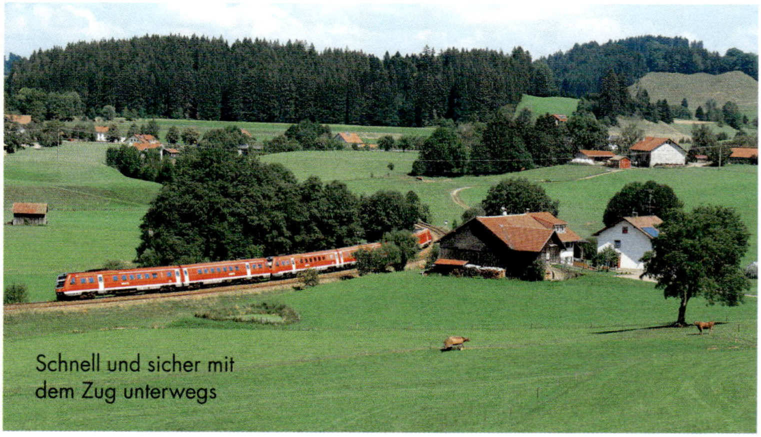
Schnell und sicher mit dem Zug unterwegs

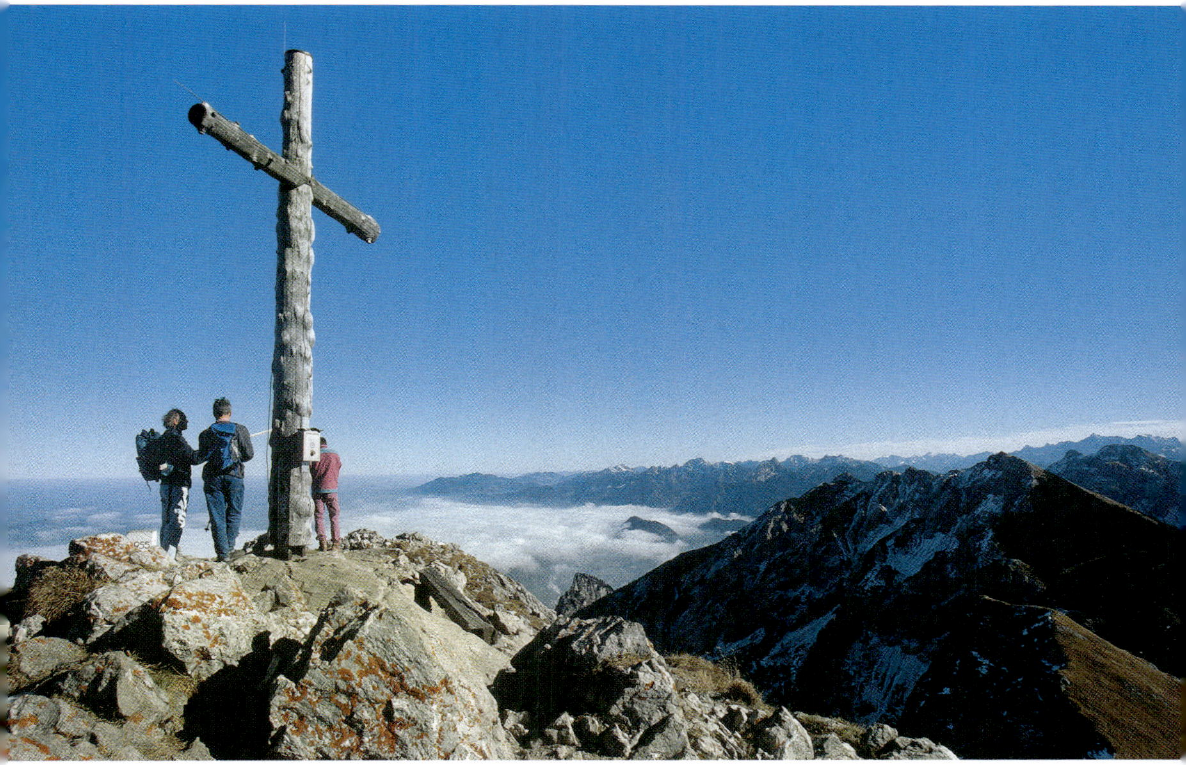

Schnell ist der Fuß des Aggensteins erreicht. Ein Serpentinenweg schlängelt sich durch einen steilen Wiesenhang nach oben. Wir erreichen eine Hangkante, über die wir auf die Nordwestseite des Aggensteins wechseln. Felsrunsen durchziehen nun das Gelände. Der schmale Weg verlangt Trittsicherheit und an einigen Stellen geben Drahtseile und Ketten zusätzlichen Halt. Über uns öffnet sich eine breite Rampe, der sogenannte »Lange Strich«, der sich durch die steile Nordflanke des Aggensteins zieht. Ein breiter Weg schlängelt sich unterhalb steiler Kletterwände in angenehmen Serpentinen über die Schuttflanke aufwärts, bis wir am Grat in das wärmende Sonnenlicht hinaustreten. Wir queren kurz eine steile Grasflanke und erreichen eine Weggabelung. Links hinab wird uns der Abstieg zur Bad Kissinger Hütte führen. Zuvor klettern wir aber rechts durch die teils mit Ketten gesicherte Flanke zum Gipfelkreuz des Aggensteins (1985 m) hinauf. Grenzenlos scheint von hier die herbstlich klare Rundumsicht.

Hoch über den Vorlandnebeln kann man auf dem Aggenstein eine grenzenlose Aussicht genießen.

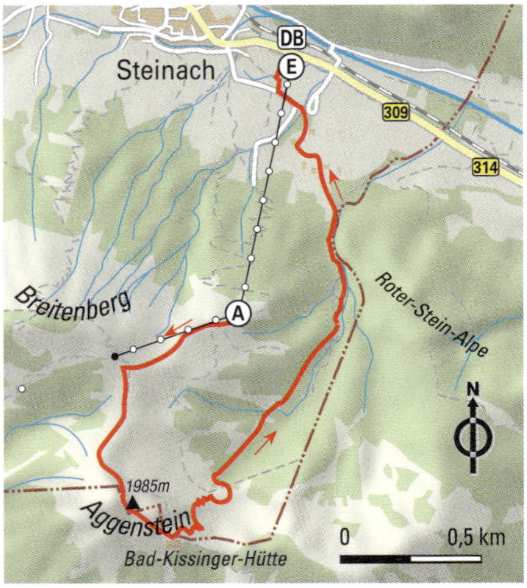

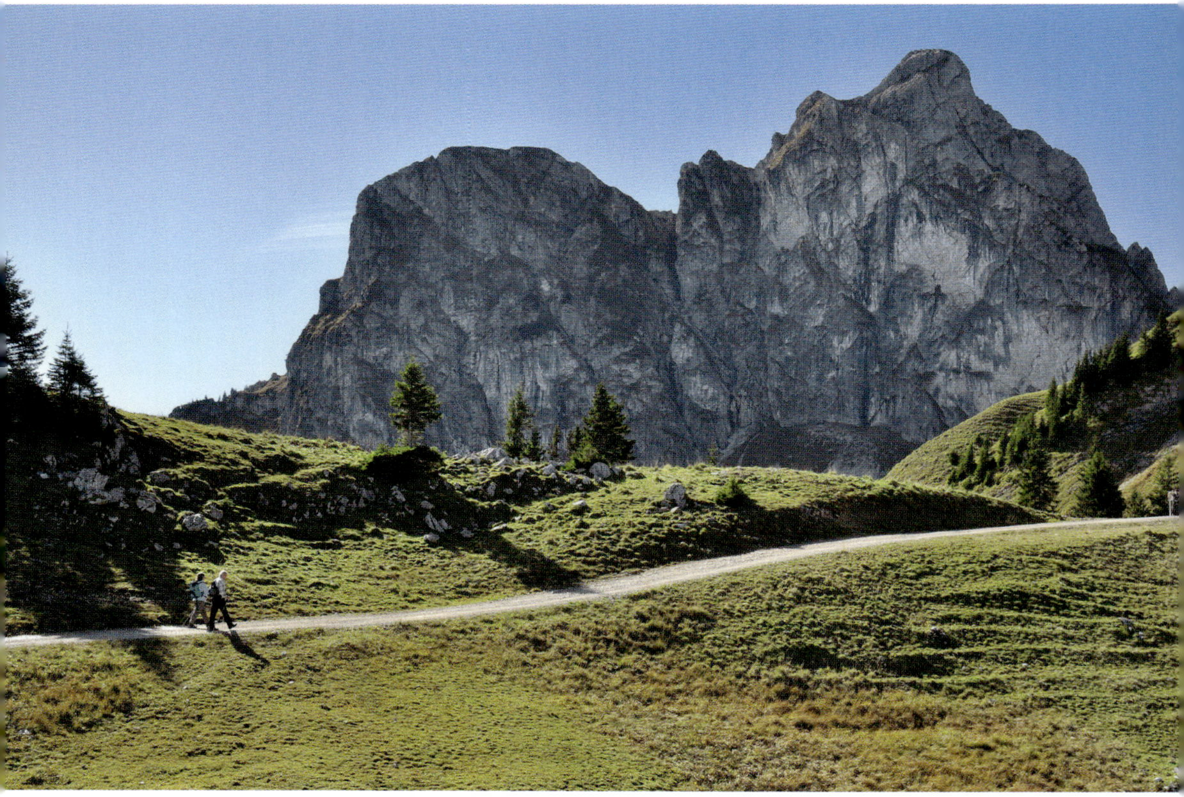

Noch ist es ein Rätsel, wie der dunkle Felsklotz des Aggensteins erstiegen werden kann.

Vom Gipfel steigen wir wieder zur nahen Kreuzung hinab und folgen dem Weg abwärts (Wegweiser »Pfrontner Hütte«), der sich in Serpentinen durch die grasige Südflanke des Aggensteins hinabzieht. Bald wendet sich der Weg nach links und führt durch Grashänge abwärts. Unter uns taucht die Bad Kissinger Hütte (1788 m) auf, die sich über steilen Kalkfelsen an dem schmalen Felskamm festkrallt. Die aussichtsreiche Terrasse des ehemals Pfrontner Hütte genannten Berghauses lädt zu einer Rast ein, ehe wir vorbei an einem schönen Holzkreuz weiter am Grat entlang absteigen. Kurze Zeit später zweigt rechts der Weg nach Grän ab. Wir folgen hier jedoch geradeaus dem Kammweg (Wegweiser »Breitenberg, Pfronten«) und biegen nach weiteren 100 Metern links in einen Steig ein (Wegweiser »Breitenberg, Pfronten«), der sich durch die schattige, felsige Nordflanke abwärtsschlängelt. Der Weg ist besser zu begehen, als sein Name »Böser Tritt« vermuten lässt. Am Fuß der felsigen Steilflanke führt der Steig kurz nach links und läuft dann abwärts zu einer Wegkreuzung vor der Grenzerhütte.

Links gelangt man zurück zur Bergstation der Breitenbergbahn. Wir halten uns aber rechts (Wegweiser »Reichenbachklamm, Pfronten«) und folgen dem schmalen Weglein, das uns durch Wald und zwischen Steinblöcken hindurch abwärtsführt. Wir treffen in der Talmulde des Plattenbachs auf die Schneise einer Skipiste, über die unser Weg zur Talstation eines Lifts hinabführt. Wir wechseln geradewegs auf einen Wirtschaftsweg, auf dem wir schnell in den Wald gelangen. Er führt bald steiler abwärts und wir können recht schnell rechts auf den schmalen Steig einbiegen, der zur Reichenbachklamm ausgeschildert ist. Nun geht es in Serpentinen durch den Wald zum Rand der Reichenbachklamm hinab. Gut gesichert mit Geländer und Drahtseilen queren wir über der Schlucht nach links und ein Brückchen hilft uns über einen schmalen Bergkamm. Immer wieder öffnen sich vom Weg, der in Serpentinen nach und nach in den Talgrund absteigt, eindrucksvolle Blicke in den oberen, wildesten Teil der Klamm.

Wir folgen bald dem Bach, der in kleinen Wasserfällen über die Felsblöcke rauscht, um sich dann wieder in einladend grünen Gumpen zu sammeln. Das Tal weitet sich nach und nach und wir wechseln geradeaus auf einen Fahrweg. An der Gabelung vor der Talstation einer Materialseilbahn nehmen wir das linke Sträßchen (Wegweiser »Breitenbergbahn, Steinach«) und biegen nach wenigen Metern links auf einen Wiesenpfad ein. Wir wandern geradewegs auf weicher, grüner Spur über die Weide zu einem Feldweg, dem wir nach links folgen. Dann bleiben wir auf dem Hauptweg und gehen nach einem kleinen Wäldchen an der Kreuzung links über die Brücke (Wegweiser »Breitenbergbahn, Steinach«). Jetzt geht es geradewegs auf der schmalen Teerstraße unter der Seilbahn hindurch und wenige Meter weiter auf einem Feldweg nach rechts (Wegweiser »Breitenbergbahn«). Ein Wiesenpfad bringt uns zur Talstation der Breitenbergbahn, von der es nur noch wenige Schritte zum jenseits der Bundesstraße gelegenen Bahnhof Pfronten-Steinach sind.

Südlich unter dem Gipfel des Aggensteins liegt die aussichtsreiche Bad Kissinger Hütte.

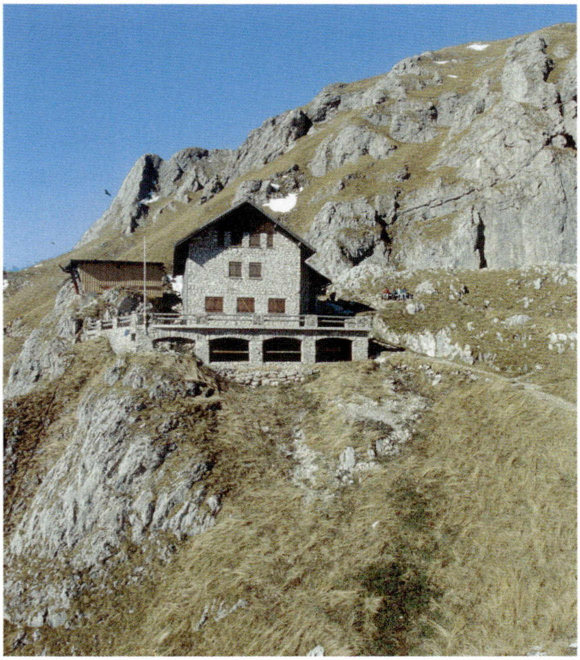

69 Der Wasserfallweg über Nesselwang

Wasserfall, Burgruine und Wallfahrtskirche

Mittel | 270 Hm | 2.15 Std.

Tourencharakter
Großteils auf schmalen, aber guten Wanderwegen durch die Schlucht zur Wallfahrtskirche

Ausgangs-/Endpunkt
Bahnhof Nesselwang

Anfahrt
Mit der Bahn über Kempten nach Nesselwang

Einkehr
In Nesselwang

Karte
Topographische Karte 1:50000 des Bayerischen Landesvermessungsamtes, UK L10, Blatt Füssen

Information
Tourist-Information Nesselwang, Lindenstr. 16, 87484 Nesselwang, Tel. 08361/923040, nesselwang-urlaub.de

Unsere kurze Wanderung beginnt in Nesselwang, dem höchstgelegenen Brauereiort Deutschlands. Vorbei an einem malerischen Wasserfall und an einer kleinen Burgruine führt uns der schattige Weg hinauf zur barocken Wallfahrtskirche Maria Trost. Von dort wandern wir an den Stationen des alten Kreuzweges entlang wieder hinab nach Nesselwang.

Vom Bahnhof in Nesselwang gehen wir zur nahen Hauptstraße und an ihr entlang links unter den Gleisen hindurch. Die Straße führt uns nun geradewegs durch Nesselwang aufwärts, bis wir vor dem traditionsreichen Gasthof Post auf die B 309/310 stoßen. Wir folgen der Bundesstraße wenige Meter nach rechts und biegen dann links in die Seitenstraße, die durch den Ort hinauf zur Talstation der Alpspitzbahn führt. Schon nach wenigen Metern zweigen wir links in die Maria-Trost-Allee ab und durchqueren geradewegs das Gelände der kleinen Postbrauerei. Ein kurzer, steiler Anstieg bringt uns jetzt zu einer Kreuzung nahe der Zinkenbichlkapelle. Wir halten uns rechts und wandern auf einem Wirtschaftsweg durch eine Allee und am Gasthof Sonnenbichl vorbei.

Am Ende der Parkplätze der Alpspitzbahn finden wir geradewegs die Fortsetzung des Alleeweges, der uns über die Wiesen zum Fuß der bewaldeten Hänge der Alpspitz führt. Die sogenannte Wasserfallbrücke hilft uns über den Bach zu einer Weggabelung, an der wir uns rechts halten. Eine große Hinweistafel erläutert hier Einzelheiten zu der höhergelegenen Nesselburg, der wir einen Besuch abstatten werden. Vorerst folgen wir jedoch dem Bach, der bizarre Gesteinsschichten aus dem Untergrund modelliert hat, nach rechts.

Der gute Weg folgt dem harmlos durch den Wald plätschernden Bach, bis sich ganz unvermittelt vor uns ein steiler Kessel

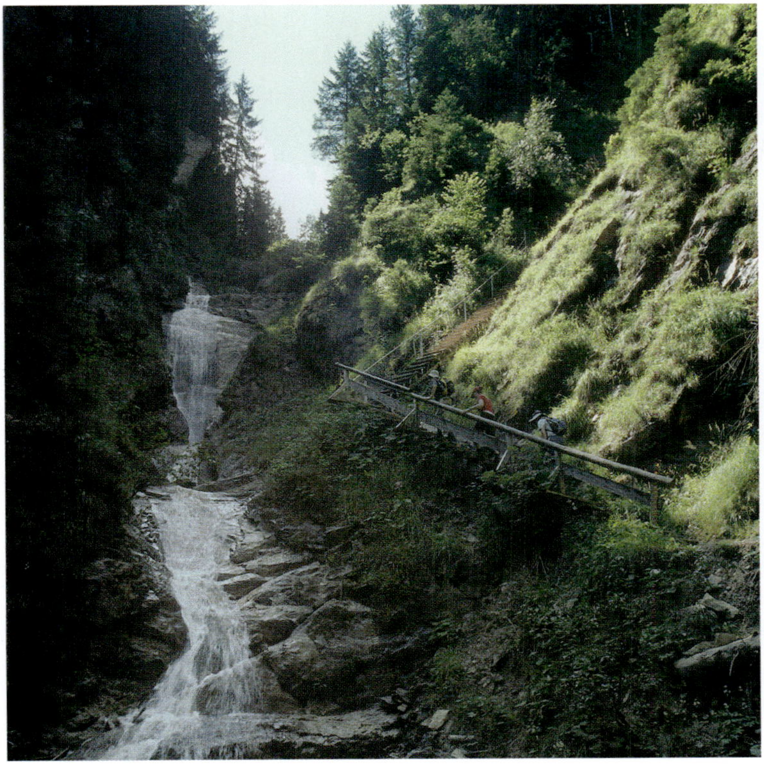

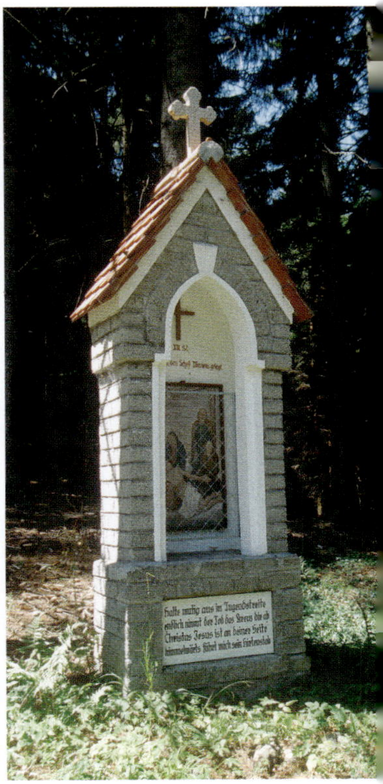

auftut. In mehreren Stufen rauscht der Bach im Hintergrund als eindrucksvoller Wasserfall über die Felswände. Den Steilhang rechts des Wasserfalls können wir mithilfe eines aufwendig angelegten hölzernen Treppenweges überwinden, der uns zur oberen Absturzkante führt und uns einen eindrucksvollen Tiefblick über die Kaskaden hinab eröffnet. Ein Holzsteg hilft uns nun über den Bach und auf schmalem Steig und weiteren Stegen steigen wir durch die enge Felsschlucht vorbei an grün schimmernden Gumpen bergan. Der Weg wird bald fast flach und führt uns am munter plätschernden Bach entlang zu einer Wegkreuzung.

Die Stationen eines alten Kreuzweges markieren den Abstieg nach Nesselwang.

Links: Ein aufwendig angelegter Treppenweg führt am Wasserfall vorbei.

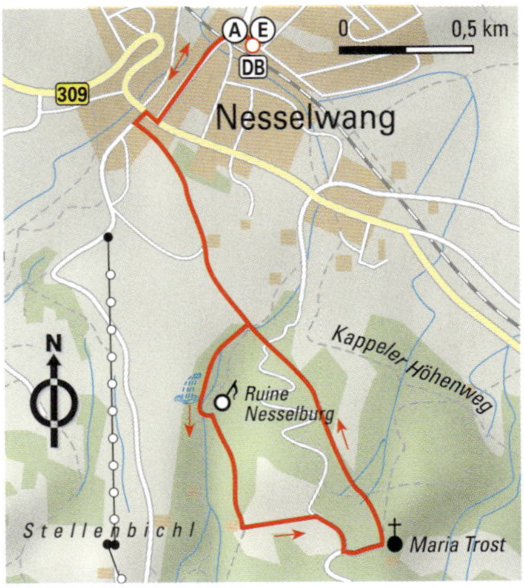

Wir wählen den linken Steig, der uns am Rand der Schlucht, durch die wir gerade gewandert waren, in gleichbleibender Höhe zu einer weiteren Wegkreuzung bringt. Geht man auf dem schmalen Steig geradeaus, kann man direkt zum Ausgangspunkt zurückwandern. Wir folgen jedoch dem Weglein, das rechts durch den Wald bergan führt. Nach kurzer Strecke zweigt rechts ein schmaler Steig zur Ruine der Nesselburg ab, die auf einem nahen Hügel aufragt. Leider ist zurzeit die Erkundung der kleinen Burganlage, deren Reste gesichert werden sollen, nicht möglich.

Trotzdem gewinnt man einen guten Eindruck von dem abgelegenen und feuchten, von zwei Bachtälern eingefassten Standort, der wohl für die mittelalterliche Besatzung so manche Beschwernisse bereithielt. 170 Höhenmeter über Nesselwang in steilem Gelände gelegen, war die Ende des 13. Jahrhunderts von den Herren von Rettenberg erbaute Burg nur schwer zu versorgen. Im Winter muss das Leben an dem feuchten, von Bachläufen zerfurchten Nordhang alles andere als angenehm gewesen sein. Links lag das Burgtor, das auf den winzigen Burghof führte, der nur von zwei kleinen Wohngebäuden umgeben war. Eine Besonderheit stellt die in dieser Gegend unübliche Schildmauer dar, die noch mehrere Meter hoch aufragt. Diese extra stark ausgeführte Mauer schützte wie ein Schild die empfindliche Bergseite der Burg vor Angriffen. Nach einer wechselvollen Geschichte wurde die Nesselburg 1525 in der Zeit der Bauernkriege von Allgäuer Bauern niedergebrannt. Nach dem Wiederaufbau gab man die kleine Burg nach einem Brand im Jahre 1595 endgültig auf. Seit einigen Jahren wird nun versucht, die abgelegene Burgruine zu sanieren.

Wallfahrtskirche Maria Trost

Mitte des 17. Jahrhunderts unternahm der Salzburger Freiherr von Grimming mit einem verehrten Marienbild im Gepäck eine Wallfahrt nach Maria Einsiedeln in der Schweiz. Auf dem Rückweg war er von der Gegend bei Nesselwang so angetan, dass er sich hoch über dem Ort in einer Einsiedelei niederließ. Sie wurde bald zum Ziel einer beliebten Wallfahrt. Ab 1660 entstanden rund um das Gnadenbild, das anfangs in einer Holzkapelle aufgestellt war, die barocke Kirche und das Klausnerhaus. Das Gotteshaus ist mit einem großen Deckenfresko aus dem 18. Jahrhundert, barocken Altären und zahlreichen Votivbildern geschmückt. Am Weg nach Nesselwang findet man die Stationen eines 1842 erbauten Kreuzweges.

Von der Burg geht es auf einem bewaldeten Rücken, der von tief eingeschnittenen Bachtälern flankiert wird, auf wurzeligem Weg steil bergan. Schon nach kurzer Zeit erreichen wir die sanften Wiesen der Unteren Alpe, über die wir zur nahen Alphütte schlendern. Wir folgen dem breiten Alpweg nach links und wandern an einem erfrischenden Brunnen vorbei zu einer Weg-

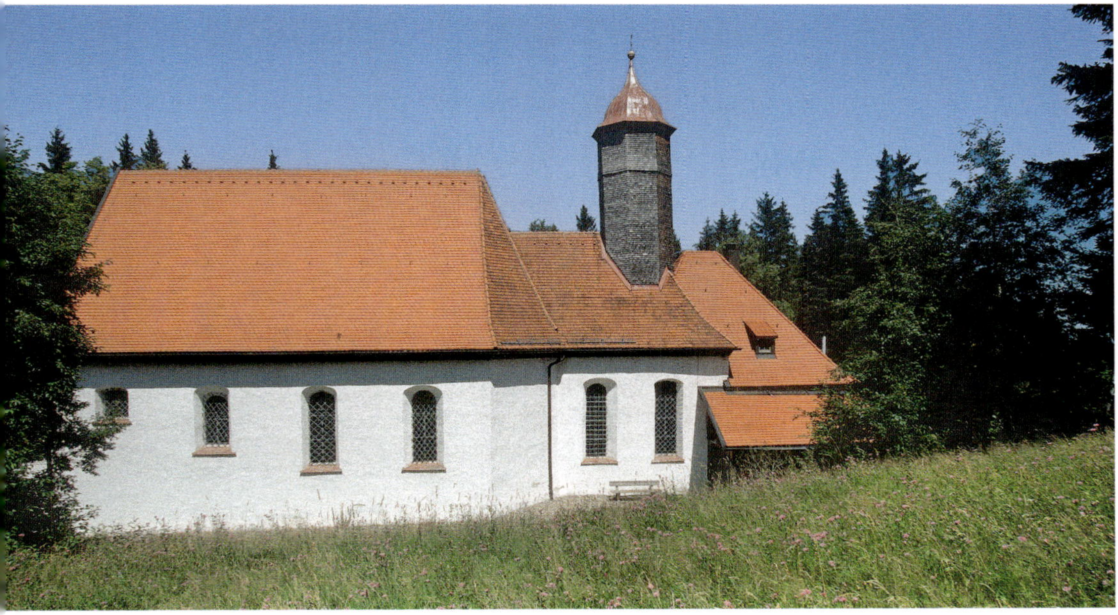

Hoch über Nesselwang liegt im Wald die barocke Wallfahrtskirche Maria Trost.

kreuzung. Ein breiter Kiesweg leitet uns rechts aufwärts zu einer Querstraße, auf der wir links durch den Wald ohne weitere Mühen zur nahen Wallfahrtskirche Maria Trost (1122 m) hinüberwandern. Zahlreiche von alten Bäumen beschattete Bänke laden an der barocken Kirche zu einer verdienten Rast ein.

Direkt gegenüber der Eingangstür zum Vorraum der Wallfahrtskirche finden wir die Fortsetzung unseres Weges, der durch den Wald abwärtsführt. Wir halten uns nach kurzer Strecke links und wandern an kleineren und größeren Stationen des 1842 erbauten Kreuzweges vorbei auf dem Wallfahrerweg bergab. Die einzelnen Kreuzwegstationen liegen teils direkt am Weg, teils müssen wir kurze Abstecher unternehmen. Zwischen den beiden obersten Bildstöcken queren wir eine Wirtschaftsstraße und der teils recht steinige und steile Weg läuft bald rechts neben einer nahen Forststraße abwärts. Ein zweites Mal müssen wir eine Kiesstraße überqueren, halten uns leicht rechts und finden so einen Weg, der sich durch den steilen Waldhang nach links zu einem nahen Bachtal wendet. Nach einem Holzsteg halten wir uns rechts und treffen nach kurzer Strecke an der »Wasserfallbrücke« auf unseren Anstiegsweg. Wir gehen rechts über den breiten Bach und dann auf dem schon bekannten Weg durch die Allee und vorbei am Gasthof Sonnenbichl nach Nesselwang hinab.

70 Alpspitz und Edelsberg

Aussichtsberge mit Seilbahn über Nesselwang

Mittel | 300/910 Hm | 3.15 Std.

Tourencharakter
Einfache, aussichtsreiche Wanderung ohne lange Anstiege, die großteils auf steinigen Bergwegen verläuft

Ausgangs-/Endpunkt
Bahnhof Nesselwang

Anfahrt
Mit der Bahn überKempten nach Nesselwang

Einkehr
An der Bergstation der Alpspitzbahnen, im Sportheim Böck, in der Kappeler Alpe und in Nesselwang

Karte
Topographische Karte 1:50000 des Bayerischen Landesvermessungsamtes, UK L10, Blatt Füssen

Information
Tourist-Information Nesselwang, Lindenstr. 16, 87484 Nesselwang, Tel. 08361/ 923040, nesselwang-urlaub.de

Südlich über Nesselwang ragen die bewaldeten Flanken der Alpspitz auf, über die wir mithilfe einer Sesselbahn bis fast ganz oben hinaufschweben. Ohne große Mühen erreichen wir von dort die Gipfel von Alpspitz und Edelsberg, auf dem uns eine Panoramatafel die umfassende Aussicht erläutert.

Vom Bahnhof in Nesselwang gehen wir zur nahen Hauptstraße und an ihr entlang links unter den Gleisen hindurch. Die Straße führt uns nun geradewegs durch Nesselwang aufwärts, bis wir vor dem traditionsreichen Gasthof Post auf die B 309/310 stoßen. Wir folgen der Bundesstraße wenige Meter nach rechts und biegen dann links in die Seitenstraße, die uns durch den Ort hinauf

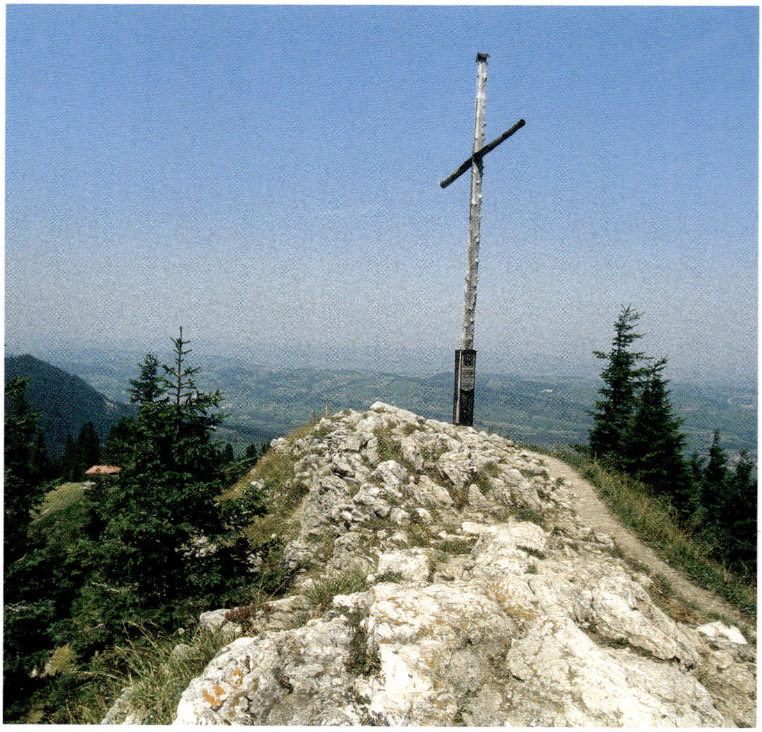

Von der Bergstation der Seilbahn ist der Gipfel der Alpspitze schnell erobert.

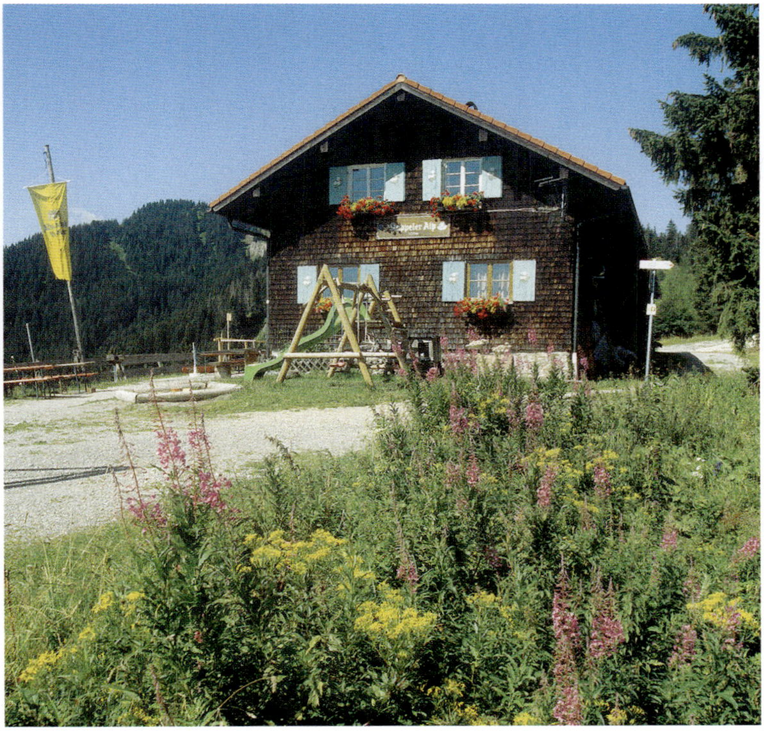

Am Abstiegsweg lockt die aussichtsreich gelegene Kappeler Alpe zur Rast.

zur Talstation der Alpspitzbahn führt. Mit der Bahn schweben wir zur Bergstation (1460 m) hinauf. Hier gehen wir wenige Schritte abwärts zur Kreuzung neben der kleinen Imbiss-Station und folgen dem breiten Weg nach rechts (Wegweiser »Alpspitz, Edelsberg«). Es geht über Alpwiesen aufwärts bis kurz vor den breiten Wiesensattel, der Alpspitz und Edelsberg verbindet. Hier wandern wir rechts auf einen schmalen Weg (Wegweiser »Alpspitz«) und nach wenigen Metern rechts aufwärts durch Wiesen. Bald kommen wir auf einem steinigen Steig zum nahen Gipfelkamm und links zum Gipfelkreuz auf der aussichtsreichen Alpspitz (1575 m).

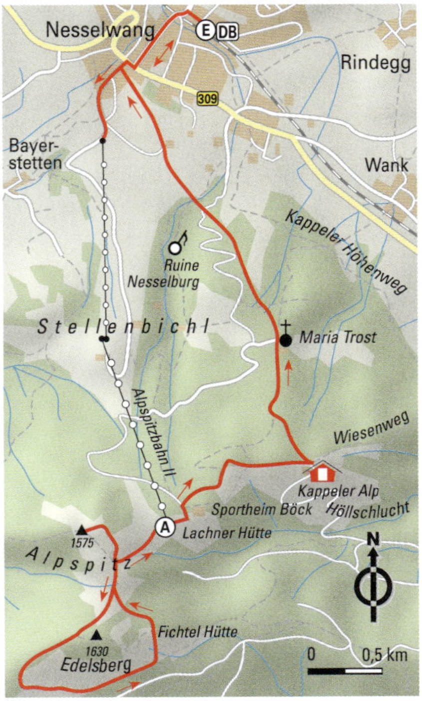

Jetzt geht es entweder auf demselben Weg zurück zum Abzweig vom Hauptweg oder wenige Meter nach dem Gipfelkreuz links auf einem schmalen, steinigen Steig steil abwärts zu Bergwiesen, über die wir links zum Hauptweg zurückkehren. Dort gehen wir nach rechts bis zu einer nahen Wegkreuzung vor dem

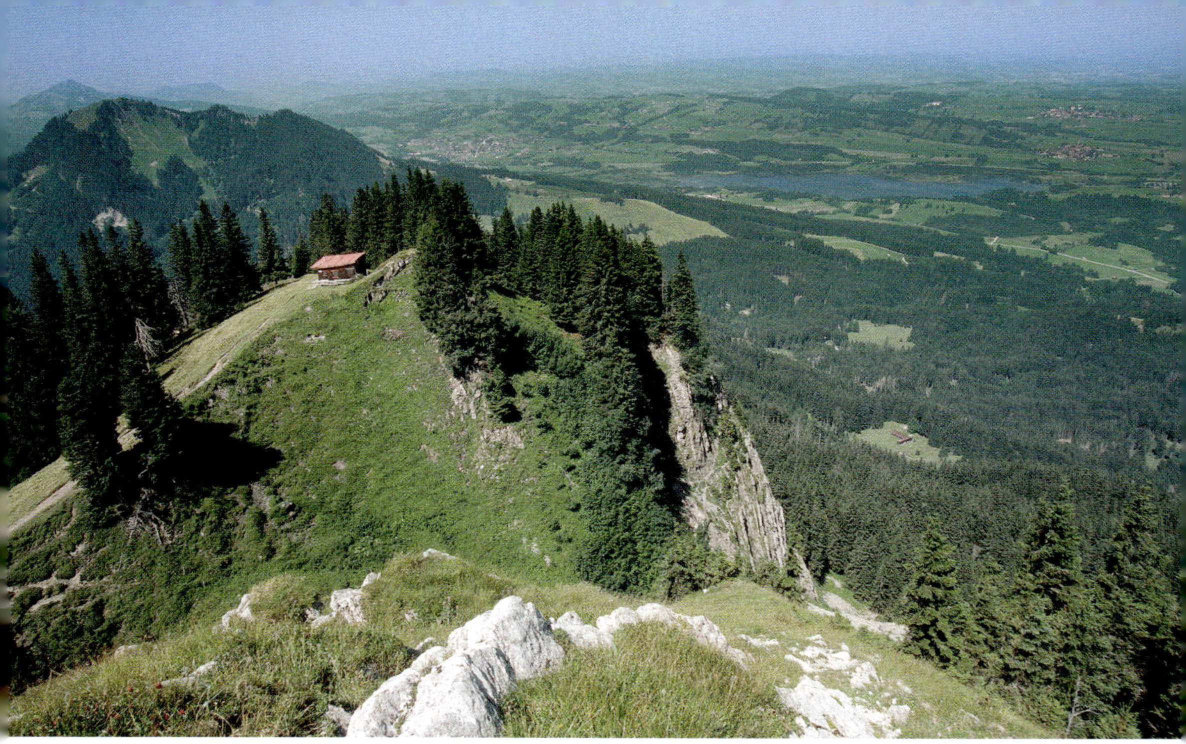

Eingebettet in das sanft gewellte Alpenvorland liegt der grüne Grüntensee.

Edelsberg. Wir biegen rechts auf einen schmalen Steig (Wegweiser »Edelsberg, Jungholz«), der uns durch den teils bewaldeten Hang zu einer Wegkreuzung führt. Hier nehmen wir den linken Weg (Wegweiser »Edelsberg, Fichtelhütte«), der uns zum Gipfel des Edelsbergs (1630 m) leitet. Eine Schautafel erklärt das umfassende Gipfelpanorama, das von der Zugspitze im Osten bis zum Hohen Ifen im Westen reicht.

Vom Gipfel folgen wir auf schmaler, gelb markierter Wegspur dem anfangs bewaldeten Ostrücken des Edelsbergs links hinab (Wegweiser »Fichtelhütte, Gundhütte«). Bald erreichen wir herrlich aussichtsreiche Bergwiesen, durch die sich der jetzt deutliche Weg abwärts schlängelt, bis er uns links zur nahen Fichtelhütte führt. Dort geht es auf dem breiten Weg nach links (Wegweiser »Nesselwang, Sportheim Böck«) zurück zur Kreu-

Tipp

An die alte Brauereitradition in Nesselwang, dem höchstgelegenen Brauereiort Deutschlands, erinnern neben einem Brauerei-Wanderweg noch zwei Brauerei-Gasthöfe. Vor allem der Brauerei-Gasthof »Hotel Post« (Tel. 08361/309 10) gegenüber der Kirche bietet ein abwechslungsreiches Programm rund um den Gerstensaft mit Bierproben, Bierseminaren, Bierbädern, einem Brauereimuseum und Brauereibesichtigungen. Man kann aber auch einfach die ausgezeichnete Küche genießen und dazu eines der Biere aus eigener Herstellung trinken.

zung vor dem Edelsberg und auf dem bekannten Weg abwärts, vorbei an der Bergstation der Alpspitzbahnen (Wegweiser »Nesselwang, Maria Trost«) zum nahen Sportheim Böck. Wir gehen kurz auf der Zufahrtsstraße nach links und dann rechts in eine breite Forststraße (Wegweiser »Kappeler Alp, Maria Trost«). Auf ihr wandern wir abwärts, bis wir vor einem kleinen Steinbruch rechts auf einen angenehmen Alpweg einbiegen können (Wegweiser »Kappeler Alp, Maria Trost«), der uns zur herrlich gelegenen Kappeler Alp (1341 m) bringt.

Wenige Meter nach der Alphütte finden wir links einen schmalen Steig (Wegweiser »Maria Trost, Nesselwang«), der sich durch den bewaldeten Berghang teils steil nach unten schlängelt. Der steinige und wurzelige Weg führt uns über zahlreiche Stufen abwärts zur Wallfahrtskirche Maria Trost (1122 m), an der zahlreiche Bänke zu einer verdienten Rast einladen. Direkt gegenüber der Eingangstür zur barocken Kirche finden wir die Fortsetzung unseres Weges (Wegweiser »Nesselwang, Wank«), halten uns nach kurzer Strecke links (ab hier Wegweiser »Alpspitzbahn-Parkplatz, Nesselwang«) und wandern an Kreuzwegstationen vorbei auf dem Wallfahrerweg bergab. Zweimal werden Forststraßen überquert. Unterhalb der zweiten wendet sich der Weg bald nach links in ein nahes Bachtal. Nach einem Holzsteg halten wir uns rechts und gehen nach kurzer Strecke auf der »Wasserfallbrücke« (930 m) rechts über den breiten Bach. Nun geht es geradeaus auf einem angenehmen, bald von Alleebäumen beschatteten Weg über die Wiesen bis zum Parkplatz an der Talstation der Alpspitzbahnen (850 m). Wir folgen hier geradewegs der »Maria-Trost-Allee«, die links am Gasthof Sonnenbichl vorbeiläuft. An der Kreuzung nahe der Zinkenbichlkapelle halten wir uns links. Das Sträßchen führt kurz steil abwärts und dann durch das Gelände der kleinen Postbrauerei zur Zufahrtsstraße der Alpspitzbahn. Auf ihr geht es rechts zur nahen Bundesstraße und auf bekanntem Weg durch den Ort zurück zum Bahnhof Nesselwang.

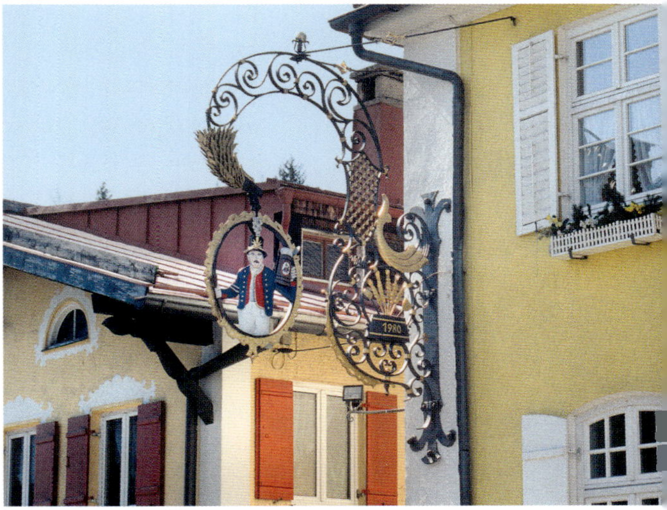

Im traditionsreichen Gasthof Post in Nesselwang kann man ein Brauereimuseum besichtigen.

71 Um den Grüntensee

Im Angesicht des »Allgäuer Wächters«

Leicht | 20 Hm | 3.45 Std.

Tourencharakter
Eine fast ebene, teilweise sehr sonnige Wanderung um den Grüntensee. Im Sommer Badesachen nicht vergessen!

Ausgangspunkt
Bahnhof Wertach-Haslach

Endpunkt
Bahnhof Nesselwang

Anfahrt
Mit der Bahn mit verschiedenen Umsteigemöglichkeiten nach Wertach-Haslach

Rückfahrt
Von Nesselwang über Kempten

Einkehr
Erst am Ende der Umrundung viele Möglichkeiten in Nesselwang; unterwegs gibt es nur am Campingplatz Grüntensee ein kleines Restaurant oder mit einem Abstecher den Buron Stadl am Kinderpark.

Karte
Kompass 1:50000, Nr. 4 Füssen/Ausserfern

Information
Tourist-Info Nesselwang, Lindenstr. 16, 87484 Nesselwang, Tel. 08361/ 923040, nesselwang.de

Der Weg um den Grüntensee im Allgäu ist eine sehr gemütliche Tour, und im Sommer lockt der See mit Bademöglichkeiten. Aber vor allem die grandiose Aussicht auf die nahe Allgäuer Bergwelt, z. B. auf den markanten Grünten, den »Wächter des Allgäus«, verleiht dieser Wanderung ihren Reiz.

Wir starten vom wirklich klitzekleinen Bahnhof in Haslach und gehen, den Bahnhof im Rücken, nach rechts. Nach nur drei Minuten erreichen wir einen kleinen Wanderparkplatz, wo nach links der Rundweg um den Grüntensee beginnt. Die Aussicht über den See auf die nahen Allgäuer Berge mit dem markanten Grünten ist einmalig! Parallel und anfangs ohne nennenswerten Abstand verläuft die große Bundesstraße rechts von uns. Bald aber biegen wir links in einen Feldweg ein, der uns durch das Altachmoos näher zum See hinführt.

Am südlichen Seeende halten wir uns links über die Wertach und durchwandern die Flussauen. So erreichen wir wieder das Seeufer und setzen den Rundgang fort. Gute Bademöglichkeiten

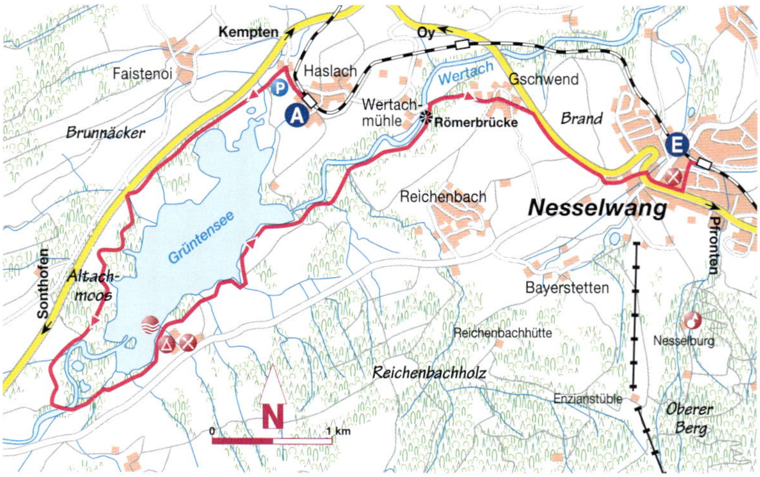

haben wir am Ufer beim Campingplatz Grüntensee. Dort kann man rechts mit einem Abstecher das Gasthaus Buron Stadl mit seinem großen Kinderspielplatz besuchen. Danach führt ein breiter Kiesweg in Ufernähe weiter nach Norden, bis wir auf eine Staumauer treffen. Ohne den Damm zu überqueren, wenden wir uns nach rechts, gehen ein Stück bergab und wandern dann angenehm schattig im Wald weiter.

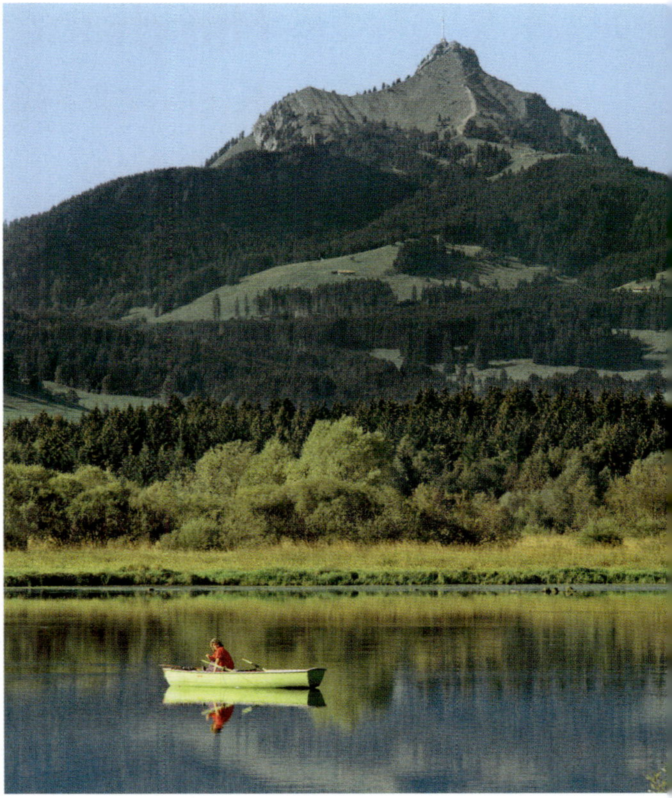

Über dem Grüntensee thront der gleichnamige Berggipfel.

Vorbei an ein paar Wiesen erreichen wir schließlich die sogenannte Römerbrücke, die mit ihren mächtigen steineren Bögen die Wertach überspannt. Wir bleiben jedoch auf unserer bewährten Flussseite und wenden uns nach rechts auf die kleine Straße, die von der Römerbrücke wegführt. So kommen wir zum Weiler Gschwend, den wir geradeaus durchqueren.

Dann folgen wir dem Fuß- und Radweg parallel zur Bundestraße und erreichen so die ersten Häuser von Nesselwang. Hier queren wir die Straße und wandern in der Römerstraße bergab zur Hauptstraße von Nesselwang. In der Ortsmitte biegen wir links in den Promenadenweg und folgen ihm in seiner Verlängerung durch den Kurpark. Auf der anderen Seite des Parks befindet sich der Bahnhof von Nesselwang.

Römische Vergangenheit

Die imposante Römerbrücke bei Gschwend wird auch Dohlebrücke genannt. Zwar fehlen konkrete schriftliche Daten zur Geschichte, gesichert ist aber, dass bereits die Römer hier die felsige Engstelle (Dohle = Rinne, Loch), durch die sich die Wertach zwängen muss, als Übergang nutzten. Hier befand sich eine der vielen Nebenstraßen der berühmten römischen Via Claudia Augusta.

72 Hirschbachtobel, Spieser und Kleiner Hirschberg

Wilde Schlucht und sanfte Höhen

Schwer | 950 Hm | 4.45 Std.

Tourencharakter
Zu Beginn der aussichtsreichen Rundwanderung verlangt der schmale, steile Steig durch den malerischen Hirschbachtobel Trittsicherheit.

Ausgangs-/Endpunkt
Ortszentrum von Bad Hindelang

Anfahrt
Mit der Bahn über Kempten nach Sonthofen. Von dort weiter mit dem Bus nach Bad Hindelang

Einkehr
In der Hirsch-Alpe und in Bad Hindelang

Karte
Topographische Karte 1:50000 des Bayerischen Landesvermessungsamtes, UK L8, Blatt Allgäuer Alpen

Information
Gästeinformation Bad Hindelang, Am Bauernmarkt 1, 87541 Bad Hindelang, Tel. 08324/8920, bad-hindelang.info

Nördlich über Bad Hindelang durchzieht der geologisch interessante Hirschbachtobel die sonnige Südflanke des Spiesers. Die wilde Schlucht schneidet in Gesteinsschichten aus unterschiedlichen Erdzeitaltern und öffnet so einen eindrucksvollen Blick in die Erdgeschichte.

Vom Busbahnhof in Bad Hindelang wandern wir zur nahen Kirche im Ortszentrum. Dort halten wir uns rechts und gehen auf der Marktstraße zur Jochstraße. Wir folgen ihr wenige Meter links aufwärts und biegen dann links in die zur Kalvarienberggasse ausgeschilderte Rosengasse. Weiter geht es aufwärts, bis rechts neben einer Kreuzwegstation ein schmaler Teerweg abzweigt. Auf ihm wandern wir zur Kalvarienbergkapelle hinauf. Links der Kapelle beginnt eine Wegspur, die uns über weiche Wiesen zu einem Teersträßchen führt. Wir folgen der Straße nur wenige Meter nach links und biegen dann rechts auf einen Wiesenweg ein. Er bringt uns in wenigen Minuten hinauf zum Café Polite.

An der Wegkreuzung neben dem Café halten wir uns rechts und steigen bald in den Talgrund des Hirschbachtobel hinab. Wir nehmen an der Kreuzung hinter dem Brückchen den linken Weg. Die Schautafeln des »Geologischen Lehrpfades Hindelang« erläutern die Entstehungsgeschichte der Landschaft und die verschiedenen Gesteine am Wegesrand. Durch eine wahre Urlandschaft steigen wir rechts des Baches, der über glatte Felsen und abgestürzte Bäume in grüne Wasserbecken rauscht, auf dem gut ausgebauten und mit Drahtseilen gesicherten Weg bergan.

Oberhalb des ersten Schluchtabschnittes weitet sich das Tal und wir erreichen eine Wegkreuzung. Der geologische Lehrpfad, auf den wir erst später am Steinköpfle wieder treffen werden, führt links über den Steg und bietet eine einfachere und kürzere Wegvariante.

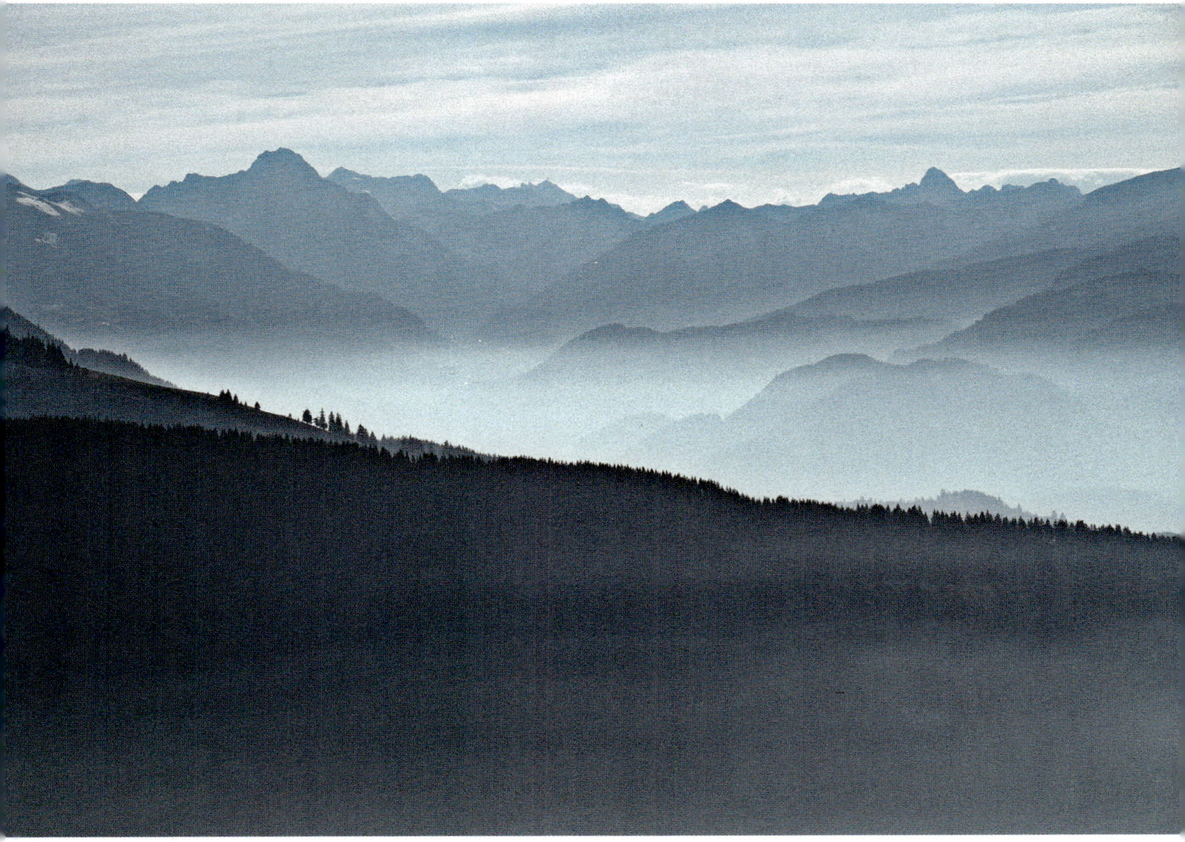

Blick vom Hirschberg über den herbstlichen Taldunst zu den Allgäuer Hochgipfeln

Wir wandern jedoch geradeaus am Bachbett entlang talaufwärts. Ein zweiter Steg bringt uns auf die linke Bachseite und kurz darauf zweigt links der Kellerwandweg ab, auf den wir später auch wieder treffen werden. Wir wandern auf schmalem Steig geradeaus in den beeindruckenden oberen Abschnitt der Schlucht. Eine Brücke hilft uns wieder über den Bach, der über glattgewaschene Felsen sprudelt. Über uns schließt sich das Tal in einem weiten Rund aus grauen Felsen, das der weiße Gischtstreifen eines mächtigen Wasserfalls überzieht. Der Steig weicht jetzt in den rechten Talhang aus und wir gewinnen schnell an Höhe. An steilen und abschüssigen Stellen sorgen Drahtseile für Sicherheit. Bald liegt das Felsamphitheater des Hirschbachtobels unter uns. Das Gelände wird wieder flacher und durch Wald steigen wir zu einem herrlichen Aussichtsplatz empor. Im Süden ragt über dem Ostrachtal die Felspyramide des Hochvogel auf und im Westen reicht der Blick bis zur kahlen Felsfläche des Gottesackerplateaus.

Gleich oberhalb des Aussichtsplatzes treffen wir auf eine Forststraße, der wir nur wenige Meter folgen. Dann zweigt links ein Wanderweg ab, der uns durch den Wald zu einer Wegkreuzung am Rand einer Alpweide bringt. Ist man in Zeitnot, kann man von hier geradeaus zum nahen Hirschberg wandern. Wir biegen jedoch rechts auf den Weg ab, der über einen aussichtsreichen Almwiesenrücken berganführt. Links vor uns befindet sich unser nächstes Ziel, der Spieser, aus dessen schütter bewaldeter Südflanke bizarre Felstürme ragen. Vor einer kreuzgeschmückten Kuppe treffen wir auf einen breiteren Weg, der uns rechts zur Hirsch-Alpe bringt.

An der Kreuzung neben der Alpe bieten sich zwei Wegvarianten an. Links kann man an einem Kreuz vorbei zur Südflanke des Spiesers steigen und dann an einer Weggabelung rechts gehend über den bewaldeten Südwestrücken den Gipfel erklimmen. Wir gehen jedoch geradeaus bergauf zum Steinpasssattel, halten uns dort links und wandern über aussichtsreiche Bergwiesen und den Ostrücken zum Gipfelkreuz des Spiesers (1651 m) hinauf. Schier grenzenlos scheint von hier oben der Blick in alle Richtungen.

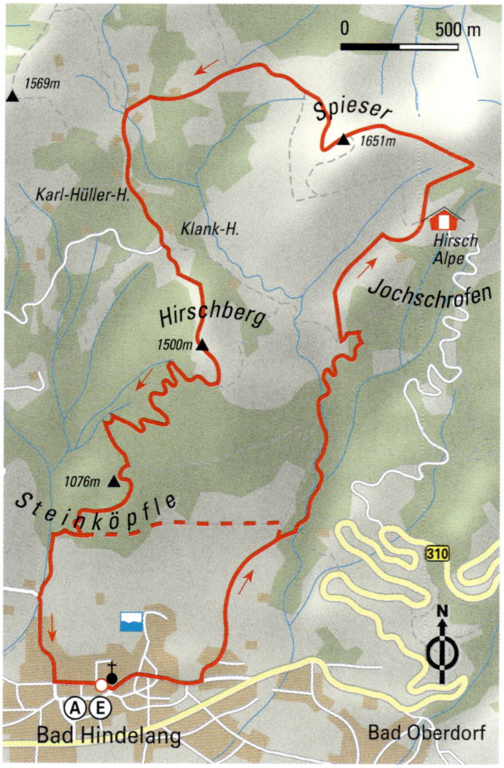

Vom Kreuz folgen wir einem steinigen Steig, der am Westrücken bergabläuft. Er schwenkt bald nach rechts und führt uns durch die Nordflanke des Spiesers in einen breiten Wiesensattel. Wir treffen auf einen Querweg, der uns rechts zum tiefsten Punkt des Sattels leitet. Ein Übertritt hilft über einen Zaun und anschließend führt ein Bohlenweg zu einer Weggabelung. Wir halten uns links und folgen dem Bohlenweg, der uns an verfallenen Hütten vorbei in den Wald führt. Die roten Markierungen leiten uns in eine sumpfige Talmulde, in der verstreut kleine Heustadel stehen. Entlang der Markierungsstangen marschieren wir durch das feuchte Gelände zu einer Alphütte am gegenüberliegenden Hang.

Dort setzt ein breiter Weg an, der uns links auf einen Waldrücken führt. An der nächsten Wegkreuzung gehen wir geradeaus und wandern an der Karl-Hüller-Hütte vorbei abwärts bis zur Klank-Hütte. Wir verlassen hier geradewegs die nach rechts knickende Alpstraße und folgen einem schmalen Steig, der uns über einen Wiesensattel und einen bewaldeten Bergrücken auf den Hirschberg bringt. Wir überschreiten den unauffälligen höchsten Punkt und steigen zum großen Kreuz auf dem Vorgipfel des Hirschbergs (1479 m) ab. Tief unter uns liegt Bad Hindelang und ein letztes Mal am heutigen Tag können wir die freie Sicht auf die Allgäuer Bergwelt genießen.

Direkt am Kreuz schwenkt der schmale, steinige Steig nach rechts und läuft in unzähligen Kehren durch den steilen Waldhang abwärts. An einer ersten Wegkreuzung gehen wir geradeaus zu einer zweiten, an der von links der im Hirschbachtobel abzweigende Kellerwandweg hereinkommt. Wir halten uns rechts und steigen durch den Südhang des Steinköpfles zu einem breiten Querweg hinab, an dem wir wieder auf den »Geologischen Lehrpfad Hindelang« treffen. Unterhalb setzt ein Weg an, der uns rechts in ein Tal bringt. Vor dem Bach halten wir uns links und wandern an einigen Rückhaltebecken vorbei zu einer schmalen Teerstraße hinab. Sie führt uns links zu den ersten Häusern von Bad Hindelang. Wir folgen geradewegs der Gailenbergstraße abwärts, bis wir an ihrem Ende links zur Kirche im Ortszentrum von Hindelang gelangen.

Der Hirschbachtobel

Nördlich von Hindelang zerteilt die wilde Schlucht des Hirschbachtobels die steilen Berghänge. Sie schneidet in Gesteinsschichten aus unterschiedlichen Erdzeitaltern und öffnet so einen eindrucksvollen Blick in die Erdgeschichte. 1980 wurde im Hirschbachtobel ein geologischer Lehrpfad eingerichtet, der die verschiedenen Gesteine vorstellt und die Kräfte der Gebirgsbildung erläutert.

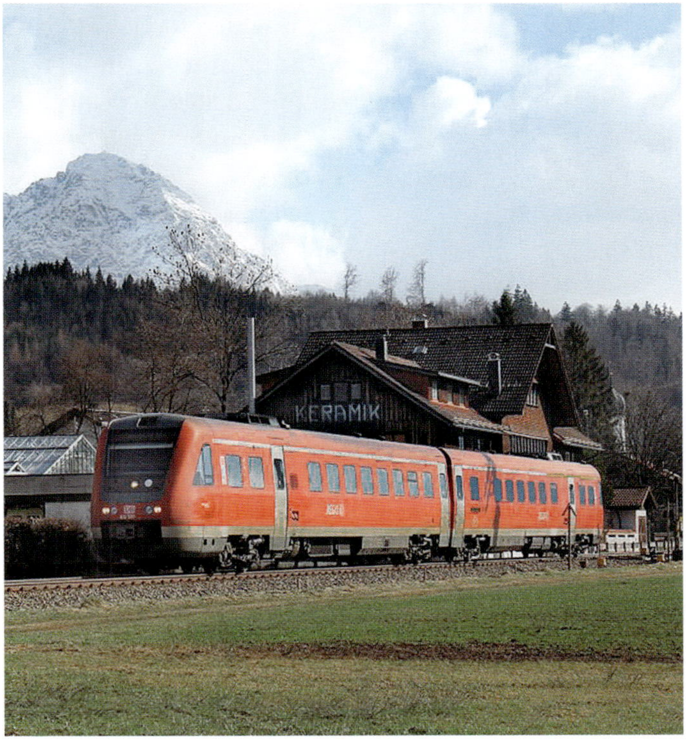

Verträumte Landschaft bei Altstädten

73 Die Zipfelsbachfälle bei Hinterstein

Vorbei an den Kaskaden zur Zipfels-Alpe

Mittel | 670 Hm | 3.15 Std.

Tourencharakter
Die erste Hälfte des Anstieges erfolgt auf einem steilen, steinigen, aber gut zu begehenden Weg. Weiter mit abnehmender Steigung zur Zipfels-Alpe

Ausgangs-/Endpunkt
Kirche im Ortszentrum von Hinterstein

Anfahrt
Mit der Bahn über Kempten nach Sonthofen. Weiter mit dem Bus nach Bad Hindelang. Am Busbahnhof von Bad Hindelang Umsteigen in den Bus nach Hinterstein

Einkehr
In der Zipfels-Alpe und in Hinterstein

Karte
Topographische Karte 1:50000 des Bayerischen Landesvermessungsamtes, UK L8, Blatt Allgäuer Alpen

Information
Gästeinformation Bad Hindelang, Am Bauernmarkt 1, 87541 Bad Hindelang, Tel. 08324/8920, bad-hindelang.info

Bei Bad Hindelang knickt das Tal der Ostrach nach Süden und drängt sich zwischen die Hochgipfel der östlichen Allgäuer Alpen. Man kann auf einer schmalen Straße entlang des Flusses das kleine Dorf Hinterstein erreichen, dessen teils mit Schindeln gedeckte Häuser weit verstreut im Tal liegen. An der Kirche beginnt ein wundervoller Wanderweg, der dem Lauf der Wasserfälle folgt und so einen malerischen Weg zur Zipfels-Alpe öffnet, an der sich herrlich rasten lässt.

Wenige Meter neben der Kirche von Hinterstein rauscht der Zipfelsbach durch das kleine Dorf. Hier finden wir links neben dem Feuerwehrhaus den Beginn des Steiges, der uns zu den nahen Wasserfällen hinaufführt. Er läuft links des Baches am Rand einer Wiese bergwärts zu einer Weggabelung und dann schon recht steinig und steil zum untersten Wasserfall hinauf. Über eine hohe Felsstufe rauscht er in ein kleines Becken und anschließend über erodierte Felsen weiter talwärts. Durch den steilen Waldhang links des Baches führt uns der schmale, aber gut angelegte Steig weiter bergauf. Bald ist die herrliche zweite Kaskade

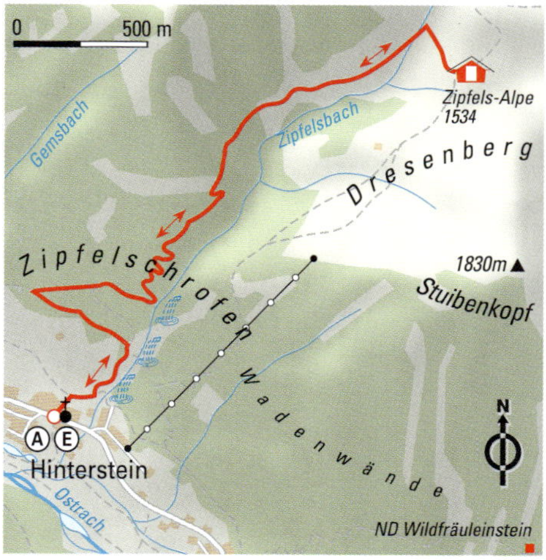

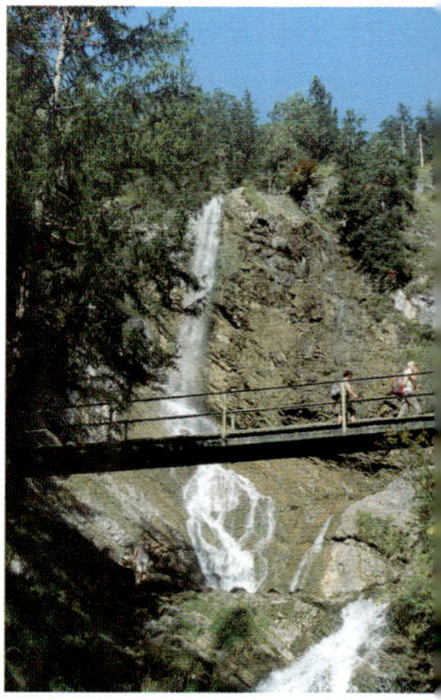

erreicht, die über überhängende Felsen in ein grünes Wasserbecken stürzt. Ein Weg zweigt hier rechts ab und führt auf einer Metallbrücke über den Bach. Dieser führt zum großen Wanderparkplatz am Ortsende von Hinterstein.

Wir bleiben hier aber links des Baches und folgen dem schmalen Steig, der vorbei an der Absturzkante des Wasserfalls nach oben geht. Anschließend holt er ein Stück nach links aus, um eine Felsstufe zu umgehen, und bietet uns eindrucksvolle Tiefblicke auf Hinterstein. Bald jedoch führt der Weg zurück zum Bach, den wir bei einem weiteren herrlichen Wasserfall wieder erreichen. Zahlreiche Kaskaden und Wasserbecken glitzern hier in der Nachmittagssonne.

Linke Seite: In zahlreichen Kaskaden rauschen die Zipfelsbachfälle über die Steilhänge bei Hinterstein.

In Hinterstein findet man noch zahlreiche alte und historische Bauerhäuser.

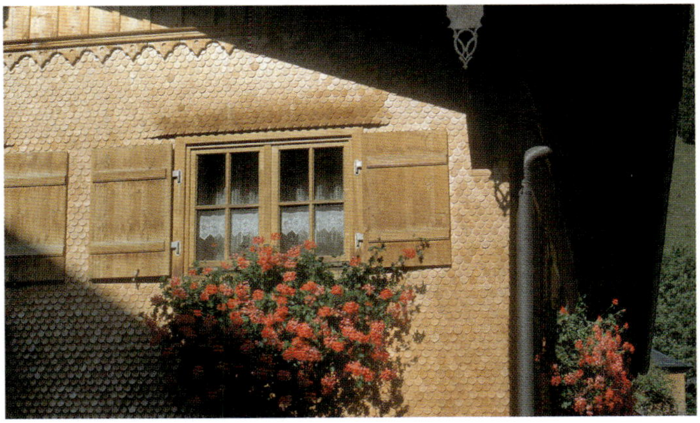

Der Weg windet sich jetzt in Serpentinen durch den Wald aufwärts und bietet noch einige Einblicke in die Bachschlucht, ehe er sich endgültig nach links wendet. Nach einem dichteren Waldstück öffnet sich der Blick nach oben und unser Ziel, die Zipfels-Alpe ist zum ersten Mal zu sehen. Der Steig verlässt den Wald und durchquert in weitem Bogen die freien Hänge an der Nordseite des Tales, bis wir den Talgrund erreichen. An dieser Stelle knickt er nach rechts und führt uns über die Alpweiden zur Zipfels-Alpe (1534 m) hinauf, an der sich herrlich rasten und einkehren lässt. Wer noch nicht ausgelastet ist, der kann von der Alpe aus auf gut zu begehenden Wegen den Iseler (1876 m) oder den Bschießer (2006 m) problemlos besteigen.

Das Kutschenmuseum in Hinterstein

Eine ganz besondere Attraktion für Groß und Klein findet man in der Nähe von Hinterstein. Am Wanderparkplatz am Ortsende beginnt ein ausgeschilderter Weg, der bald über die Ostrach führt und nach zehn Minuten einige Holzhütten erreicht. Hier hat sich ein junger Mann mit einem Kutschenmuseum seine eigene Fantasiewelt erschaffen. Allzu viel sei nicht verraten, man sollte sich einfach überraschen lassen. Das bezaubernde Museum steht für jedermann von 8 bis 20 Uhr offen. Der Eintritt ist zwar frei, aber diese außergewöhnliche Privatinitiative kann gerne mit einer kleinen Spende unterstützt werden.

74 Von der Nebelhornbahn zum Großen Daumen

Bergseen und weite Ausblicke am Koblat

Mittel | 450 Hm | 4.15 Std.

Tourencharakter
Alpine Wanderung auf steinigen Pfaden

Ausgangspunkt
Bergstation (Station Höfatsblick) oder Gipfelstation der Nebelhornbahn (Auskunft Nebelhornbahn Tel. 08322/96000, das-hoechste.de)

Endpunkt
Bergstation der Nebelhornbahn

Anfahrt
Mit der Bahn über Buchloe nach Oberstdorf. In Oberstdorf weiter mit dem Bus zur Talstation

Einkehr
Im Edmund-Probst-Haus (Tel. 08322/4795) neben der Bergstation der Nebelhornbahn

Karte
Topographische Karte 1:50000 des Bayerischen Landesvermessungsamtes, UK L8, Blatt Allgäuer Alpen

Information
Tourismus Oberstdorf, Prinzregentenplatz 1, 87561 Oberstdorf, Tel. 08322/7000, oberstdorf.de

Direkt vom Gipfel des Nebelhorns zieht sich ein langer, mit zahllosen Felszacken besetzter Grat zum höchsten Gipfel des Bergmassivs, dem Großen Daumen. Über diese Himmelsleiter turnen versierte Alpinisten auf dem berühmten Hindelanger Klettersteig. Doch das herrliche Bergrevier bleibt nicht nur den Kletterern vorbehalten.

Vom Bahnhof Oberstdorf gehen wir zunächst zur Talstation der Nebelhornbahn (siehe Tour 77), die uns hinauf in das hochalpine Tourengelände bringt. Für den Beginn der Tour zum Großen Daumen eignen sich als Ausgangspunkt sowohl die Bergstation (Station Höfatsblick) als auch die Gipfelstation der Nebelhornbahn. Bereits am Gipfel des Nebelhorns bietet sich eine herrliche Aussicht über das Allgäu. Von der Gipfelstation läuft ein bezeichneter Weg in südöstlicher Richtung abwärts und gabelt sich. Auf dem linken Ast geht es an der Bergstation eines Liftes vorbei zu einer weiteren Weggabelung. Wir halten uns links und wandern am Fuß der Westlichen Wengenköpfe auf schmalem Steig über die geneigte Fläche des Koblat zum Hauptweg hinab, der von der Bergstation herüberläuft.

Wer auf den Gipfelblick vom Nebelhorn verzichten kann, der beginnt die Tour besser schon an der Bergstation (Station Höfatsblick) der Nebelhornbahn. Wir gehen vom Ausgang wenige Schritte bergwärts zu einer Wegkreuzung. Rechts führt uns ein Steig in einer Mulde an der Talstation eines Schleppliftes vorbei und steigt dann zu einem Wegkreuz, das wir in einem wenig ausgeprägten Sattel erreichen. Vom Bergkamm folgen wir dem rot markierten Steig, der uns im Auf und Ab durch eine felsige Flanke leitet. Der schwierigste Abschnitt auf dem Weg zum Laufbichlsee liegt jetzt hinter uns und wir wandern auf dem schmalen Steig über die Bergwiesen sanft abwärts. Ausgiebig können wir nun die herrlichen Blicke nach Süden genießen, wo der formschöne Hochvogel und der felsige Große Wilde über den Berg-

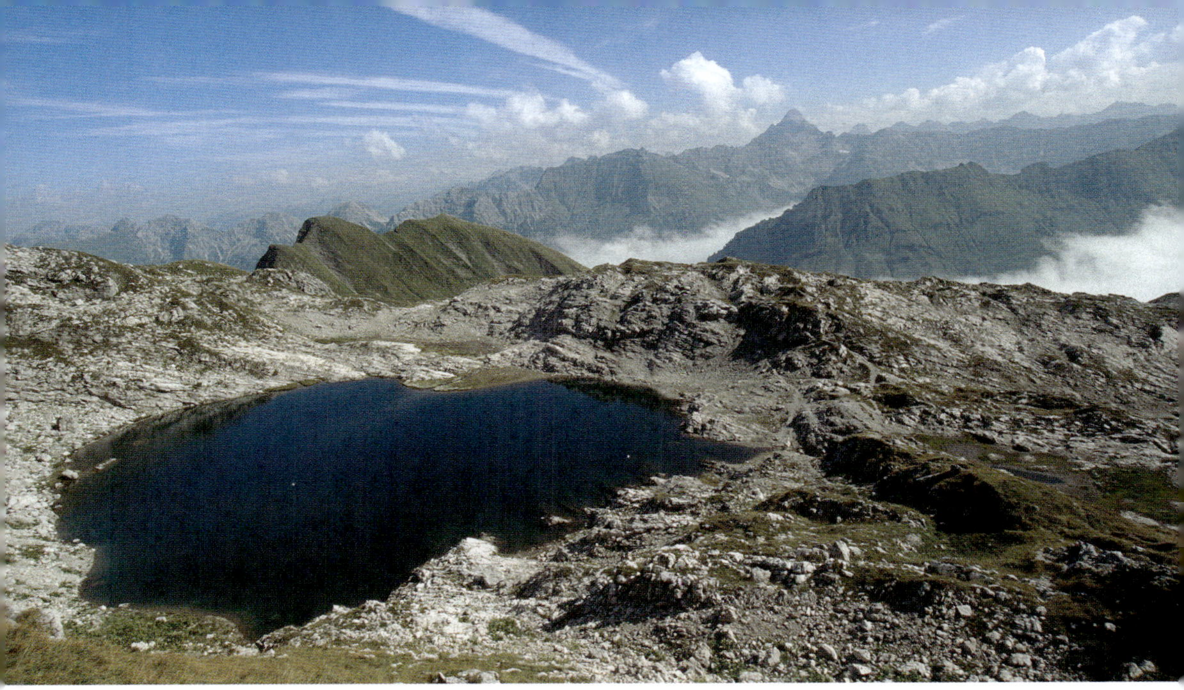

kamm schauen, der sich zum Laufbacher Eck zieht. Bald müssen wir dem Weg, der eine felsige Latschenflanke durchquert, wieder mehr Aufmerksamkeit widmen.

Vom Laufbichelsee geht der Blick über das Ostrachtal zum markanten Gipfel des Hochvogels.

Immer wieder schweifen die Blicke hinauf zum zackigen Felsgrat über uns, über den die Begeher des Hindelanger Klettersteiges mehr oder weniger elegant turnen. Unterhalb des Östlichen Wengenkopfes müssen wir kurz über unangenehmes Geröll absteigen und erreichen eine mit zahllosen Felsblöcken übersäte Karmulde, in der sich der kleine Koblatsee versteckt. Ein kurzer Anstieg bringt uns anschließend durch die urtümliche Landschaft hinauf zu einer Wegkreuzung nahe des tiefblauen Laufbichelsees, der sich als berauschend schöner Rastplatz geradezu aufdrängt. Jenseits des tief eingeschnittenen Ostrachtales ragen die nördlichen Berge des Allgäuer Hauptkammes auf, der sich weit nach Süden erstreckt.

Guten Gewissens bietet sich der herrlich gelegene Laufbichelsee als Ziel- und Umkehrpunkt der Wanderung an. Doch von hier lässt sich sozusagen im Vorbeigehen relativ schnell und prob-

Tipp

In Oberstdorf locken zahllose Restaurants und Gaststätten. Recht urig und manchmal etwas laut geht es in der Oberstdorfer Dampfbierbrauerei zu (Tel. 08322/89 08). Deutschlands südlichste Braustätte bietet neben leckeren Bieren nahezu jeden Abend ein abwechslungsreiches Programm von Livemusik bis Kabarett.

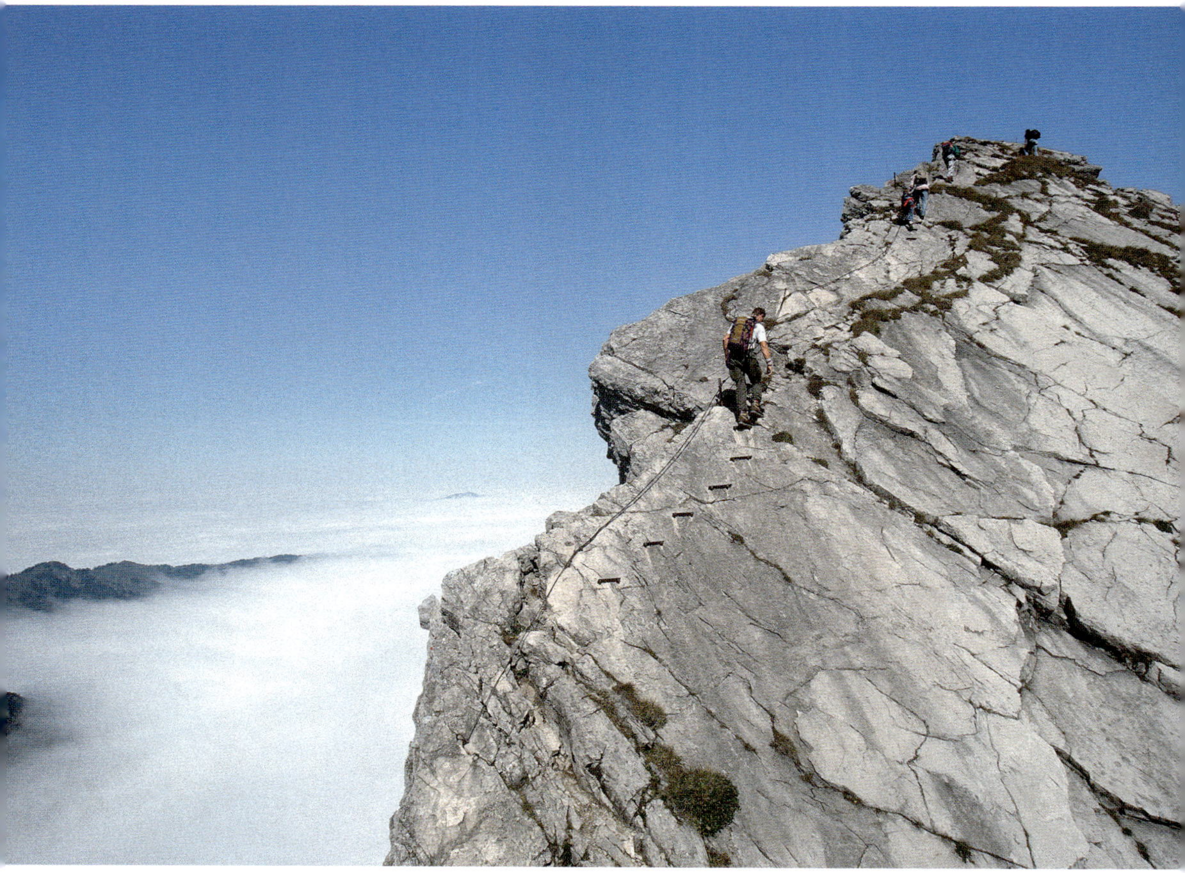

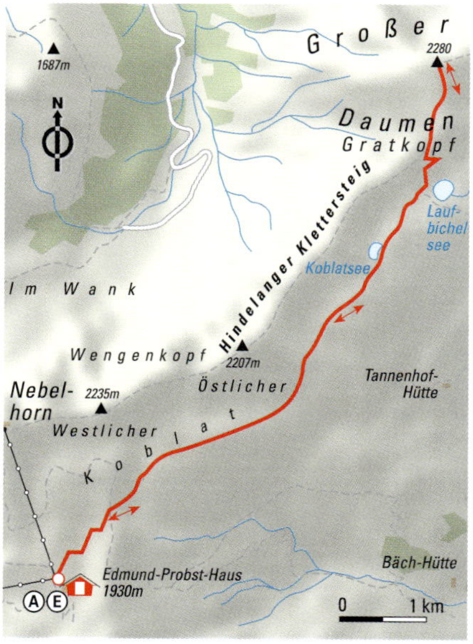

Der Hindelanger Klettersteig

Nach fünfjähriger Bauzeit wurde 1978 der Hindelanger Klettersteig fertiggestellt. Unter anderem wurden 110 Meter an Leitern und 800 Meter Drahtseil auf dem langen Weg vom Nebelhorn zum Breitenberg verbaut. Die meisten Begeher beenden die Tour, auf der an Wochenenden großer Andrang herrscht, schon am Großen Daumen und kehren von dort zur Nebelhornbahn zurück. Trotz des leichten Zugangs von der Gipfelstation der Nebelhornbahn ist der Hindelanger Klettersteig eine ernste hochalpine Tour, die nur von erfahrenen, schwindelfreien Bergsteigern mit kompletter Klettersteigausrüstung unternommen werden sollte.

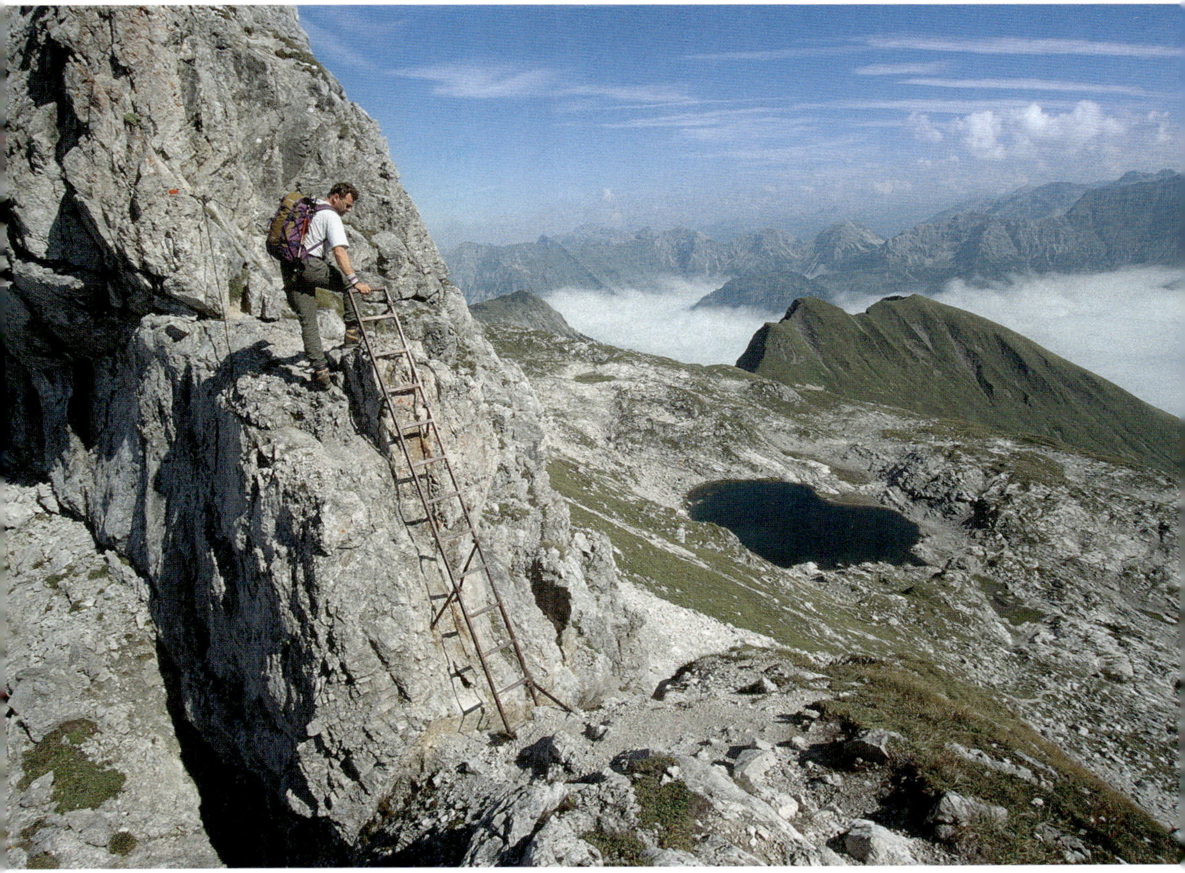

lemlos der Große Daumen besteigen. Dazu hält man sich an der Wegkreuzung vor dem Laufbichelsee links und folgt dem Steig, der sich durch die steilen Schutthänge zwar recht anstrengend, aber gefahrlos nach oben zieht. Bald wechseln wir von einer Scharte auf die Bergwiesen an der Südflanke des Großen Daumens. Links zweigt der Weg zum Hindelanger Klettersteig ab. Wir folgen jedoch geradewegs dem Steig, der sich über die Grasflanke zum Gipfelkreuz am Großen Daumen hinaufzieht.

Hier oben können wir die berauschende Aussicht von einem der schönsten Aussichtsgipfel im Allgäu genießen. Im Norden verliert sich der Blick in der Grenzenlosigkeit des Alpenvorlandes und im Westen, Süden und Osten reihen sich Gipfel an Gipfel, Bergkämme an Bergkämme. Nach der Gipfelrast geht es wieder zum Laufbichelsee hinab und auf dem bekannten Weg über das Koblat zurück zur Nebelhornbahn.

Tief unter dem Hindelanger Klettersteig leuchtet die Wasserfläche des Laufbichelsees.

Linke Seite: Nur versierten Bergsteigern sei der Weg über den Felsgrat des Hindelanger Klettersteigs empfohlen.

75 Zu den Gaisalpseen

Bergab auf steilen Wegen

Schwer | 180m/1080 Hm | 5 Std.

Tourencharakter
Anspruchsvolle Bergtour auf schmalen, teils mit Drahtseilen gesicherten Steigen, die vor allem bei Nässe Trittsicherheit erfordern

Ausgangspunkt
Bergstation der Nebelhornbahn

Endpunkt
Bahnhof Oberstdorf

Anfahrt
Mit der Bahn über Buchloe nach Oberstdorf. In Oberstdorf weiter mit dem Bus zur Talstation der Nebelhornbahn

Einkehr
An der Nebelhornbahn-Bergstation, der Gaisalpe und in Oberstdorf

Karte
Topographische Karte 1:50000 des Bayerischen Landesvermessungsamtes, UK L8, Blatt Allgäuer Alpen

Information
Tourismus Oberstdorf, Prinzregentenplatz 1, 87561 Oberstdorf, Tel. 08322/7000, oberstdorf.de

Von Oberstdorf aus erschließt die Nebelhornbahn das herrliche Wandergebiet in der wilden Bergregion östlich des Trettachtales. Zahlreiche Bergseen verstecken sich hier in den Karen, die die Eiszeitgletscher einst in den Fels gefräst haben. Schmale Steige führen in alle Richtungen von der Bergstation der Nebelhornbahn zu diesen Naturschönheiten.

Vom Bahnhof Oberstdorf gehen wir zunächst zur Talstation der Nebelhornbahn (siehe Tour 77). Mit der Seilbahn schweben wir hinauf zur Bergstation der Nebelhornbahn (Station Höfatsblick). Bevor wir losmarschieren, genießen wir erst einmal den herrlichen Ausblick. Kamm für Kamm, getrennt durch tief eingeschnittene Täler, reihen sich die Berge der Allgäuer Alpen vor uns auf. Zahllos sind die bekannten und unbekannten Bergspitzen, die sich rund um Höfats, Mädelegabel und Gottesackerplateau ins Bild drängen und uns mit ihren sanften oder wilden Formen zu weiteren Touren animieren. Anschließend gehen wir an der Bergseite um die Seilbahnstation herum und folgen einem geteerten Wanderweg, der in gleichbleibender Höhe nach Westen zu einem nahen Aussichtspunkt führt. Noch vor Ende des Weges wechseln wir rechts auf einen schmalen Steig, der uns über die Bergwiesen sanft abwärtsführt. Die umfassende Aussicht lenkt unsere Blicke immer wieder in die Weite, bis wir die Seile einer Lawinensprengbahn erreichen. Nun müssen wir uns auf den Weg konzentrieren, der über eine felsdurchsetzte Steilflanke bergab läuft. Drahtseile geben hier zusätzliche Sicherheit und Metallplatten ersetzen fehlende Tritte. Nach einem Bachtobel erreichen wir eine weite Wiesenmulde am Südfuß des Nebelhorns, über die einige Murmeltiere auf der Suche nach saftigen Bergkräutern huschen. Ohne Probleme leitet uns der an einigen Stellen feuchte Steig bald ansteigend zu einer Wegkreuzung, an der ein schmaler Weg vom Nebelhorngipfel herabkommt. Geradewegs führt uns der Steig über einige felsige Stellen durch

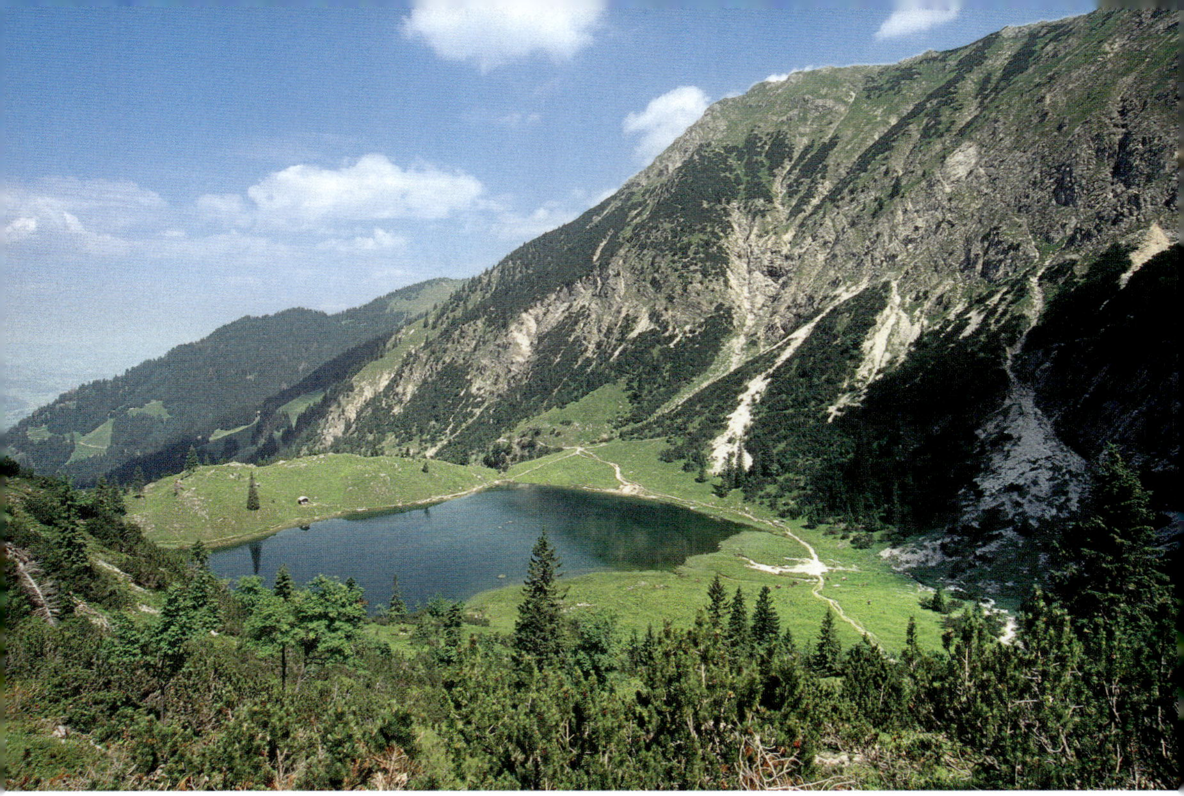

eine Mulde und anschließend zunehmend steiler hinauf zum Geißfußsattel, an dem wir eine verdiente Rast einlegen. Neben dem schon bekannten Panoramablick auf die Bergwelt im Süden öffnet sich hier auch die Sicht nach Norden. Tief unten liegt das Illertal und drängt sich zwischen den Bergen hinaus ins grüne Alpenvorland.

In einer versteckten Karmulde liegt der Untere Gaisalpsee.

Vom Pass leitet uns der Weg durch sanftes Gelände nach Norden hinab. Noch bleiben die malerischen Bergseen vor unseren Augen verborgen und die Blicke gelten vor allem dem wilden Rubihorn und den felsigen Steilflanken des Nebelhorns. Der Weg schlängelt sich um einige Kuppen, ehe ganz unvermittelt der wundervolle Obere Gaisalpsee unter uns liegt. Der Weg führt durch die Hänge rechts des Sees, auf dem sich das steile Rubihorn spiegelt, bergab. An einer Weggabelung halten wir uns links und umrunden auf dem Rücken, der den Oberen Gaisalpsee aufstaut,

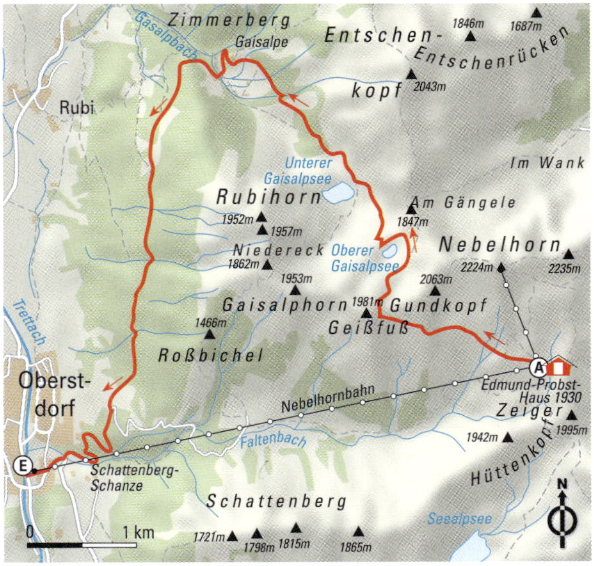

die grün schimmernde Wasserfläche. Zum ersten Mal sehen wir nun hinab auf den herrlich in einer weiten Mulde gelegenen Unteren Gaisalpsee. Der Steig wendet sich an einer Wegkreuzung nach rechts und führt uns im Zickzack zu einer Alphütte. Kurz geht es noch über die Alpwiesen, ehe der steinige Steig durch eine Steilflanke zum Ufer des herrlichen Unteren Gaisalpsees hinabläuft. Die sonnenüberfluteten Bergwiesen am Seeufer, von denen der Blick über das Wasser zu den brüchigen Steilwänden des Rubihorns geht, verlocken zu einer ausgedehnten Rast, ehe wir den weiteren Abstieg in Angriff nehmen.

An der Nordoststrecke des Sees, an der Stelle, an der wir das Seebecken erreicht hatten, quert der schmale Weg nach rechts in eine steile, felsdurchsetzte Bergflanke. So wird die senkrechte Felsmauer umgangen, über die der Gaisalpbach unterhalb des Sees zu Tale stürzt. Felsige Passagen und Bachläufe gilt es teils mithilfe von Drahtseilen zu überqueren, ehe wir nach einem Zaun den Waldgürtel erreichen. Durch Wald und über Alpweiden steigen wir auf einem besseren Weg hinab zu einer Wegkreuzung oberhalb der Unteren Richtersalpe. Hier kann man entweder auf einem schmalen Weg geradeaus zum Berggasthof Gaisalpe wandern oder links hinab zur nahen, ebenfalls bewirtschafteten Unteren Richtersalpe.

Auf den Bergwiesen am Ufer des Unteren Gaisalpsees lässt sich herrlich rasten.

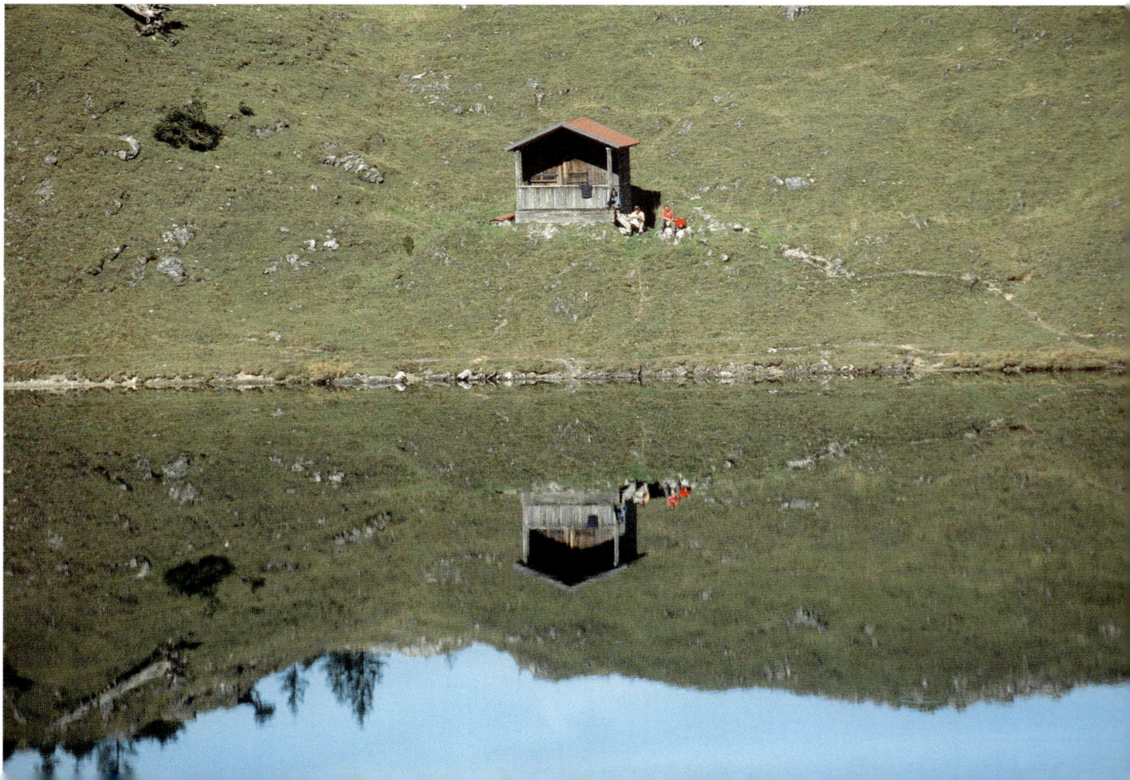

Anschließend folgt man von der jeweiligen Alpwirtschaft der entsprechenden Zufahrtsstraße bergab. Am Gaisalpbach finden die beiden Wege wieder zusammen und wir wandern auf der Teerstraße bis vor die Brücke, an der wir uns für einen der beiden möglichen Weiterwege entscheiden müssen. Kürzer, aber anspruchsvoller ist der Weg, der durch die Schlucht des Gaisalpbaches hinab nach Reichenbach führt (siehe Tour 76). Dort hat man gute Busverbindungen nach Oberstdorf.

Ein steiler Anstieg führt vom Unteren Gaisalpsee auf den Gipfel des wilden Rubihorns.

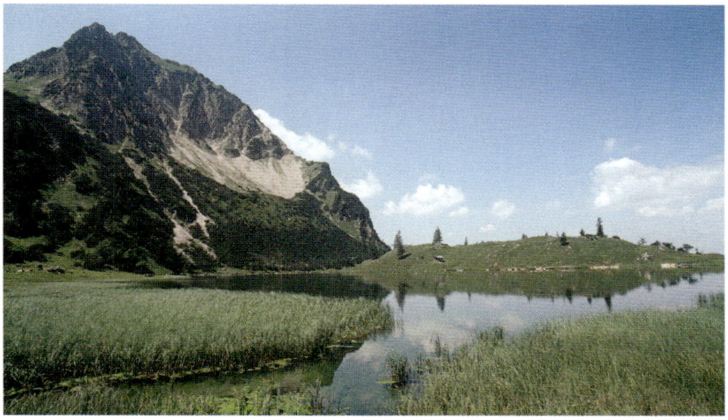

Wir wollen jedoch mit eigener Kraft nach Oberstdorf zurückkehren und folgen noch der Straße, die den Gaisalpbach überquert. Nach kurzer Strecke führt sie uns zu einer Kapelle und wenige Meter weiter wechseln wir links auf den nach Oberstdorf ausgeschilderten »Wallrafweg«. Wir folgen permanent dem angenehmen Wanderweg, der anfangs meist sanft ansteigend die bewaldete Westflanke des Rubihorns quert. Nach dem mit Schutt gefüllten Kehrgraben wendet sich der breite Weg abwärts und trifft nahe dem »Cafe Breitenberg« auf eine Fahrstraße. Auf ihr halten wir uns stets rechts und wandern so abwärts zum großen Skistadion an der Schattenbergschanz«, das am südöstlichen Ortsrand von Oberstdorf liegt. Wir gehen unter den Tribünen hindurch, halten uns anschließend links und nach kurzer Strecke rechts. Geradewegs geht es jetzt durch den Ort hinab zur Trettach und zur Talstation der Nebelhornbahn. An der Rückseite der Talstation beginnt die Nebelhornstraße. Sie schwenkt bald nach links und läuft zur Fußgängerzone von Oberstdorf hinab. Dort biegen wir rechts in die Hauptstraße, die uns zum nahen Bahnhof führt.

Die Nebelhornbahn

Am südöstlichen Ortsrand von Oberstdorf liegt die Talstation der Nebelhornbahn. Sie führt in drei Etappen über die Mittelstation (Station Seealpe, 1280 m) und die Bergstation (Station Höfatsblick, 1932 m) bis zur Gipfelstation auf dem 2224 m hohen Nebelhorn. Im Winter erschließt sie das schneesichere Skigebiet am Nebelhorn, im Sommer dient sie Wanderern und Klettersteig-Aspiranten als Zubringer zum Tourengebiet zwischen Großem Daumen und Allgäuer Hauptkamm.

76 Auf den Schnippenkopf

Lange und stille Blumentour über dem Illertal

Mittel | 1100 Hm | 7 Std.

Tourencharakter
Lange Wanderung, die eine gute Kondition erfordert

Ausgangs-/Endpunkt
Bahnhof Fischen

Anfahrt
Mit der Bahn nach Fischen. Aufgrund der Tourlänge für Wanderer mit Bayern-Ticket nur an Wochenenden machbar!

Einkehr
In Au, in Schöllang, in der Falken-Alpe und der Gaisalpe, in Reichenbach und in Fischen

Karte
Topographische Karte 1:50000 des Bayerischen Landesvermessungsamtes, UK L8, Blatt Allgäuer Alpen

Information
Gästeservice Fischen, Am Anger 15, 87538 Fischen i. Allgäu, Tel. 08326/36460, fischen.de

Ein lang gezogener Bergkamm verläuft vom Nebelhorn nach Norden und trennt das Rettenschwanger Tal vom Illertal. Der Sattel, in dem die Falkenalpe liegt, spaltet den Kamm in zwei unterschiedliche geologische Zonen. Südlich liegen steile, aus Hauptdolomit aufgebaute Felsgipfel. Auf den nördlich anschließenden, sanfteren Flyschkamm der Sonnenköpfe, der durch seinen Blumenreichtum begeistert, führt uns diese Panoramatour.

Vom Bahnhof in Fischen gehen wir rechts in Richtung Ortszentrum und biegen nach wenigen Metern hinter einer Brücke rechts in eine Seitenstraße. Nach kurzer Strecke leitet uns ein Steg rechts über das Flüsschen. Nach dem Brückchen halten wir uns links und wandern geradewegs am Ufer entlang bis zur Straßenbrücke. Wir überqueren die Iller und wandern an der Straße entlang nach Au. An der Stelle, an der die Straße im Ort nach links knickt, wechseln wir geradewegs auf das schmale, ansteigende Nebensträßchen Am Burgstall. Es knickt nach rechts und läuft dann durch herrlich aussichtsreiche Wiesen zum Ortsrand von Schöllang hinauf. Am ersten Hof gehen wir geradeaus und an der nächsten Gabelung rechts hinauf zur Kirche von Schöllang.

Wir gehen auf der Vorfahrtsstraße rechts durch den Ort und biegen scharf links in die Sonnenkopfstraße. Vor den letzten Häusern halten wir uns rechts und gehen unter der Hauptstraße hindurch zu einer Wegkreuzung. Wir folgen dem Sträßchen rechts aufwärts und biegen bald links auf einen schmalen Weg. Am Eybach wandern wir aufwärts, überqueren neben einer Brücke ein Teersträßchen und folgen dem Eybachtobelweg. Nach einer Brücke geht es auf einem schmalen Steig links an einem Wasserfall vorbei. Kurz nach einer großen Wildbachverbauung windet sich der Weg in Serpentinen durch den steilen Hang zu einem Waldweg hinauf. Wir gehen wenige Meter nach rechts und biegen dann links auf einen wurzeligen Steig, der uns durch

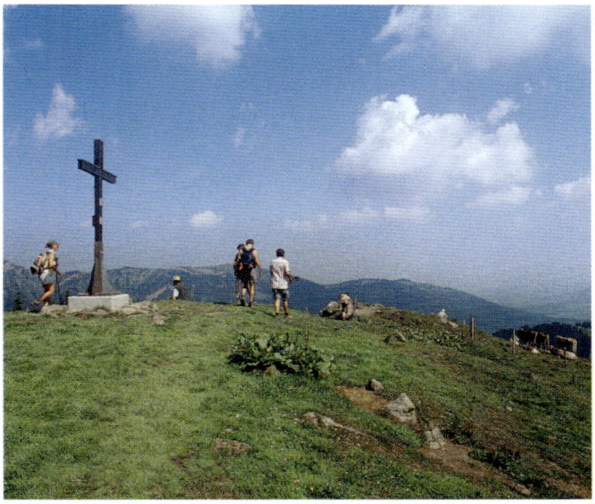

Wald und über eine steile Alpweide zu einer Teerstraße hinaufbringt. Auf ihr wandern wir rechts aufwärts und biegen noch vor der Entschenalpe links auf einen breiten, zu den Sonnenköpfen ausgeschilderten Weg. Wir folgen nun teils auf schmalem Steig, teils auf einem groben Forstweg immer den Wegweisern zu den Sonnenköpfen, die uns durch den steilen Waldhang auf einen Bergkamm führen. Hier wendet sich unser Weg nach rechts und bringt uns zum Kreuz auf dem aussichtsreichen Sonnenkopf (1712 m).

Beim Gipfelkreuz des Sonnenkopfes erreichen wir den blumenreichen Bergkamm.

Nun folgen wir dem Kammweg nach rechts. Vor dem nächsten Aufschwung geht es entweder rechts in gleichbleibender Höhe durch den Waldhang oder geradewegs über den Heidelbeerkopf (1767 m). Im folgenden Sattel treffen beide Wege wieder zusammen. Anschließend folgt ein letzter steiler Anstieg und eine etwas heikle Querung führt uns durch einen steilen Grashang, ehe wir den Gipfel des Schnippenkopfs (1833 m) erreichen. Von dort wandern wir jenseits an der bewirtschafteten Falkenalpe vorbei hinab zu einer Wegkreuzung am Waldrand. Wir folgen dem Weg abwärts zum urigen Gasthof Gaisalpe. Auf dem Zufahrtssträßchen wandern wir hinab zur Brücke über den Gaisalpbach. Links führt der in Tour 75 beschriebene »Wallrafweg« nach Oberstdorf.

Wir zweigen jedoch vor der Brücke rechts auf den herrlichen Tobelweg ab, der uns mithilfe von Trittleitern und Stegen an eindrucksvollen Kaskaden vorbei durch die Schlucht des Gaisalpbaches abwärtsführt. Am Ende des Weges biegen wir rechts auf den Fahrweg, der uns hinab nach Reichenbach bringt. Hier hat man gute Busverbindungen zu den Bahnhöfen im Illertal. Wir wollen jedoch zu Fuß zum Bahnhof in Fischen zurückkehren. Hierzu überqueren wir in Reichenbach die Hauptstraße und folgen der schmalen, nach Fischen und zur Schöllanger Burgkirche ausgeschilderten Straße. Vor dem Schöllanger Kirchberg geht es auf dem nach Fischen ausgeschilderten Weg abwärts in den Talgrund der Iller und dort geradeaus zur Illerbrücke, über die wir links auf bekanntem Weg zurück zum Bahnhof in Fischen gelangen.

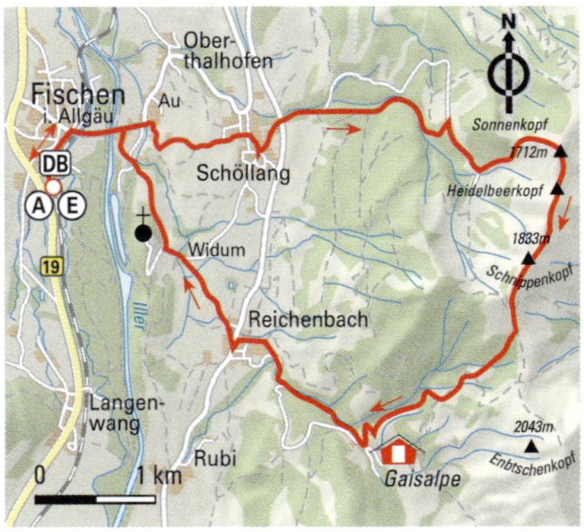

77 Durch den Faltenbachtobel

Wilde Schlucht am Ortsrand von Oberstdorf

Mittel | 0/450 Hm | 1.30 Std.

Tourencharakter
Wanderung auf teils steilen und schmalen Wegen entlang des wilden Faltenbaches

Ausgangspunkt
Mittelstation (Station Seealpe) bzw. Talstation der Nebelhornbahn (Fahrplanauskunft Nebelhornbahn unter Tel. 08322/96000)

Endpunkt
Talstation der Nebelhornbahn

Anfahrt
Mit der Bahn über Buchloe nach Oberstdorf. In Oberstdorf weiter mit dem Bus zur Talstation der Nebelhornbahn

Einkehr
An der Seealpe und in Oberstdorf

Karte
Topographische Karte 1:50000 des Bayerischen Landesvermessungsamtes, UK L8, Blatt Allgäuer Alpen

Information
Tourismus Oberstdorf, Prinzregentenplatz 1, 87561 Oberstdorf, Tel. 08322/7000, oberstdorf.de

Zwischen Rubihorn und Schattenberg fließt der Faltenbach von den Hängen des Nebelhorns und erreicht an der Schattenbergschanze den Ortsrand von Oberstdorf. Unterhalb der Seilbahnmittelstation an der Seealpe bildet der Bach eine beeindruckend wilde Schlucht. Ohne große Mühen lässt sich die durch einen schmalen Weg erschlossene Naturschönheit erleben, wenn man die Wanderung an der Mittelstation der Nebelhornbahn beginnt.

Wer nicht mit dem Ortsbus zur Talstation der Nebelhornbahn fährt, der geht vom Bahnhof über den Vorplatz zur Fußgängerzone von Oberstdorf. Wir folgen der Hauptstraße und biegen nach kurzer Strecke links in die Nebelhornstraße. Nun gehen wir immer geradeaus, bis die Nebelhornstraße nach rechts knickt und als Vorfahrtsstraße zur Talstation der Nebelhornbahn läuft. Mit der Bahn schweben wir an der Schattenbergschanze vorbei aufwärts zur Seilbahnmittelstation (Station Seealpe). Dort führt ein gekiestes Wirtschaftssträßchen direkt unter den Seilen der Bahn über die Alpweiden bergab zum Waldrand. Der teils steile und grobschottrige Weg bringt uns durch den Wald zur Fahrstraße hinab, die die Seealpe mit Oberstdorf verbindet. Jenseits finden wir einen schmalen Wanderweg. Der Steig leitet uns jetzt unterhalb der Seilbahn auf einem bewaldeten, sanft abfallenden Bergrücken talwärts. Bald schwenkt der Weg jedoch nach links und führt uns ins nahe Tal des Faltenbaches. Auf einer Brücke überqueren wir den Wildbach und wandern am linken Ufer bergab. Der Weg läuft anfangs nahe am Faltenbach entlang und weicht dann in die bewaldeten Talhänge aus.

Nun ist Vorsicht geboten, denn zumindest im Augenblick fehlt an dem bis hierher gut ausgeschilderten Weg eine entscheidende Hinweistafel. Der Weg wird breiter und steiniger und fällt bald steiler zu den Wiesen oberhalb der Schattenbergschanze ab. Zuvor jedoch bemerken wir im Wald am Wegrand eine betonierte Wasserfassung. An dieser Stelle zweigt rechts der zurzeit unbeschilderte Weg in den herrlichen unteren Teil des Faltenbachtobels ab. Der schmale Weg führt uns durch den steilen Waldhang zurück in den malerischen Bachtobel und schwenkt dort nach links. Nach kurzer Strecke steigen wir über einen aus Metallrosten erbauten Weg neben einer riesigen Wildbachverbauung talwärts. Ganz nah am Faltenbach entlang führt uns der Steig bergab. Das Wasser hat bizarre Formen aus den unterschiedlich harten Schichten des Flyschgesteins geschürft und der Bach stürzt in zahllosen malerischen Kaskaden zu Tal.

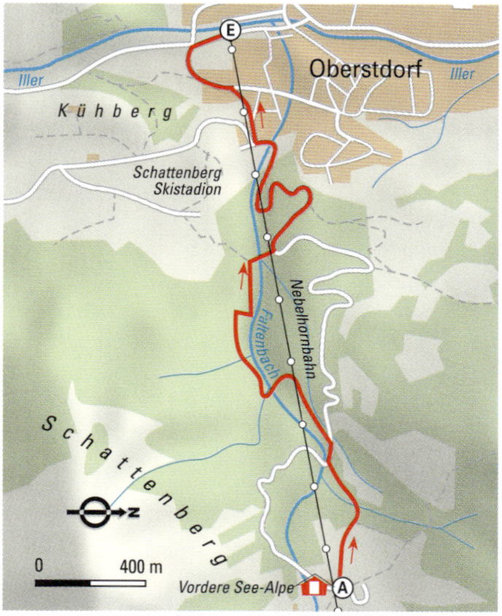

Bald ist ein querendes Sträßchen erreicht und wir wechseln über die Brücke auf die rechte Seite des Faltenbaches. Dort finden wir die Fortsetzung unseres Steiges, der über dem tosenden Faltenbach die steilen Talhänge quert. Ein weiterer Metallgittersteg hilft uns über einen kleinen Wasserfall, den ein schmaler Nebenbach bildet. Ein wenig Schwindelfreiheit ist hier vonnöten, wenn man zwischen den Beinen in das tief eingeschnittene Haupttal hinabblickt. Der Weg geht anschließend wieder zum Hauptbach hinab, der nur wenige Meter oberhalb in einem hohen, mächtig rauschenden Wasserfall über die brüchigen Felsflanken tobt.

Der wildeste Teil des Faltenbachtobels liegt nun hinter uns und am Bach entlang ist schnell eine Teerstraße erreicht, die uns nach kurzer Strecke zum Stadion der eindrucksvollen Schattenbergschanze bringt. Es geht kurz unter der Tribüne hindurch, dann der Beschilderung folgend nach links und von der nächsten Kreuzung rechts durch Oberstdorf zur Trettach und zur Talstation der Nebelhornbahn hinab. Wir gehen zur Rückseite der Talstation und wandern von dort auf der Nebelhornstraße und durch die Fußgängerstraße zurück zum Bahnhof von Oberstdorf.

Oberhalb von Oberstdorf rauscht der Faltenbach in zahlreichen Kaskaden zu Tal.

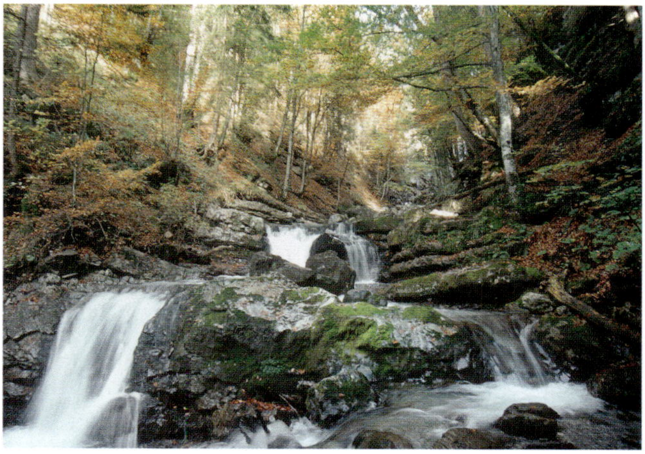

78 Von Oberstdorf nach Gerstruben

Ins »kleinste Walsertal«

Leicht | 350 Hm | 4 Std.

Tourencharakter
Einfache Wanderung mit viel Schatten; etwas Trittsicherheit ist im Tobel nötig.

Ausgangs-/Endpunkt
Bahnhof Oberstdorf

Anfahrt
Mit der Bahn über Kempten oder Buchloe nach Oberstdorf

Einkehr
Berggasthof Gerstruben, Hotel und Café Gruben

Karte
Kompass 1:25000, Nr. 3 Oberstdorf/Kleinwalsertal

Information
Tourismus Oberstdorf, Prinzregentenplatz 1, 87561 Oberstdorf, Tel. 08322/7000, oberstdorf.de

»Kleinstes Walsertal« ist natürlich nicht der offizielle Name des Tals, in dem das Bergdorf Gerstruben liegt. Es heißt Dietersbachtal. Trotzdem ist die Bezeichnung treffend, denn die winzige Siedlung wurde bereits im 14. Jahrhundert von Walsern gegründet.

Wir beginnen unsere Wanderung am Bahnhof von Oberstdorf und wandern auf der Hauptstraße direkt nach Süden zur Weststraße, in die wir links einbiegen. Über den Marktplatz kommen wir zur Oststraße, der wir zur Nebelhornbahn und an ihr vorbei zur Trettachbrücke folgen. Bevor wir sie queren, führen rechts zwei Wege nach Gerstruben; wir benutzen den rechten, breiten Weg, der etwas abseits vom Bach beginnt. Er führt an einer prächtigen Allee vorbei, zu der sich ein Abstecher lohnt. Von dort haben wir einen schönen Überblick über die Täler, die sich hier verzweigen: das Stillachtal rechts und das Trettachtal links, dazu die vielen Nebentäler. Dazwischen liegt, mächtig aufragend, der Himmelschrofen.

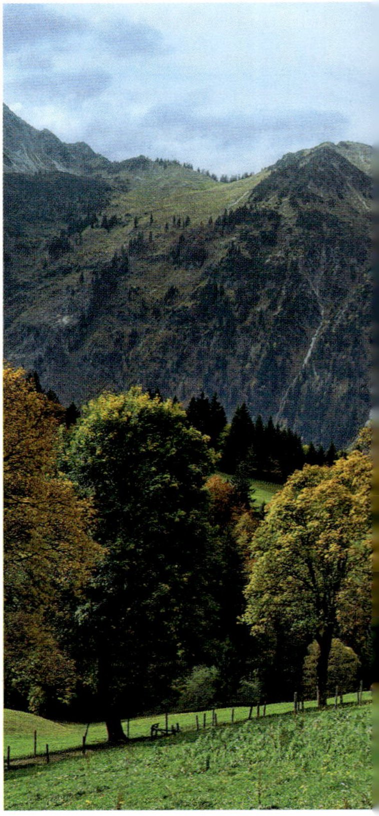

Wir gehen den kleinen Hügel nach unten, biegen links ab, wandern mit etwas Abstand am Moorbad vorbei und kommen zu einem stillen Moorweiher, in dem sich der Schattenberg aus der Nebelhorngruppe wunderschön spiegelt. Ein lang gezogener Weg durch lichten Mischwald bringt uns an den Rand des Oberstdorfer Golfplatzes und dann weiter zu einem Teersträßlein, dem wir nach links folgen.

Bei der dreifachen Verzweigung der Straße bleiben wir in der Mitte und überqueren die Trettach auf einer kleinen Brücke. Hoch über dem Bergbach sticht die Trettachspitze wie eine kühne Felsnadel in den Himmel und verdeckt fast die viel berühmtere Mädelegabel.

An der ersten Abzweigung nach Gerstruben wandern wir noch vorbei, folgen aber gut 750 Meter weiter einem zweiten Schild Richtung Gerstruben nach links. Über die Felder, dann durch den wilden Dietersbachtobel steigen wir langsam aufwärts. Wild ist diese Schlucht wirklich, z. T. stehen die Felswände nur knapp zwei Meter auseinander. Nicht umsonst wird dieser Tobel auch Hölltobel genannt: Früher glaubte man, hier sei der Eingang zur Unterwelt. Vergessen Sie nicht, sich den Wasserfall anzusehen, auch wenn Sie dazu über einen kleinen Felsen nach oben klet-

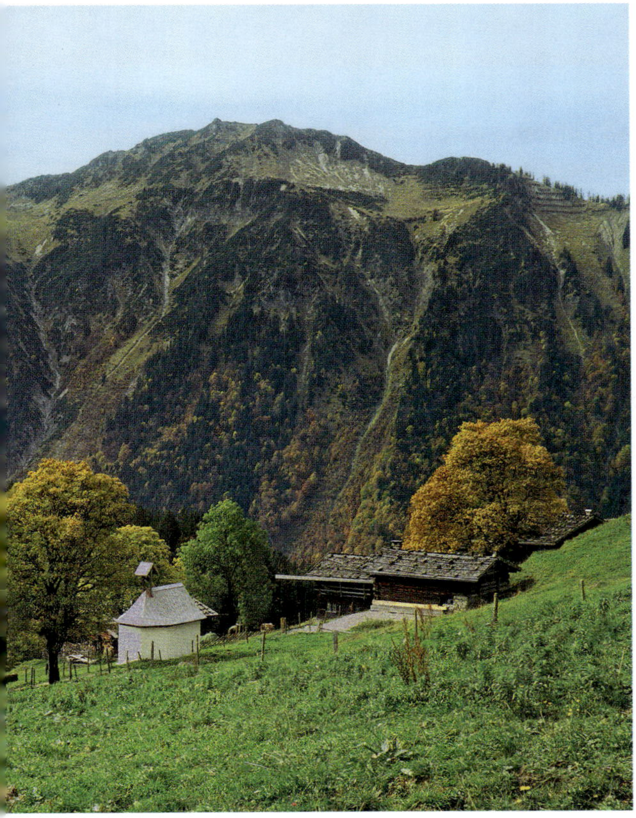

Die alten Holzhäuser sind das Aushängeschild der kleinen Siedlung Gerstruben.

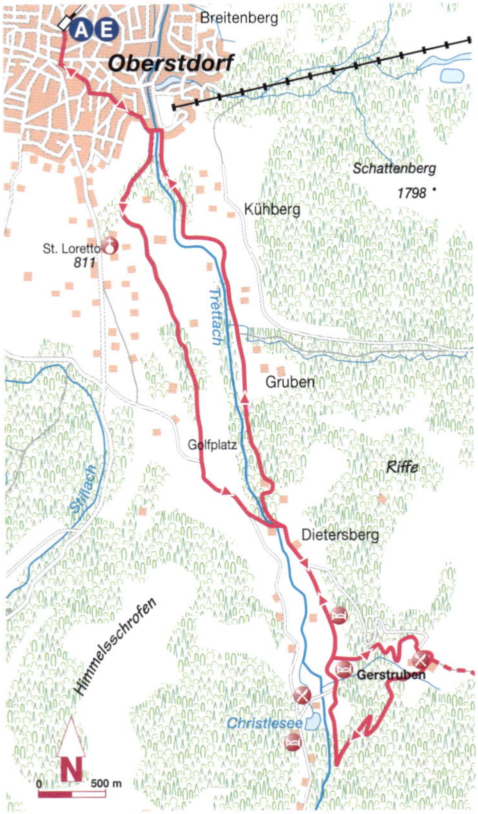

tern müssen. Die Stelle ist markiert. Oberhalb des Tobels treffen wir wieder auf die Fahrstraße, biegen um eine Ecke und sind in Gerstruben. Hier haben die Walser, am Ende ihrer Wanderung quer durch die Alpen angelangt, ihre aus schweren Balken gezimmerten Bauernhöfe gebaut, die wir heute noch bewundern dürfen. Wir können in der Bergwirtschaft bei der Familie Dodier einkehren, die in der Nachfolge der Familie Huber den Betrieb führt. Die Wildgerichte aus der Gerstrubener Jagd sind inzwischen weit über die Region hinaus bekannt. (Wer an dieser Stelle noch Lust zum Weiterwandern hat, kann den Abstecher unternehmen – siehe unten.)

Auch auf dem Rückweg wollen wir die Teerstraße vermeiden. So steigen wir zwischen Jagdhaus und Kapelle auf einem mit »Spielmannsau« beschilderten Weglein rechts ab und gehen vor dem Bauernhof über die Wiesen nach unten auf die Bäume zu. Dort geht es steil zum Dietersbach hinunter, den wir auf einer kleinen Holzbrücke überqueren. Hier ist der obere Eingang des Hölltobels, natürlich nur für das Wasser »begehbar«. Über die Rautwiese, auf der früher ein Bauernhof stand, führt im lichten Wald der Weg in zwei Serpentinen hinunter zum Talweg nach Spielmannsau. Wir wandern auf der kaum befahrenen Straße an der Abzweigung zum Hölltobel vorbei talauswärts zur Trettachbrücke.

Besonders im Herbst leuchten die alten Ahornbäume entlang des Weges in allen Farben.

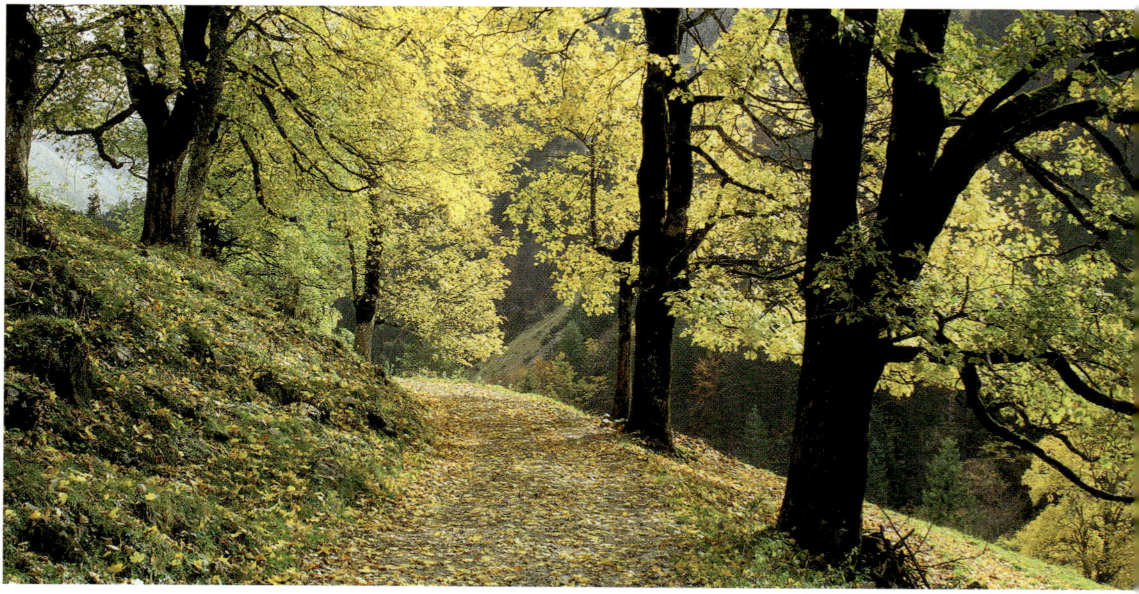

Um nun nicht den gleichen Weg zurückzugehen, bleiben wir auf der rechten Bachseite. Linker Hand endet über dem Golfplatz der steil abfallende und wenig besuchte Bergrücken, der an der Mädelegabel beginnt und das Trettachtal vom Stillachtal trennt. An seiner Nordflanke stand im 15. Jahrhundert auf einem künstlich noch unzugänglicher gemachten Hügel die Burg der Ritter von Heimenhofen, die in Oberstdorf und im Illertal ihren Besitz hatten. Sie war nur knapp hundert Jahre bewohnt und ist seitdem verfallen. Heute erinnert nur mehr ein Gedenkstein auf dem eingeebneten Platz an das alte Adelsgeschlecht. Wir marschieren am Hotel und Café Gruben vorbei und treffen auf den Weg, der aus dem Oytal kommt. Immer dicht am Trettachufer entlang sind wir in einer halben Stunde wieder in Oberstdorf an der Trettachbrücke, von der wir auf dem bekannten Weg über den Marktplatz zum Bahnhof zurückkehren.

Tipp

Im Sommer lädt das Moorbad, das praktischerweise am Weg liegt, zu einer schönen Abkühlung ein; überdies soll sein dunkelbraunes Wasser enorme Heilkräfte besitzen.

Abstecher Im Sommer bietet sich noch eine Wanderung entlang des Dietersbachs bis zur Gerstrubner Alpe oder gar zur Dietersbacher Alpe an; hin und zurück braucht man zur Gerstrubner Alpe 40 Minuten bzw. zur Dietersbacher Alpe zwei Stunden zusätzlich.

Hinter der Walser-Siedlung Gerstruben ragt der Höfats in den Allgäuer Himmel.

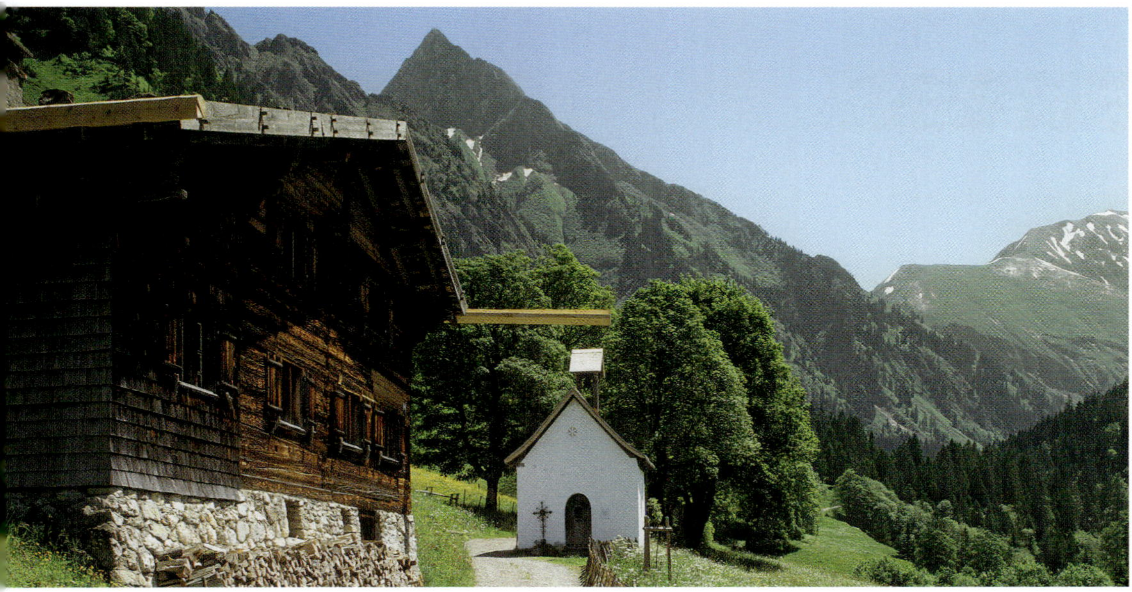

79 Durch die Breitachklamm

Wo einst die Geister tobten

Leicht | 200 Hm | 2.30 Std.

Tourencharakter
Einfache Wanderung auf gut ausgebauten Wanderwegen mit viel Schatten

Ausgangs-/Endpunkt
Parkplatz und Bushaltestelle Gasthaus Breitachklamm

Anfahrt
Mit der Bahn über Kempten oder Buchloe nach Oberstdorf. Von Oberstdorf weiter mit dem Bus in Richtung Tiefenbach bis »Breitachklamm«

Rückfahrt
Vom Parkplatz Breitachklamm mit Bussen zurück nach Oberstdorf; von dort mit Umsteigen in Kempten oder Buchloe nach München oder mit verschiedenen Umsteigemöglichkeiten nach Augsburg

Einkehr
Gasthaus Alpe Dornach, Gasthof Breitachklamm

Karte
Kompass 1:25000, Nr. 3 Oberstdorf/Kleinwalsertal

Information
Tourismus Oberstdorf, Prinzregentenplatz 1, 87561 Oberstdorf, Tel. 08322/7000, oberstdorf.de

Die Breitachklamm ist ein Naturdenkmal, das in seiner Schönheit nahezu einzigartig ist. Sie liegt am Beginn des Kleinwalsertals zwischen Oberstdorf und Riezlern und eignet sich vor allem für heiße Sommertage – dann ist es nahe am Wasser angenehm kühl.

Startpunkt für diese Rundwanderung ist der große Parkplatz am Gasthaus Breitachklamm. Wir wollen uns die spektakuläre Durchwanderung der Klamm für den Rückweg aufheben, wenden deshalb zunächst dem Gasthaus den Rücken zu und wan-

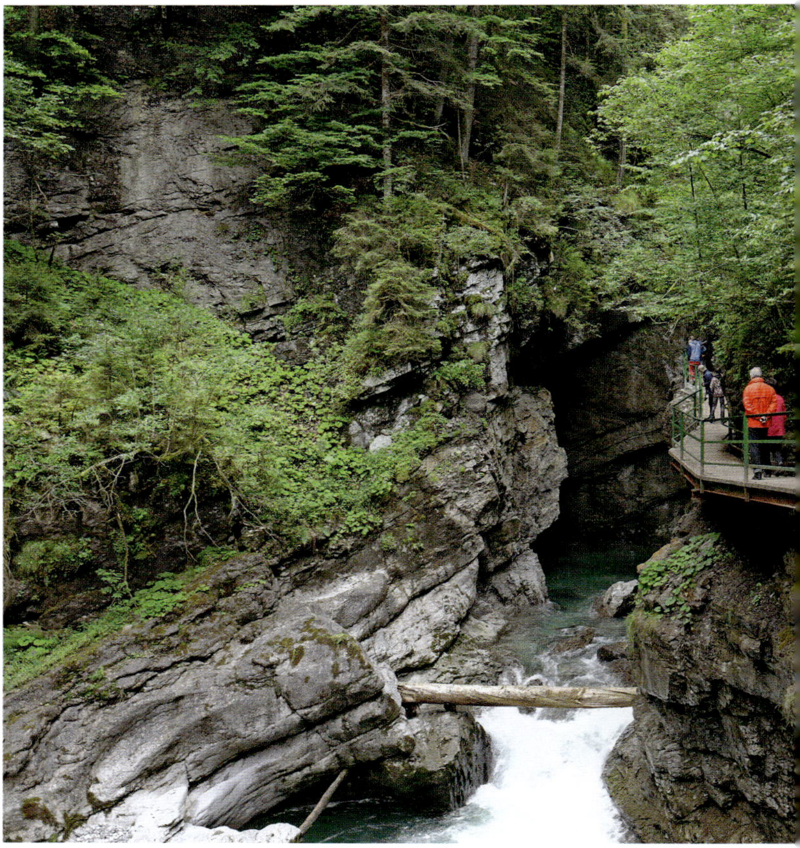

dern ein Stück entlang der Straße, auf der wir mit dem Bus gekommen sind. Nach nur 200 Metern biegen wir an der Kapelle, die dem Hl. Christopherus geweiht ist, links in den steilen ansteigenden Weg ein. Er ist mit »Alpe Dornach« und »Berggasthof Sesselalpe« beschildert.

Das wilde Toben und Brausen der Breitachklamm lässt sich überhaupt nicht auf ein einziges Foto bannen.

Kurz darauf verlassen wir den Wald und wandern mit bester Sicht auf die Oberstdorfer Bergkette über die Almwiesen der Sesselalpe. An der Wegkreuzung halten wir uns links und wandern nun mit der Beschilderung zum Zwingsteig am großen Hotel und Restaurant Alpe Dornach vorbei. Durch den lichten Laubwald erreichen wir schließlich den Zwingsteig, von dem aus wir den ersten Tiefblick

Das Heimatmuseum Oberstdorf

Wer vor der Heimfahrt mit dem Zug noch etwas Zeit hat, der kann das Heimatmuseum in Oberstdorf besuchen. Es ist in einem wunderschönen Bauernhaus aus dem 15. Jh. untergebracht und zeigt viele Exponate aus dem bäuerlichen Allgäuer Alltagsleben.

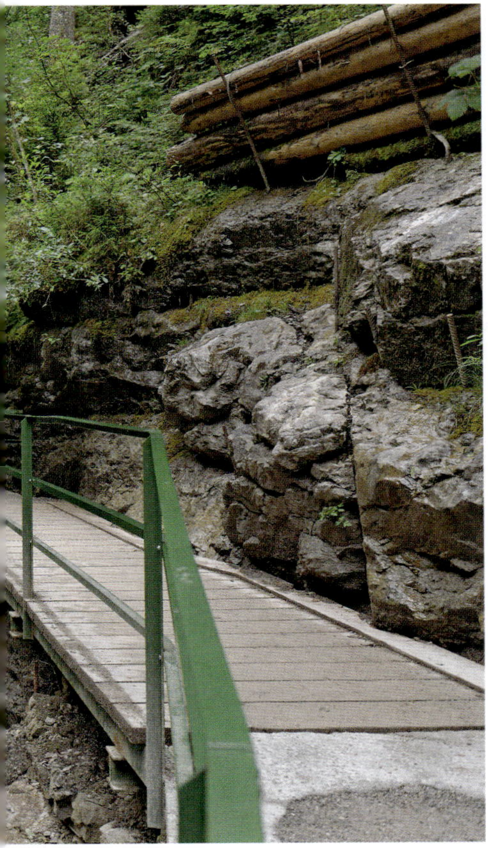

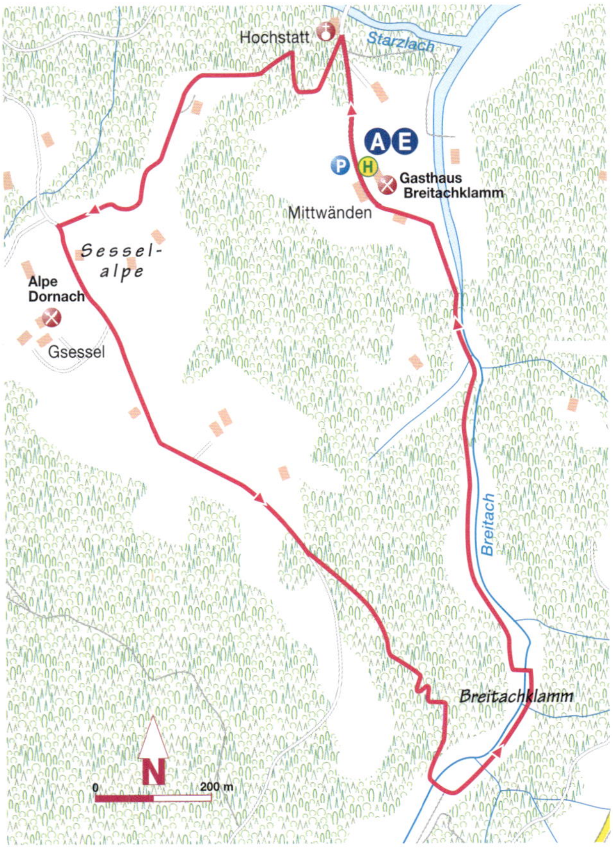

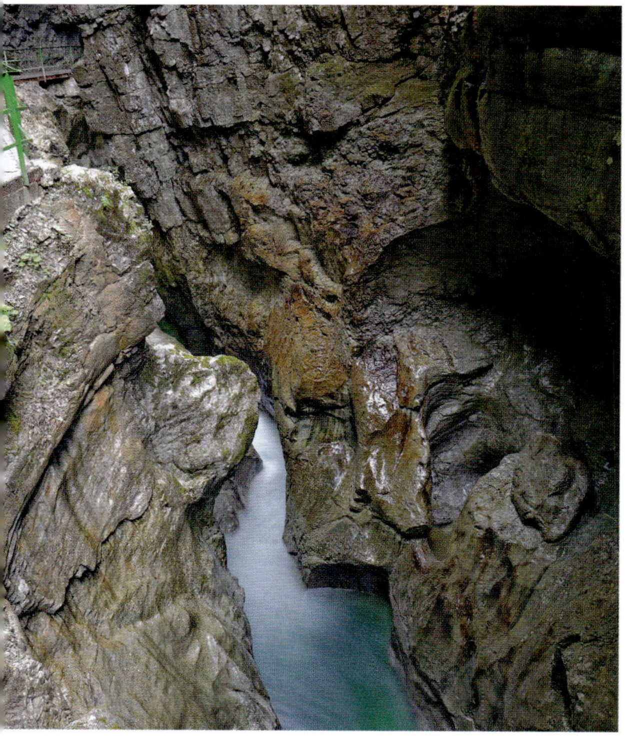

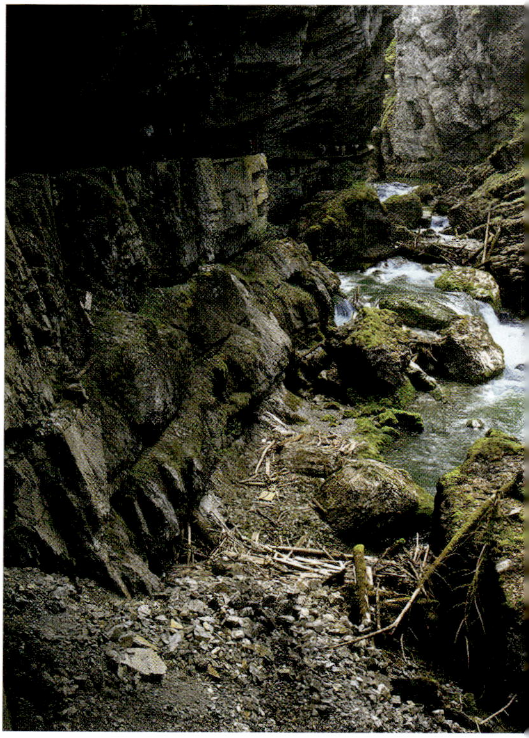

Vom Zwingsteg können wir tief in die Klamm blicken.

Rechts: Besonders im Frühjahr kann nach der Schneeschmelze die Klamm für Renovierungsarbeiten geschlossen sein.

auf die Breitach genießen – ein kleiner Vorgeschmack von dem, was uns erwartet. Wer nun Hunger verspürt, kann in gut zehn Minuten zum Gasthaus Walserschanze hinaufsteigen, um dort einzukehren.

Alle anderen überqueren den Steig und wandern zum oberen Ende der Breitachklamm mit ihrem Klammhäuschen hinab. Nachdem wir unsere Eintrittsgebühr bezahlt haben, steht dem wilden Spektakel nichts mehr im Wege. Eine gute Stunde dauert der Weg durch die Klamm. Unter überhängenden Felswänden wurden eiserne Stege und Brücken angebracht, und unter uns gurgelt die Breitach in einer unendlich scheinenden Tiefe; an anderen Stellen schießt sie brodelnd und weiß schäumend direkt unter einem Steg hervor. An der engsten Stelle sind die Felsen am oberen Rand der Klamm nur sechs Meter voneinander entfernt; fast ein wenig unheimlich ist es hier.

Überall gibt es Informationstafeln und auch Messlatten, die von der Kraft und der Höhe des Wasserstands – besonders nach langen Regenperioden – erzählen. Denn gerade in den letzten

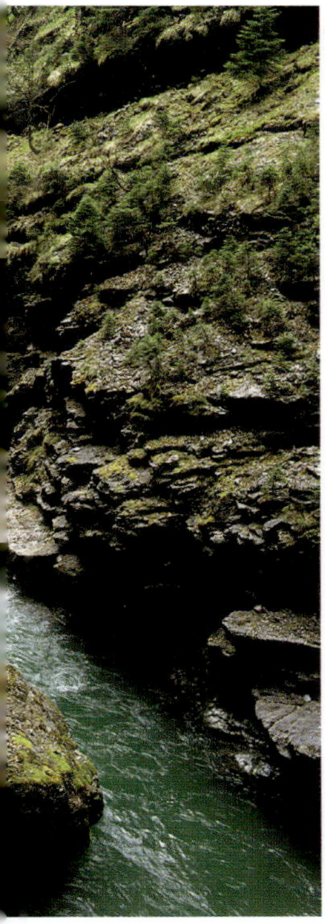

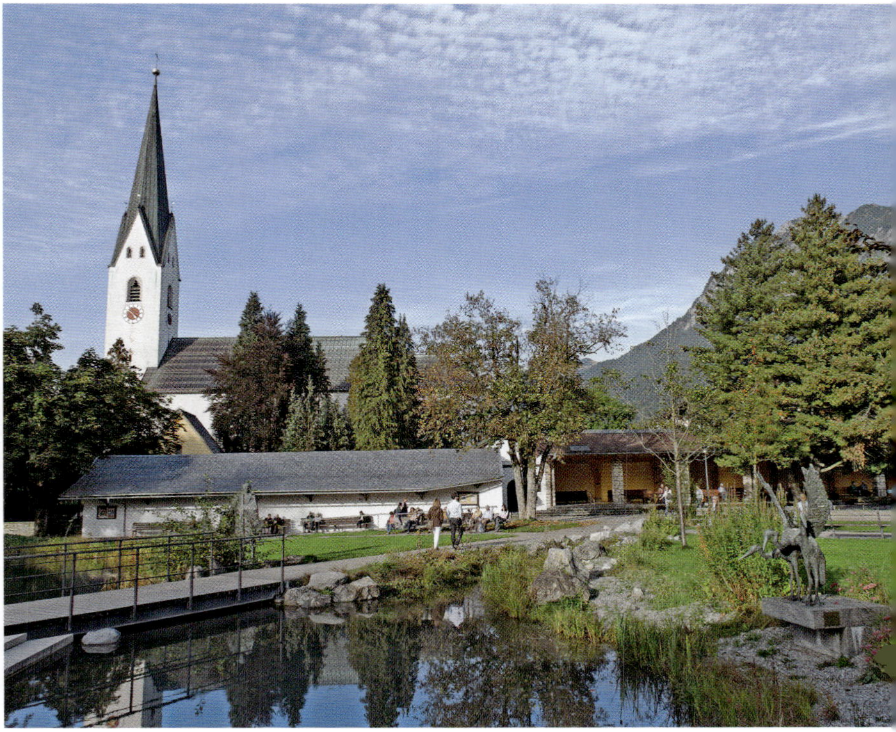

Am Rückweg merken wir uns Oberstdorf für eine Besichtigung vor.

zehn Jahren wurde die Klamm immer wieder von verheerenden Hochwassern heimgesucht, die viele der Wege und Stege zerstörten. Jedes Jahr aufs Neue pflegt ein großes Team an freiwilligen Helfern die Wege und Stege. Sie bessern nicht nur aus, sondern müssen oft ganze Wegstrecken neu verlegen – ein hartes Stück Arbeit, für das sich unser »Klammgeld« wirklich lohnt!

Hinweis

Der untere Ausgang der Klamm wird pünktlich um 16 Uhr geschlossen, deshalb bitte nicht zu spät aufbrechen!

Schließlich erreichen wir das untere Ende der Klamm und verlassen sie auf einem angenehm breiten Wanderweg. Am unteren Klammhäuschen sind wir dann auch schon wieder an unserem Ausgangspunkt angekommen.

Im kleinen Klammmuseum können wir uns noch ein Bild über die Kraft des Wassers machen, dann stehen wir wieder am Parkplatz des Gasthofs Breitachklamm und können dort gemütlich einkehren, falls wir noch auf den Bus warten müssen. Dieser bringt uns schnell zurück zum Bahnhof von Oberstdorf, von wo wir uns auf den Heimweg machen können.

80 Rund um den Freibergsee

Idyllischer See und atemberaubende Skiflugschanze

Leicht | 250 Hm | 2.45 Std.

Tourencharakter
Einfache Wanderung auf breiten Wegen zum herrlich gelegenen Freibergsee

Ausgangs-/Endpunkt
Bahnhof Oberstdorf

Anfahrt
Mit der Bahn über Buchloe nach Oberstdorf

Einkehr
Am Freibergsee und in Oberstdorf

Karte
Topographische Karte 1:50000 des Bayerischen Landesvermessungsamtes, UK L8, Blatt Allgäuer Alpen

Information
Tourismus Oberstdorf, Prinzregentenplatz 1, 87561 Oberstdorf, Tel. 08322/7000, oberstdorf.de

Der Freibergsee ist mit einer Fläche von 16 Hektar der größte Allgäuer Bergsee und bietet nicht nur herrliche Ausblicke auf die imposante Bergwelt der Allgäuer Alpen, sondern ist im Sommer dank seines klaren, sich schnell erwärmenden Wassers ein beliebtes Ziel für Badeausflüge.

Vom Bahnhof in Oberstdorf gehen wir über den Vorplatz zur nahen Fußgängerzone. Wir folgen der Hauptstraße bis zu ihrem Ende und halten uns dort links. Nach wenigen Metern biegen wir rechts in die Straße, die uns an der Kirche und dem »Oberstdorf Haus« vorbeiführt. Wenig später gehen wir geradewegs über eine Kreuzung und folgen der Prinzenstraße, bis wir rechts der Beschilderung zum Freibergsee folgen und auf die Wannackerstraße abbiegen. Bald können wir geradewegs auf einen wundervollen Wanderweg wechseln, der uns über aussichtsreiche Wiesen nach Süden führt. So erreichen wir die Straße, die von Oberstdorf ins Tal der Stillach läuft.

Jenseits finden wir die Fortsetzung des Wanderweges. Nach wenigen Metern hilft uns der »Untere Renksteg« über die Stillach. Nach dem überdachten Steg halten wir uns links und folgen nach wenigen Metern dem ansteigenden, zum Freibergsee ausgeschilderten Weg nach rechts. Der gut ausgebaute Pfad führt durch den steilen, anfangs mit Felsen durchsetzten Waldhang teils steil bergan. Bald legt sich das Gelände deutlich zurück und durch eine Mulde geht es zu einer nahen Weggabelung hinauf. Von rechts kommt der Weg herein, auf dem wir nach der Seerunde zurückkehren werden. Wir gehen jedoch geradeaus und wandern über den bewaldeten Kamm im Osten des Freibergsees.

Der einzige etwas längere Anstieg des heutigen Tages liegt schon hinter uns. Das sanfte Auf und Ab wird nun immer wieder durch beschauliche Blicke auf den Freibergsee belohnt und bald ragt

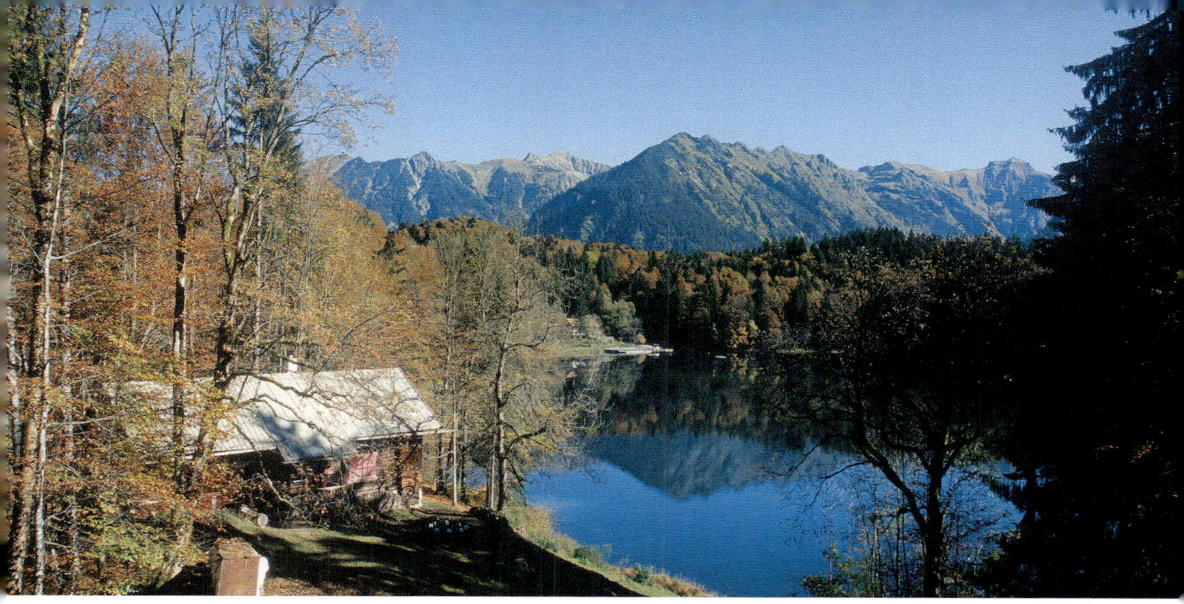

vor uns der gigantische Sprungturm der Heini-Klopfer-Schanze atemberaubend schief aus dem Wald und scheint jeder Statik zu spotten. Nichtsdestotrotz lassen wir es uns natürlich nicht nehmen, mit dem Aufzug in den Sprungturm hinaufzufahren. Weit über 200 Meter fliegen die besten Skispringer vom Schanzentisch ins Stillachtal hinunter. Uns Normalsterblichen treibt allein schon der Gedanke, den Sprungturm mit Skiern hinabzufahren, den Angstschweiß in die Handflächen. Von der Skiflugschanze folgen wir anschließend kurz der Zufahrtsstraße, bis wir rechts auf ein schmales Sträßchen einbiegen können. Es führt uns am Westufer des Freibergsees über die Wiesen und bietet immer wieder herrliche Blicke zum See hinab und zu den gegenüberliegenden Bergen, die sich auf der tiefgrünen Wasserfläche spiegeln. Allmählich schwenkt das Kiessträßchen auf das Nordufer des Sees und an einer Weggabelung können wir uns zwischen zwei Wegvarianten entscheiden. Der obere Weg führt zum Gasthof Seeblick, von dem aus man einen herrlichen Blick auf den See und die Berge hat. Der untere Weg läuft hinab zum Freibad und Strandcafé am Freibergsee, an dem man auch Ruderboote mieten kann und ebenfalls einen herrlichen Blick über den See, auf die Flugschanze und in die Berge genießt. Nach einem kurzen Abstieg vom Hotel bzw. Anstieg vom Seeufer finden beide Wege wieder zusammen. Kurz darauf treffen wir auf unseren Anstiegsweg, der uns links nach Oberstdorf zurückführt.

In einer versteckten Mulde über dem Tal der Stillach liegt der aussichtsreiche Freibergsee.

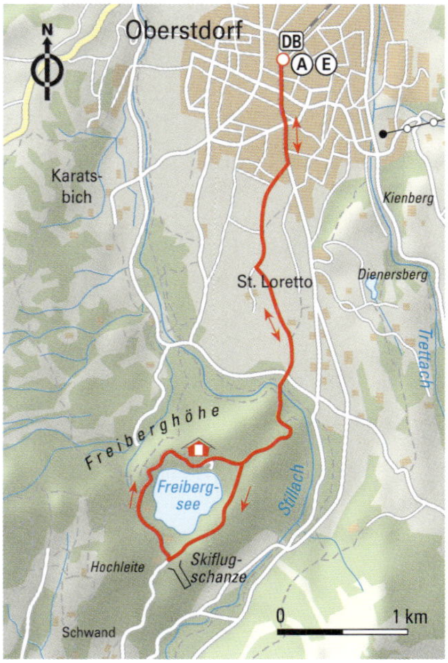

81 Heilbronner Höhenweg

Klettersteig zwischen Rappenseehütte und Kemptner Hütte

Schwer | 1850/1859 Hm | 10.30 Std.

Tourencharakter
Hochalpiner Höhenweg mit Klettersteigeinlagen. An den heiklen Passagen mit Drahtseilen und Eisenbügeln gesichert, 15 Meter hohe Eisenleiter. Nur bei sicheren Wetterverhältnissen begehen

Ausgangspunkt
Bushaltestelle Faistenoy oder Birgsau, von hier ca. 4,4 km bzw. 2,5 km zu Fuß zum Berggasthof Einödsbach

Endpunkt
Bahnhof Oberstdorf

Anfahrt
Mit der Bahn über Buchloe oder Kempten nach Oberstdorf. Vom Bahnhof mit RVA-Bus nach Faistenoy bzw. Birgsau

Einkehr
Rappenseehütte (AV-Hütte, Übernachtung), Waltenbergerhaus (AV-Haus, Übernachtung), Kemptner Hütte (AV-Haus, Übernachtung), Enzianhütte, Petersalm

Karte
TK 1:50000 Allgäuer Alpen (LDBV)

Information
Tourismus Oberstdorf, Prinzregentenplatz 1, 87561 Oberstdorf, Tel. 08322/7000, oberstdorf.de

Bei dieser Tour über den Allgäuer Hauptkamm bietet sich die Chance, gleich zu Beginn der Unternehmung den zweithöchsten Gipfel der Allgäuer Alpen, das Hohe Licht (2651 m), mitzunehmen. 2001 wurde der Heilbronner Höhenweg mit 220 neuen Haken und 650 Metern Drahtseil saniert.

Beim Berggasthaus in Einödsbach beginnt der markierte Hüttenweg; zunächst geht es hinab zum Steg, der den Bacherlochbach quert, dann jenseits leicht ansteigend durch Wald zu einer Wegverzweigung; dort links steil hinauf in steilen Serpentinen zur Petersalm und weiter zur Jausenstation Enzianhütte. Von dort wandern wir weiter in Kehren hinauf zu einem wenig ausgeprägten Sattel (Wegverzweigung), dann hinauf zum Sattel am Seebichl und kurz hinab zum großen Unterkunftshaus mit dem idyllischen Rappensee.

Von der Rappenseehütte, die uns als Stützpunkt gedient hat (mit Überfüllung muss allerdings gerechnet werden), steigen wir am nächsten Tag angenehm schattig über Weideböden und ein Schuttkar hinauf zur Großen Steinscharte (2262 m). Über eine drahtseilgesicherte Rinne erreichen wir bald die Wegverzweigung zum Hohen Licht (2651 m). 200 Höhenmeter trennen uns hier vom zweithöchsten Gipfel der Allgäuer Alpen. Der unschwierige Abstecher kostet uns nur eine gute Stunde Gehzeit.

Dann beginnt der anspruchsvolle alpine Teil des Heilbronner Wegs, der erst an der Östlichen Bockkarscharte endet, um dann als leichter Höhenweg zur Kemptner Hütte weiterzuführen. Der Heilbronner Weg gehört zu den beliebtesten gesicherten Höhenwegen am Nordrand der Alpen. An schönen Herbsttagen muss daher mit einem »Verkehrsaufkommen« von Hunderten Begehern gerechnet werden. Der bereits im Jahre 1899 mit großem Aufwand eingerichtete Steig verläuft in einer Höhe von durch-

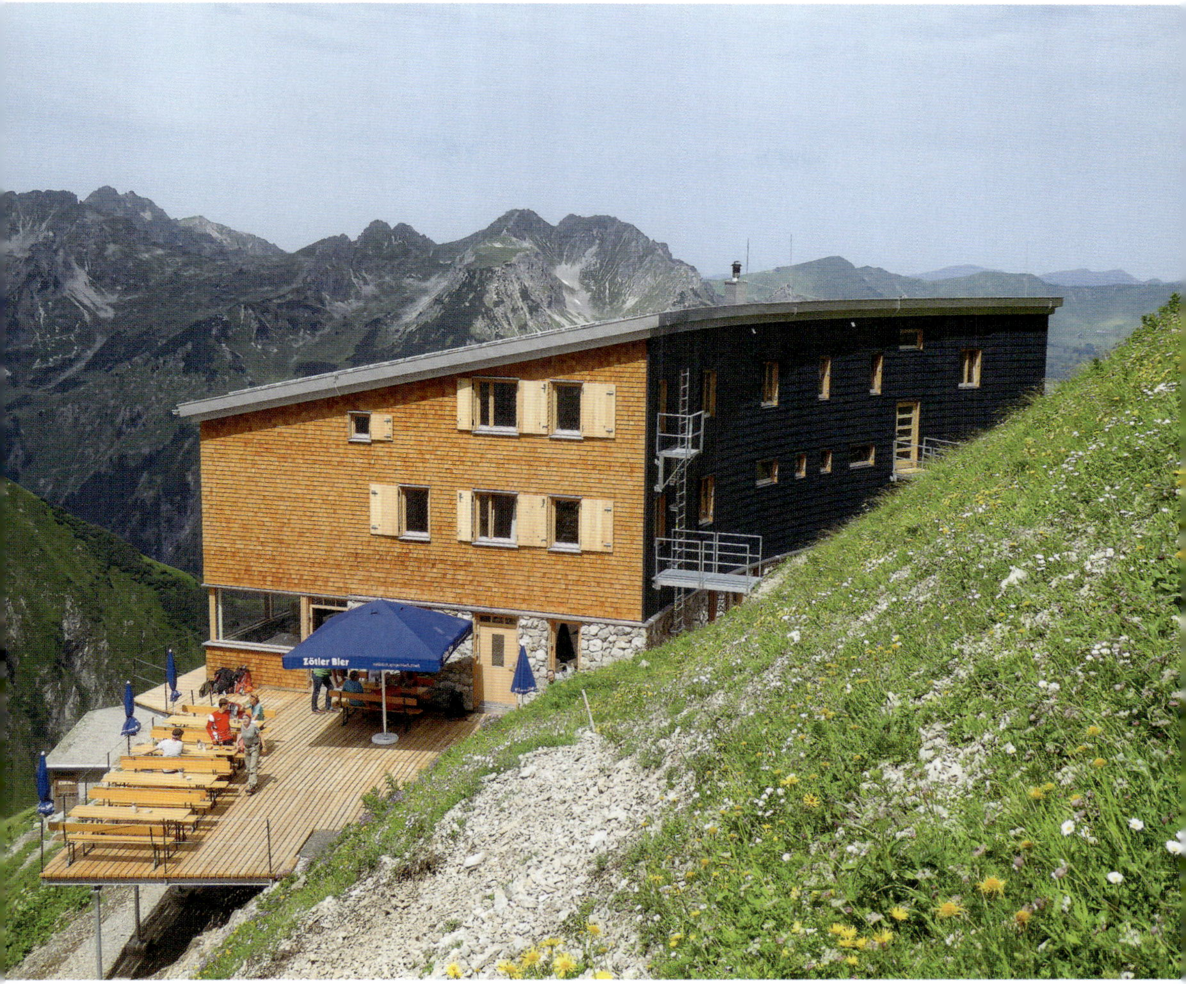

schnittlich 2600 Metern, da heißt es auch im Sommer bei Gefahr von Wetterumschwüngen vorsichtig sein.

Das neue, modern gestaltete Waltenbergerhaus über Einödsbach. Dort steigen wir hinauf, wenn wir nur den einfacheren, zweiten Teil des Heilbronner Weges begehen wollen.

Über ein teilweise ausgesetztes Geröllband führt unser Weg nun zum »Heilbronner Törl«, einem kleinen Felsspalt, der passiert werden muss; über die Kleine Steinscharte (2541 m) erreichen wir bereits den klettersteigtechnischen Höhepunkt dieser Tour, eine 15 Meter lange Eisenleiter. Sie hilft uns bei der Überwindung des südwestlichen Abbruchs des Steinschartenkopfs (2651 m), der, abgesehen vom Abstecher zum Hohen Licht, den höchsten Punkt des Heilbronner Wegs darstellt. Eine umfassende Aussicht auf die Allgäuer und Lechtaler Alpen, das Verwall, das Rätikon und die Silvretta sind der Lohn der Mühe.

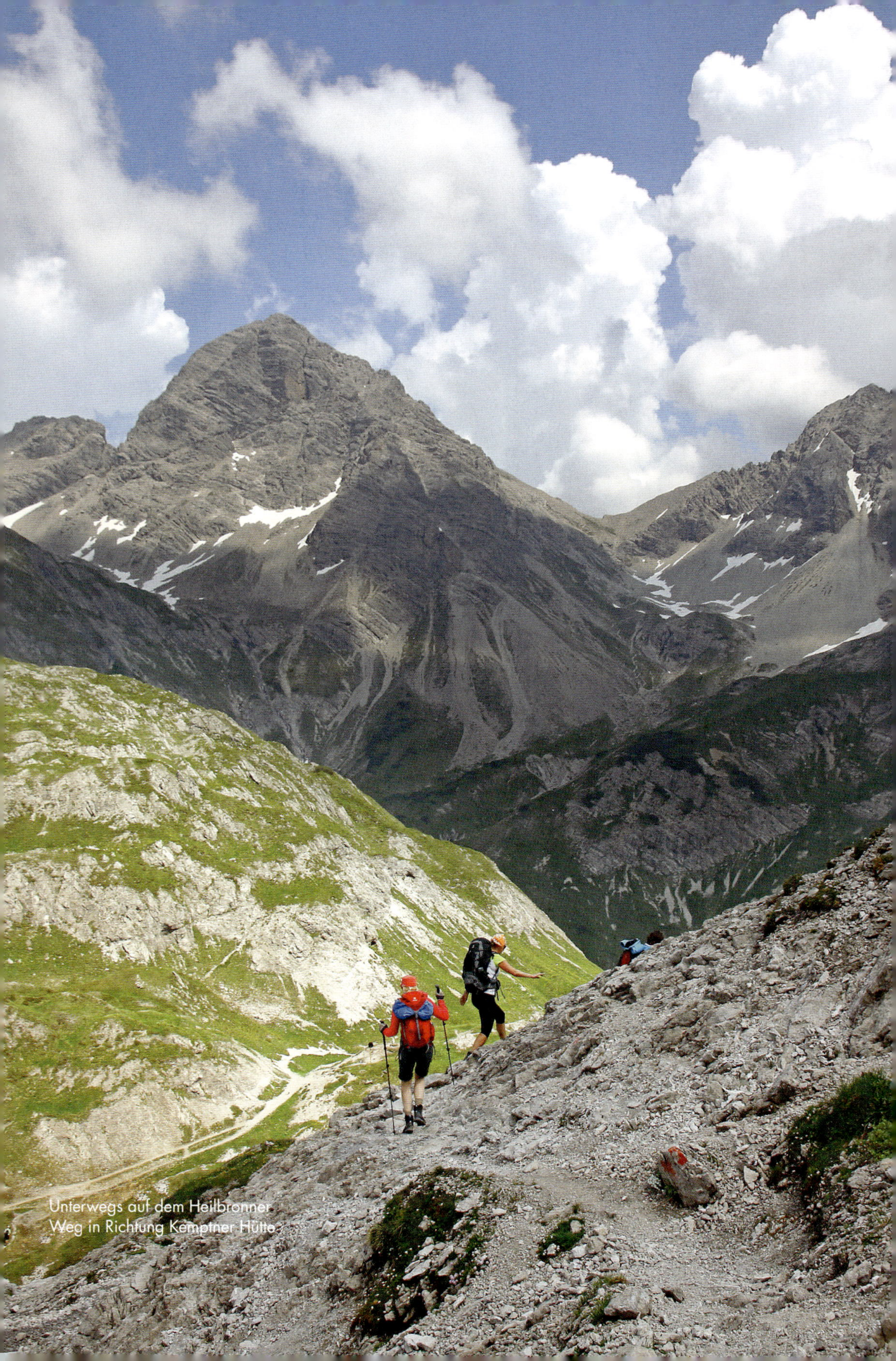

Unterwegs auf dem Heilbronner Weg in Richtung Kemptner Hütte

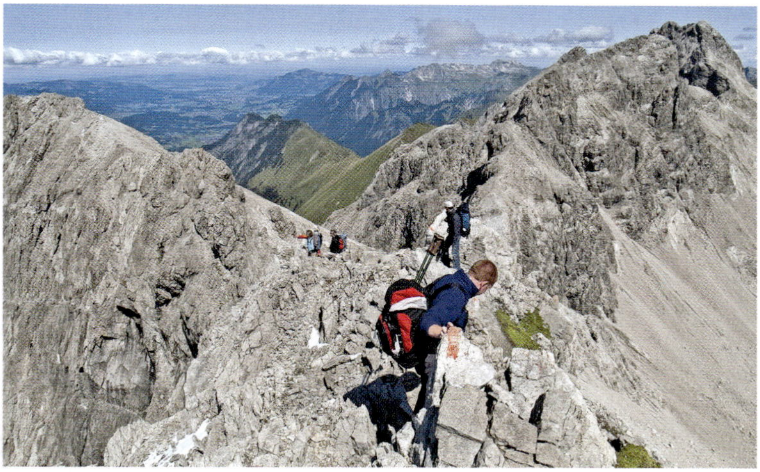

Aussicht vom Heilbronner Weg

Unser Steig leitet uns dann nordwärts weiter über gesicherte Felspassagen vorbei am Wilden Mann (2577 m) hinab zur Socktalscharte (2446 m). Hier bietet sich die erste Abkürzungsmöglichkeit zum neu erbauten Waltenbergerhaus an (etwa 1 Std. Gehzeit auf Pfad; bei Vereisung aber gefährlich). Jenseits der Socktalscharte geht es dann weiter in Serpentinen durch eine steile Wand hinauf zu einem Grat (drahtseilgesichert), in dessen weiterem Verlauf wir den Bockkarkopf (2609 m) überschreiten. Dann über den gesicherten Nordostgrat hinab zur Westlichen und weiter zur Östlichen Bockkarscharte (2504 m).

Der alpine Teil liegt nun hinter uns. Entweder entscheiden wir uns an dieser Stelle, links auf steilem Pfad hinab zum Waltenbergerhaus zu wandern und durch das Bacherloch nach Einödsbach zurückzukehren, oder aber wir folgen dem zweiten Abschnitt des Heilbronner Wegs, der uns ohne Probleme an Hochfrottspitze und Mädelegabel (dankbarer Abstecher) vorbei über die Schwarze Milz zur Kemptner Hütte leitet. Von dieser Alpenvereinshütte führt dann ein gut bezeichneter Bergsteig (Teilstrecke des E 5) durch den Sperrbachtobel hinab ins Tal der Trettach; dort geht es bald auf Fahrweg weiter nach Spielmannsau und hinaus nach Oberstdorf.

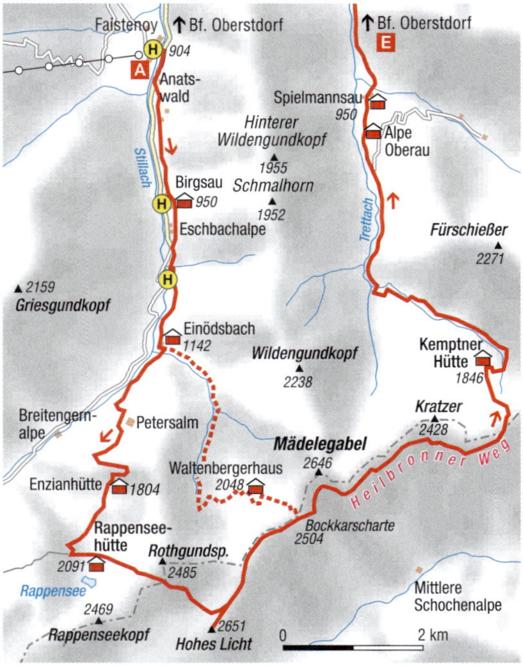

82 Über den Fellhornrücken

Die berühmte Allgäuer Blumentour

Mittel | 100/1250 Hm | 4 Std.

Tourencharakter
Die Tour führt großteils bergab und verlangt etwas Ausdauer und Trittsicherheit.

Ausgangspunkt
Bergstation der Fellhornbahn (Fahrplaninfo Fellhornbahn Tel. 08322/96000, das-hoechste.de)

Endpunkt
Bahnhof Oberstdorf

Anfahrt
Mit der Bahn über Buchloe oder Kempten nach Oberstdorf. Weiterfahrt mit dem Bus zur Talstation

Einkehr
An der Fellhornbahn-Bergstation, der Söller-Alpe, in Hochleite, am Freibergsee und in Oberstdorf

Karte
Topographische Karte 1:50000 des Bayerischen Landesvermessungsamtes, UK L8, Blatt Allgäuer Alpen

Information
Tourismus Oberstdorf, Prinzregentenplatz 1, 87561 Oberstdorf, Tel. 08322/7000, oberstdorf.de

Zwischen dem Tal der Stillach und dem Kleinwalsertal erhebt sich das aussichtsreiche Fellhorn, das mühelos per Seilbahn erreicht werden kann. Die sanften Gipfelformen und eine vielfältige Flora laden hier zu einer berühmten, nicht allzu anstrengenden Kammwanderung der Extraklasse ein. Der Rückweg führt uns am wunderschönen Freibergsee vorbei.

Von der Gipfelstation der Fellhornbahn steigen wir auf breitem Weg in wenigen Minuten zum aussichtsreichen Gipfel des Fellhorns (2038 m) auf. Nun wandern wir über den nordwärts verlaufenden, anfangs schmalen Bergkamm abwärts. Der bald breitere

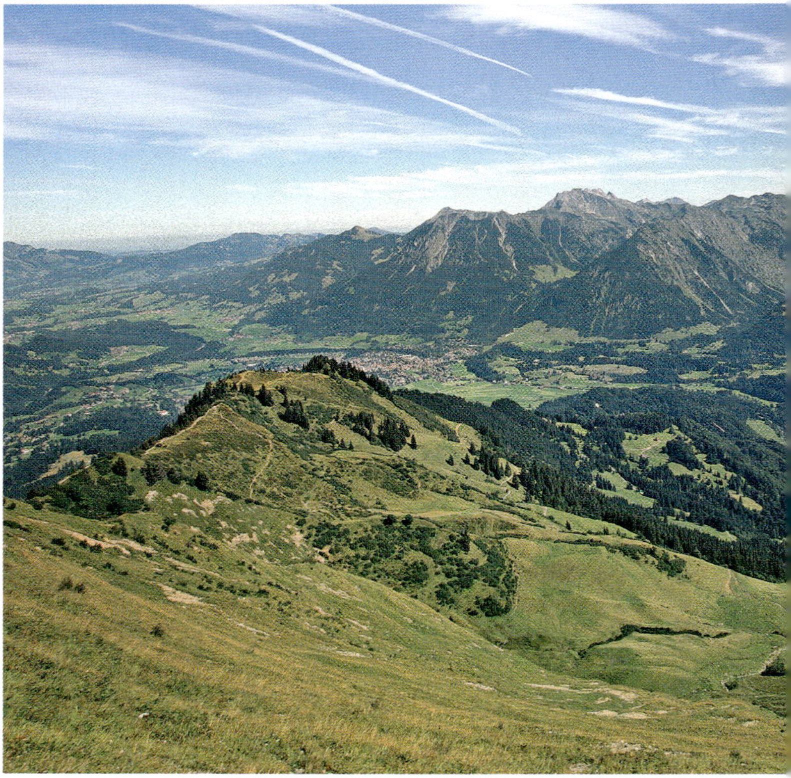

Weg leitet uns durch blühende Bergwiesen über den Schlappoltkopf zum Söllerkopf, dessen schwierig zu erreichender Kulminationspunkt rechts des Weges bleibt. Auch den einfacheren Weg, der von hier durch das Skigebiet direkt zur Talstation hinabführt, lassen wir rechts liegen. Wir folgen geradewegs weiterhin dem Bergrücken. Bald schlängelt sich der wieder schmalere Steig über kurze, felsige Stellen abwärts und bringt uns anschließend über einen bewaldeten Rücken bis kurz vor das Söllereck. Wir biegen scharf rechts in den zur Söller-Alpe ausgeschilderten Weg, der uns bald im Zickzack zur bewirtschafteten Söller-Alpe hinabführt. Von der Alpe folgen wir dem Alpweg, der durch die steile Ostflanke des Söllerecks nach Norden hinabläuft. Nach ca. einem Kilometer wechseln wir rechts auf einen schmalen, nach Hochleite und zur Fellhornbahn-Talstation ausgeschilderten Wanderweg. Wir wandern auf dem wurzeligen Steig zu einer Weggabelung und dann auf einem Bohlenweg nach rechts. Nach 150 Metern gehen wir erneut rechts und folgen einem Waldweg zu einer Forststraße, auf der wir links abwärts wandern. Nach einigen Minuten wechseln wir links auf einen schmalen Weg und

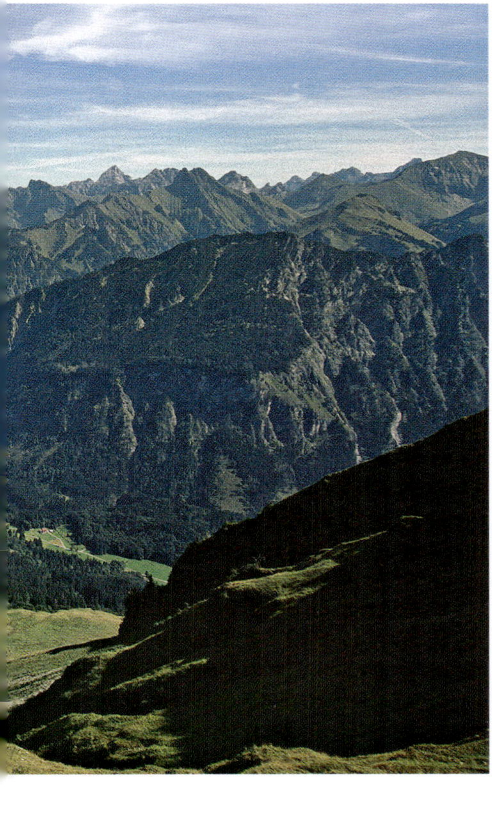

Über die blumenreichen Bergwiesen geht der Blick hinab in den Talkessel von Oberstdorf.

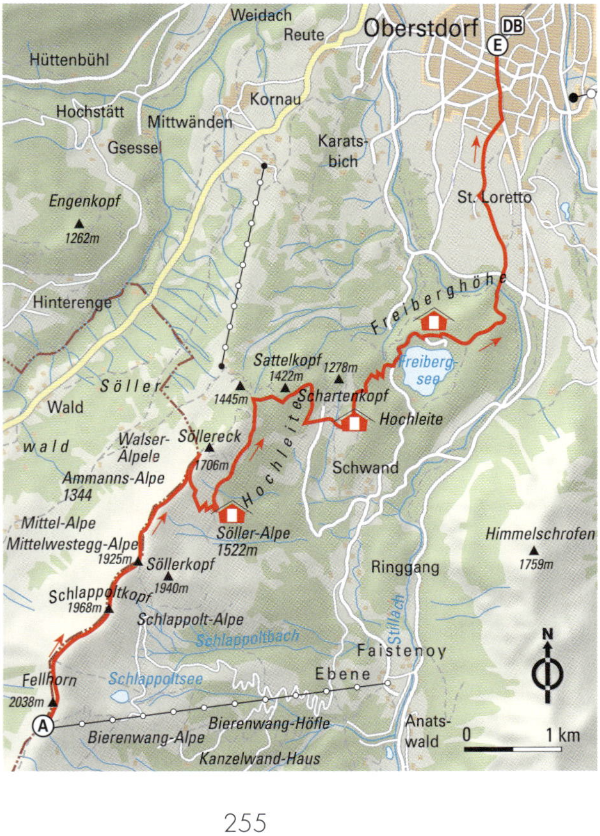

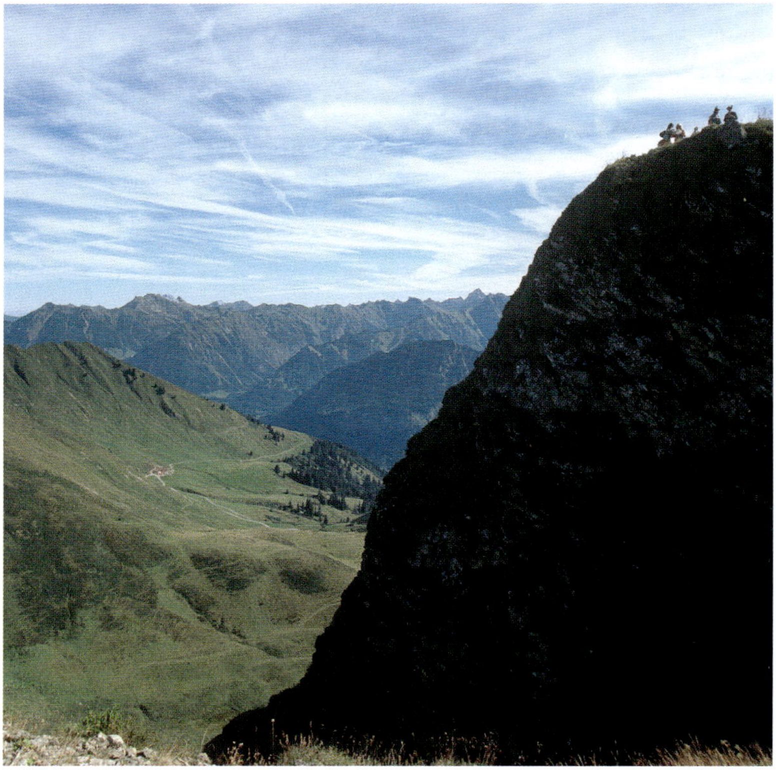

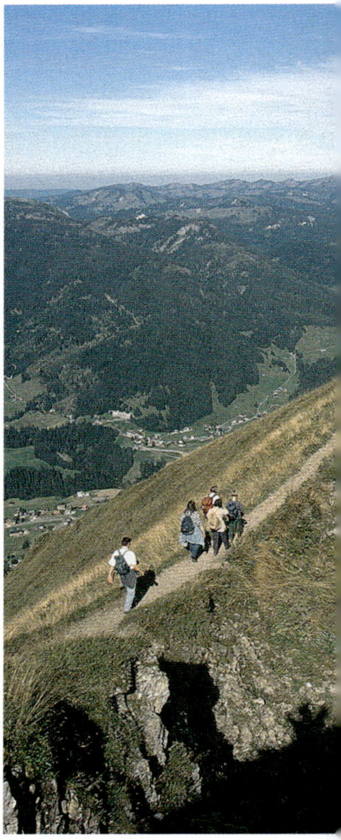

Das Fellhorn begeistert mit seinem Blumenreichtum und eindrucksvollen Aussichtsplätzen.

überqueren eine Kiesstraße. Nach einem Brückchen leitet uns ein Feldweg rechts zum einsam gelegenen Berggasthof Hochleite. Hier können wir uns für zwei Wegvarianten entscheiden.

Zurück zur Talstation Der etwas kürzere Weg führt am Gasthof geradeaus auf einen Wanderweg. An den folgenden Kreuzungen geht man immer geradeaus, bis eine schmale Teerstraße links nach Schwand hinabführt. Hier biegen wir scharf rechts auf einen Feldweg ein, der wieder zu einem Teersträßchen führt. Auf diesem wandert man durch die Wiesen von Ringang zu einer Straßengabelung. Man hält sich links und folgt dem unbefestigten Sträßchen, das in leichtem Auf und Ab zurück zur Talstation der Fellhornbahn führt.

Vorbei am Freibergsee nach Oberstdorf Der schönere Weg knickt am Gasthof Hochleite nach links zu einer Weggabelung. Wir halten uns links und steigen durch den steilen Waldhang abwärts. Bald liegt unter uns der Freibergsee, auf dessen tiefgrüner Wasserfläche sich die Berge spiegeln. Wir wandern oberhalb des

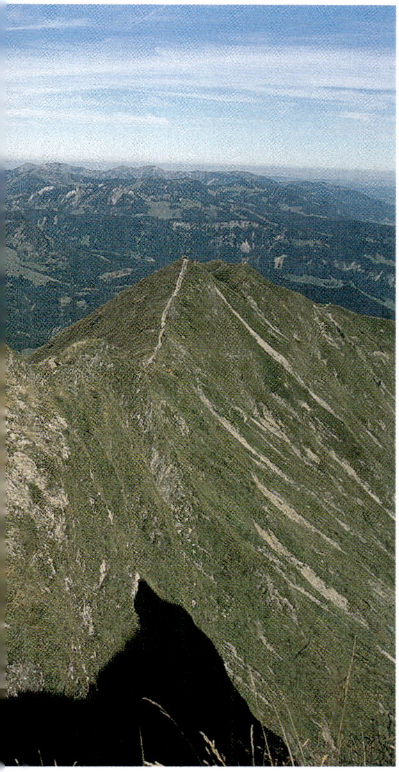

Zu Beginn verläuft der Abstieg vom Fellhorngipfel auf einem schmalen Bergkamm.

Sees auf dem Kiessträßchen links zu einer Weggabelung, an der wir uns wieder zwischen zwei Wegvarianten entscheiden können. Der obere Weg führt zum Gasthof Seeblick, von dem aus man einen herrlichen Blick auf den See und die Berge hat. Der untere Weg läuft hinab zum Freibad und Strandcafé am Freibergsee. Dort kann man Ruderboote mieten und ebenfalls einen herrlichen Blick über den See, zur Skiflugschanze und zu den Bergen genießen. Nach einem kurzen Abstieg vom Hotel bzw. Anstieg vom Seeufer finden beide Wege wieder zusammen und kurz darauf erreichen wir eine Wegkreuzung. Wir halten uns links und wandern durch den steilen Waldhang geradewegs hinab zum »Unteren Renksteg«, der uns über die Stillach bringt. Nach wenigen Metern überqueren wir die Straße und wandern auf Wiesen hinaus. An einer Weggabelung halten wir uns links und folgen dem wunderschönen Weg, der über die herrlich aussichtsreichen Wiesen auf Oberstdorf zuläuft. Am Ortsrand halten wir uns rechts, wechseln auf eine Straße und biegen an der nächsten Kreuzung links auf die Vorfahrtsstraße. Nach gut zweihundert Metern überqueren wir geradewegs eine Kreuzung. Nun sind wir in der Fußgängerzone und gehen bis zur Kreuzung nach der Kirche. Wir halten uns links und biegen nach wenigen Metern rechts in die Hauptstraße, die uns geradewegs zum Bahnhof von Oberstdorf führt.

Tipp

Mensch und Natur in den Allgäuer Alpen widmet sich die Ausstellung »Bergschau«, deren Ausstellungsteile im alten Rathaus in Oberstdorf, am Eingang in die Breitachklamm, im Walserhaus Hirschegg im Kleinwalsertal und am Fellhorngipfel zu sehen sind. Informationen erhält man unter Tel. 08222/95 94 84 oder unter bergschau.com.

83 Auf den Grünten

Durch die Starzlachklamm auf den Wächter des Allgäus

Leicht | 900 Hm | 7.15 Std.

Tourencharakter
Zu Beginn Wirtschaftsweg und breiter Wanderweg, dann Steig mit Brücken, Drahtseilen und Geländer durch die Klamm; am Aufstieg zum Grüntenhaus zum Teil steile Bergwanderwege, ebenso zum Übelhorn

Ausgangs-/Endpunkt
Bahnhof Sonthofen

Anfahrt
Mit der Bahn über Buchloe, Kempten und Immenstadt nach Sonthofen. Vom Bahnhof mit RVA-Bus in den Ortsteil Winkel (oder zu Fuß)

Einkehr
Klammwirt (am Schluchteingang), Berggasthaus Alpenblick, Alpe Topfen, Alpe Kehr, Obere Schwandalpe, Grüntenhaus (privat, Übernachtung)

Karte
TK 1:50000 Allgäuer Alpen (LDBV)

Information
Gästeamt Sonthofen, Rathausplatz 1, 87527 Sonthofen, Tel. 08321/6152-91 oder 92, sonthofen.de

Der Grünten war schon früh als Bergwanderziel populär, deshalb wurde dort oben mit dem Grüntenhaus bereits im Jahr 1852 die erste gewerbliche Hütte der Allgäuer Alpen erbaut. Als Auftakt zu dieser Tour wandern wir jedoch erst mal durch die Starzlachklamm, die bereits seit 1932 für Besucher erschlossen ist.

In Winkel gehen wir zunächst zum oberen Ende des Parkplatzes, queren dort eine kleine Brücke und halten uns dann auf breitem Wirtschaftsweg rechts. Schon nach einigen Minuten zweigt rechts der Klammweg ab, der uns zum Klammeingang führt. Dort befindet sich auch ein großartiger Wasserfall. Über eine kleine Brücke geht es zum Klammwirt. Die ersten Meter sind etwas arg schmal, aber mit Geländer und Drahtseil gesichert. Dann nimmt uns die Schlucht auf, und der gut mit Stegen, Geländer und Brücken gesicherte Klammsteig führt uns entlang rauschender Kaskaden, Gumpen und schnell fließendem Gewässer immer höher durch dunklen Wald zu einer Wegverzweigung. Hier steigen wir nun über Serpentinen (Geländer, Drahtseilsicherungen) links hinauf zum Schluchtrand.

Bald ist die Höhe »Auf dem Ried« erreicht. Rechts unten liegt die Alpe Topfen, vor uns das Gasthaus Alpenblick. Beim Gasthaus halten wir uns rechts und folgen einem breiten Fahrweg. Bei der Alpe Kehr verlassen wir diesen nach links und steigen über die Alpweiden steil hinauf zur Oberen Schwandalpe. Dann folgen wir dem Bergpfad hinauf zur Zweifelgehrenalpe, wo sich kurz vorher unser Weg verzweigt. Links haltend geht es weiter bergan und nahezu eben hinüber zum Grüntenhaus. Der zusätzliche Gipfelabstecher zum Übelhorn nimmt eine Stunde Gehzeit in Anspruch.

Vom Grüntenhaus wandern wir dann rechts hinüber zum bewaldeten Kamm (Wegweiser) und links haltend hinab weiter in den

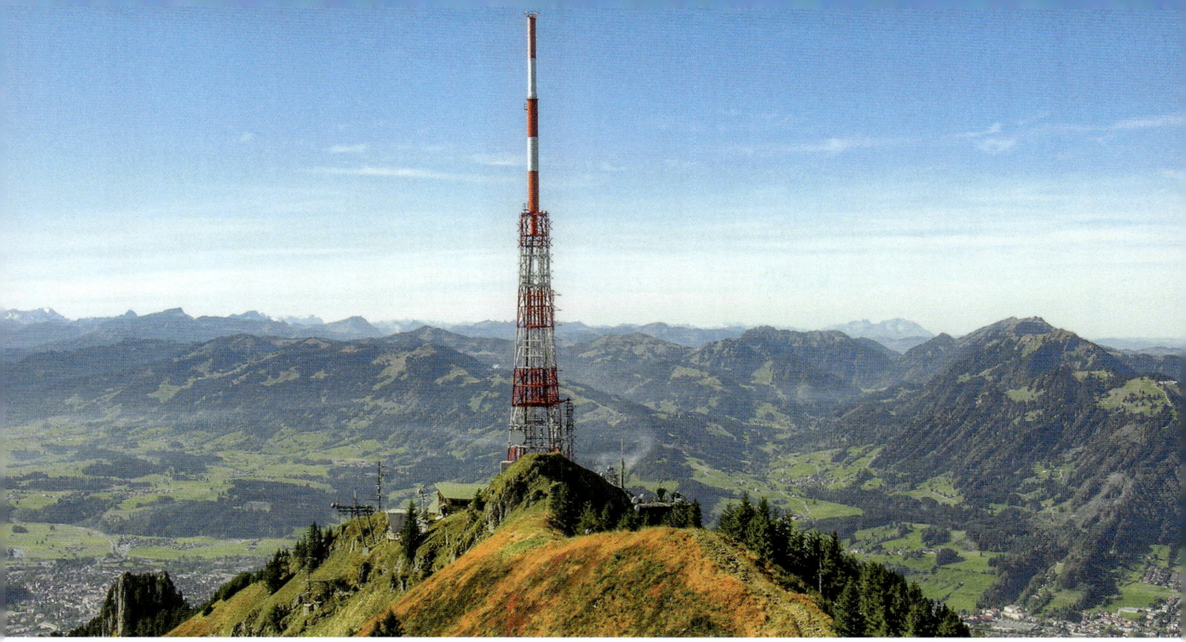

bewaldeten Graben, der den Kreuzelspitz und die Stuhlwand trennt, und geradewegs mit vielen kleinen Serpentinen hinab. Kurz bevor wir die Fahrstraße zum Berggasthaus Alpenblick erreichen, geht es links auf einem Ziehweg zu dieser. Nun folgen wir ein paar Hundert Meter dieser Straße bergwärts, bis rechts – kurz vor dem großen Parkplatz – ein ausgeschilderter Pfad abzweigt (Wegweiser). Auf diesem geht es durch Wald hinauf zu einem Scheitelpunkt, dann jenseits hinab nach Winkel.

Kurz vor dem Übelhorn, der höchsten Erhebung des Grünten, befindet sich eine Umsetzstation des Senders Grünten.

Unten: Auf dem Gipfel des Übelhorns befindet sich eine Gedenkstätte für die Gefallenen Gebirgsjäger des Zweiten Weltkriegs.

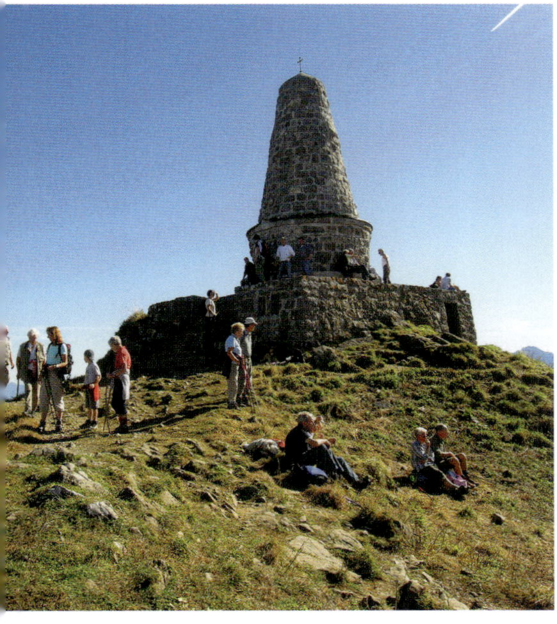

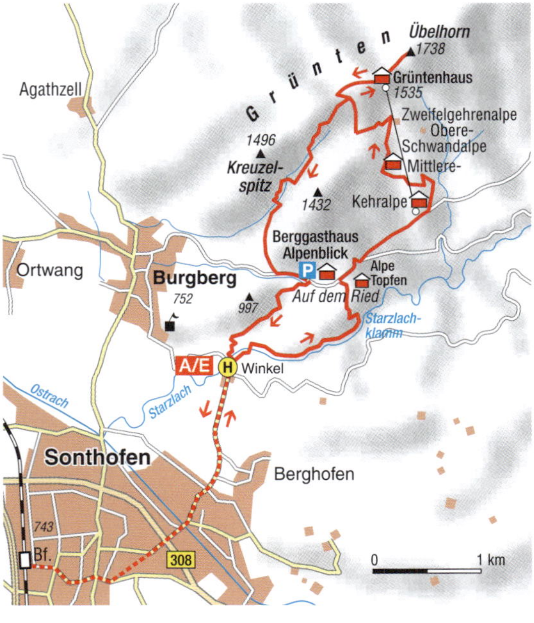

84 Durch die Starzlachklamm

Eine malerische Schlucht und historische Bergbaustollen

Mittel | 300 Hm | 2.45 Std.

Tourencharakter
Die nicht allzu schwierige Wanderung führt durch die eindrucksvolle Klamm zum aussichtsreich gelegenen Gasthof Alpenblick.

Ausgangs-/Endpunkt
Ortszentrum von Burgberg

Anfahrt
Von Ulm Hbf. nach Blaichach oder Sonthofen. Weiter mit dem Bus nach Burgberg

Einkehr
In Winkel, im Klammkiosk, im Gasthof Alpenblick, im Museumsdorf Erzgruben und in Burgberg

Karte
Topographische Karte 1:50000 des Bayerischen Landesvermessungsamtes, UK L8, Blatt Allgäuer Alpen

Information
Gästeinformation Burgberg, Rettenberger Straße 2, 87545 Burgberg, Tel. 08321/672220, burgberg.de

Im Süden wird das Bergmassiv des Grünten vom Tal der Starzlach begrenzt. Kurz bevor das Flüsschen das breite Illertal erreicht, zwängt es sich durch die malerische Starzlachklamm. Tief hat sich das Wasser hier in die geologisch interessanten Felsformationen am Südfuß des Grünten geschnitten. Ein schmaler Steig, der Groß und Klein begeistert, erschließt die erfrischend kühle Schlucht.

Vom Rathaus von Burgberg gehen wir zur nahen Kirche und folgen der Kirchstraße nach rechts. An ihrem Ende biegen wir links in die Bergstraße und bei nächster Gelegenheit rechts in die Heimenhofenstraße. Wir folgen ihr, bis sie am Ortsrand an der Edelweißstraße endet. Hier halten wir uns links und wandern auf der schmalen, wenig befahrenen Teerstraße nach Winkel. Nach der Starzlachbrücke biegen wir links in eine Seitenstraße. Wir gehen über den nahen Wanderparkplatz, von dem uns ein breiter

Erzgruben am Grünten

Am Südfuß des Grünten wurde vom 14. bis ins 19. Jahrhundert Eisenerz abgebaut. Heute kann man die Arbeit der Bergknappen, Schmiede und Köhler im Museumsdorf Erzgruben hautnah erleben. Dort starten geführte, ca. zwei Stunden lange Wanderungen zu den Bergwerken, die in die Hänge des Grünten gebohrt wurden. Für eine Besichtigung der kühlen, tropfenden Stollen sollte man geeignete Kleidung mitnehmen. Vor allem Kinder werden lieber mit dem »Erzgrubenbähnle« vom Museumsdorf nach Burgberg zurückkehren. Das Museumsdorf ist von 1. Mai bis 31. Oktober täglich von 10–18 Uhr geöffnet. Informationen über Fahrpläne, Führungszeiten und verschiedene Aktivitäten wie Schauschmieden erhält man unter der Info-Nummer 08321/672220 oder unter erzgruben.de

Wirtschaftsweg ins Tal der Starzlach leitet. Schon nach wenigen Metern biegt nach einer Brücke links der Nothaldeweg ab, über den die Alternativroute für den Rückweg verläuft. Wir folgen jedoch weiter dem breiten Weg, bis wir vor einem Anstieg rechts auf einen schmalen Wanderweg überwechseln können. Er leitet uns am Bach entlang bis zum Eingang der Klamm, an dem ein malerischer Wasserfall in ein großes Wasserbecken rauscht. Links liegt das Kassenhäuschen, neben dem ein überdachter Brotzeitplatz in einem geräumigen Strudelloch untergebracht ist.

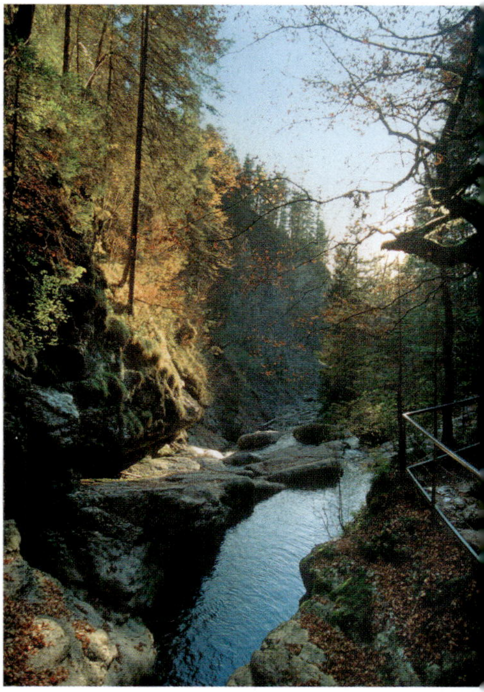

Ein schmaler, gut ausgebauter Weg erschließt die Starzlachklamm.

Der Weg führt nun über teils glattgeschliffene Felsen an der Starzlach entlang, die die Gesteinsschichten zu bizarren Kunstwerken modelliert hat. Vor dem engsten Teil der Klamm führt uns eine Brücke über tiefe Strudellöcher, in denen das Wasser geheimnisvoll grün schimmert. Der schmale, felsige Steig ist teils in die senkrechten Felswände gesprengt, ehe sich das Tal wieder weitet. Ein Steg bringt uns wieder auf die linke Seite der Schlucht. Bald umgehen wir in einem düsteren Tunnel einen Wasserfall und erreichen kurz darauf das obere Ende der Starzlachklamm.

Wir gehen nicht auf dem Steg rechts über die Starzlach, sondern steigen auf dem gut ausgebauten Weg zwischen Felstürmen den steilen Waldhang hoch. Unter den Steilwänden eines Klettergartens knickt der Weg nach links und bringt uns zum oberen Talrand hinauf. Ohne weitere Mühen wandern wir über eine Wiese zum nahen Gasthof Alpenblick, der eine gemütliche Einkehr und weite Blicke über das Illertal zu den Hochgipfeln der Allgäuer Alpen bietet. Zum Museumsdorf Erzgruben folgen wir vom Gasthof der geteerten Alpstraße nach rechts und schwenken an der folgenden Straßengabelung auf das rechte, untere Sträßchen, das uns über aussichtsreiche Wiesen direkt zum Ziel führt.

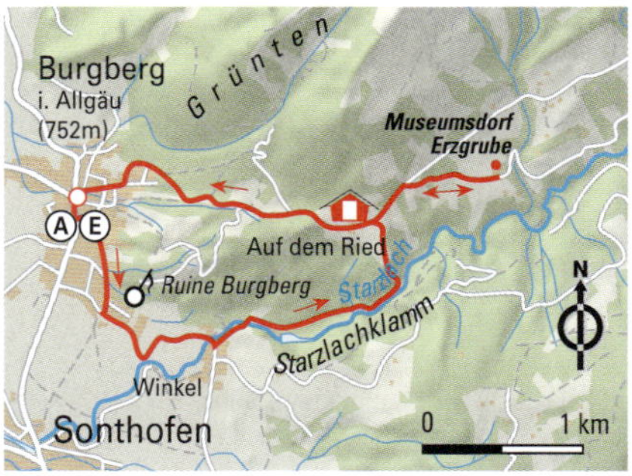

Nach der Besichtigung wandern wir zurück zum Gasthof Alpenblick. Nun können wir entweder entlang der Straße direkt nach Burgberg absteigen oder nochmals durch die Klamm wandern.

85 Zum Hinanger Wasserfall

Stille Waldwege und rauschende Kaskaden

Leicht | 250 Hm | 2.30 Std.

Tourencharakter
Nicht allzu lange Wanderung zu einem der schönsten Naturschauspiele im Allgäu

Ausgangs-/Endpunkt
Bahnhaltestelle Altstädten

Anfahrt
Mit der Bahn über Kempten nach Altstädten

Einkehr
In Hinang und in Altstädten

Karte
Topographische Karte 1:50000 des Bayerischen Landesvermessungsamtes, UK L8, Blatt Allgäuer Alpen

Information
Gästeamt Sonthofen, Rathausplatz 1, 87527 Sonthofen, Tel. 08321/6152-91 oder 92, sonthofen.de

Wie das Spielzeug eines Riesen liegen mächtige Felsblöcke verstreut und ein dichter, tropfender Moospanzer überzieht malerisch die Felsen am Hinanger Wasserfall, der in ein tiefgrünes Wasserbecken rauscht. Ein wunderschön angelegter Steig erschließt diese romantische Landschaft, die sicherlich zu den beeindruckendsten Naturschauspielen im Allgäu zählt.

In Altstädten halten wir uns an der Kreuzung nahe der Haltestelle rechts und folgen geradewegs der Straße »Untere Ebnat«, bis diese auf eine Vorfahrtsstraße trifft. Auf ihr wandern wir rechts an der Kirche vorbei und biegen kurz vor dem Ortsende links in den Malerwinkelweg. Kurz vor seinem Ende wechseln wir rechts auf einen Wirtschaftsweg, der bald stark ansteigt und an einer Waldwiese endet. Links setzt hier ein schmaler, teils steiniger Weg an, der uns durch den Waldhang zu einer Forststraße hinaufführt. Wir folgen ihr nach rechts, halten uns an der nächsten Weggabelung links und biegen kurz darauf rechts in einen Wanderweg. Der wurzelige Weg leitet uns zu einer Weggabelung vor einer Wiese. Wir halten uns links und steigen auf dem schmalen, steinigen Waldweglein auf eine Hügelkuppe hinauf. Kurz nachdem der Weg breiter wird, biegen wir am Beginn eines steilen Gefällstücks rechts in einen schmalen Wanderweg. Nach kurzer Strecke führt er uns zu dem Hügel, auf dem im Mittelalter die kleine Burg von Hinang stand. Zu sehen sind nur noch einige Gräben und Wälle. Vom Burgberg steigen wir jenseits auf steinigem Pfad durch den Steilhang ab-

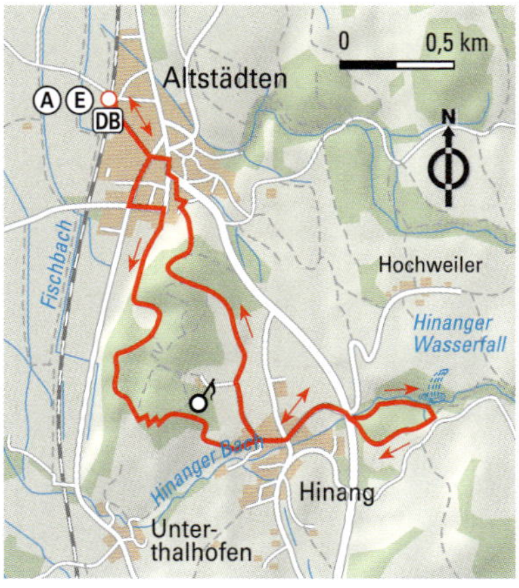

wärts zu herrlich aussichtsreichen Wiesen. Wir biegen links auf einen Feldweg, der uns ins nahe Hinang bringt. Ein Teersträßchen führt uns zur Kirche. Links neben dem kleinen Gotteshaus führt uns die schmale, nach Hochweiler ausgeschilderte Straße wieder aus dem Ort. Wir wandern auf ihr über die Wiesen und anschließend unter der Landstraße hindurch. Nach kurzer Strecke biegt rechts der Weg zum Hinanger Wasserfall ab. Wir folgen ca. 100 Meter dem Wirtschaftsweg und überqueren danach auf einem Holzsteg den Bach. Ein aufwendig angelegter Weg führt uns nun hinauf zum malerischen Hinanger Wasserfall.

Wir folgen dem eindrucksvollen Weg, der am Fuß der senkrechten Felswände nach rechts aus dem Talkessel führt. Auf der Randhöhe erreichen wir eine Wegkreuzung und folgen einem Weg nach rechts, der am Waldrand bergab läuft. Nach einem kurzen Abstieg führt er rechts in den Wald und dann abwärts zur nahen Landstraße. Wir gehen rechts über die Brücke und finden eine Treppe, die uns zu unserem Anstiegsweg hinabführt. Auf der Nebenstraße geht es in wenigen Minuten zurück nach Hinang.

Wir überqueren am Kirchlein die Vorfahrtsstraße und gehen auf dem Weg, den wir gekommen waren, durch das Dorf abwärts. Für den Rückweg nach Altstädten wählen wir nun eine kürzere Variante und biegen nach 200 Metern an einer Kreuzung nach rechts. Wir wandern auf schmaler Teerstraße über die Wiesen und wechseln an einer Kreuzung geradewegs auf ein Kiessträßchen. An der nächsten Kreuzung gehen wir geradeaus und steigen zu einer Weggabelung hinauf, an der wir uns rechts halten. Nach kurzer Strecke biegen wir in einem Sattel rechts auf einen Wanderweg, der uns durch den Wald abwärts führt. Bald schwenken wir links auf ein schmales, wurzeliges Weglein. Neben einer wunderbaren Aussichtsbank, die von bizarren Sandsteinfelsen überragt wird, beginnt ein Treppenweg, der uns über die Wiesen steil zum Ortsrand von Altstädten hinabbringt. Wir treffen auf eine Teerstraße, folgen ihr kurz nach rechts und dann der Beschilderung zur Ortsmitte nach links. Auf der nahen Hauptstraße gehen wir nur wenige Meter nach links und biegen dann links in eine Nebenstraße, die uns zur Kirche führt. Auf bekanntem Weg gehen wir rechts zum Bahnhof von Altstädten zurück.

Ganz unten: Ein aufwendig angelegter Weg erschließt den wild-romantischen Hinanger Wasserfall.

Bei Altstädten ragt hoch über der Illertal-Bahn der schneebedeckte Grünten auf.

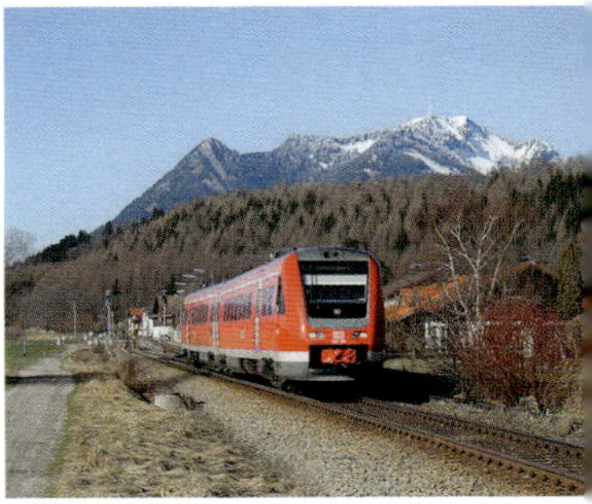

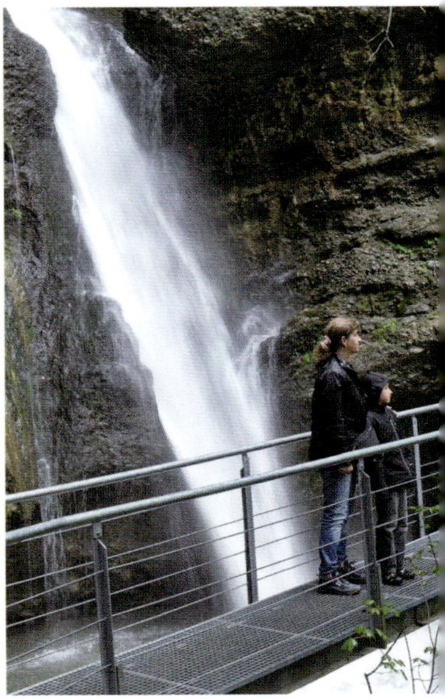

86 Weiherkopf und Rangiswanger Horn

Die sanfte Panoramatour über dem Illertal

Mittel | 250/560 Hm | 2.15 Std.

Tourencharakter
Aussichtstour auf Wanderwegen und Bergsteigen

Ausgangspunkt
Bergstation der Bolsterlanger Hörnerbahn (Seilbahnauskunft Tel. 08326/9091)

Endpunkt
Bergstation der Ofterschwanger Hörnerbahn (Seilbahnauskunft Tel. 08321/670333)

Anfahrt
Mit der Bahn über Kempten nach Fischen. Von dort mit dem Bus nach Bolsterlang

Rückfahrt
Von Ofterschwang mit dem Bus nach Sonthofen und mit dem Zug zurück ggf. wieder mit Umsteigen in Kempten

Einkehr
An den Bergstationen der beiden Seilbahnen und in der Fahnengehren-Alpe

Karte
Topographische Karte 1:50000 des Bayerischen Landesvermessungsamtes, UK L8, Blatt Allgäuer Alpen

Information
Gästeinformation Bolsterlang, Rathausweg 4, 87538 Bolsterlang, Tel. 08326/8314, hoernerdoerfer.de

Über den beschaulichen Urlaubsorten Bolsterlang und Ofterschwang steigen Waldhänge und Alpweiden zu den sanft gerundeten Hörnergipfeln an. Dank der Hörnerbahn und der Ofterschwanger Hörnerbahn wird eine Wanderung über diesen Höhenzug, der mit herrlichen Ausblicken ins Hochgebirge überrascht, zu einem gemütlichen Ausflug für die ganze Familie.

Mit der Hörnerbahn schweben wir von Bolsterlang hinauf zur Bergstation. Dort gehen wir auf breitem Weg ein kurzes Stück abwärts und steigen dann rechts nahe dem Waldrand steil nach oben zum Gipfel des Weiherkopfes (1665 m). Der anstrengendste Abschnitt der gesamten Wanderung liegt nun schon hinter uns und so können wir die herrliche Aussicht in vollen Zügen genießen. Vorbei an einer Liftstation wandern wir abwärts zur Wegkreuzung an der »Märchenwiese«. Wir folgen geradeaus dem breiten, zum Rangiswanger Horn ausgeschilderten Weg, der bald in einen schmalen Steig übergeht.

In sanftem Auf und Ab führt er uns auf dem breiten, malerischen Bergrücken durch Wald und über Wiesen zu einer Wegkreuzung in einer Scharte. Rechts läuft eine kürzere und etwas einfachere Variante durch den Osthang des Rangiswanger Horns abwärts. Wir erklimmen jedoch geradewegs auf einem angenehmen Weglein das Rangiswanger Horn. Vom Gipfelkreuz bietet sich uns ein herrlicher Blick, der in alle Richtungen ungehindert über die Berge und Täler geht. Jenseits leitet uns ein teils steiler

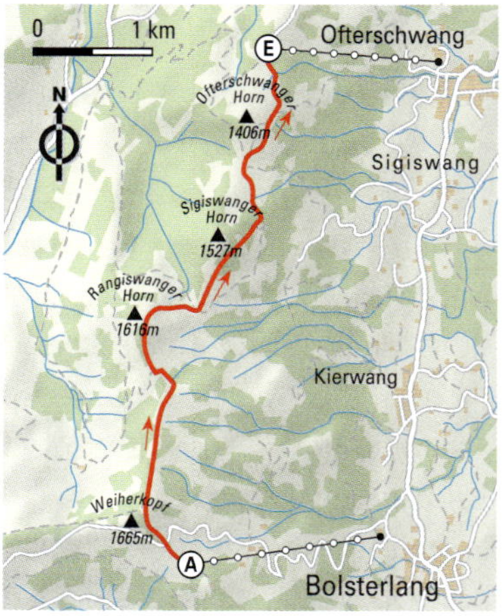

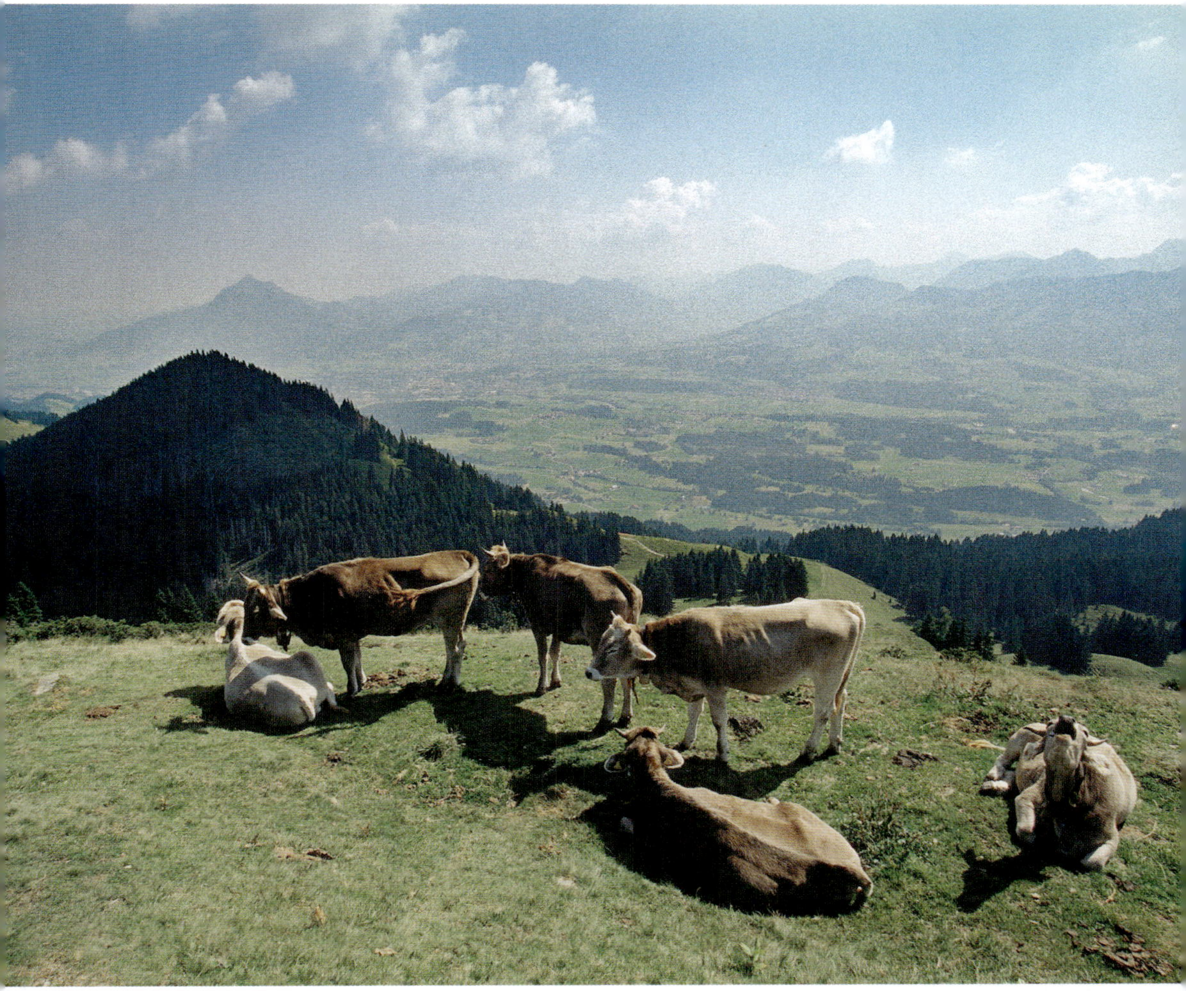

und steiniger Steig in den Wiesensattel hinab, der das Rangiswanger vom Sigiswanger Horn trennt. Hier treffen wir wieder auf die einfachere und kürzere Wegvariante durch die Ostflanke des Rangiswanger Horns.

Tief unter den Hönergipfeln zwängt sich das Tal der Iller in die Allgäuer Berge.

Rückweg zur Talstation der Hörnerbahn Wer zur Talstation in Bolsterlang absteigen will, der folgt an der Wegkreuzung im Sattel in östlicher Richtung einer nach Sigiswang ausgeschilderten Wegspur, die bald nach links knickt und uns zur nahen Sigiswanger Hornalpe führt. Auf einem anfangs schottrigen und weiter unten geteerten Alpsträßchen geht es teils steil zur Bergpension Kahlrückenalpe hinab. Hier wechseln wir rechts auf einen Wirtschaftsweg und biegen nach 250 Metern links auf eine Wegspur, die uns über eine Wiese führt. Bald entlässt uns ein Türchen in den Wald und wir wandern auf einem schönen Weglein abwärts, bis uns eine Brücke rechts über den Bach zu einer Alphütte bringt. Wir folgen jetzt einem Feldweg, der sich durch die Wiesen abwärts in ein Tal schlängelt. Dort führt uns eine schmale Holzbrücke rechts über den Bach zu einem Wirtschaftsweg. Wir halten uns links und wandern am herrlich gelegenen Hofgebäude von Hageberg vorbei geradewegs nach Kierwang. An der ersten Kreuzung gehen wir rechts und bald auf dem »Angerweg« erneut rechts aus dem Dorf. Unterhalb eines alleinstehenden Hofes zweigen wir links auf den »Bergblickweg« ab, der uns über Wiesen und durch Wald sanft ansteigend zu einer Forststraße leitet. Sie bringt uns links zurück zur Talstation der Hörnerbahn.

Der Panoramaweg leitet uns über die sanften Kuppen des Rangiswanger- und Sigiswanger Horns.

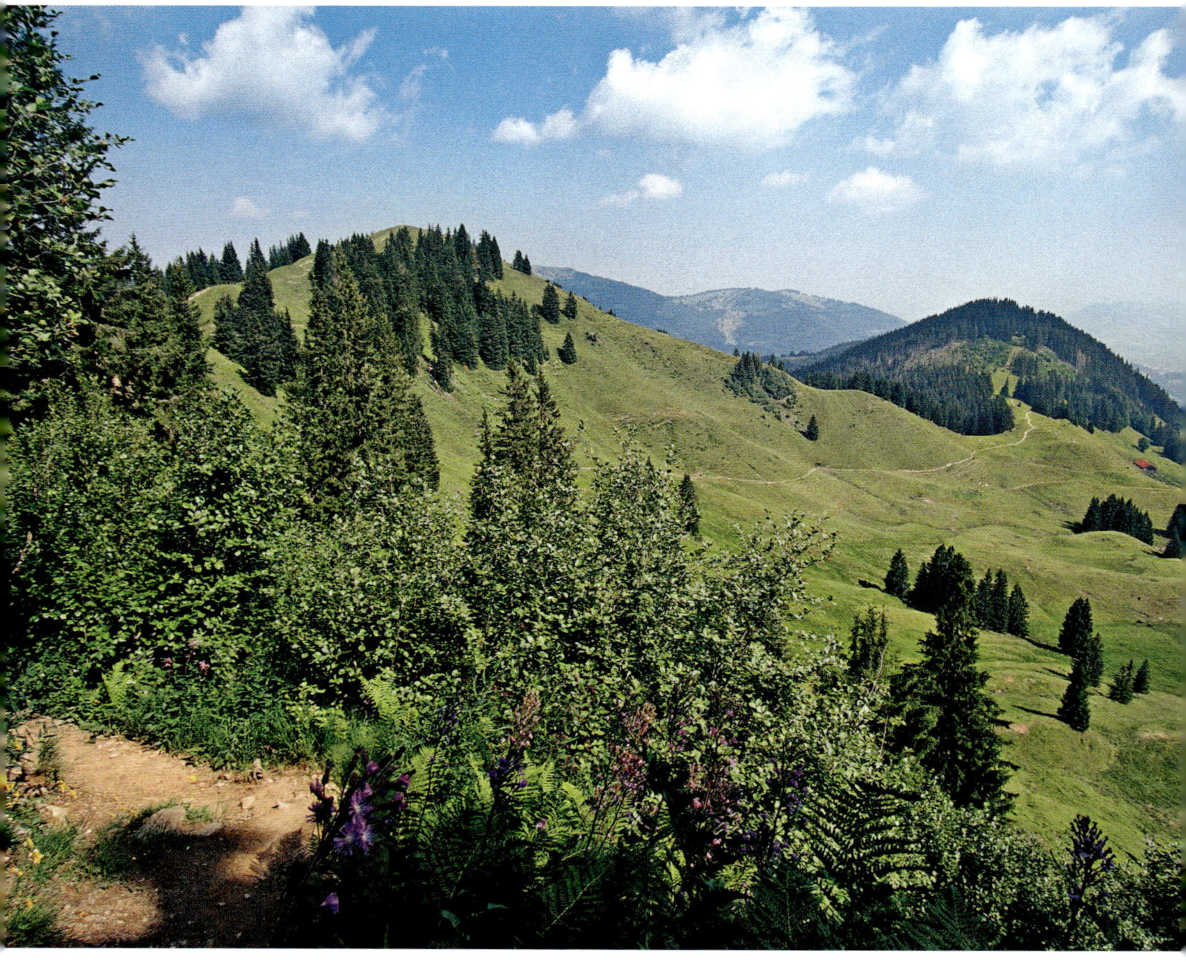

Auf dem Panoramaweg zur Ofterschwanger Hörnerbahn

Wir wählen jedoch für den Rückweg die einfachere, kürzere und trotzdem aussichtsreichere Variante über den Bergkamm der Hörnergruppe. Im Sattel zwischen Rangiswanger und Sigiswanger Horn wenden wir uns nach links und folgen dem zum Ofterschwanger Horn ausgeschilderten Weg. Er leitet uns in einer Wiesenmulde sanft bergan. Bald quert der nun teils steinige und wurzelige Weg die bewaldete Ostflanke des Sigiswanger Horns. Nach einem Abstieg wandern wir auf breiten Alpwegen, vorbei an der bewirtschafteten Alpe Fahnengehren, über den weit geschwungenen Wiesensattel vor dem Ofterschwanger Horn. Wir ignorieren den rechts nach Ofterschwang abzweigenden Weg und müssen uns dann für eine von zwei Wegvarianten entscheiden. Rechts durchquert der Weg unterhalb des Ofterschwanger Horns die Alpwiesen. Wir steigen jedoch geradewegs zum nahen Gipfel des Ofterschwanger Horns hinauf, von dem wir noch einmal eine herrliche Aussicht genießen. Tief unter uns leuchten die sattgrünen Frühjahrswiesen im Illertal und gegenüber sägt der lang gezogene Kamm der Allgäuer Hochgipfel am blauen Himmel. Vom Gipfel steigen wir jenseits zur Wegkreuzung hinab, an der die beiden Wegvarianten wieder zusammenfinden. Ein kurzer Abstieg bringt uns zur Bergstation der Ofterschwanger Hörnerbahn, die uns nach Ofterschwang hinabbringt.

Allgäuer Käse

Bis in das 19. Jahrhundert wurde die Landwirtschaft im Allgäu dominiert von Flachsanbau in den Tallagen und der Fleischproduktion auf den Alpen. Erst auf Betreiben von Carl Hirnbein wurde auf Milchwirtschaft umgestellt. Er brachte aus der Schweiz und aus Holland das Wissen um die Herstellung haltbarer Käsesorten mit und veränderte so das Gesicht des Allgäus. Die Käserei auf den Alpen wurde zwar weitgehend zugunsten industrieller Produktion aufgegeben, doch die satten Weiden für das Milchvieh bestimmen bis heute das liebliche Bild des grünen Allgäus.

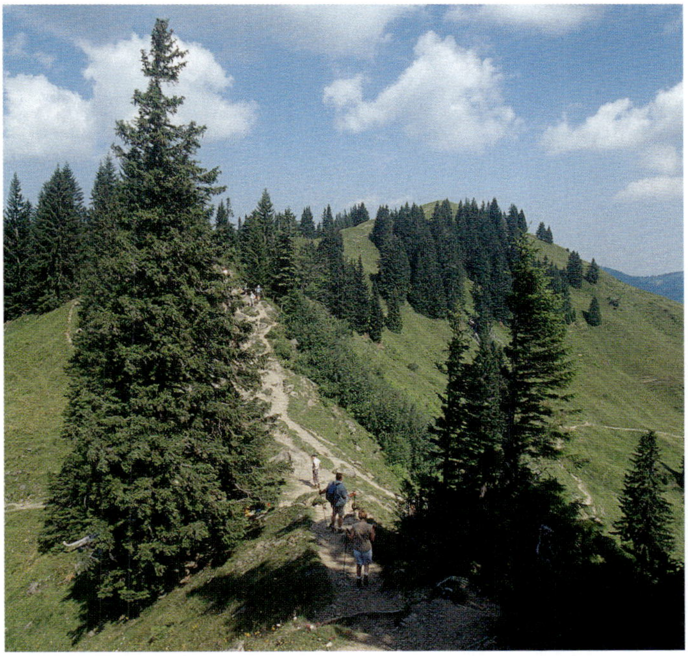

Ein kurzer Aufstieg führt uns auf den aussichtsreichen Gipfel des Rangiswanger Horns.

87 Vom Riedbergpass auf den Besler

Über das steile Felsriff des Beslers ins Tal der Iller

Mittel | 330/960 Hm | 4.15 Std.

Tourencharakter
Nach einem steilen Aufstieg zu Beginn bietet die Tour eine einfache, aussichtsreiche Wanderung auf schmalen Wegen.

Ausgangspunkt
Riedbergpass

Endpunkt
Bahnhaltestelle Langenwang

Anfahrt
Mit der Bahn nach Fischen, ggf. mit Umsteigen in Buchloe. Ab Fischen mit dem Bus bis Haltstelle Riedbergpass

Rückfahrt
Von Langenwang mit max. einmal Umsteigen

Einkehr
Im Berghof Schwarzenberg, an der Sturmannshöhle und in Langenwang

Karte
Topographische Karte 1:50000 des Bayerischen Landesvermessungsamtes, UK L8, Blatt Allgäuer Alpen

Information
Gästeservice Fischen, Am Anger 15, 87538 Fischen i. Allgäu, Tel. 08326/36460, fischen.de; Obermaiselstein Tourismus, Am Scheid 18, 87538 Obermaiselstein, Tel. 08326/277, hoernerdoerfer.de/obermaiselstein

Im Süden bewacht die Felsburg des Besler mit ihren steilen Wänden und Zinnen den Riedbergpass, über den seit den 60er Jahren Deutschlands höchste Passstraße vom Illertal ins beschauliche Bergdorf Balderschwang führt. Trotz seiner vergleichsweise geringen Gipfelhöhe bietet der Besler dank seiner gegen das Illertal vorgeschobenen Lage eine herrliche Aussicht auf die Allgäuer Berge und Täler.

Von der Bushaltestelle auf dem Riedbergpass (1406 m) gehen wir zur Passstraße und folgen ihr abwärts Richtung Balderschwang. Nach ca. 500 Metern biegen wir links auf eine zum Besler ausgeschilderte Alpstraße, die uns zur nahen Schönberg-Alpe führt. Wir gehen rechts an der Alphütte vorbei und auf grasbewachsenem Weg aufwärts. Den Abzweig in das Lochbachtal lassen

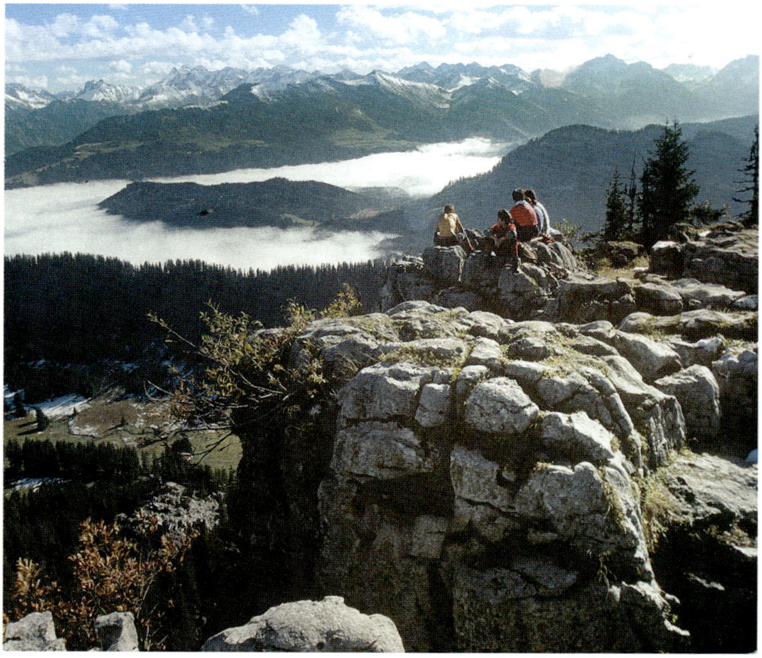

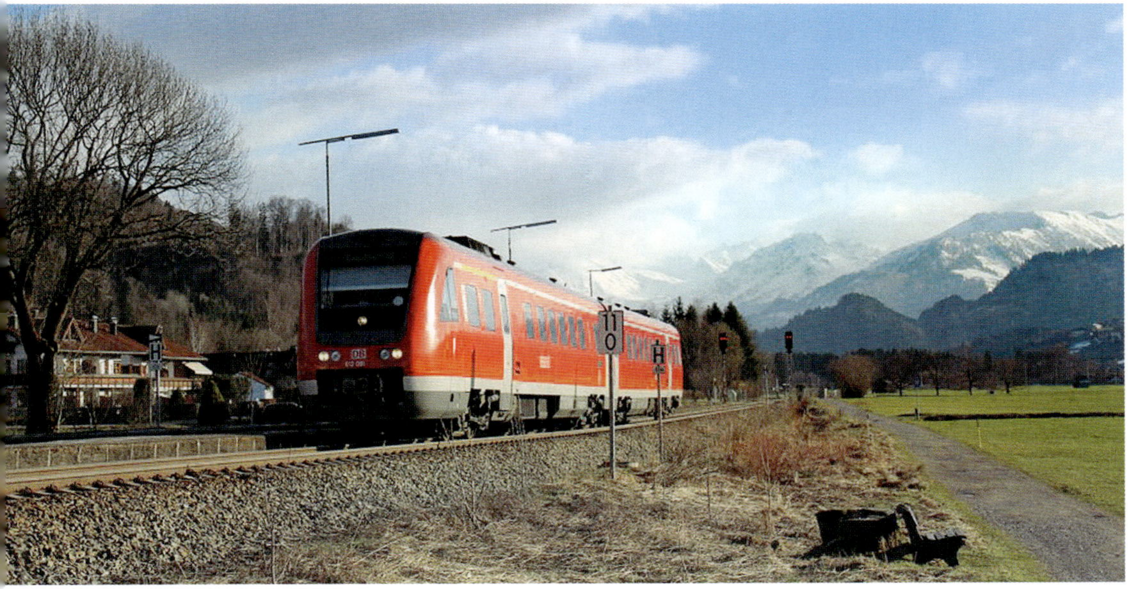

Am Haltepunkt Langenwang im Illertal endet unsere Tour.

Linke Seite: Tief unter dem felsigen Gipfelplateau des Beslers bedecken die Herbstnebel das Illertal.

wir rechts liegen und wenig höher wechseln wir am Ende des breiten Weges auf einen schmalen Steig. Er schlängelt sich links über teils steile Hänge aufwärts bis zu einer Wegkreuzung vor den senkrecht abfallenden Nordwänden des Besler. Geradeaus führt unterhalb der Wände die als Königsweg beschilderte leichte Abstiegsvariante, auf der man den kurzen Klettersteig umgehen kann. Wir halten uns hier aber rechts, überqueren den Bergkamm und steigen auf der Südseite wenige Meter zu einem breiten Querweg ab. Er führt uns links bald ansteigend zum Kreuz am Ostrand des Gipfelplateaus des Besler (1679 m). Von dort haben wir einen herrlichen Blick über das mit herbstlichem Nebel gefüllte Illertal zu den schneebedeckten Gipfeln der Allgäuer Alpen.

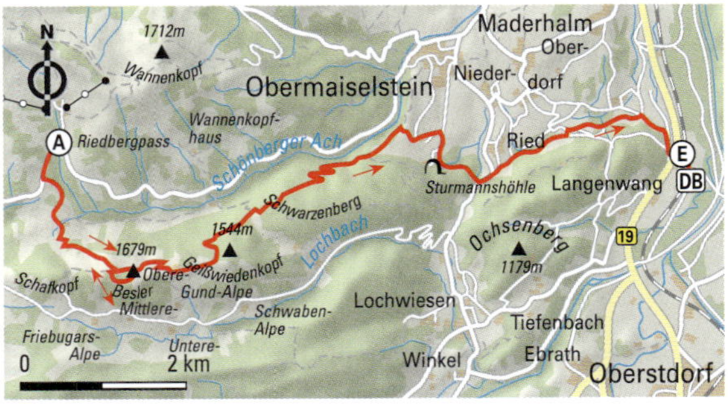

Für den Abstieg vom Gipfel bieten sich zwei Wegmöglichkeiten an. Entweder wandern wir auf dem Aufstiegsweg zurück bis zur Wegkreuzung unter den Nordwänden des Besler und dort auf dem Königsweg rechts am Fuß der Felsmauer entlang nach Osten. Klettergewandte und schwindelfreie Bergsteiger gehen vom Gipfelkreuz nur wenige Meter abwärts und finden dann rechts den Beginn des kurzen Klettersteiges, der

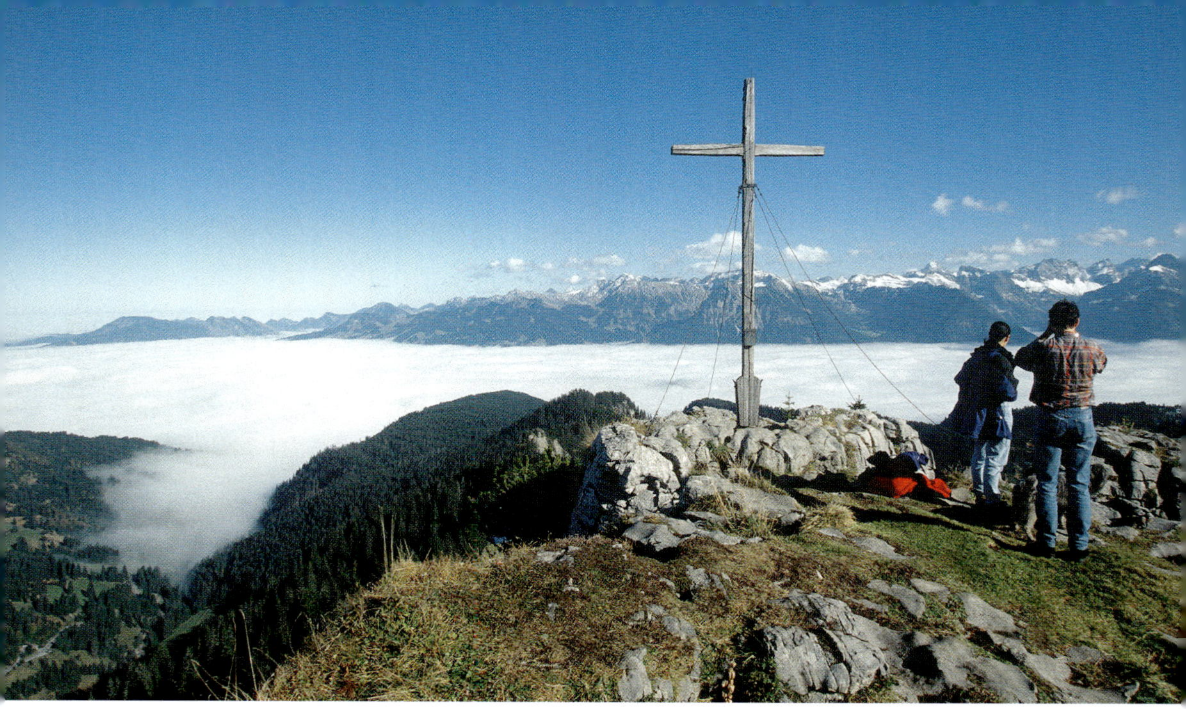

Dank seiner vorgeschobenen Lage bietet der Besler eine umfassende Aussicht.

durch die niedrige, aber nahezu senkrechte Nordwand des Besler bergab führt. Am Wandfuß treffen beide Routen wieder zusammen. Der Steig führt uns nun ein Stück über den Grat abwärts und läuft bald nach rechts zur Oberen Gund-Alpe hinab. Wir halten uns den Wegweisern nach Obermaiselstein folgend links und wandern geradewegs über sonnige Alpwiesen, bis der Weg vor dem Geißwiedenkopf nach links über den Bergkamm schwenkt. In weiten Kehren steigen wir durch den Waldhang abwärts zu einer Wegkreuzung vor einigen Jagdhütten.

Wir folgen geradewegs dem nach Obermaiselstein ausgeschilderten Königsweg. Er leitet uns teils in Kehren durch den steilen Waldhang an der Nordseite des Schwarzenbergs abwärts. Zum Schluss wandern wir über flaches Wiesengelände zu einem Wegkreuz am Waldrand. Wir folgen dem Wiesenweg nach rechts und gelangen so zum nahen Berghof Schwarzenberg mit aussichtsreichem Biergarten und Alpenwildpark. Von dort wandern wir auf der Zufahrtsstraße abwärts bis zum nächsten Hof und biegen hier rechts auf einen geteerten Wanderweg, der zu einer schmalen Teerstraße hinabführt. Wir halten uns rechts und erreichen nach kurzer Strecke einen Abzweig. Wer nicht zur Sturmannshöhle will, der wechselt hier links auf einen Feldweg und biegt dann links in den Weg ein, der aus Richtung Sturmannshöhle kommt. Wir wandern jedoch auf dem Sträßchen noch zum nahen Kassenhäuschen unter der Sturmannshöhle hinauf. Wenn nicht zu viele Leute warten, ist die herrliche Höhle unbedingt einen Besuch wert.

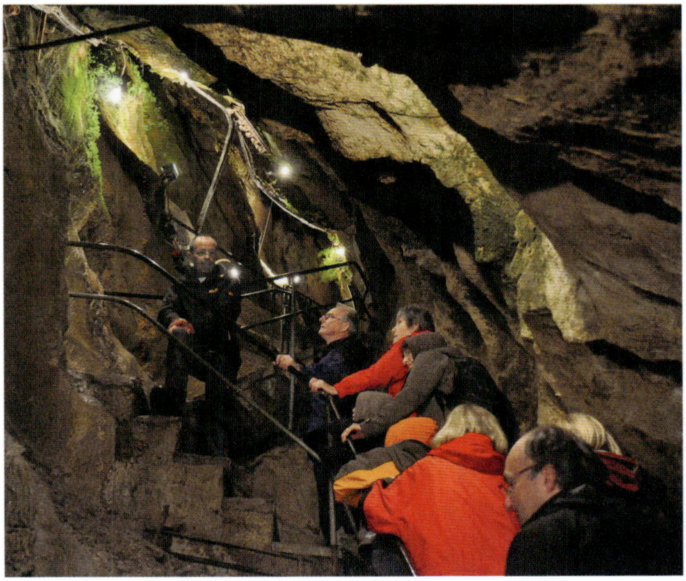

Direkt gegenüber der Kasse beginnt ein angenehmer Weg, der uns geradewegs zur Straße am Hirschsprung leitet. Dieser enge, von steilen Felswänden überragte Durchgang wurde von der Breitach in die Berge geschnitten, bevor sie einen kürzeren Weg ins Illtertal fand. Wir folgen der Straße ein kurzes Stück nach links und biegen dann rechts in den nach Langenwang ausgeschilderten Feldweg. Anschließend ignorieren wir die links nach Rieden abzweigenden Wege und wandern am Fuß des steilen, von Felswänden durchsetzten Waldhanges bis zu einem Hüttchen auf einer Wiese. Der Feldweg knickt hier nach rechts und wir wechseln geradewegs auf eine Wiesenspur, die uns zu einer schmalen Teerstraße bringt. Wir wandern rechts auf der für den allgemeinen Verkehr gesperrten Straße zu einer Kreuzung am Rand des Illertales hinab. Wir halten uns rechts und erreichen bald Langenwang. Vor dem ersten Gebäude schwenken wir rechts auf einen Schotterweg, der uns am Ortsrand entlang zu einer Straße leitet. Dieser folgen wir kurz nach rechts und gehen an der nächsten Kreuzung links zu einer Fußgängerampel an der nahen B 19. Jenseits der Bundesstraße liegt der Haltepunkt Langenwang an der Illertal-Bahnstrecke.

Die Sturmannshöhle

Am östlichen Fuß des Besler liegt südlich von Obermaiselstein die Sturmannshöhle, die einzige Schauhöhle im Allgäu. Groß und Klein sind fasziniert von dieser dunklen, feuchten und kühlen Unterwelt, die man auf einer einstündigen Führung erkunden kann. Enge Felsgänge, der tosende Höhlenbach und ein malerischer Höhlensee machen den Besuch der Höhle zu einem ganz besonderen Erlebnis. Geöffnet ist die Sturmannshöhle von Mai bis Anfang November und von Weihnachten bis Ostern. Je nach Wetter und Saison kann es zu längeren Wartezeiten kommen (aktuelles Höhlentelefon 08326/ 383 09, sturmannshoehle.de).

Oben: In der Sturmannshöhle führt ein steiler Abstieg zum rauschenden Höhlenbach hinab.

88 Über das Immenstädter Horn

Hoch über Immenstadt und dem Alpsee

Mittel | 900 Hm | 4.30 Std.

Tourencharakter
Meist einfache Rundwanderung auf schmalen Steigen und gemütlichen Alpwegen

Ausgangs-/Endpunkt
Bahnhof Immenstadt

Anfahrt
Mit der Bahn nach Immenstadt

Einkehr
In Bühl am Alpsee und in Immenstadt

Karte
Topographische Karte des Bayerischen Landesvermessungsamtes 1:50000, UK L8, Blatt Allgäuer Alpen

Information
Gästeinformation Immenstadt, Seestraße 10, 87509 Immenstadt, Tel. 08323/998877, immenstadt.de

Trotz seiner geringen Höhe bietet das Immenstädter Horn dank seiner vorgeschobenen und isolierten Lage eine herrliche Aussicht. Hat man den langen und steilen, aber schattigen Anstieg zu Beginn hinter sich gebracht, begeistert immer wieder der Tiefblick auf die tiefblaue Wasserfläche des Großen Alpsees.

Schräg rechts gegenüber dem Bahnhof von Immenstadt führt uns jenseits der B 308 die Bahnhofstraße Richtung Ortsmitte. Bei der ersten Gelegenheit halten wir uns rechts und überqueren auf einer Fußgängerbrücke die Bahnlinie. Jenseits gehen wir an der Kreuzung geradewegs in die Adolph-Probst-Straße, die uns zum Friedhof von Immenstadt führt. Wir wandern links am Friedhof vorbei und nehmen an der Weggabelung die rechts ansteigende Teerstraße. Ab hier sind bis zum Gipfel des Immenstädter Horns für uns immer die Wegweiser »Horn« oder »Immenstädter Horn« maßgeblich. Nach ca. 150 Metern biegen wir rechts auf einen geteerten Weg und nach kurzer Strecke wiederum rechts in einen schmalen Wanderweg. Nach wenigen Schritten steigen wir links über den steilen Waldhang in engen Serpentinen aufwärts. Der steile Beginn des Weges ist recht anstrengend. Weiter oben legt sich der Hang etwas zurück und der Weg führt uns zum herrlichen Aussichtspunkt auf der Kanzel (1166 m).

Anschließend bringt uns der Steig am Bergkamm zu einem letzten Steilhang. Oberhalb wandern wir über einen breiten Rücken zu einer Forststraße. Wir gehen auf ihr nach rechts und wechseln an einer scharfen Rechtskurve links auf einen schmaleren Forstweg. Nach wenigen Metern halten wir uns rechts und folgen einem wurzeligen Waldweg, der uns ohne große Anstrengung zu einer kleinen Unterstandshütte führt. Wir halten uns wieder rechts und erreichen nach wenigen Schritten das große Gipfelkreuz auf dem Immenstädter Horn (1489 m), wo sich uns ein fantastischer Tiefblick auf den lang gezogenen Alpsee bietet.

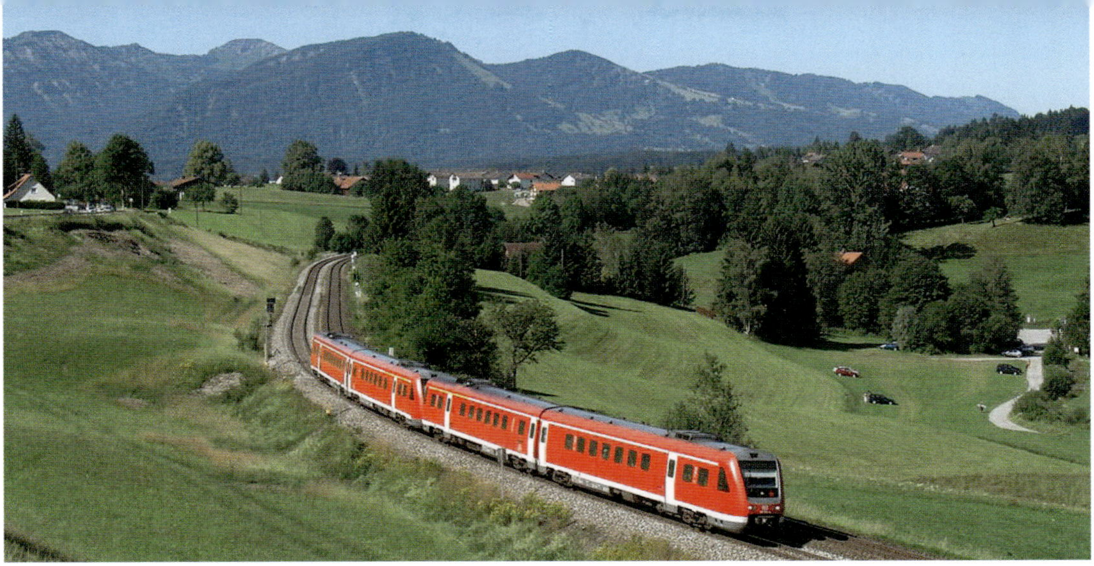

Mit dem Zug durch die Allgäuer Landschaft

Vom Gipfelkreuz gehen wir wieder zurück zur nahen Unterstandshütte und dort an der Wegkreuzung geradeaus Richtung Alpe Kessel und Bühl. Über steile Bergmatten führt uns der Steig abwärts zu einer Wegkreuzung an der einsam gelegenen Kessel-Alpe. Wir halten uns rechts und wandern vorbei an rauschenden Wasserfällen, die neben unserem Weg über die Konglomeratfelsen stürzen, hinab zur großen Rabennest-Alpe. Wir wechseln geradewegs auf das Alpsträßchen und halten uns an der folgenden Wegkreuzung rechts. Vorbei an der Hochbergalpe bringt uns die Schotterstraße geradewegs zum Bühler Ortsteil Rieder hinab. Auf der Teerstraße halten wir uns rechts, wandern durch den Ort abwärts und biegen dann nach einem steiler abfallenden Wegstück am Rand von Bühl rechts in die Straße »Unterm Horn«.

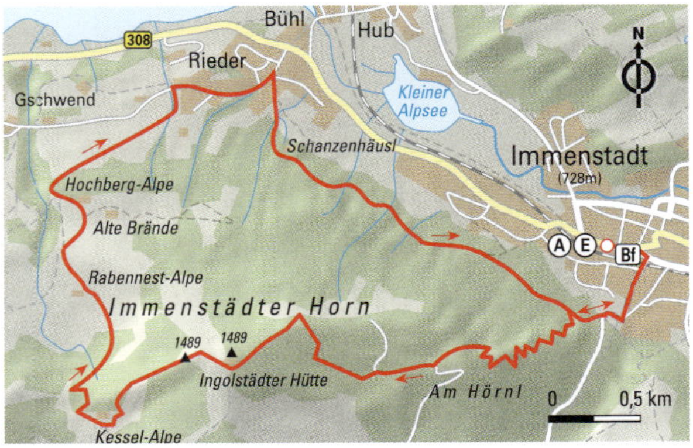

Zurück nach Immenstadt folgen wir der Beschilderung »Hornweg«. Nach 100 Metern halten wir uns links und wandern geradewegs zu einem Bach, vor dem rechts ein schmaler Wanderweg abzweigt. Er führt uns durch urwüchsige Nagelfluhlandschaft vorbei an Bächen und moosbewachsenen Felsblöcken kurz aufwärts und leitet uns im Auf und Ab durch die Nordhänge des Immenstädter Horns. Oberhalb von Immenstadt treffen wir auf unseren morgendlichen Aufstiegsweg, der uns in wenigen Minuten zu unserem Ausgangspunkt am Friedhof von Immenstadt hinabbringt.

89 Rund um den Alpsee

Am größten Natursee im Allgäu

Leicht | 150 Hm | 4 Std.

Tourencharakter
Einfache Wanderung auf meist breiten Wegen

Ausgangs-/Endpunkt
Bahnhof Immenstadt

Anfahrt
Mit der Bahn nach Immenstadt; evtl. weiter mit dem Bus nach Bühl

Einkehr
In Bühl, Ratholz und Immenstadt

Karte
Topographische Karte 1:50000 des Bayerischen Landesvermessungsamtes, UK L8, Blatt Allgäuer Alpen oder Blatt Kempten

Information
Gästeinformation Immenstadt, Seestraße 10, 87509 Immenstadt, Tel. 08323/998877, immenstadt.de

Der Große Alpsee trägt zu Recht seinen stolzen Namen, denn er ist der größte Natursee im Allgäu. Eingeklemmt zwischen freundlichen Wiesenbergen im Norden und den bewaldeten Steilflanken des Immenstädter und Gschwender Horns im Süden liegt er in einem tief ausgeschürften Trogtal, durch das einstmals die Eiszeitgletscher flossen.

Von Immenstadt kann man problemlos mit dem Bus in das nahe Bühl fahren. Wir wollen jedoch die zwei Kilometer zu Fuß zurücklegen und folgen vor dem Bahnhof der Hauptstraße links in Richtung Oberstaufen bis zu einem nahen Kreisverkehr. Wir gehen geradewegs weiter an der B 308 entlang und biegen nach kurzer Strecke rechts in eine Nebenstraße. Sie leitet am Rand eines großen Parkplatzes zu einem geteerten Wanderweg, der als »Badeweg« ausgeschildert ist. Er führt uns zwischen der Bahnlinie und dem Kleinen Alpsee zu einer Unterführung. Wir wechseln auf die linke Seite der Gleise und wandern dann an der Konstanzer Ach entlang in den Bühler Ortsteil See. Wir überqueren die Fahrstraße und folgen der Seepromenade. Cafés und Gasthäuser bieten an heißen Sommertagen und im milden Herbstlicht eine fast südländisch anmutende Atmosphäre. Schon jetzt freuen wir uns auf die Rückkehr nach See, wenn wir am Ende der langen Seerunde hier einkehren werden, um die Strahlen der Nachmittagssonne zu genießen.

Wir schlendern auf dem Promenadenweg am östlichen Seeufer entlang zur wundervoll gelegenen Badeanstalt. Radfahrer müssen hier auf die Nordseite der Bahnlinie wechseln. Dort befindet sich auch ein weiterer großer Parkplatz, den man von See aus auf der ausgeschilderten Zufahrtsstraße erreichen kann. Wir bleiben jedoch links der Gleise und können auf dem neu angelegten Wanderweg direkt am Seeufer entlangwandern. In den Sommermonaten ist ein früher Aufbruch angeraten, denn die

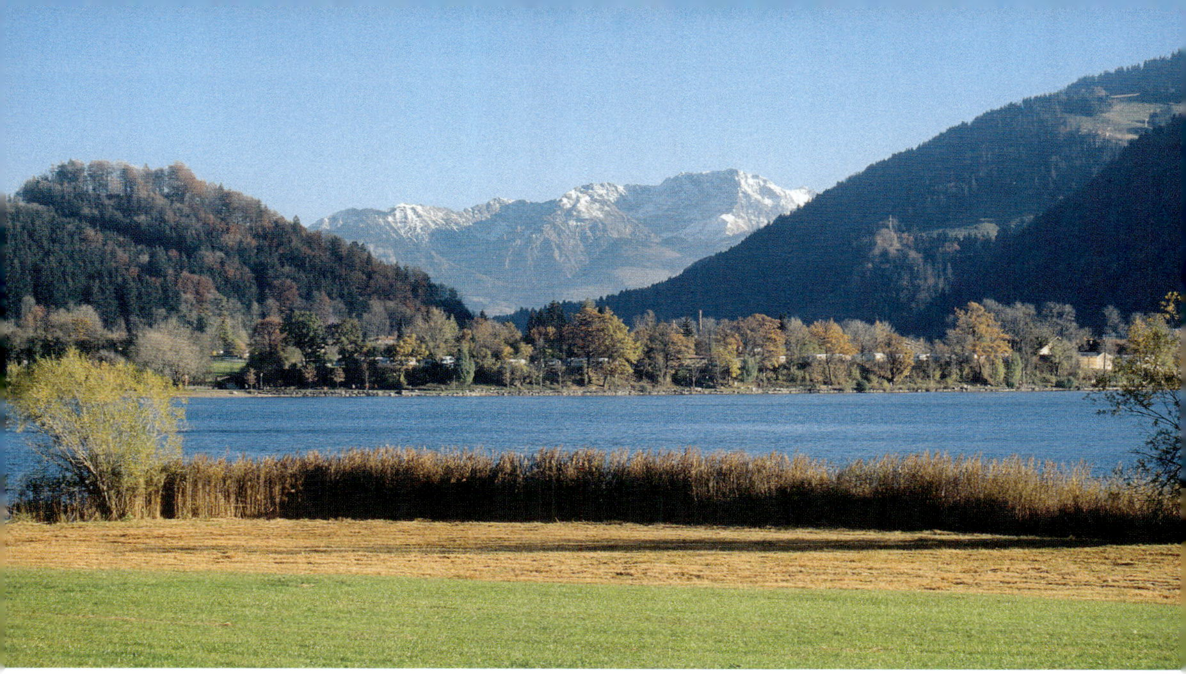

folgenden drei Kilometer entlang des Nordufers sind stark der Sonne ausgesetzt. Entschädigt wird man mit dem Blick über den blauen See zu den dunklen Hängen des Immenstädter Horns und nach Osten zu den Hindelanger Bergen. Über Alpseewies, wo sich eine Halbinsel in den See vorschiebt, wandern wir permanent zwischen Seeufer und Bahnlinie nach Trieblings. Auch hier schiebt sich wieder eine kleine Halbinsel in den See, zu deren naher Spitze ein schmaler Weg durch den Wald führt. Wer Lust dazu verspürt, kann hier ein wenig abseits des viel begangenen Weges seine Füße im Wasser baumeln lassen.

Über dem Großen Alpsee ragt das herbstlich verschneite Daumen-Massiv auf.

Weiter westlich geht der Große Alpsee in eine schilfbestandene Moorlandschaft über. Kurz folgt unser Weg noch der Bahnlinie und schwenkt dann links zur schmalen Konstanzer Ach, die still durch den flachen Wiesengrund zum Alpsee fließt. Einige Nummern zu klein erscheint das Flüsschen für das riesige Tal, das die Gletscher der Eiszeit in die Bergwelt gehobelt haben. Bald wird das Flüsschen auf einem schmalen Holzsteg überquert. Im Zickzack geht es anschließend über die bunten Wiesen zum Gasthof Jägerhaus an der B 308.

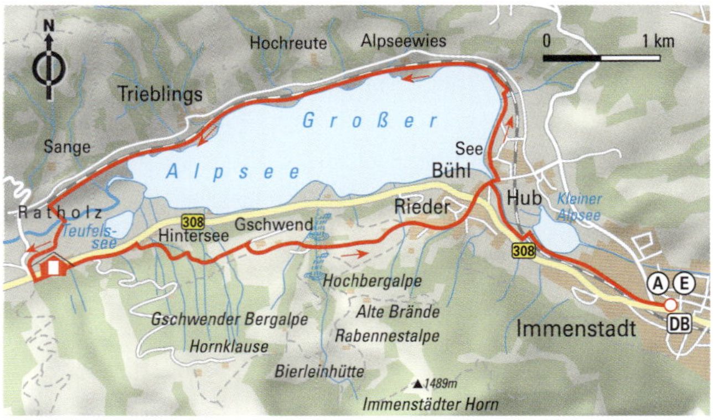

Jenseits, auf der anderen Seite der Bundesstraße, liegt der riesige Parkplatz der »Alpsee Bergwelt«, die täglich Tausende von Ausflüglern anlockt. Wir wollen heute jedoch die stillen Seiten der Alpseelandschaft genießen. So gehen wir nur wenige Meter die Zufahrtsstraße der »Alpsee Bergwelt« hinauf und finden dann einen Wegweiser, der uns auf einen Weg nach links leitet. Etwas oberhalb der Bundesstraße wandern wir zu einem gusseisernen Kreuz am Fuß des wilden Ratholzer Tobels. Wer Lust hat, erreicht nach wenigen Schritten diese kleine Schlucht, durch die der Bach in tosenden Kaskaden ins Tal der Konstanzer Ach rauscht. Wir folgen allerdings dem markierten Rundwanderweg. Der schmale Weg steigt durch die Wiesen zu einer Alpstraße hinauf. Auf dem Sträßchen geht es anschließend abwärts, bis wir an der nächsten Kehre wieder nach rechts auf einen schmalen Steig wechseln können. Bald durchquert der Weg eine steil abfallende Wiese und bietet uns einen wundervollen Blick hinab zum kleinen Seeauge des Teufelssees. Kurz darauf erreichen wir am Waldrand oberhalb von Hintersee eine Kreuzung, von der ein Weg links zur nahen Bushaltestelle von Hintersee hinabführt.

Über den Großen Alpsee geht der Blick zur dunklen Nordflanke des Immenstädter Horns.

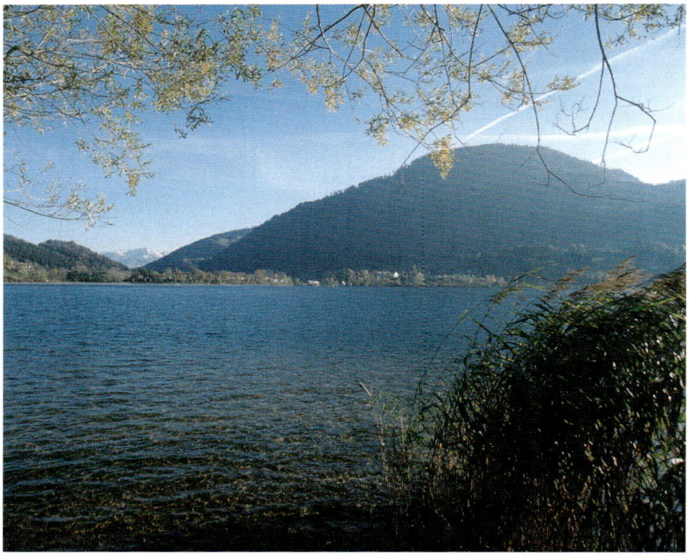

Die Alpsee Bergwelt

Westlich des Alpsees entstand an den steilen Nordhängen der Eckhalde das moderne Tourismuszentrum »Alpsee Bergwelt«, das täglich Tausende von Besuchern anlockt. Eine Sesselbahn bringt sie hinauf zum Start des sogenannten »Alpsee Coaster«, der längsten Sommerrodelbahn Deutschlands. Dort oben kann der abenteuerlustige Urlauber außerdem in einem großen Waldseilgarten nach Lust und Laune sein Gleichgewichtsgefühl und seine Schwindelfreiheit erproben. Und selbstverständlich lockt auch als klassische Attraktion ein aussichtsreiches Wandergebiet mit zahlreichen Einkehrmöglichkeiten.

Wir befinden uns jetzt am Fuß des einzigen etwas längeren Anstieges dieser Rundtour. Der schmale, wurzelige Weg schlängelt sich durch einen steilen Waldhang, der von zahlreichen Bachläufen zerschnitten wird, nach oben. Erholsame Flachstücke wechseln immer wieder mit kurzen, anstrengenden Anstiegen. Bald queren wir mithilfe von Holzstegen kurz nacheinander drei Bachläufe, die unterhalb des Weges über senkrechte, mit dicken Moospolstern überwucherte Felsbarrieren abstürzen. Wenig später erreichen wir den Rand der Wiesen von Gschwend. Das Weglein führt uns kurz abwärts und dann leicht ansteigend an einem ersten Haus vorbei und hinter einem Bach hinaus auf die Wiesen von Gschwend.

Tief unter uns leuchtet nun die Wasserfläche des Großen Alpsees im milden Nachmittagslicht und von den Touristenströmen und der Bundesstraße ist nichts mehr zu erahnen. Eine schmale Teerstraße führt uns an der kleinen Holzkapelle von Gschwend vorbei, die uns nochmals einen herrlich aussichtsreichen Rastplatz bietet. Einige hundert Meter weiter erwartet uns ein weiteres Schaustück dieser Rundtour, die Gschwender Wasserfälle. Die malerischen kleinen Wasserfälle mit ihren drei Kaskaden liegen direkt an der schmalen Straße. Nur wenige Schritte sind es zum Becken, in das die unterste Kaskade stürzt. Hier lässt sich an heißen Sommertagen herrlich rasten und Kinder können hier gefahrlos am und im Wasser spielen. Zu den imposanten großen Wasserfällen biegt wenige Meter weiter am Parkplatz links der ausgeschilderte Weg ab, der nach einem sanften Gegenanstieg in Rieder wieder auf den »Grossen Alpsee Rundwanderweg« trifft. Gemeinsam geht es auf der Ortsdurchfahrt von Rieder teils steil bergab. Am Ortsrand von Bühl besteht die Möglichkeit, rechts auf die Straße »Unterm Horn« einzubiegen und auf dem malerischen »Hornweg« im Auf und Ab nach Immenstadt zurückzuwandern (siehe Tour 88). Wir folgen jedoch geradewegs der Straße abwärts zur B 308. Jenseits liegt die sehenswerte barocke Kirche von Bühl, von der uns der schmale »Kirchsteig« wieder zum Ortsteil See hinabführt. Dort findet man neben zahlreichen Einkehrmöglichkeiten auch eine Bushaltestelle. Wer zu Fuß nach Immenstadt zurückkehren möchte, der folgt dem vom Morgen her bekannten »Badeweg«, der an der Konstanzer Ach und der Bahnlinie entlang nach Immenstadt führt.

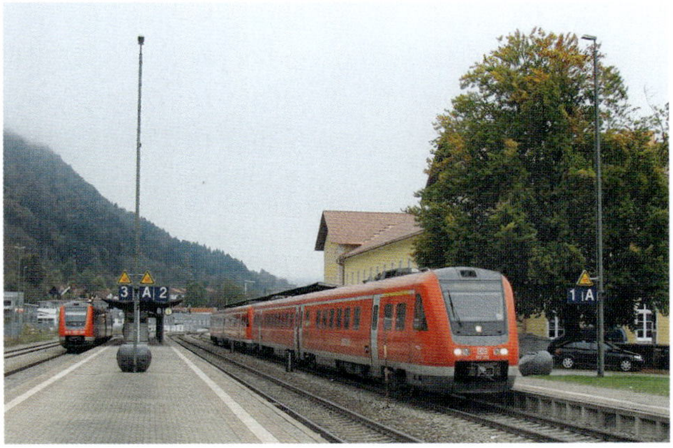

Am Bahnhof von Immenstadt beginnt die Wanderung zum Großen Alpsee.

90 Gipfelrunde am Hochgrat

Abstieg mit zahlreichen Einkehrstopps

Mittel | 150/1010 Hm | 4.15 Std.

Tourencharakter
Anstieg auf den Hochgrat auf Wanderweg; Abstiegsrunde im Gipfelbereich auf felsigem Steig und auf Bergwegen

Ausgangspunkt
Bergstation der Hochgratbahn

Endpunkt
Talstation der Hochgratbahn

Anfahrt
Mit der Bahn über Buchloe (oder Ulm), Kempten und Immenstadt nach Oberstaufen (umsteigen in Buchloe oder in Immenstadt). Buspendelverkehr über Steibis zur Talstation der Hochgratbahn

Einkehr
Staufner Haus (AV-Haus, Übernachtung), Falkenhütte (privat, Übernachtung), Stiegalpe, Obere Lauchalpe und Untere Lauchalpe

Karte
TK 1:50000 Allgäuer Alpen (LDBV)

Information
oberstaufen.de

Wer genug Zeit mitbringt, wandert nach der Ersteigung des Hauptgipfels zurück zur Bergstation, dann weiter in Richtung Westen und überschreitet einen Teil der Nagelfluhkette. Über mehrere Einkehrstellen erreichen wir wieder die Talstation der Hochgratbahn.

An der Bergstation der Hochgratbahn wandern wir um das Gebäude herum und folgen links dem breiten Pfad an der Gratkante entlang oder gehen rechts davon durch die freien Hänge hinauf zum Gipfelkreuz. Der Hochgrat ist nicht nur der höchste Gipfel der Westallgäuer Berge, sondern auch ein großartiger Ausblicksberg. Bei schönem Wetter reicht der Blick bis zum Bodensee. Obwohl der Hochgrat nach Norden mit Felsabbrüchen abfällt, ist er auch für Nichtschwindelfreie zu schaffen (gesicherter, breiter Weg).

Vom Gipfel des Hochgrats wandern wir zurück zur Bergstation und folgen dann dem breiten Weg auf dem Kamm (Wegweiser »Falkenhütte«) in Richtung Westen. Nach wenigen Minuten führt rechts ein schmaler Fahrweg hinab und mit einem Schlenker nach links können wir das Staufner Haus erreichen, das sich für eine Übernachtung anbietet. Dann wird der breite Weg zum Pfad, und wir wandern auf dem Nagelfluhgrat nach Westen, überschreiten (oder umgehen) den Seelekopf, den Hohenfluhalpkopf und die Rohnehöhe, die aufgrund ihrer Zusammensetzung aus Nagelfluh interessante Gesteinsbildungen und eine üppige Flora aufweisen und so für Abwechslung sorgen. Die Einschartungen zwi-

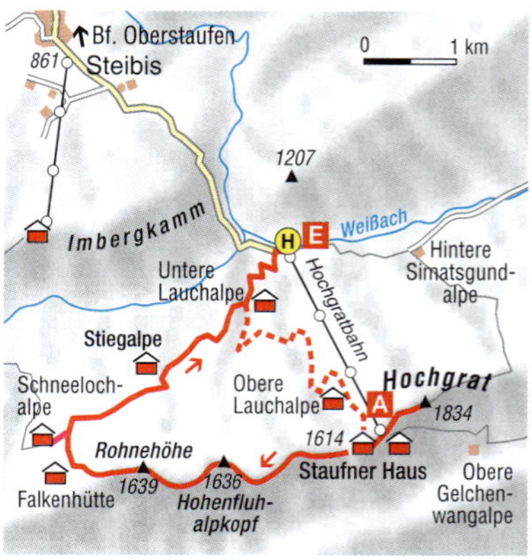

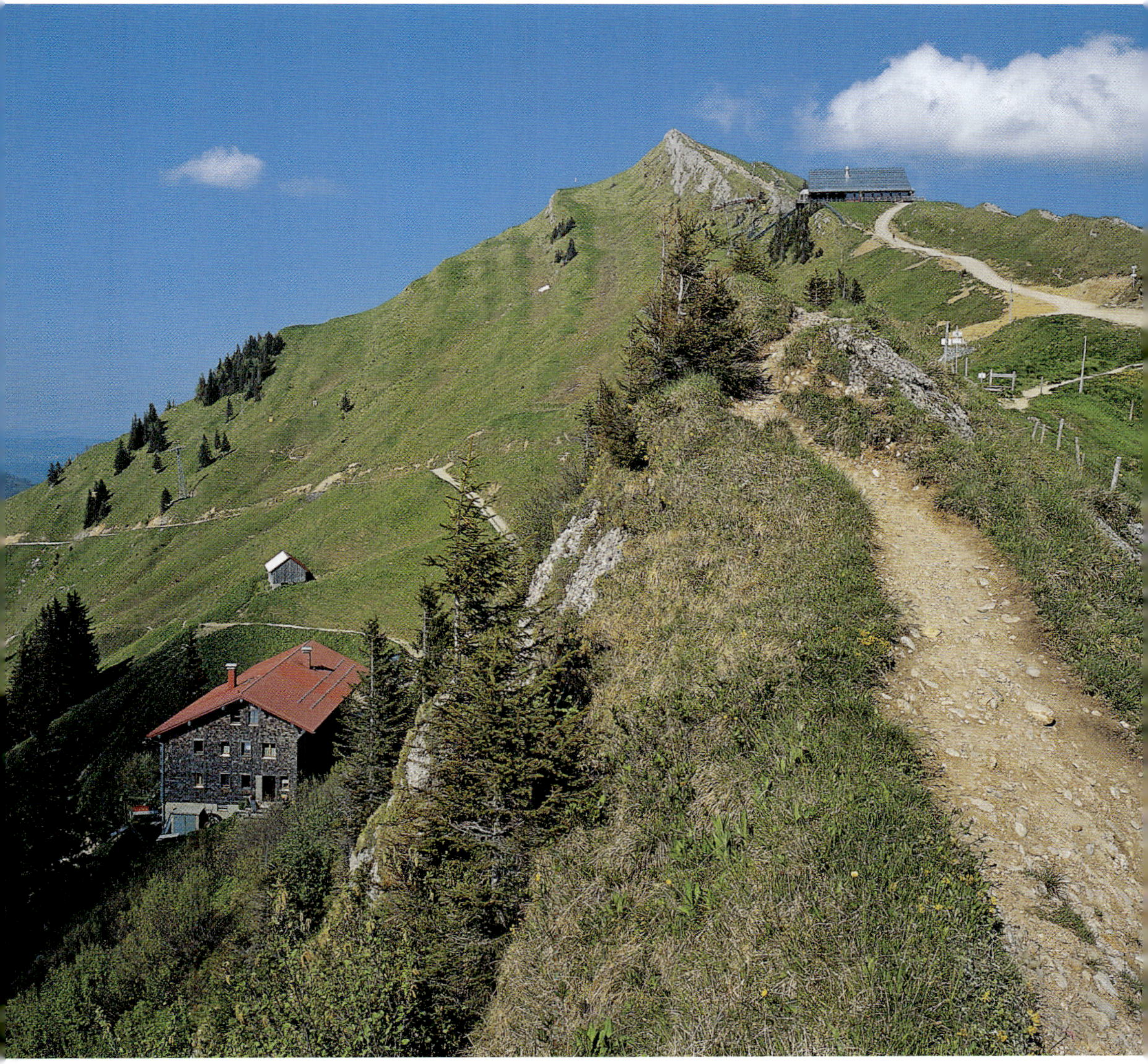

Rückblick vom Weg zur Falkenhütte auf den Hochgrat; links unten befindet sich das Staufner Haus.

schen den Gipfeln sind nur mäßig, sodass wir keine großen Höhenunterschiede zu bewältigen haben.

Der Steig führt über vereinzelte Felsstufen mit Drahtseilsicherungen und einer Eisenleiter. Nach der Falkenhütte folgen wir den Wegweisern zur Talstation und passieren auf unserem Abstiegsweg erst zwei uralte Bergahorne, bis wir den Berggasthof Stiegalpe erreichen. Hier nehmen wir den unteren Weg, der uns über die Untere Stiegalpe zur Talstation der Hochgratbahn bringt.

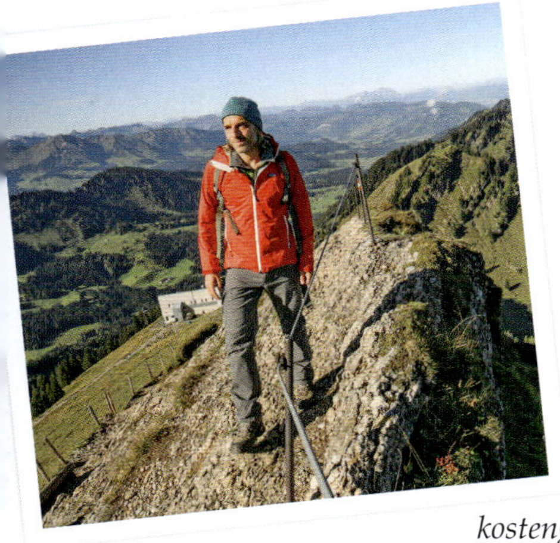

Zugabe

***»Bergwanderungen mit Bus & Bahn«** werden immer beliebter. Dank 49-Euro-Ticket (in Planung) ist die Anreise mit öffentlichen Verkehrsmitteln inzwischen eine wirklich kostengünstige Alternative zur Nutzung des privaten Autos. Wir können eine staufreie Fahrt genießen und schonen zugleich die Nerven der vor allem an sonnigen Wochenenden vom wilden Parken gestressten Anwohner der Bergregionen.*

***Und das Wichtigste:** Wir achten auf die Natur schon bei der Anreise und können somit guten Gewissens die herrlichen Landschaften der bayerischen Alpen genießen, deren Erhaltung uns allen wichtig ist. Die hochsensiblen Ökosysteme der Gebirge sind vom Klimawandel besonders stark betroffen, und so sollten gerade wir Naturliebhaber uns darum bemühen, unseren persönlichen CO_2-Fußabdruck so gering wie möglich zu halten.*

***Als Vorstandsmitglied** der gemeinnützigen Umweltschutzorganisatiom Mountain Wilderness Deutschland e.V. freue ich mich besonders darüber, dass ich einige »Öffi-Touren« zu diesem wichtigen Buchprojekt beisteuern durfte.*

M. Pröttel

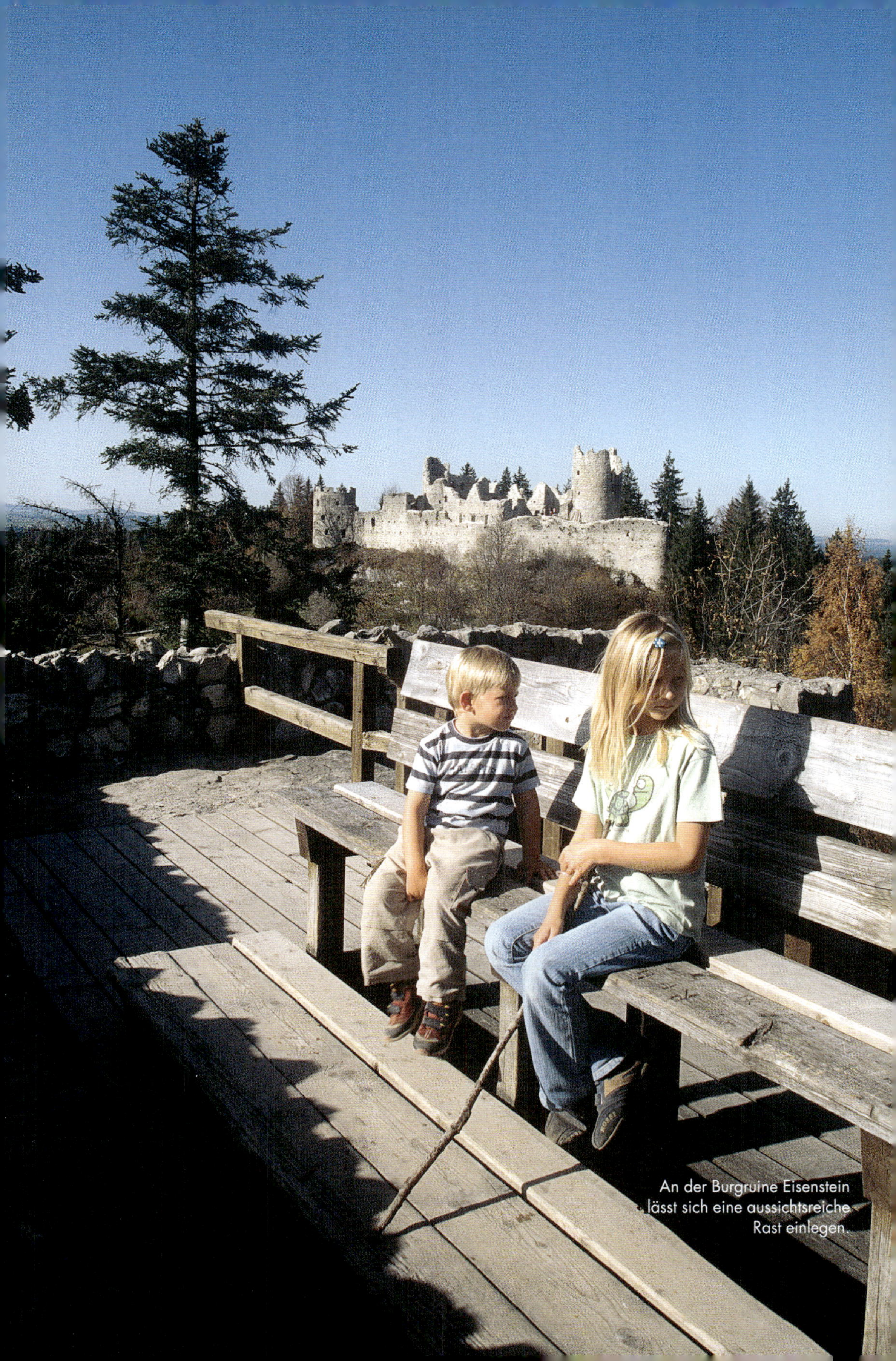

An der Burgruine Eisenstein lässt sich eine aussichtsreiche Rast einlegen.

Register

F

G

H

I

Ebenfalls erhältlich ...

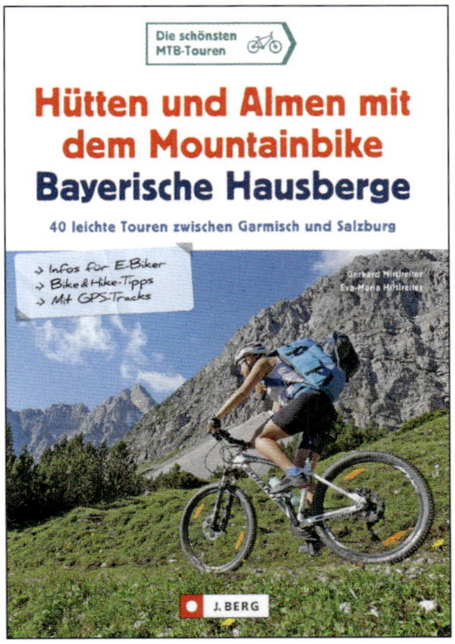

ISBN 978-3-86246-629-0

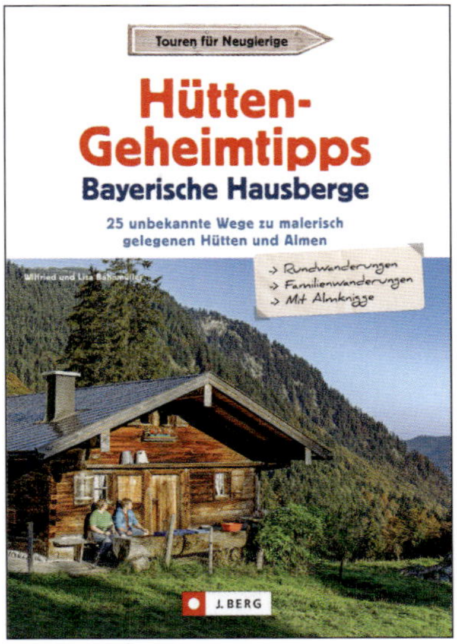

ISBN 978-3-86246-754-9

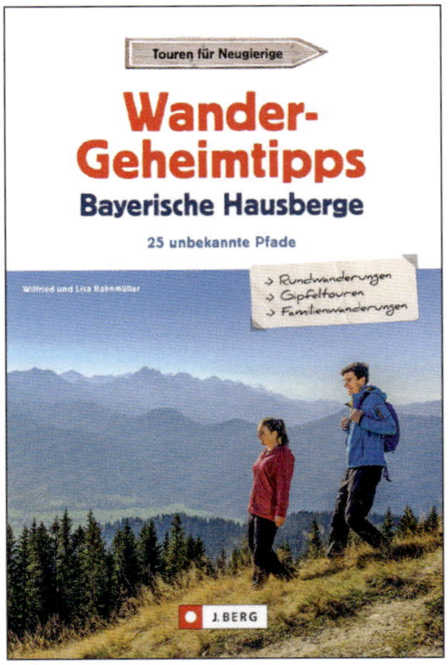

ISBN 978-3-86246-679-5

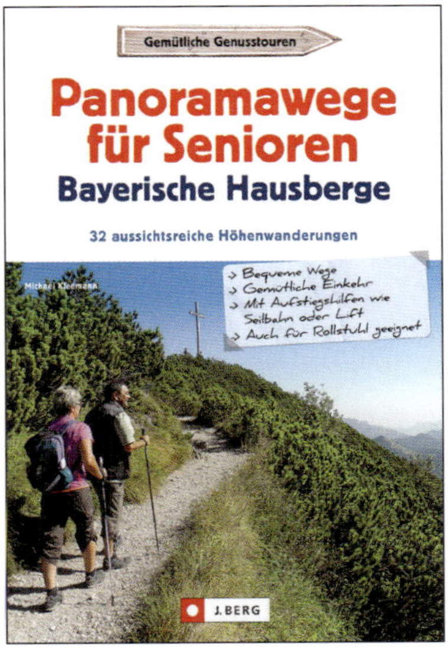

ISBN 978-3-86246-576-7

J. BERG

www.j-berg-verlag.de

Impressum

Verantwortlich: Sabine Klingan
Redaktion: Christian Schneider
Layout: Eva-Maria Klaffenböck
Repro: LUDWIG:media
Kartografie: Bruckmann Kartografie, Heidi Schmalfuß, mit folgenden Ausnahmen: Touren 10, 11, 15, 16, 42, 44, 45, 46, 48, 55, 56, 60, 63, 64, 65, 66, 67, 68, 69, 70, 72, 73, 74, 75, 76, 77, 80, 82, 84, 85, 86, 87, 88, 89: Heike Boschmann
Herstellung: Bettina Schippel
Printed in Poland by CGS

★★★★★

Sind Sie mit diesem Titel zufrieden? Dann würden wir uns über Ihre Weiterempfehlung freuen. Erzählen Sie es im Freundeskreis, berichten Sie Ihrem Buchhändler, oder bewerten Sie bei Onlinekauf. Und wenn Sie Kritik, Korrekturen, Aktualisierungen haben, freuen wir uns über Ihre Nachricht an Bruckmann Verlag, Postfach 40 02 09, D-80702 München oder per E-Mail an lektorat@verlagshaus.de.

Unser komplettes Programm finden Sie unter www.j-berg-verlag.de

Alle Angaben dieses Werkes wurden von den Autoren sorgfältig recherchiert und auf den neuesten Stand gebracht sowie vom Verlag geprüft. Für die Richtigkeit der Angaben kann jedoch keine Haftung übernommen werden, weshalb die Nutzung auf eigene Gefahr erfolgt. Insbesondere bei GPS-Daten können Abweichungen nicht ausgeschlossen werden. Sollte dieses Werk Links auf Webseiten Dritter enthalten, so machen wir uns die Inhalte nicht zu eigen und übernehmen für die Inhalte keine Haftung.

In diesem Buch wird aus Gründen der besseren Lesbarkeit das generische Maskulinum verwendet. Weibliche und anderweitige Geschlechteridentitäten sind dabei ausdrücklich mitgemeint, soweit es für die Aussage erforderlich ist.

Empfehlung der Redaktion
Sie sind auf der Suche nach weiterführender Literatur? Dann empfehlen wir Ihnen den Titel »Genussradeln für Senioren Münchner Süden« von Bernhard Irlinger. Oder Sie werfen einen Blick in die Zeitschrift »BERGSTEIGER«. Hier werden Sie bestimmt fündig.

Tourennachweis: Die Touren stammen von den folgenden Autoren: Touren 1, 2, 3, 4, 5, 8, 9, 17, 20, 21, 24, 25, 26, 27, 28, 29, 30, 31, 33, 34, 36, 37, 38, 39, 40, 41, 43, 49, 50, 51, 52, 53, 54, 57, 58, 59, 61, 62, 81, 83, 90: Heinrich Bauregger; Touren 7, 14, 47, 71, 78, 79: Lisa und Wilfried Bahnmüller; Touren 6, 12, 13, 18, 19, 22, 23: Michael Kleemann; Touren 10, 11, 15, 16, 32, 35, 42, 44, 45, 46, 48, 55, 56, 60: Michael Pröttel; Touren 63, 64, 65, 66, 67, 68, 69, 70, 72, 73, 74, 75, 76, 77, 80, 82, 84, 85, 86, 87, 88, 89: Bernhard Irlinger
Bildnachweis: Alle Bilder im Innenteil stammen von den Autoren der jeweiligen Touren, mit Ausnahme von: S. 2, 3, 7, 45, 55, 184/185: Heinrich Bauregger; S. 4, 5: Michael Pröttel; S. 6, 12, 13, 16, 18/19, 27, 31, 33, 48, 49, 54, 68/69, 71, 73, 75, 84, 85, 88, 111, 121, 123, 141, 143 l., 143 r., 161, 175, 187, 244, 246 l., 247 r.: Lisa und Winfried Bahnmüller; S. 15, 57, 149 o., 198, 201, 225, 263 o., 269, 273, 277: DB AG/Josef Maurer; S. 17: DB AG/Christian Karl; S. 24, 181, 253, 279: Wolfgang Rauschel; S. 41: Rollo Steffens; S. 43: Stefan Herbke; S. 67, 93, 105, 165, 179, 182, 183, 259 o., 259 u.: Christel Blankenstein; S. 113: Siegfried Garnweidner; S. 119: Viktoria Adamchuk/shutterstock.com; S. 120: Donatus Fuchs; S. 122: Klaus Knirk; S. 133: Wenzel Fischer; S. 153, 155, 171: Manfred Hummel; S. 163: Jürgen Bückers; S. 208: DB AG/Robert Thielemann; S. 239: olyfreak/shutterstock.com; S. 251: Peter Fischer (Architekt)

Umschlagvorderseite: (v.li.o. nach re.u.): Die Regionalbahn nach München zwischen Garmisch und Farchant vor der herrlichen Kulisse des Zugspitzmassivs. © by Uwe Miethe; Unterwegs in der Nagelfluhkette im Allgäu, Umomos/shutterstock.com; Wanderer im Abstieg vom Gipfel des Jochbergs, links der Walchensee, markus_schellhorn/Adobe Stock; Ausblick auf Alpspitze und Zugspitze, majonit / Adobe Stock
Umschlagrückseite: Blick über den Seealpsee zu den westlichen Allgäuer Alpen (Bild: Heinrich Bauregger)

Die Deutsche Nationalbibliothek verzeichnet diese Publikation in der Deutschen Nationalbibliografie; detaillierte bibliografische Daten sind im Internet über http://dnb.d-nb.de abrufbar.

© 2023 J. Berg Verlag in der
Bruckmann Verlag GmbH
Infanteriestraße 11a
80797 München

ISBN 978-3-86246-928-4